Schmid / Sauerbrey / Großkopf

Ratgeberforschung in der Erziehungswissenschaft

D1726407

Michaela Schmid
Ulf Sauerbrey
Steffen Großkopf
(Hrsg.)

Ratgeberforschung in der Erziehungswissenschaft

Grundlagen und Reflexionen

unter Mitarbeit von Katrin Witty

Verlag Julius Klinkhardt
Bad Heilbrunn • 2019

Die Publikation wurde gefördert durch die Deutsche Forschungsgemeinschaft.

Dieser Titel wurde in das Programm des Verlages mittels eines Peer-Review-Verfahrens aufgenommen. Für weitere Informationen siehe www.klinkhardt.de.

Bibliografische Information der Deutschen Nationalbibliothek
Die Deutsche Nationalbibliothek verzeichnet diese Publikation
in der Deutschen Nationalbibliografie; detaillierte bibliografische Daten
sind im Internet abrufbar über http://dnb.d-nb.de.

Satz: Elske Körber, München.

Druck und Bindung: AZ Druck und Datentechnik, Kempten.
Printed in Germany 2019.
Gedruckt auf chlorfrei gebleichtem alterungsbeständigem Papier.

ISBN 978-3-7815-2327-2

Inhalt

II Exemplarische Analysen

III Wissenschaftstheoretische und historische Perspektiven

Einleitung

„Unter Erziehungsratgebern werden Informationsträger verstanden, die in unterschied-
lichster medialer Form darauf abzielen, auf das erzieherische Tun bezogene Informationen zu vermitteln, so dass der Ratsuchende eine auf seine spezielle Situation bezogene
Handlungsorientierung als Ergebnis des angeregten Reflexions-/Bildungsprozesses er-
hält. Wesentlich ist dabei, dass es sich um einen Prozess der Wissensvermittlung und
Aufklärung handeln sollte, bei welchem unter dem Aspekt der Bildung die Herstellung,
Beibehaltung und/oder Optimierung der Mündigkeit des Ratsuchenden leitend sein
muss" (Schmid 2011, 22).

Seit Veröffentlichung dieser Definition zu Erziehungsratgebern sind acht Jahre
vergangen. Die Forschungsintensität auf diesem Gebiet ist zwar weiterhin überschaubar, dennoch zeichnet sich ab, dass – wie so oft – vermeintlich Klares eher unklar wird: Was unter Ratgebern – und insbesondere unter Erziehungsratgebern –
zu verstehen ist, erscheint offener denn je und dies ist Folge einer grundlegenden
Bestimmungsproblematik. Wenn aber bereits der Forschungsgegenstand unklar
ist, wird jede weitere Ratgeberforschung erschwert.

Dies ist ein Grund, weshalb wir unter dem Titel *Ratgeberforschung in der Erziehungswissenschaft* zum Teil interdisziplinäre Perspektiven einnehmen und dabei
auch Studien versammelt haben, die sich einer Klärung des Feldes und seiner
Beschreibung sowie dem Verhältnis der Erziehungswissenschaft zum Gegenstand verschrieben haben. In diesem Sinne lässt sich der vorliegende Band auch
als Beitrag zu einer sozialwissenschaftlichen Grundlagenforschung über Ratgeber
verstehen, die dringend notwendig ist. Zwar hat die erziehungswissenschaftliche
Forschung zu Ratgebern in den letzten Jahren insgesamt zugenommen. Dennoch
bestehen weiterhin grundlegende Desiderate, die an dieser Stelle – wenngleich in
etwas topischer Form – skizziert werden sollen:

Mediale Vielfalt: Die bislang vorhandenen Arbeiten sind meist auf den Bereich
der (Erziehungs-)Ratgeber in Buchform beschränkt (vgl. Cleppien 2017), obgleich Erziehungsratgeber eine Vielzahl an medialen Erscheinungen aufweisen
(vgl. Kost 2013, 475ff). Nach populären Ratgebersendungen im Fernsehen (vgl.
Wahl/Hees 2006) sowie Zeitschriften (vgl. Kingma 1995; Tullius 1976), Elternbriefen (vgl. Lüscher et al. 1984) oder Ratgeberforen im Internet sind Eltern-Apps
eine der wohl aktuellsten Vermittlungsformen pädagogischen und anderweitig ge-

nerierten Wissens (vgl. Knauf 2011). Nichtsdestoweniger gibt es bislang keine systematischen Arbeiten, die die Gemeinsamkeiten und Unterschiede der unterschiedlichen medialen Formen von (Erziehungs-)Ratgebern herausarbeiten und damit eine Systematik liefern würden.

Grenzziehung zwischen Wissenschaft und Ratgeber: Daum (1998a) hat sich mit dem Entstehen einer Populärwissenschaft im Zuge des Verwissenschaftlichungsprozesses Ende des 19. Jahrhunderts beschäftigt und gibt entscheidende Denkanstöße. Er bezieht sich in seiner Studie auf die Naturwissenschaften und konstatiert, dass die Trennung zwischen Wissenschaft und Öffentlichkeit in Deutschland stärker vollzogen wurde als in anderen Ländern. Dies resultiere daraus, dass „sich die Medien und Persönlichkeiten, die als Vermittler zwischen Wissenschaft und Öffentlichkeit auftraten, [sich; M.S., U.S., S.G.] vorrangig im Bereich außerakademischer und außeruniversitärer Bildung etablierten", so dass sich „in einer eigentümlichen Dialektik der Dualismus von Wissenschaft und Öffentlichkeit sogar verstärken" (Daum 1998b, 86) konnte. Damit stellen sich Fragen der Grenzziehung zwischen Populärwissenschaft und Wissenschaft im Allgemeinen und deren internationaler Erforschung im Speziellen. Aus einer wissenssoziologischen Perspektive ist festzuhalten, dass sich die wissenschaftliche Pädagogik parallel zu den im 18. und 19. Jahrhundert aufkommenden Erziehungsratgebern, die teils auch in die Romanform diffundieren, etablierte. Bereits mit Blick auf Rousseaus „Emile" zeigt sich eindrücklich, wie ein an vielen Stellen Rat gebender Text zu den Klassikern der Erziehungswissenschaft wurde, während sich genuin erziehungswissenschaftliche Texte heute vom Ratgeber unterscheiden (vgl. Berg 1991). Im Gegensatz dazu ist aktuell dennoch eine neue Annäherung von Theorie und Praxis beobachtbar: Zunehmend veröffentlichen AutorInnen akademischer Provenienz auch auf dem Gebiet der Ratgeber – mit dem Benefit, besonders fundiert, also mit wissenschaftsbasiertem Expertenwissen, argumentieren zu können.[1] Da sich also im o.g. Zeitraum auch Wissensordnungen und das Wissenschaftsverständnis selbst wandeln (vgl. Heinemann 2012), wäre auch eine wissenssoziologische Dimension zu erforschen, die – wie erwähnt – vermutlich nationalgeschichtlich different ausfällt. Für die Pädagogik ist festzuhalten, dass diese Grenzziehung schon immer unklar war und daher die Erziehungswissenschaft bis heute ihren wissenschaftlichen Status exzessiv thematisiert, worin auch eine Ursache für das prekäre Verhältnis von Erziehungswissenschaft und Ratgeber zu vermuten ist (Berg 1991; Hopfner 2001).

---

1 Unterstützend wirken in den letzten Dekaden Transformationsprozesse wissenschaftlichen Wissens, die unter dem Stichwort Medialisierung gefasst werden (vgl. z.B. Weingart 2005) und das Verhältnis von Wissenschaft, Medien und Öffentlichkeit neu justieren. Das öffentliche Interesse zwingt die Wissenschaft zu neuen Legitimationen, die im Bereich der Erziehungswissenschaft, insbesondere aber der Psychologie, vielfach über eine unmittelbare Praxisrelevanz erfolgen.

Verwendung: Zur tatsächlichen Verwendung von Ratgebern ist nahezu nichts bekannt. Hier liegen in der Erziehungswissenschaft lediglich zwei empirische Studien vor (Keller 2008; Jahn 2012). Jedoch wurde nach Redaktionsschluss des vorliegenden Bandes die erste konsequent qualitative Studie von Christian Zeller (2018) zur Frage danach, warum Eltern Ratgeber lesen, veröffentlicht, auf deren Basis u.a. erste „Elemente einer Theorie des Elternratgebers" (ebd., 311) unter Bezug auf die Kritische Erziehungswissenschaft entwickelt wurden. Dennoch fehlt der Ratgeberforschung in der Erziehungswissenschaft eine Theorie zur Rezeption ebenso wie eine Theorie der Beratung (vgl. Kraft 2009). In diesem Kontext wäre es gewinnbringend, sich an die seit den 1980er Jahren entstandene ‚Verwendungsforschung' zu erinnern (vgl. Beck/Bonß 1984, 1989; Lüders 1991, 1994; bzgl. Ratgebern vgl. etwa: Seifert 1996).

Klassifikationsprobleme: Markus Höffer-Mehlmer (2001, 2003a, 2003b, 2007a, 2007b, 2008) unternahm mehrere Definitions- und Klassifizierungsversuche für die Populärpädagogik, die jedoch zu erweitern sind: Wie sind Erziehungsratgeber zu definieren? Wie sind die verschiedenen Ratgeberarten zu klassifizieren, zu unterscheiden und von wissenschaftlicher Pädagogik abzugrenzen? Sind Ratgeber eher ein Genre, eine Textform oder eine Textklasse? Hierzu besitzt die Disziplin kaum fundiertes Wissen. Zwar wurde im Rahmen der Arbeiten von Michaela Schmid der Forschungsstand zu populärpädagogischen Schriften bzw. Erziehungsratgebern bis in das Jahr 2010 aufgearbeitet (vgl. Schmid 2011, 28ff). Nichtsdestoweniger sind diese Fragen noch weitgehend ungeklärt

Forschungsquelle und/oder Forschungsgegenstand: Mit Blick auf den gegenwärtigen Forschungsstand lässt sich festhalten, dass Erziehungsratgeber meist als Forschungs*quelle* Verwendung finden (vgl. etwa Schmid 2011, 29ff; Höffer-Mehlmer 2003a; Eschner 2017; Krüger 2017; Volk 2018), um aus diesen Aussagen über eine bestimmte Epoche und/oder die in ihnen transportierten Familien- oder Frauenbilder, Erziehungsstile oder Deutungsmuster (z.B. Mutterliebe) zu extrahieren. Insbesondere die historische Frauenforschung macht sich diese Textklasse für ihre Studien zu Eigen. Im 20. Jahrhundert, vor allem für die Zeit ab 1945, werden die Studien allerdings rar bzw. hier ergeben sich bislang unerforschte Zeiträume (vgl. jedoch Schmid 2011; Eschner 2017). Untersuchungen zum Genre Erziehungsratgeber selbst weisen somit ein Forschungsdefizit auf; Erziehungsratgeber, ihre Charakteristik und Systematik sind bislang kein bzw. kaum Gegenstand der erziehungswissenschaftlichen Forschung.

Historische Entwicklung der Ratgeber: Schlussendlich spiegeln die bisherigen Überblicksarbeiten und Studien zur Geschichte der Erziehungs- und Elternratgeber (vgl. bes. Höffer-Mehlmer 2003b; Schmid 2011) nur teilweise die Entwicklung der Textklasse wider und sind dabei v.a. auf Ratgeber in Buchform beschränkt. Am umfassendsten angelegt ist dabei die historische Studie von Höffer-Mehlmer (2003b), in der ausgewählte Elternratgeber in deren Kontexten analysiert werden. Beginnend mit der so genannten Hausväterliteratur analysiert der Autor Elternratgeber bis in die Gegenwart. Die Verbindung von sozialgeschichtlichen Entwicklungen mit textimmanenten Interpretationen bringt vielfältige Ergebnisse hervor und dient so einem Vergleich der Ratgeberinhalte – sowohl quer wie auch dann längs über die Zeit hinweg – und ermöglicht somit erste Ansätze zur Beschreibung der Geschichte von Elternratgebern und der darin enthaltenen Theoriearten.[2]

Der vorliegende Band wird nur einige dieser Desiderate aufnehmen können. Er entstand im Rahmen eines durch die Deutsche Forschungsgemeinschaft geförderten Wissenschaftlichen Netzwerks. Die Initiative hierzu entstand im Jahr 2014. Ziel der HerausgeberInnen des Bandes – die alle mehr oder minder stark in der Allgemeinen Erziehungswissenschaft verankert waren bzw. sind – war seinerzeit zunächst die Klärung der Frage, was Erziehungsratgeber sind. Durch diesen Fragefokus sollte eine „Annäherung an eine Theorie des Erziehungsratgebers" (so auch der ursprüngliche Titel des Projektantrages für das Netzwerk) ermöglicht werden. Bereits beim Verfassen des Antrages, vor allem aber mit Beginn der Forschung innerhalb des Netzwerkes wurde jedoch zunehmend deutlich, dass hierfür diverse Forschungszugänge innerhalb, aber auch außerhalb der erziehungswissenschaftlichen Disziplin notwendig sind. Denn: Die wissenschaftliche Auseinandersetzung mit Ratgebern im Allgemeinen, wie auch mit Erziehungsratgebern im Besonderen findet nicht allein in der pädagogischen Disziplin statt, sondern auch in der Soziologie (vgl. etwa Scholz et al. 2013), der Kulturwissenschaft (vgl. etwa Heimerdinger 2008), der Geschichtswissenschaft (vgl. Kleiner/Suter 2015; Gebhart 2009), der Linguistik (vgl. etwa Helmstetter 2014; Niehaus/Peeters 2014) sowie in der Medizin bzw. Gesundheitsforschung (vgl. etwa Hunter et al. 2005; Gärtner 2010). Diese Vielfalt zeigte sich auch in der Herkunft der Netzwerkmitglieder. Neben den NachwuchswissenschaftlerInnen, die ein solches DFG-Netzwerk formal erfordert, wurde mittels Gastvorträgen auch die Expertise von ForscherInnen eingeholt, die mit ihrem jeweiligen Forschungsschwerpunkt für das Netzwerk inhaltlich bereichernd waren (vgl. Hopfner 2001; Oelkers 1995; Kraft 2009; Heimerdinger 2008).

Vor diesem Hintergrund stellte sich rasch die Frage, ob die inhaltliche Einengung auf Erziehungsratgeber überhaupt sinnvoll ist. Im Grunde lässt sich jeder Ratgeber im Sinne seiner wissensvermittelnden Funktion als für die erziehungswissenschaftliche Forschung relevant einordnen. Aus diesem Grund wurde die Arbeit im Netzwerk bereits zu Beginn nicht auf die Erforschung von Erziehungsratge-

---

2 Vergleiche weitere Arbeiten des Autors mit historischer Perspektive (z.B. Höffer-Mehlmer 2007, 2008)

bern beschränkt. Nicht zuletzt diese Ausweitung sorgte auch für Diskussionen innerhalb des Netzwerkes, wobei sich erwartungsgemäß das differente Wissenschaftsverständnis der ErziehungswissenschaftlerInnen niederschlug. Dieser Umstand erklärt weiterhin, warum sich im vorliegenden Band nicht nur Beiträge zu Erziehungsratgebern, Elternratgebern oder an Lehrkräfte adressierten Ratgebern finden, sondern auch grundlegende Perspektiven auf Ratgeber insgesamt. Gleichwohl wird dabei aus forschungspragmatischen Gründen ein Fokus auf Ratgeber in Buchform gelegt.

Nach teilweise intensiven Debatten innerhalb des Netzwerkes wurde – ausgehend von den jeweiligen Arbeitsschwerpunkten der Netzwerkmitglieder sowie der GastreferentInnen – eine Dreigliederung des Bandes entworfen: Im Rahmen der *Systematischen Grundlagen* (I) beschäftigen sich die AutorInnen aus verschiedenen Perspektiven mit Ratgebern als Forschungsgegenstand. Zunächst geht es um Möglichkeiten der Systematisierung des Forschungsfeldes (Jakob Kost). Die nachfolgenden Beiträge verfolgen eine inhaltsunabhängige erziehungstheoretische Fundierung des Ratgebers (Michaela Schmid, Ulf Sauerbrey). Außerdem werden differente medienpädagogische Perspektiven auf das Medium Ratgeber vorgestellt (Wolfgang B. Ruge). Darüber hinaus wird die Identifikation, Typologisierung und Didaktik von Ratgebern aus linguistischer Sicht beleuchtet (Christine Ott und Jana Kiesendahl). Diese Beiträge bieten neue Einsichten hinsichtlich des Ratgebers als Gegenstand sowie neue method(olog)ische Blickwinkel an.

Die *Exemplarischen Analysen* (II) enthalten drei empirische Studien. Im ersten Beitrag werden Ratgebertexte zum Thema Stillen bzw. Flaschenernährung in einer kulturwissenschaftlichen Perspektive untersucht (Timo Heimerdinger). Im Anschluss werden Ratgeber für selbstständiges und selbstorganisiertes Lernen für LehrerInnen mit Blick auf Legitimationsmuster und Wissensverwendung kritisch beleuchtet. Die Frage nach dem Selbstverständnis der Erziehungswissenschaft ist dabei unvermeidbar (Nicole Vidal). Den Abschluss der exemplarischen Analysen bildet eine Untersuchung von Elternratgebern zur Kinderernährung, in der einerseits pädagogische Begründungsmuster und andererseits die Rezeption wissenschaftlichen Wissens zur Kinderernährung beleuchtet werden (Ulf Sauerbrey, Claudia Schick, Sonja Wobig, Inga Petruschke und Sven Schulz).

Die den Band abschließenden *Wissenschaftstheoretischen und historischen Perspektiven* (III) enthalten Reflexionen über das Verhältnis von (Erziehungs-)Wissenschaft und Erziehungsratgebern und (damit verbundenen) Folgen für deren Erforschung. In diesem Kontext wird etwa die gängige These in Frage gestellt, dass die Rezeption von Erziehungsratgebern aus Gründen elterlicher Unsicherheit erfolgt (Steffen Großkopf). Im anschließenden Beitrag wird mit Blick auf das genannte Verhältnis für eine narrative Pädagogik als kluger Umgang mit Nicht-Wissen plädiert, welche Ratgeber aber auch empirische Erziehungswissenschaft ausblenden (Johanna

Hopfner). Die Ausblendung des Uneindeutigen und die Fokussierung auf Defizite im Anschluss an eine allgemeine Erziehungs- und Schulkritik als deren Treiber ist Thema des dritten Beitrags (Jürgen Oelkers). Die den Sammelband abrundenden Aufsätze skizzieren schlussendlich eine Geschichte der Ratgeberbücher für Eltern (Markus Höffer-Mehlmer) und die besondere Position der Ratgeberliteratur im Kontext einer Geschichte der Beratung (Haiko Wandhoff).

Der vorliegende Band verdankt seine Form und seinen Inhalt verschiedenen Umständen. „Wissenschaftliche Netzwerke (...) werden von Wissenschaftlerinnen und Wissenschaftlern getragen, die sich noch in der Qualifizierungsphase befinden" – so das damalige Merkblatt für Wissenschaftliche Netzwerke der DFG. Damit verbunden ist die Tatsache, dass ‚NachwuchswissenschaftlerInnen' überwiegend befristete Stellen inne haben – gelegentlich auch keine – und einem großen Zeit- bzw. Qualifizierungsdruck unterliegen (Bünger/Jergus/Schenk 2016; Schmid 2012). So startete auch unser Netzwerk mit mehr TeilnehmerInnen, als nun im Sammelband versammelt sind. Ein Teil erhielt während der Projektlaufzeit entweder keine Weiterbeschäftigung, musste den Arbeitsort wechseln und/ oder fiel dem Qualifizierungsdruck zum Opfer. Insofern haben das dem Sammelband zugrunde liegende Netzwerk und der vorliegende Band leider an manch interessanter Forschungsperspektive verloren. Ebenso prägend für das nun vorliegende Werk waren aber auch die im Rahmen der Finanzierung durch die DFG ermöglichten Netzwerktreffen im Zeitraum von 2016 bis 2018, die neben einem persönlichen Kennenlernen intensive Diskussionen und Kontroversen ermöglichten. Die Herausgeber danken insbesondere vor diesem Hintergrund allen TeilnehmerInnen, aber auch denjenigen, die nicht bis zuletzt dabei sein konnten, für ihr Engagement. Wir danken weiterhin Lina Wilfert, Meike Weickel, Melanie Münzel und Catrin Elisabeth Schilling für die Unterstützung bei der Planung und Durchführung der Netzwerktreffen. Unser besonderer Dank gilt Katrin Witty für die investierte Zeit, fachliche Kritik und das unermüdliche Redigieren der Beiträge des Bandes. Ohne sie hätte dieser in der vorgelegten Form und in so kurzer Zeit nicht entstehen können.

Literatur

Beck, U./Bonß, W. (1984): „Soziologie und Modernisierung. Zur Ortsbestimmung der Verwendungsforschung". In: Soziale Welt 35/4, 381-406.

Beck, U./Bonß, W. (1989): Weder Sozialtechnologie noch Aufklärung – Analysen zur Verwendung sozialwissenschaftlichen Wissens. Frankfurt am Main: Suhrkamp.

Berg, C. (1991): „Rat geben". Ein Dilemma pädagogischer Praxis und Wirkungsgeschichte. In: Zeitschrift für Pädagogik 37/5, 709-733.

Bünger, C./Jergus, K./Schenk, S. (2016): Prekäre Pädagogisierung. Zur paradoxen Positionierung des erziehungswissenschaftlichen „Nachwuchses". In: Erziehungswissenschaft 27 (53), 9-19.

Cleppien, G. (2017): Elternratgeber. In: P. Bauer/C. Wiezorek (Hrsg.): Familienbilder zwischen Kontinuität und Wandel. Weinheim: Beltz Juventa, 113-129.

Daum, A. (1998a): Wissenschaftspopularisierung im 19. Jahrhundert. Bürgerliche Kultur, naturwissenschaftliche Bildung und die deutsche Öffentlichkeit 1848-1914. München: Oldenbourg.

Daum, A. (1998b): Naturwissenschaften und Öffentlichkeit in der deutschen Gesellschaft. Zu den Anfängen einer Populärwissenschaft nach der Revolution von 1848. In: Historische Zeitschrift 267/1, 57-90.

Eschner, C. (2017): Erziehungskonzepte im Wandel. Eine qualitative Inhaltsanalyse von Elternratgebern 1945 bis 2015. Wiesbaden: Springer VS.

Gärtner, J. (2010): Elternratgeber im Wandel der Zeit. Deskriptive Ratgeberanalyse am Beispiel der sogenannten klassischen Kinderkrankheiten unter Berücksichtigung der Impfdebatte. Leipzig: WBV.

Gebhardt, M. (2009): Die Angst vor dem kindlichen Tyrannen. Eine Geschichte der Erziehung im 20. Jahrhundert. München: Deutsche Verlags-Anstalt.

Heimerdinger, T. (2008): Der gelebte Konjunktiv. Zur Pragmatik von Ratgeberliteratur in alltagskultureller Perspektive. In: A. Hahnemann/D. Oels (Hrsg.): Sachbuch und populäres Wissen im 20. Jahrhundert. Frankfurt am Main u.a.: Lang, 97-108.

Heinemann, T. (2012): Populäre Wissenschaft. Hirnforschung zwischen Labor und Talkshow. Göttingen. Wallstein.

Helmstetter, R. (2014): Die Tunlichkeits-Form. Zu Grammatik, Rhetorik und Pragmatik von Ratgeberbüchern. In: M. Niehaus/W. Peeters (Hrsg.): Rat geben. Zu Theorie und Analyse des Beratungshandelns. Bielefeld: transcript, 107-132.

Höffer-Mehlmer, M. (2001): Didaktik des Ratschlags – Zur Methodologie und Typologie von Ratgeber-Büchern. In: P. Faulstich/G. Wiesner/J. Wittpoth (Hrsg.): Wissen und Lernen, didaktisches Handeln und Institutionalisierung. Befunde und Perspektiven der Erwachsenenbildungsforschung. Bielefeld: Bertelsmann, 155-164.

Höffer-Mehlmer, M. (2003a): Der Erziehungsbegriff im Genre der Elternratgeber. In: W. Bauer/W. Lippitz/ M. Marotzki/J. Ruhloff/A. Schäfer/M. Wimmer/C. Wulf (Hrsg.): Der Mensch des Menschen. Zur biotechnischen Formierung des Humanen. Baltmannsweiler: Schneider Verlag Hohengehren, 191-200.

Höffer-Mehlmer, M. (2003b): Elternratgeber. Zur Geschichte eines Genres. Baltmannsweiler: Schneider Verlag Hohengehren.

Höffer-Mehlmer, M. (2007a): Sozialisation und Erziehungsratschlag. Elternratgeber nach 1945. In: M. Gebhardt/C. Wischermann (Hrsg.): Familiensozialisation seit 1933 – Verhandlungen über Kontinuität. Stuttgart: Steiner, 71-85.

Höffer-Mehlmer, M. (2007b): Erziehungsratgeber. In: J. Ecarius (Hrsg.): Handbuch Familie. Wiesbaden: VS, 669-687.

Höffer-Mehlmer, M. (2008): Erziehungsdiskurse in Elternratgebern. In: W. Marotzki/L. Wigger (Hrsg.): Erziehungsdiskurse. Bad Heilbrunn: Verlag Julius Klinkhardt, 135-153.

Hopfner, J. (2001): Wie populär ist pädagogisches Wissen? Zum Verhältnis von Ratgebern und Wissenschaft. In: Neue Sammlung 41, 73-88.

Hunter, W.M./Helou, S./Saluja, G./Runyan C.W./Coyne-Beasley, T. (2005): Injury prevention advice in top-selling parenting books. In: Pediatrics 116 (5), 1080-1088.

Jahn, S. (2012): Reflexionen über Erziehung in popularwissenschaftlichen Ratgebern. Eine Analyse der elterlichen Implementierung von pädagogischen Argumentationen in den Erziehungsalltag. Dissertation, Pädagogische Hochschule Weingarten, Weingarten. Verfügbar unter http://hsbwgt. bsz-bw.de/frontdoor/index/index/docId/54 (Zugriff am 28.10.2018).

Keller, N. (2008): Pädagogische Ratgeber in Buchform – Leserschaft eines Erziehungsmediums. Bern u.a.: Lang.

Kingma, R. (1996): Elternbildung in Medien. Eine Inhaltsanalyse der Zeitschrift ELTERN 1967-1992. Frankfurt am Main u.a.: Lang.

Kleiner, S./Suter, R. (2015): Guter Rat. Glück und Erfolg in der Ratgeberliteratur 1900-1940. Berlin: Neofelis.

Knauf, D. (2011): Eltern-APP. Ein neues Konzept der Familienbildung? Diplomarbeit, Bamberg. Verfügbar unter https://opus4.kobv.de/opus4-bamberg/frontdoor/index/index/docId/6406 (Zugriff am 15.10.2018).

Kost, J. (2013): Erziehungsratgeber. In: M. Stamm/D. Edelmann (Hrsg.): Handbuch frühkindliche Bildungsforschung. Wiesbaden: Springer, 473-484.

Kraft, V. (2009): Pädagogisches Selbstbewusstsein. Studien zum Konzept des Pädagogischen Selbst. Paderborn: Schöningh.

Krüger, J.O. (2017): Wissen, was gut ist? Zur Adressierungsproblematik in Erziehungsratgebern für Eltern. In: J.O. Krüger/K. Jergus/A. Roch (Hrsg.): Elternschaft zwischen Projekt und Projektion. Aktuelle Perspektiven der Elternforschung. Wiesbaden: Springer VS, 201-213.

Lüders, C. (1991): Spurensuche. Ein Literaturbericht zur Verwendungsforschung. In: J. Oelkers/ H.-E. Tenorth (Hrsg.): Pädagogisches Wissen. Zeitschrift für Pädagogik. 27. Beiheft. Weinheim u.a., 415-437.

Lüscher, K./Koebbel, I./Fisch, R. (1984): Elternbildung durch Elternbriefe. Möglichkeiten und Grenzen einer aktuellen familienpolitischen Maßnahme. Konstanz: Universitätsverlag Konstanz.

Niehaus, M./Peeters, W. (Hrsg.) (2014): Rat geben. Zu Theorie und Analyse des Beratungshandelns. Bielefeld: transcript.

Oelkers, J. (1995): Pädagogische Ratgeber. Erziehungswissen in populären Medien. Frankfurt am Main: Diesterweg.

Oels, D./Hahnemann, A. (Hrsg.): Sachbuch und populäres Wissen im 20. Jahrhundert. Frankfurt am Main u.a.: Lang.

Oels, D./Schikowski, M. (Hrsg.) (2012): Ratgeber. Hannover: Wehrhahn.

Schmid, M. (2011): Erziehungsratgeber und Erziehungswissenschaft. Zur Theorie-Praxis-Problematik populärpädagogischer Schriften. Bad Heilbrunn: Verlag Julius Klinkhardt.

Schmid, M. (2012): Zur aktuellen Situation des akademischen Mittelbaus an deutschen Universitäten. Eine Problemskizze. In: Erziehungswissenschaft 23 (45), 74-83.

Scholz, S./Lenz, K./Dreßler, S. (Hrsg.) (2013): In Liebe verbunden Zweierbeziehungen und Elternschaft in populären Ratgebern von den 1950ern bis heute. Bielefeld: transcript.

Seifert, B. (1996): Elternratgeber zu Drogenproblemen. Wissensverwendung – Deutungsmuster – Ratschläge und die Problemerfahrung betroffener Mütter. Pfaffenweiler: Centaurus.

Tullius, G. (1976): Rezipienten und Inhalte von Eltern-Zeitschriften. In: F. Pöggeler (Hrsg.): Wirklichkeit und Wirksamkeit von Elternbildung. Materialien zum Zweiten Familienbericht der Bundesregierung. München: DJI, 269-388.

Volk, S. (2018): Elternratgeber der Weimarer Republik, Wiesbaden: Springer VS.

Wahl, K./Hees, K. (Hrsg.): Helfen „Super Nanny" und Co.? Ratlose Eltern – Herausforderung für Elternbildung. Weinheim: Beltz.

Weingart, P. (2005): Die Wissenschaft der Öffentlichkeit. Essays zum Verhältnis von Wissenschaft, Medien und Öffentlichkeit. Weilerswist: Velbrück.

Zeller, C. (2018): Warum Eltern Ratgeber lesen Eine soziologische Studie. Frankfurt am Main: Campus.

I
Systematische Grundlagen

Jakob Kost

Möglichkeiten und Grenzen, das Feld pädagogischer Ratgeber zu systematisieren

1 Einleitung

Bisherige Forschungsarbeiten zu Ratgebern für Eltern haben in vielfältiger Weise die große Bandbreite an Themen, Perspektiven und medialen Vermittlungsformen (z.b. Höffer-Mehlmer 2003; Kost 2013; Oelkers 1995), die Ratgeber auszeichnen, herausgearbeitet. Auch wenn für Ratgeber in Buchform bereits inhaltliche Strukturierungsvorschläge vorliegen (z.b. Höffer-Mehlmer 2003; Kost 2013) und auch die mediale Vermittlungsform populärpädagogischer Ratschläge (Zeitschriften, Buchratgeber, Elternbriefe etc.) ins Interessensgebiet erziehungswissenschaftlicher Forschung rückt (z.b. Lüders 1994), liegt bisher keine systematische Übersicht über die vielfältigen Strukturierungsvorschläge vor, welche der thematischen und medialen Komplexität des Feldes gerecht würde. Hier setzt der vorliegende Beitrag an.

Im Feld der erziehungswissenschaftlichen[1] Forschung zu Ratgebern haben sich einige Forschende insbesondere auf Ratgeber in Buchform konzentriert (Berg 1991; Fuchs 1997; Hefft 1978; Höffer-Mehlmer 2003; Keller 2008; Schmid 2008, 2011; Zeller 2018) und dabei argumentiert, Ratgeber würden ein eigenes Genre darstellen (vgl. u.a. Höffer-Mehlmer 2003; Zeller 2018). Daneben liegen aber auch Arbeiten vor, die sich bei der Analyse populärpädagogischen Wissens auf Magazine und Elternzeitschriften (Kingma 1996; Kost 2010) oder Elternbriefe (Lüscher/Giehler/Stolz 1978; Lüscher/Koebbel/Fisch 1982; Kost 2010) beziehen. Heimerdinger konstatiert, dass bei den bestehenden Systematisierungsversuchen vielfältige Zuordnungs- beziehungsweise Klassifikationsprobleme beobachtet werden können (Heimerdinger 2008).

Als Konsequenz daraus, wird im wachsenden Feld der Ratgeberforschung zunehmend auf die Absenz einer, den Ratgeber in Buchform überschreitende, Systematisierung des Feldes populärpädagogischen Wissens hingewiesen (vgl. Kost 2010,

---

[1] Daneben sind Ratgeber unter anderem Gegenstand der volkskundlichen/kulturwissenschaftlichen (z.B. Heimerdinger 2006, 2008) oder auch der historischen Forschung (z.B. Kleiner 2014).

2013; Lüders 1994; Schmid 2016), welche den oben skizzierten inhaltlichen Aspekten, strukturellen Dimensionen und medialen Vermittlungsformen Rechnung trägt. Ungeachtet dessen, ob eine solche Systematisierung überhaupt möglich ist, würde sie den Raum dieses Beitrags sprengen. Um trotzdem etwas Systematik in dieses Feld zu bringen, wird im Beitrag den Fragen nachgegangen, welche Versuche bisher unternommen wurden, das breite Feld der populärpädagogischen Ratgeber zu systematisieren und inwiefern diese Systematisierungsversuche auf unterschiedlichen Prämissen beruhen. Dabei wird zuerst dargestellt, was unter einem Ratgeber bisher verstanden wurde, also welche Formen von Gegenstandsbestimmungen von Erziehungsratgebern bisher beschrieben wurden. Im zweiten Schritt werden einerseits thematisch-inhaltliche Systematisierungen, und andererseits solche beleuchtet, die nach dem Anlass des Rates fragen und auf die Perspektiven von Ratgebern eingehen. Im dritten Schritt wird die Vielfalt der medialen Vermittlungsformen von Ratschlägen beleuchtet.

Dabei wird an unterschiedlichen Stellen auf die Probleme vereindeutigender Gegenstandsbestimmungen hingewiesen und ein möglicher Ausweg aus textlinguistischer Perspektive skizziert. In der abschließenden Diskussion werden diese Herausforderungen kondensiert und Anregungen für die weitere Forschung formuliert.

2 Gegenstandsbestimmungen

In der bisherigen Forschung zu Ratgebern wurden vielfältige Versuche unternommen, zu bestimmen, was unter Ratgebern verstanden werden soll, um damit den Untersuchungsgegenstand einzugrenzen. Eine verbreitete Strategie bei der Gegenstandsbestimmung liegt darin, auf eine Tautologie zurückzugreifen – also den Gegenstand der Erziehungs- oder Elternratgeber aus einer Selbstbeschreibung heraus zu bestimmen. So schreibt beispielsweise Heimerdinger: „Für die Bestimmung des Gegenstandes möchte ich (…) eine ganz schlicht-tautologische, man könnte auch sagen: pragmatisch-empirisch-induktive Fassung des Ratgeberbegriffs vorschlagen. Ratgeberliteratur soll hier das sein, was sich selbst so bezeichnet bzw. als solche bezeichnet wird" (Heimerdinger 2008, 98). Daraus wird deutlich, dass die Gegenstandsdefinition gewisse Schwierigkeiten mit sich bringt und daher eine pragmatische Lösung angestrebt wird, nämlich eine Tautologie. Was sich selbst als Ratgeber bezeichnet, ist ein Ratgeber – alles andere nicht. Wie im weiteren Verlauf gezeigt werden wird, bringt diese Gegenstandsbestimmung einige Probleme mit sich, auch wenn sie in der Forschungspraxis verbreitet ist.

Ratgeber sind in erster Linie – insbesondere in der Gestalt von Büchern – Produkte im Buchmarkt. Insofern scheint es neben einer tautologischen Bestimmung möglicherweise zielführend zu sein, danach zu fragen, wie der kommerzielle Buchmarkt Ratgeber fasst, um so einen neuen Blick auf den Gegenstand zu erhalten. Seit 2007 bilden Ratgeber eine eigene Warengruppe in der Warengruppensystematik des deutschen Buchhandels[2]. Heimerdinger schreibt dazu:

„Mit der Neugliederung der Warengruppen wird ein grundlegendes Postulat und damit zugleich ein Anspruch formuliert – dass es nämlich einen kategorialen Unterschied gebe zwischen solchen Büchern, die hauptsächlich das Wissen der Rezipienten beeinflussen [gemeint: Sachbücher; J.K.], und solchen, die primär und tatsächlich in die Lebenspraxis hineinwirken. Die Vermittlung von Lebenspraktischem Wissen ist also das Programm der Ratgeber. In Bezug auf denkbar unterschiedliche thematische Zusammenhänge behauptet die Ratgeberliteratur per se, mediale Handreichung für gelebtes Leben sein zu können." (Heimerdinger 2008, 97)

Daraus ergeben sich vielfältige Herausforderungen. Wenn Ratgeber keine Sachbücher sind, müsste also unterschieden werden können zwischen Büchern, die Wissen vermitteln, das reines Wissen bleibt und nicht in die Lebenspraxis hineinreicht und solchen, die dies genau tun. Interessant ist daran, dass die Gegenstandsdefinition also aus einer Gemengelage evolviert, welche sowohl den Inhalt als auch den Anspruch des Buches und letztlich sogar die Wirkung auf Seiten der Rezipierenden mit einbeziehen.

Neben der tautologischen Gegenstandsbestimmung von Ratgebern und jener des Buchhandels, besteht eine dritte und vermutlich am weitesten verbreitete Definition dessen, was Ratgeber sind. Insbesondere durch die Arbeiten von Markus Höffer-Mehlmer wurde die Idee verbreitet, Erziehungsratgeber würden ein eigenes Genre darstellen – wobei deutliche Überschneidungen beobachtet werden können mit dem Ratgeberbegriff der Warengruppensystematik.

Höffer-Mehler (2003) arbeitet drei zentrale Kriterien heraus, nach denen sich das Genre strukturieren lässt: Der Gegenstand, der Leserkreis und das Leseziel. Das Genre der Elternratgeber würde demnach als Gegenstand Themen der Kindererziehung beleuchten, sich an den Leserkreis der Eltern richten und mit dem Leseziel des Beratenwerdens verbunden sein.

„Innerhalb der Gruppe der Sachbücher stellen Ratgeber eine Unterform derjenigen Bücher dar, in denen es nicht nur um Wissen im Allgemeinen, sondern um in irgendeiner Form verwertbares Wissen geht. (…) Da hier nicht nur über Sachverhalte informiert wird, sondern auch Techniken, Verfahren angeboten werden, mit denen bestimmte Ziele erreicht werden sollen, handelt es sich bei Ratgebern um technologische Sachbücher." (Höffer-Mehlmer 2003, 10)

So kommt Höffer-Mehlmer zum Schluss, Ratgeber seien „dem Typus des ‚an Eltern gerichteten technologischen Sachbuchs für das soziale Handeln Erziehen'

---

2 Der Börsenverein des Deutschen Buchhandels unterscheidet in der Warengruppensystematik von 2007 neu zwischen Ratgeber und Sachbuch. Ratgeber (Warengruppe 4) seien „handlungs- oder nutzenorientiert für den privaten Bereich" (Börsenverein des Deutschen Buchhandels 2007, 2), während Sachbücher (Warengruppe 9) als „wissensorientiert mit primär privatem Nutzwert" (ebd.) klassifiziert sind.

zuzuordnen" (ebd., 11). In diesem Sinne wird von Höffer-Mehlmer (2003) jene Definition von Ratgebern vorweggenommen, die erst einige Jahre später in die Deutsche Warengruppensystematik des Buchhandels aufgenommen wird. In sehr ähnlicher Weise konturiert auch Schmid (2008) das Feld der Erziehungsratgeber, indem sie festhält, dass diese ein technologisches Wissen vermitteln würden, wobei sie, „in Ursache-Wirkungs-Zusammenhängen erklärend, Allgemeingültigkeit beanspruchend, komplexe Zusammenhänge vereinfachend und (...) Sicherheit im Umgang mit und im Ausgang des Erziehungsprozesses" (Schmid 2008, 9) versprechend formuliert seien[3]. Ratgeber seien „implizit an Mütter gerichtet, ... [würden; J.K.] die Erziehung in der Familie behandeln und sich mit der Pflege und Erziehung des Säuglings und Kindes beschäftigen" (ebd., 11).

Wie weiter unten deutlich werden wird, ist auch der von Höffer-Mehlmer (2003) eingeführte – und in anderen Forschungsarbeiten (Keller 2008; Schmid 2008) berücksichtigte – Vorschlag, Elternratgeber als eigenes Genre zu verstehen, mit vielfältigen Herausforderungen verbunden.

Doch auch wenn – ungeachtet möglicher Kritik – dieser Gegenstandsbestimmung gefolgt wird, bestehen vielfältige Überschneidungs- und Übergangsformen von Texten, die nicht vollumfänglich oder nicht eindeutig den skizzierten Kriterien von Gegenstand, Leserkreis und Leseziel Rechnung tragen, aber trotzdem ratgebende Funktion haben können.

Gerade Bücher, die sowohl in den Tagesmedien, als auch in der wissenschaftlichen Auseinandersetzung der letzten Jahre große Aufmerksamkeit erhielten, scheinen sich den oben skizzierten Kriterien von Ratgebern als eigenes Genre zu entziehen. Dies betrifft insbesondere Bücher, die im weitesten Sinn als ‚um pädagogische Themen und Ratschläge angereicherte autobiographische Belletristik' bezeichnet werden könnten wie beispielsweise der viel beachtete Band von Amy Chua (2011) „Battle Hymn of the Tiger Mother" oder Pamela Druckermans (2012) Band „French Children don't throw food"[4]. Dass diese Bücher aber mehr sind als reine Belletristik und sehr wohl potentiell Ratschläge enthalten, wird nicht zuletzt durch einschlägige Untertitel unterstrichen, wie z.B. bei Druckerman „Parenting Secrets from Paris" (Druckerman 2012).

3 Themen und Perspektiven von Erziehungsratgebern

Neben der Frage, was Ratgeber als solche auszeichnet und ob es zielführend ist, sie als eigenes Genre, als Warengruppe oder aus einer tautologischen Gegenstandsbe-

---

3 Schmid orientiert sich demnach u.a. an der Perspektive von Oelkers (1995), der Ratgeber entlang der Dimensionen „Allzuständigkeit" (Oelkers 1995, 82ff), „patente Lösungen" (ebd., 108ff) und „Unkorrigierbarkeit" (ebd., 131ff) beschreibt.
4 Beide Bände liegen auch in deutscher Übersetzung vor und wurden ebenso im deutschen Sprachraum viel beachtet.

stimmung heraus zu beschreiben, lassen sich Ratgebermedien im weitesten Sinne auch über die darin präsentierten Inhalte und Themen strukturieren: es lassen sich spezifische Anlässe für die Formulierung von Ratschlägen feststellen und Perspektiven beschreiben, aus denen Ratschläge in Ratgebern formuliert werden.

Aus historischer Perspektive beschreibt Fuchs (1997), dass sich im 19. Jahrhundert und bis zu Beginn des 20. Jahrhunderts verschiedene Personengruppen mehrheitlich Ärzte, Geistliche oder Pädagogen als Autoren von Ratgebern über Erziehungsfragen betätigten. Dabei kann eine thematische Gliederung der Ratgeber beobachtet werden, wonach insbesondere die körperliche, die intellektuelle und die sittliche Erziehung zentrale Gegenstände darstellen. Neben Ratgebern, die dieses gesamte Themenspektrum abdecken, erscheinen bereits im 19. Jahrhundert ‚spezialisierte Ratgeber‘, die sich auf ein einzelnes Thema konzentrieren (vgl. Fuchs 1997, 14)[5].

Mit Blick auf die Inhalte zeitgenössischer Ratgeber für die frühe Kindheit beschreibt Kost (2013) drei zentrale Formen von Erziehungsratgebern, die sich insbesondere im thematischen Spezialisierungsgrad unterscheiden: Ratgeber zur körperlichen, sozialen und emotionalen Entwicklung von Kleinkindern, Ratgeber zu spezifischen Herausforderungen der kindlichen Entwicklung (z.B. Schlafprobleme, Tod eines Elternteils) und solche, die ganz allgemeine ‚gute Aufwachsensbedingungen‘ beziehungsweise das Verhalten ‚gesunder‘ Kinder in Familien thematisieren.

Höffer-Mehlmer (2008) nimmt einen etwas anderen Blickwinkel ein. Ausgehend von der Prämisse, dass Ratgeber auf bestimmte Anlässe und Herausforderungen in der kindlichen Entwicklung reagieren, rekonstruiert und bündelt er in Ratgebern (aus dem 20. Jahrhundert) Anlässe für das Erteilen von Ratschlägen. Aus seiner Perspektive bieten insbesondere fünf Themengebiete der kindlichen Entwicklung und der Herausforderungen bei der Kindererziehung Anlässe für Ratschläge. Es sind: 1. Neue Entwicklungsaufgaben (z.B. Geburt, erste Lebensjahre, Schuleintritt), 2. Risiken und Probleme (z.B. Verhaltensprobleme und -risiken, Scheidung), 3. Besondere Bedürfnisse (z.B. Behinderungen, chronische Krankheiten), 4. Optimierung von Erziehungsprozessen (z.B. auf der Basis neuer wissenschaftlicher Erkenntnisse) und 5. Veränderte Bedingungen des Aufwachsens (z.B. Wandel von Medien und deren Nutzung) (vgl. Höffer-Mehlmer 2008, 140).

Auch Herkenrath (1978) verfolgt ein thematisch strukturierendes Vorgehen, auch wenn sie einen nochmals anderen Blickwinkel einnimmt. Herkenrath bestimmt Ratgeberliteratur als eine Form von Zwischenliteratur: Autorinnen und Autoren von Erziehungsratgebern würden nicht so sehr von Erziehungsproblemen ausge-

---

5 Zum Beispiel: Nesper, E. (1840): Grundsätze der physischen Erziehung des Kindes in seiner ersten Lebensperiode. Wien; Grube, A. (1855): Von der sittlichen Bildung der Jugend im 1. Jahrzehnt des Lebens. Pädagogische Skizzen für Eltern, Lehrer und Erzieher. Wien.

hen, sondern vielmehr von einer bestimmten wissenschaftlichen, weltanschaulichen, oder politischen Perspektive und diese in der Form des Erziehungsrates popularisieren. „Sie sind Übersetzer. Was in einer bestimmten Wissenschaft bzw. Forschungsrichtung, aber auch was einem bestimmten politischen, religiösen oder weltanschaulichen Trend entsprechend *dran* ist, übersetzen sie für die Situation des Erziehers" (Herkenrath 1978, 97; Hervorhebung im Original). Herkenrath unterscheidet in der Folge fünf unterschiedliche Perspektiven von Erziehungsratgebern.

Die aufs Kind zentrierte Entwicklungsperspektive: Im Zentrum solcher Ratgeber stehen Regelmäßigkeiten und Gesetze in der kindlichen Entwicklung – sie versuchen aufzuzeigen, wie Erziehung „gelingen kann, wenn die Erziehenden nur berücksichtigen, was Mediziner und Psychologen herausgefunden haben" (Herkenrath 1978, 98). Durch den engen Fokus auf Kinder werden aber oft die Rahmenbedingungen des Aufwachsens (z.B. die elterliche Lebenssituation) ausgeblendet. *Die Perspektive des Lernens:* Bei solchen, oft von der aktuellen lernpsychologischen Forschung inspirierten Ratgebern, steht die Ausschöpfung des individuellen Lernpotenzials der Kinder im Zentrum. Dabei geraten jedoch teilweise pädagogische Grundfragen, beispielsweise „nach der Bedeutung nicht-gesteuerten Wachstums und spontaner Lerninteressen" (ebd.) aus dem Fokus. Ratgeber zeichnen sich oft dadurch aus, dass durch sie eine bestimmte *weltanschauliche Perspektive* vermittelt wird. Die darin präsentieren Erziehungsziele gehen dabei mit dem starken Erneuerungswunsch von Menschen einher, wobei sie sowohl wissenschaftlich, als auch politisch, religiös oder weltanschaulich legitimiert sein können. „Das Augenmerk liegt auf der Übernahme von Werten, die das Handeln ‚zum Heil' verändern sollen" (Herkenrath 1978, 99). *Die Perspektive des Elternverhaltens:* Ratgeber mit dieser Perspektive würden den kommunikativen Umgang von Eltern mit ihren Kindern beleuchten beziehungsweise beschreiben wie solche Situationen gelingen oder scheitern. Sie argumentieren aus einer Gemengelage aus individualpsychologischen und kommunikationswissenschaftlichen Perspektiven. Erziehung wird dabei im Kern auf eine kommunikative Herausforderung reduziert. Mit der *metatheoretischen Perspektive* umschreibt Herkenrath solche Ratgeber, die weniger wissenschaftlich argumentieren, sondern vielmehr in Form von Erzählungen Erklärungsmodelle und Prozesse so darstellen, „dass die daraus abgeleiteten Einsichten in den Geschichten selbst zutage treten. Theorie und Praxis verschmelzen in solchen Werken auf eigentümliche Weise miteinander; ‚Rat' wird nicht [explizit; J.K.] erteilt" (Herkenrath 1978, 100).

Neben den definitorischen Problemen, zu bestimmen, was einen Erziehungsratgeber auszeichnet, kommt also eine inhaltliche Dimension hinzu. Erziehungsratgeber lassen sich demnach teilweise an typischen Themen erkennen. Zudem werden ihre Inhalte deutlich von wissenschaftlichen, politischen, religiösen, oder weltanschaulichen Konjunkturen bestimmt. Bereits an dieser Stelle wird deutlich, dass aus der inhaltlichen Beschreibung heraus deutliche Bezüge zu den Bestimmungsproblemen hergestellt werden können. Gerade jene Ratgeber, die sich durch eine metatheoretische Perspektive auszeichnen, kommen mindestens in der Gegenstandsbestimmung des Buchhandels (weil sie kaum als Sachbuch oder Ratgeber erkennbar sein dürfen) kaum vor und erfüllen auch die weiter oben skizzierten Kriterien des Genres Ratgeber nicht oder nur teilweise.

4 Mediale Vermittlungsformen

Wie einleitend skizziert, wird die Komplexität des Untersuchungsgegenstands nicht zuletzt dadurch akzentuiert, dass die Formate resp. die Formen der medialen Vermittlung von Ratschlägen viele Gestalten annehmen können und der Ratgeber als Buch nur eine Form unter vielen darstellt.

Lüders (1994) schlägt vor, den Fokus auf Vermittlungsformen von pädagogischen Ratschlägen zu richten, auch wenn dadurch andere zentrale Aspekte, die das Feld strukturieren, unberücksichtigt bleiben würden (z.B. die Perspektive der Produzenten). Dabei unterscheidet er in einer Vierfeldertabelle Vermittlungsformen pädagogischer Ratschläge entlang der Dimension mediale vs. persönlich-professionelle Vermittlung und der Dimension kommerzielle vs. nicht kommerzielle Angebote[6]. Da der Begriff Ratgeber, im hier skizzierten Verständnis, keine persönlichen Beratungen einschließt, wird nur auf die Formen der medialen Ratgeber eingegangen.

Insbesondere Kost (2013) weist auf die Bedeutsamkeit jener Ratgebermedien hin, die das Format des Buches überschreiten. Mit Blick auf die gratis zugänglichen Ratgebermedien werden im deutschsprachigen Raum viele Eltern noch vor der Geburt ihres ersten Kindes mit umfangreichem Informationsmaterial über die frühkindliche Entwicklung und mit Beratungsmaterial für die Erziehung ihres Kindes versorgt. Bereits die Gratisratgeber und Broschüren, welche in Frauenarztpraxen ausliegen oder in Babypflegekursen verteilt werden, thematisieren Entwicklungsschritte des Kindes, ab der Empfängnis. Zudem gibt es in der Schweiz Konsumentenmagazine von Großhandelsunternehmen, die mit sehr großer Auflage wöchentlich erscheinen und in loser Folge Fragen von Erziehung und Bildung über verschiedene Lebensalter thematisieren und mehrmals jährlich Reportagen zu aktuellen Themen im Erziehungs- und Bildungsbereich publizieren. Tatsächlich als nichtkommerziell können Elternbriefe eingestuft werden. Sie verbreiteten

---

6 Der Begriff ‚nichtkommerziell' ist insofern etwas ungenau bzw. irreführend, weil es Formen von Ratgebermedien gibt, die zwar gratis sind – also dem Produzenten keinen direkten Gewinn einbringen – die aber sehr wohl mit einem kommerziellen Interesse produziert werden (z.B. Werbung bei der Zielgruppe Eltern durch Babyartikelhersteller, Geburtshäuser, Anbieter von Elternbildungskursen etc.).

sich im deutschsprachigen Raum bereits in den 1950er Jahren. Die Idee stammt vom US-Amerikaner Rowland, welcher eine Serie von Elternbriefen für das erste Lebensjahr zusammenstellte und in Louisiana vertrieb (vgl. Lüscher/Giehler/Stolz 1978, 326ff). Gegenwärtig finden sich verschiedene Anbieter solcher Briefe in Deutschland, in Österreich und in der Schweiz – sie sind mehrheitlich unentgeltlich beziehbar – und werden von Stiftungen, Vereinen oder Ministerien finanziert. Elternbriefe werden Eltern in regelmäßigen Abständen (meist vierzehntägig bis einmal im Quartal) zugestellt. Sie enthalten Tipps und Ratschläge zu Kindererziehung, Gesundheit, Entwicklung und Familienorganisation. Bei der Bestellung von Elternbriefen wird das Alter des eigenen Kindes angegeben, so dass Eltern jeweils altersgerechte Hinweise und Ratschläge erhalten.

Neben dieser Gratisliteratur und den durch große Babyartikelhersteller finanzierten Heften und Katalogen besteht im kommerziellen Sektor ein kaum überblickbarer Buchmarkt an Erziehungsratgebern ab der Geburt (zu den Themen ebendieser Ratgeber siehe Abschnitt 3). Neben den Buchratgebern gibt es ein breites Angebot an Elternzeitschriften. Elternzeitschriften thematisieren wechselnde Themen von der Geburt bis in die Adoleszenz. Neben der körperlichen, kognitiven und sozio-emotionalen Entwicklung von Kindern und Erziehungsfragen stehen Themen wie Familienorganisation, Vereinbarkeit von Familie und Beruf oder rechtliche Fragen im Zentrum. Auch wenn es dabei Zeitschriften gibt, die schon lange bestehen, wie beispielsweise die Schweizerische Monatszeitschrift „Wir Eltern" (seit 1924), ist ähnlich wie bei den Ratgebern in Buchform auch hier das Feld kaum mehr zu überblicken.

Zudem besteht ein recht breites Angebot an elektronischen beziehungsweise webbasierten Ratgebern, sei dies in Form von Elternblogs, in denen Eltern von alltäglichen Herausforderungen der Kindererziehung berichten oder auch in Form von Smartphone-Apps, welche mit Erziehungstipps für bestimmte Situationen (Schlafprobleme, Trotzphase) oder Altersstufen aufwarten. Interessanterweise scheinen sich die elektronischen Ratgeber (mit Ausnahme sogenannter Community-Funktionen, also Kommentar- oder Chatfunktionen) kaum von analogen zu unterscheiden. So erinnern beispielsweise sehr viele Apps strukturell an Elternbriefe.

5 Textfunktionen von Ratgebern[7]

Die Ausführungen zu den Versuchen der Gegenstandsbestimmung, der inhaltlichen Ausgestaltung und den medialen Darbietungsformen von Ratgebern haben die enorme Vielfalt von Ratgebermedien unterstrichen.

---

7 Im vorliegenden Band geht der textlinguistische Beitrag von Christine Ott und Jana Kiesendahl vertieft auf Textfunktionen von Ratgebern, wie auch die theoretischen Standpunkte ein, die im Folgenden skizzenhaft beleuchtet werden.

Einige der Inkonsistenzen, die in der Gegenstandsbestimmung beobachtet und auch in der inhaltlichen Ausgestaltung von Ratgebern ersichtlich werden, basieren auf der Prämisse, es könne eindeutig festgestellt werden, was ein Ratgeber ist und was nicht. Möglicherweise ist die damit verbundene Frage nach dem erklärenden, eindeutigen Klassifikationsprinzip aber falsch gestellt.

Vielmehr könnte es so sein, dass Texte nicht binär als Ratgeber oder Nicht-Ratgeber beschrieben werden können, sondern dass sich ein Kontinuum aufspannt von eindeutigen und weniger eindeutigen Ratgebern. Im Folgenden wird argumentiert, dass die Textlinguistik für die Bearbeitung dieser Frage ein interessantes Instrumentarium zur Verfügung stellt, nämlich jenes der Bestimmung von Textfunktionen (differenziert dazu: Ott und Kiesendahl in diesem Band). Mit Rückgriff auf Bühlers (1965) Organon-Modell kann argumentiert werden, dass (schriftliche) Kommunikation verschiedene Funktionen erfüllt: eine Darstellungsfunktion (einen Gegenstand sachlich beschreiben), eine Appellfunktion (auf jemanden einwirken) und eine Ausdrucksfunktion (die Sicht des Autors ausdrücken). In Brinkers (1985) Erweiterung des Konzepts der Textfunktionen wird aus der Darstellungs- die Informationsfunktion. Im Sinne der Sprechakttheorie von Searle (1983) könnte derselbe Gegenstand mit der Unterscheidung zwischen repräsentativen und direktiven Illokutionsklassen beschrieben werden (vgl. Brinker 1985, 94). Repräsentative Sprechakte wären beispielsweise Feststellungen, Vorhersagen, Erklärungen oder Diagnosen, direktive Sprechakte beinhalten unter anderem Ratschläge, Empfehlungen oder Weisungen.

Mit diesem Instrumentarium könnte die Unterscheidung zwischen Sachbuch und Ratgeber als Kontinuum dargestellt werden, so dass die primäre Textfunktion in Ratgebern die Appellfunktion ist und jene in Sachbüchern die Darstellungsfunktion (vgl. Abb. 1), wobei auch andere Kombinationen der beiden Funktionen in unterschiedlichen Ausprägungen denkbar sind.

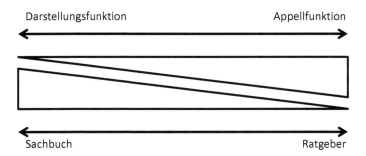

Abb. 1: Primäre Textfunktion und Textsorte

Eine zentrale Herausforderung bei der Bestimmung dessen, was ein Ratgeber ist und welche Funktion er erfüllen soll, evolviert aus der Feststellung, dass Ratgeber nicht nur eine einzelne Textfunktion wahrnehmen (Rat geben), sondern im breiten Feld der Ratgebermedien vielfältige Textfunktionen beobachtet werden können. Diesen Sachverhalt hat Lüders mit dem Hinweis beschrieben, dass der Sammelband ‚Eric, Laura, Karen, Dibs – Vier junge Menschen meistern ihre Behinderung' „sowohl als Bericht über geglückte Therapien, als Roman und als Hoffnung vermittelnder, authentischer Ratgeber gelesen werden" (Lüders 1994, 171) kann. Bereits seit geraumer Zeit wird in der Textlinguistik darauf hingewiesen, dass „kaum eine Nachricht (…) nur eine Funktion erfüllt" (Jakobson 1971, 147), sondern eine Vielfalt von Funktionen in Texten beobachtet werden können, diese jedoch unterschiedlich hierarchisch geordnet seien.

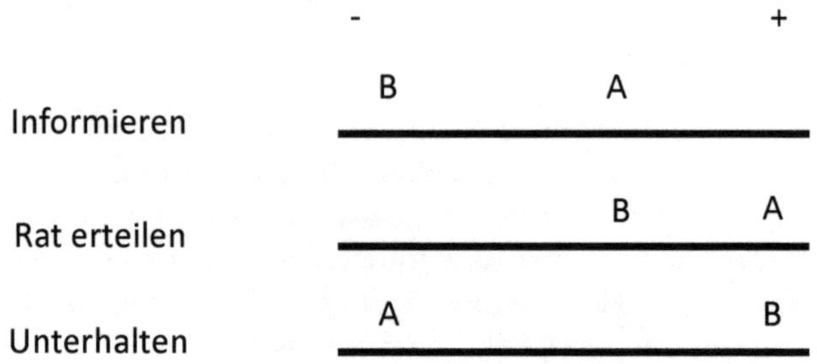

Abb. 2: Beispiele der Kombination primärer und sekundärer Textfunktionen

Auf das Feld der Ratgebermedien bezogen könnten zwei Bücher als Ratgeber verstanden werden, die sich jedoch in der hierarchischen Ordnung der beobachtbaren Textfunktionen unterscheiden. In Abbildung 2 werden zwei fiktive Beispiele dargestellt. Ratgeber A zeigt sich in den darin vorhandenen Textfunktionen primär als Ratgeber, der auf zweiter Ebene informiert und deutlich untergeordnet unterhält. Ratgeber B hingegen zeichnet sich durch eine ausgeprägte Unterhaltungsfunktion aus, wobei auch ‚Rat geben' und ‚Informieren' in absteigender Bedeutung beobachtbar ist.

Empirisch zu klären ist nun, ob diese Strukturen tatsächlich bei Ratgebern beobachtet werden können und wie die Streuung der unterschiedlichen Textfunktionen, die in Ratgebern vorkommen, über die unterschiedlichen medialen Präsentationsformen (Bücher, Broschüren, Elternbriefe, Elternzeitschriften, Elternblogs) von pädagogischen Ratschlägen beschrieben werden kann. Ein Instrumentarium dafür bietet die in diesem Band von Ott und Kiesendahl vorgeschlagene pragmatische Stilanalyse.

6 Diskussion

Im vorliegenden Beitrag wurde ein dreifaches Erkenntnisinteresse verfolgt. Einerseits sollten unterschiedliche Gegenstandbestimmungen dessen, was ein Ratgeber ist, dargestellt und verglichen werden, darauf aufbauend wurden unterschiedliche Systematisierungen von Themen und Anlässen von Ratgebern präsentiert und danach die unterschiedlichen medialen Darbietungsformen von Ratgebern diskutiert. Als Alternative zu einer binären Gegenstandsbestimmung von Texten als Ratgeber beziehungsweise als Nicht-Ratgeber wurden mit Rückgriff auf textlinguistische Modelle ein möglicher Ausweg – in Form von unterschiedlichen Textfunktionen und ihrer hierarchischen Gliederung – skizziert.

Damit verfolgte der Beitrag auf einer programmatischen Ebene das Ziel, aufzuzeigen, dass mit rigiden Zuordnungssystemen und Definitionsversuchen, dessen was ein Ratgeber ist, vermutlich mehr Probleme generiert werden, als diese lösen.

Mit Blick auf die präsentierten Gegenstandbestimmungen von Ratgebern machen die Ausführungen deutlich, dass aus einer forschungspraktischen Perspektive, die vorliegenden Versuche sehr wohl ihre je eigenen Vorteile haben. So entspricht sowohl die Definition der Warengruppensystematik, als auch die tautologische Definition von Ratgebern einem verbreiteten Bedürfnis, den Forschungsgegenstand scheinbar eindeutig benennen zu können. Faktisch werden aber mit beiden Zugängen keine Probleme gelöst. Bei der tautologischen Definition bleibt unklar, worin, beziehungsweise in welchem Teil sich ein Ratgeber auf welche Weise als solcher zu erkennen gibt. Muss Rat oder Hilfe im Titel oder Untertitel vorkommen, muss der Autor oder die Autorin des Bandes beratend tätig sein oder muss aus den verwendeten sprachlichen Registern der Ratgeber als solcher erkennbar sein?

Bei der Gegenstandsbestimmung durch die Warengruppensystematik des Buchhandels liegt das Kernproblem in der Unterscheidung zwischen Sachbüchern und Ratgebern, die nicht zuletzt über die Wirkung bei den Rezipienten bestimmt wird und damit außerhalb des Buches selbst liegt (Heimerdinger 2008). Ein ganz ähnlich gelagertes Problem kann bei der Beschreibung, Ratgeber seien ein eigenes Genre, beobachtet werden. Werden die drei Kriterien etwas genauer betrachtet, fällt auf, dass auch, wenn der Gegenstand eines Ratgebers als ‚Thema der Kindererziehung‘ identifiziert würde und das Kriterium des Leserkreises ‚Eltern‘ ebenfalls eindeutig aus dem Ratgeber eruiert werden könnte, die Frage des Leseziels, mit dem Lesende einen Ratgeber zur Hand nehmen, eine empirisch zu klärende Frage bleibt. Genau hier setzt die, in diesem Beitrag skizzierte Alternative an, die Gegenstandsbestimmung aus einer textlinguistischen Perspektive anzugehen. Ratgeber, welche auch in einem gewissen Umfang eine ratgeberische Textfunktion besitzen, könnten demnach sehr wohl mit dem Ziel der Unterhaltung gelesen werden. Insbesondere bei den auflagestarken Büchern von Chua (2011) oder Druckerman (2012), die eine ausgeprägte Unterhaltungsfunktion besitzen, kann die Frage nach dem Leseziel zumindest a priori nicht eindeutig beantwortet werden. Der forschungspragmatische Wunsch nach Eindeutigkeit in der Gegenstandsbestimmung ist durchaus verständlich. Gleichzeitig machen die Ausführungen im Beitrag klar, dass relativ einfache Typisierungen der Komplexität des Feldes nur unzureichend gerecht werden und es somit fraglich ist, ob sie beim Versuch einer angemessenen Gegenstandsbestimmung tatsächlich hilfreich sind. Im besten Fall, können die hier vorgestellten Systematisierungsversuche aber dazu beitragen, die Auswahl eines Datenkorpus in einem Forschungsprojekt zu situieren – auch wenn es allenfalls nur zu einer negativen Bestimmung führt, also zu Aussagen dazu, was alles nicht Gegenstand der Untersuchung ist.

In der Kombination der Vielfalt der medialen Vermittlungsformen und dem thematischen Spezialisierungsgrad von Ratschlägen, den Anlässen für Ratschläge und den unterschiedlichen, durch Ratschläge übersetzten, weltanschaulichen, religiösen, politischen oder wissenschaftlichen Perspektiven spannt sich ein sehr breites Netz auf, dem kaum mit einfachen Typisierungen beizukommen ist. Für die künftige Forschung gilt es, reflektiert mit dieser Vielgestaltigkeit des Untersuchungsgegenstandes umzugehen.

Literatur

Berg, C. (1991): ‚Rat geben‘. Ein Dilemma pädagogischer Praxis und Wirkungsgeschichte. In: Zeitschrift für Pädagogik 37 (5), 709-734.

Börsenverein des Deutschen Buchhandels (2007): Warengruppen Systematik neu (WGSneu) – Version 2.0. Verfügbar unter https://www.boersenverein.de/sixcms/media.php/976/wgs2012.pdf (Zugriff am 08.10.2018).

Brinker, K. (1985): Linguistische Textanalyse. Eine Einführung in Grundbegriffe und Methoden. Berlin: Erich Schmidt.

Bühler, K. (1965): Sprachtheorie. Die Darstellungsfunktion der Sprache. Stuttgart: Gustav Fischer.

Chua, A. (2011): Battle Hymn of the Tiger Mother. New York: Penguin.

Druckerman, P. (2012): French Children Don't Throw Food. Parenting Secrets from Paris. London u.a.: Doubleday.

Fuchs, M. (1997): ‚Wie sollen wir unsere Kinder erziehen?‘ Bürgerliche Kindererziehung im Spiegel populärpädagogischer Erziehungsratgeber des 19. Jahrhunderts. Wien: Edition Praesens.

Hefft, G. (1978): Elternbücher. Eine pädagogische Analyse. München u.a.: R. Piper & Co.

Heimerdinger, T. (2006): Alltagsanleitungen? Ratgeberliteratur als Quelle für die volkskundliche Forschung. In: Rheinisch-Westfälische Zeitschrift für Volkskunde 51 (1), 57-71.

Heimerdinger, T. (2008): Der gelebte Konjunktiv. Zur Pragmatik von Ratgeberliteratur in alltagskultureller Perspektive. In: A. Hahnemann/D. Oels (Hrsg.): Sachbuch und populäres Wissen im 20. Jahrhundert. Frankfurt am Main u.a.: Peter Lang, 97-108.

Herkenrath, L. (1978): Zum Umgang mit Ratgeberliteratur. In: T. Sprey (Hrsg.): Praxis der Elternbildung. Projekte – Hilfen – Perspektiven. München: Kösel, 94-103.

Höffer-Mehlmer, M. (2003): Elternratgeber. Zur Geschichte eines Genres. Baltmannsweiler: Schneider Verlag Hohengehren.

Höffer-Mehlmer, M. (2008): Erziehungsdiskurse in Elternratgebern. In: W. Marotzki/L. Wigger (Hrsg.): Erziehungsdiskurse. Bad Heilbrunn: Verlag Julius Klinkhardt, 135-153.

Jakobson, R. (1971): Die linguistische Analyse der Literatur. Die strukturalistische Tradition. In: J. Ihwe (Hrsg.): Literaturwissenschaft und Linguistik. Ergebnisse und Perspektiven. Band II/1. Frankfurt am Main: Athenäum, 142-178.

Keller, N. (2008): Pädagogische Ratgeber in Buchform – Leserschaft eines Erziehungsmediums. Bern u.a.: Peter Lang.

Kingma, R. (1996): Elternbildung in Medien. Eine Inhaltsanalyse der Zeitschrift Eltern 1967-1992. Frankfurt am Main u.a.: Peter Lang.

Kleiner, S. (2014): The trouble with happiness. Martin Gumperts ‚Die Kunst glücklich zu sein' und die Anthropologie des Ratgebens in den 1950er Jahren. In: Internationales Archiv für Sozialgeschichte der deutschen Literatur 39 (2), 515-535.

Kost, J. (2010): Erziehungsratgeber für die frühe Kindheit. Eine diskursanalytische Untersuchung. Unveröffentlichte Masterarbeit. Freiburg CH: Departement Erziehungswissenschaften der Universität Freiburg CH.

Kost, J. (2013): Erziehungsratgeber. In: M. Stamm/D. Edelmann (Hrsg.): Handbuch frühkindliche Bildungsforschung. Wiesbaden: Springer VS, 473-484.

Lüders, Ch. (1994): Pädagogisches Wissen für Eltern. Erziehungswissenschaftliche Gehversuche in unwegsamen Gelände. In: H.-H. Krüger/T. Rauschenbach (Hrsg.): Erziehungswissenschaft. Eine Disziplin am Beginn einer neuen Epoche. Weinheim: Juventa, 163-183.

Lüscher, K./Giehler, W./Stolz, W. (1978): Elternbildung durch Elternbriefe. In: K. Schneewind/H. Lukesch (Hrsg.): Familiäre Sozialisation. Stuttgart: Klett-Cotta, 324-351.

Lüscher, K./Koebbel, I./Fisch, R. (1982): Elternbriefe und Elternbildung. Eine familienpolitische Maßnahme im Urteil der Eltern. In: Zeitschrift für Pädagogik 28 (5), 763-774.

Oelkers, J. (1995): Pädagogische Ratgeber. Erziehungswissen in populären Medien. Frankfurt am Main: Verlag Moritz Diesterweg.

Schmid, M. (2008): Erziehungsratgeber in der ersten Hälfte des 20. Jahrhunderts – eine vergleichende Analyse. Berlin: Weißensee.

Schmid, M. (2011): Erziehungsratgeber und Erziehungswissenschaft. Zur Theorie-Praxis-Problematik populärpädagogischer Schriften. Bad Heilbrunn: Verlag Julius Klinkhardt.

Schmid, M. (2016): Familienerziehung und Familienbildung. In: A. Hoffman-Ocon/E. Matthes/S. Schlüter (Hrsg.): Enzyklopädie Erziehungswissenschaft Online (EEO). Historische Pädagogik/Historische Bildungsforschung, Sozialisations- und Erziehungsinstanzen. Weinheim u.a.: Beltz.

Searle, J.R. (1983): Sprechakte. Ein sprachphilosophischer Essay. Frankfurt am Main: Suhrkamp.

Zeller, C. (2018): Warum Eltern Ratgeber lesen. Eine soziologische Studie. Frankfurt am Main: Campus.

Michaela Schmid

Das Pädagogische von medialen[1] Ratgebern und Überlegungen zu ihrer Artikulation

1 „Stumme Ratgeber" und welche systematischen Fragen sie aufwerfen

„Die idealen Ratgeber der Moderne sind ‚stumme Ratgeber'. Die ganz ohne Körper und Antlitz auskommen, sich dafür aber perfekt an die vertrauten und vertraulichen Formen der Autokonsultation anschließen lassen." (Wandhoff 2016, 163) Wandhoffs Zeitgeistanalyse, die sich auf das Entstehen und den Siegeszug medialer Ratgeber im Zuge der Moderne bezieht, trägt die These im Gepäck, dass die hohe Nachfrage nach medialen Ratgebern und somit ihre Vormachtstellung gegenüber nicht-medialen Ratgebern besonders darin begründet sei, dass diese von ihm sogenannten „stummen Ratgeber"

> „gerade nicht besserwisserisch daherkommen, sondern dem Leser bzw. Ratsuchenden in vornehmer Zurückhaltung und ohne ihn in eine ‚echte', nämlich interaktive Beratungsbeziehung zu verstricken, einige nützliche Informationen anbieten: ‚Die darin vorausgesetzte Asymmetrie', so Rainer Paris, ist ‚so dosiert, daß sie dem Selbstbild des modernen Menschen als eines autonomen und selbstverantwortlichen Handlungs- und Entscheidungssubjekts noch nicht zuwiderläuft und damit grundsätzlich kompatibel ist.'" (Wandhoff 2016, 172)

Wandhoff, der die Entwicklung der medialen Ratgeber vom Entstehen der Ratgeberliteratur im Zuge des Buchdrucks bis zu Ratgebern in Radio, Internet und Fernsehen historisch und sozialkritisch nachzeichnet (ebd., 157ff; vgl. auch Haiko Wandhoff in diesem Band), verweist mit dieser paradoxen Bezeichnung „stummer Ratgeber" und der provozierenden Kernthese auf pädagogisch Bedeutsames und erziehungswissenschaftlich Interessantes: das Lernen von Wissen und Einstellungen durch mediale bzw. „stumme" Ratgeber, d.h. also über eine Erziehungssituation, der eine persönliche Beziehung als Grundlage fehlt und die somit eine Rückmeldung verunmöglicht, wird von erwachsenen Lernern nicht als Zumu-

---

[1] Mit dem Begriff medial werden im Folgenden Ratgeber bezeichnet, die nicht als in einer Situation unmittelbar anwesende Person auftreten, sondern in irgendeiner Form versprachlicht vorliegen.

tung empfunden, weil so die aufgrund des Wissensgefälles für pädagogische Prozesse notwendig vorhandene Asymmetrie verschleiert wird.

Dieser historisch-gesellschaftskritische Zugang Wandhoffs zu medialen Ratgebern legt demzufolge einige systematische Fragen offen: Was ist das Charakteristikum von Erziehungssituationen (vgl. auch Ulf Sauerbrey in diesem Band), denen eine persönliche Beziehung fehlt? Was sind ihre Möglichkeiten und Grenzen? Welche Spezifika der Artikulation ergeben sich? Empfinden Erwachsene die allen Erziehungsprozessen grundlegende/strukturell innewohnende Asymmetrie tatsächlich stärker als Kinder und Jugendliche als „Zumutung" (vgl. Reichenbach 2000), selbst wenn diese Erziehungssituation, so beispielsweise bei Ratgebern, selbstgewählt ist? Und spricht die Disziplin, die ja selbst von Erwachsenen geführt und betitelt wird, u.a. deshalb lieber von Erwachsenen*bildung*, wenn es um Erwachsene geht, obgleich Bildung letztlich eine Form der Erziehung, nämlich Selbsterziehung (vgl. Sünkel 2011, 32), darstellt? Und warum empören sich jetzt (sicherlich) einige Leser, dass es sich bei Ratgebern doch gar nicht um Erziehungssituationen handle, sondern um Beratungssituationen. Denn Erziehung und Beratung seien schließlich völlig voneinander zu trennen. Und dann weiter: dass sowieso fraglich sei, warum Ratgeber und nicht nur Erziehungsratgeber hier Gegenstand der Betrachtung seien. Denn schließlich wären nur jene Ratgeber erziehungswissenschaftlich relevant, die über Erziehung und nicht etwa die richtige Figur oder das perfekte Eigenheim beraten.[2]

Klaus Prange schrieb bereits in der Erstauflage seiner Erziehungstheorie von 2005, dass es doch überrascht, wie die einfachsten Fragen immer wieder für Verwirrung sorgten und auch sieben Jahre später hat sich offensichtlich nichts geändert, wenn er disziplinkritisch zu bedenken gibt, dass es vielleicht gerade auch an dieser selbst liege, da sie ihren zentralen Gegenstand Erziehung nicht mehr kenne und Erziehung als „Peinlichkeit" empfinde, als etwas, „für das man sich zu entschuldigen habe" oder gar „durch innovative Konzepte zu überwinden sucht" (Prange 2012, 13). So einfach und trivial die Frage also klingen mag, so elementar und bedeutsam ist sie: *Was ist das Pädagogische an medialen Ratgebern?*

Die folgenden Überlegungen beziehen sich auf Ratgeber grundsätzlich, also unabhängig davon, in welcher verschriftlichten Form/als welches Medium sie vorliegen und auch davon, welchen Gegenstand sie transportieren. Denn sowohl eine Einengung auf ein bestimmtes Medium, z.B. Ratgeber in Buchform, oder auch auf den Gegenstand, z.B. Erziehung[3], würde sich für grundsätzliche Fragen als ungeeignet erweisen.

---

2 Vergleiche auch jene Beiträge im vorliegenden Band zur „erziehungswissenschaftlichen Ratgeberforschung", die sich nur mit Erziehungsratgebern beschäftigen.

3 Vergleiche zur Geschichte und disziplinären Einordnung von Erziehungsratgebern Schmid 2016, 29ff.

Die Auseinandersetzung mit dieser grundlegenden Frage hat einen allgemeinpädagogischen Zugang und soll gleichsam auch eine erste Klärung der vier meistgehörten Einwände ermöglichen, die im Kontext der Ratgeberforschung in der Erziehungswissenschaft[4] immer wieder zu hören sind:

- Nur jene Ratgeber seien für die erziehungswissenschaftliche Forschung relevant, die sich mit Erziehung beschäftigen, also nur Erziehungsratgeber.
- Von Erziehung könne man nur bei Kindern sprechen. Bei Erwachsenen spreche man von Bildung. Und bei Jugendlichen? Da wird dann überwiegend von Beratung gesprochen, die die Erziehung zunehmend ablöse (vgl. z.b. Kraft 2011). Wo jedoch dann der Unterschied von Erziehung, Bildung, und auch Beratung strukturell liegt, wird nicht hinreichend begründet – nur, dass man doch Erwachsene schließlich nicht erziehe (vgl. z.B. Marotzki 2006, 149). Was sich hier zeigt, ist, wie normativ aufgeladen der Erziehungsbegriff verwendet wird.
- Bei Ratgebern, egal über welches Thema diese informieren wollten, handle es sich also nur um Beratungssituationen. Beratung habe mit Erziehung nichts zu tun. Folglich sind Ratgeber, wenn überhaupt, nur im Kontext der Beratungstheorie wissenschaftlich interessant.
- Bei Erziehung ohne echte Beziehung, also die Beziehungssituation, die Wandhoff „stummen Ratgebern" zuschreibt, handle es sich strukturell um keine Erziehung mehr, da die Vermittlung nicht mehr auf Lernen bezogen sein könne, somit Artikulation und damit das Pädagogische an Ratgebern verunmöglicht sei/wegfalle.

2 Erziehungswissenschaftliche Relevanz von medialen Ratgebern

Wolfgang Sünkel klärt in seiner Erziehungstheorie (2011), in welcher er die Fundamentalstruktur einer *jeden* Erziehung, also unabhängig der unzählbaren Ausprägungen im Kontext von Zeit oder Kultur, herauszuarbeiten und zu beschreiben versucht, für die hier vorliegende Fragestellung Wesentliches:
Als Fundamentalstruktur – und somit als Charakteristikum von Erziehung – bezeichnet Sünkel das Zusammenspiel der gegenstandsorientierten Tätigkeit des Aneignenden und der handlungsorientierten Tätigkeit des Vermittelnden (vgl. Sünkel 2011, 90f). Das Handeln des Vermittelnden ist folglich nicht – wie in vielen Darstellungen des didaktischen/pädagogischen Dreiecks veranschaulicht – auf den Gegenstand bezogen, sondern auf das Aneignungshandeln des Aneignenden (vgl. Abb. 1). Insofern, und *nur insofern/in dieser Beziehung* sind beide auf den

---

4 Manche dieser Einwände wurden auch im Netzwerk aufgrund unterschiedlicher theoretischer Zugänge immer wieder kontrovers diskutiert. Die einzelnen Beiträge dieses Sammelbandes und Einbettungen der Ratgeberforschung in die Erziehungswissenschaft spiegeln die lebhaften Kontroversen wider.

Gegenstand – Sünkel nennt diesen „3. Faktor" – verwiesen; folglich hängt es „von seinem [gemeint: der 3. Faktor; M.S.] Vorhandensein ab (…), ob es sich bei einer Beziehung zweier Subjekte um eine pädagogische handelt" (Sünkel 2011, 41). Was durch diese Beschreibung deutlich wird: Ohne Gegenstand handelt es sich „nur" um irgendeine Art der Beziehung; ohne Vermittlung handelt es sich „nur" um irgendeinen Lernprozess; Vermittlung ohne Aneignung macht keinen Sinn bzw. kann es strukturlogisch nicht geben; ist das Handeln der Person, die vermittelnd tätig sein will, ausschließlich auf den Gegenstand bezogen, dann handelt es sich um zwei Personen, die sich mit demselben Gegenstand befassen, aber nicht um Erziehung. *Völlig egal* für diese deskriptive Beschreibung der Struktur von Erziehung ist überdies, *was* der *Gegenstand* ist und *ob die Art der Beziehung,* die die beiden Personen eingehen, eine persönliche ist oder nicht.

Ähnlich formuliert das Klaus Prange und sieht das Kommunikationsdreieck ebenso als Voraussetzung für Erziehung, jedoch mit anderem Zugang und etwas anderem Fokus. Er arbeitet in seiner Erziehungstheorie (2005/2012) heraus, dass sich erst in der Bezogenheit des Zeigens (als Grundoperation von Erziehung) auf das Lernen das Pädagogische identifiziert (vgl. Prange 2012, 67). Dabei ist *gleich, was* gezeigt wird oder ob es sich „nur" z.B. um einen fiktiven Leser handle (vgl. ebd., 78) – das wäre der Ursprung der Beziehungsbasis bei „stummen Ratgebern" – als Elementares bleibt: sobald *jemanden etwas* gezeigt wird, damit er oder sie es *wieder zeigen* (Lernvorgang) kann, handle es sich um Erziehung. Folglich bedarf es auch bei Prange als grundlegendes Charakteristikum für Erziehung eines Gegenstandes; weiterhin liege nicht jedem Lernvorgang Zeigen zugrunde und nicht jedes Zeigen sei auf Lernen bezogen (das wäre dann kein pädagogisches Zeigen) – folglich identifiziere und vollziehe sich Erziehung erst in diesem Zusammenspiel, d.h. in der Artikulation[5] (vgl. Prange 2012, 78). Während es für Sünkel zwar Vermittlungsprozesse ohne Aneignungsprozesse geben kann, die aber dann ins Leere laufen, ist für Prange pädagogisches Zeigen ohne Lernen nicht existent. Einig sind sie sich in Wesentlichem: Beide Autoren identifizieren folglich die Artikulation als Kernstück des Pädagogischen, aber eben mit je anderem Zugang zu und Fokus[6] auf Artikulation.

---

5 Die Frage, wie die pädagogische Differenz von „Vermitteln und Aneignen" (Sünkel 2011), „Zeigen und Lernen" (Prange 2012), „Lernhilfe und Lernen" (Loch 1979) oder „Aufforderung und Selbsttätigkeit" (Benner 1987) – um nur einige Erziehungstheorien zu nennen – überwunden werden kann, stellt das Herzstück pädagogischer Theorie dar und wird mit dem Begriff der Artikulation bezeichnet. Bedauerlicherweise ist nur eine marginale Berücksichtigung und Verwendung dieses Grundbegriffes in der Allgemeinen Pädagogik und damit in der Erziehungswissenschaft insgesamt zu konstatieren.

6 Bei beiden fundiert das klassische Kommunikationsdreieck Erziehung, jedoch mit unterschiedlichen Zugängen, Betonungen und Folgen für die Artikulation: bei Sünkel entsteht Erziehung erst, wenn das Handeln des Erziehenden auf das Aneignungshandeln des Zöglings bezogen ist, somit hand-

Grundlegend einig sind sie sich auch hinsichtlich dessen, was Erziehung ist, so dass sich schlussfolgern lässt: Jeder Ratgeber ist erziehungstheoretisch bedeutsam, da, unabhängig von dem, was er dem Leser vermittelt (die gute Figur, das richtige Leben, die bessere Erziehung, die lustbetontere Sexualität…), die vermittelte Sache vom Lesenden angeeignet werden soll (Interesse Ratgeberverfassende) und/oder will (Interesse Ratsuchende). Beide Akteure können Ausgangspunkt für die Erziehungssituation sein (vgl. auch Beitrag Ulf Sauerbrey in diesem Band). Sünkel führt nun weiter aus: Dieses Anzueignende kann nun

> „nicht nur in Subjekten oder in deren Tätigkeiten und Produkten [also persönlichen Beziehungen!; M.S.] sowie in Geräten und Sachen, also außerhalb ihrer selbst, sie können auch *in sich selbst inkorporiert* sein; das meint sie können die Gestalt eines ‚Textes‘ annehmen. Beispielsweise wird die Gebrauchsdisposition eines Gerätes oder einer Maschine in der Regel als Text (‚Gebrauchsanweisung‘) formuliert und wird in dieser Form, nämlich als Text, auch angeeignet." (Sünkel 2011, 60; Hervorhebung M.S.)

Unter Text versteht Sünkel nicht nur Geschriebenes, sondern im weiten Sinne „alles, was auf irgendeine Weise sprachlicher Formulierung zugänglich ist" (ebd.). Und weiter führt er aus: „Immer dann, wenn, und immer dort, wo eine solche als Text objektivierte Tätigkeitsdisposition zum gemeinsamen Gegenstand von Vermittlung und Aneignung genommen wird, handelt es sich um Unterricht." (ebd.) Sünkel ordnet somit Unterricht[7] als eine Form der Erziehung dieser unter, und dabei ist unwesentlich, ob es sich um einen mündlichen oder schriftlichen Text handelt, d.h. ob über ein persönliches oder sachliches Medium vermittelt wird. Wesentlich ist vielmehr, dass der Vermittelnde die eigene Arbeit am bzw. das Handeln mit dem Gegenstand unterbricht, um sein Handeln auf das Aneignungshandeln zu beziehen: „die vermittelnde Tätigkeit tritt ‚diskret‘ und ‚explizit‘ auf" (Sünkel 2011, 79). Diese Form der Erziehung nennt Sünkel „pädeutisch" (ebd., 78ff); Unterricht ist somit immer „pädeutisch". Sünkels Erziehungsbegriff ist ein sehr weiter, da neben dem „Unterricht" als eine Form von Erziehung auch all jenes als Erziehung bezeichnet wird – die klassische Differenzierung zwischen intentio-

---

lungsorientiert ist – und zwar unabhängig davon, ob das ursprüngliche Tun der dann vermittelnden Person unterbrochen wurde zugunsten der Vermittlung (genannt „Pädeutik" – Unterrichtssituationen sind stets pädeutisch) oder nicht (vgl. „Protopädie"). Zwei grundsätzliche Fragen, die sich für die Artikulation nun stellen, sind: Vollzieht sich die Artikulation nur in Unterrichtssituationen, da Arbeit und Vermittlung nur hier zeitlich getrennt sind (vgl. Sünkel 2011, 35)? Oder gibt es zwei Artikulationsformen/-arten, die unterschiedlich aussehen, da die Vermittlung einmal „explizit" und das andere Mal „implizit" ist. Wie dem auch sei: Artikulation ist bei Sünkel eine Folge der Identifikation des Pädagogischen. Bei Prange Voraussetzung – die Artikulation definiert das Pädagogische. Vermittlungshandeln ohne Aneignung kann es für Sünkel nicht geben. Während es für Prange auch Zeigen ohne Lernen geben kann, da sich das Pädagogische erst in der Artikulation von Zeit ergibt (vgl. Prange 2012, 86).

7 Für eine Vertiefung von Sünkels Unterrichtsbegriff vgl. auch Sünkel 1996.

.

nal vs. funktional lehnt Sünkel ab (vgl. ebd., 73ff) –, das nicht explizit durch die Trennung von Tun am Gegenstand und Vermittlung sichtbar ist, weil sich die Vermittlung „auf dem Rücken anderer Tätigkeiten mitvollzieht" (ebd., 80). Aus dem normalen Tun einer Person – Sünkel nennt als Beispiel Schnee räumen – entsteht erst die Vermittlung als zweite Handlung auf dem Rücken dieses ursprünglichen Tuns. Die Person ist somit gegenstands- *und* handlungsorientiert, räumt Schnee und „vermittelt" *zeitgleich (!)* das Schneeräumen, wobei erst ab dem Zeitpunkt, ab dem Vermittlung passiert, die Situation eine pädagogische wird und Erziehung entsteht. Vermittlung und gegenstandsorientiertes Tun sind also verbunden; Vermittlung entsteht erst dadurch und wird erst dadurch „sichtbar", indem eine andere Person sich etwas aneignen will. Diese Form der Erziehung ist folglich „nicht-diskret" (ebd., 79) und „implizit" (ebd.). Was sich über Ratgeber vollzieht, ist nach Sünkel somit eine Form der pädeutischen Erziehung bzw. Unterricht – in dieser weiten Bedeutung (nicht eingeengt auf schulischen Unterricht); die vermittelnde Person muss nicht tatsächlich auftreten, da diese den zu vermittelnden Gegenstand textlich „inkorporiert" (vgl. hierzu Sünkel 2011) hat – das zeigt sich in Gestalt des Ratgebers.[8]

Auch Prange, der zwischen direktivem, ostensivem und repräsentativem Zeigen unterscheidet, bezeichnet das Lernen von Kenntnissen als Erziehung durch Lehre, engt die Lehre ebenso nicht auf schulischen Unterricht ein[9], so dass das in Ratgebern vorfindbare Zeigen überwiegend dem repräsentativen Zeigen zugeordnet werden kann (vgl. Prange 2012, 121).

Bezogen auf das vorliegende Thema lässt sich schlussfolgern, dass jeder Ratgeber – unabhängig von seiner medialen Erscheinung und dem transportierten Inhalt – als erziehungswissenschaftlich relevant gilt, da er etwas zu vermitteln versucht und sich somit über Ratgeber Erziehung vollziehen kann.[10] Ob man es nun wie Prange als repräsentatives Zeigen oder wie Sünkel als Unterricht bezeichnet, es bleibt eine Form der Erziehung. Wählt man nun unter Ratgebern jene aus, die über den Gegenstand Erziehung *beraten* wollen, d.h. also Erziehungsratgeber, so bedeutet das „nur" – ist aber in dieser Doppelstruktur analytisch äußerst interessant –, dass sich die Fundamentalstruktur von Erziehung im zu vermittelnden 3. Faktor/Gegenstand nochmals zeigt, da mittels Erziehung über Erziehung aufgeklärt werden will (vgl. Abb. 2). Die Fundamentalstruktur bzw. Zeigen ist aber jedem Ratgeber inhärent.

---

8 Vergleiche auch den Beitrag von Sauerbrey in diesem Sammelband.

9 Pranges Unterrichtsbegriff ist jedoch auch nicht ganz so weit wie Sünkels pädeutischer Unterrichtsbegriff; auch Benner löst unter Bezugnahme auf Herbart den Unterrichtsbegriff von der Einengung auf Schulunterricht (vgl. Benner 1987, 207).

10 Vergleiche die Überlegungen von Ulf Sauerbrey in diesem Band und die von ihm infolgedessen herausgearbeiteten Forschungsdimensionen.

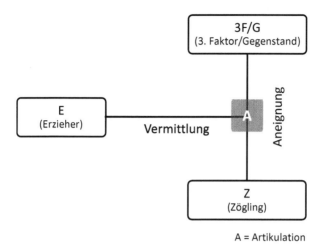

A = Artikulation

Abb. 1: Fundamentalstruktur

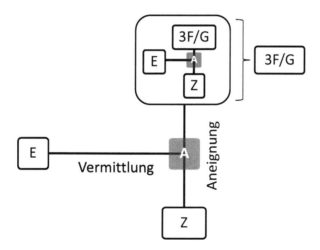

A = Artikulation

Abb. 2: Doppelte Fundamentalstruktur bei Erziehungsratgebern

3 Die Angst vor der Erziehung und die Flucht zur Bildung

„Der Ausdruck ‚pädagogisches Handeln' hat sich weithin eingebürgert, um jedwede Form erzieherischer Tätigkeiten zu bezeichnen. Er hat die Stelle eingenommen, die in der Tradition von dem Ausdruck ‚Erziehung' besetzt war. Das dürfte damit zusammenhängen, dass mit ‚Erziehung' vielfach nur der Fall der moralischen Erziehung gemeint ist. Der dann der ‚bloße' Unterricht und das Training, die Beratung und andere Einzelformen des pädagogischen Handelns zur Seite oder gegenüber gestellt werden." (Prange/ Strobel-Eisele 2006, 12)

Prange und Strobel-Eisele positionieren sich mittels ihrer Begriffsklärung sehr deutlich: Sie plädieren für einen weiten Erziehungsbegriff, den sie pädagogischem Handeln gleichsetzen und dem sie somit andere Formen von Erziehung wie Beratung unterordnen. Erziehung ist demzufolge auch nicht auf ein bestimmtes Alter wie Kindheit oder Jugendalter beschränkt, denn es ist und bleibt stets Erziehung, wenn Zeigen auf Lernen bezogen ist – an der Grundoperation ändert das Alter nichts. Sünkels strukturlogische Beschreibung von Erziehung bekräftigt diese Position: immer dann, wenn vermittelte Aneignung auftritt, handelt es ich um Erziehung. Sünkel denkt hier strukturlogisch sogar noch weiter: „Die pädagogische Subjektposition (ob Erzieher oder Zögling) ist also von der Generationenzuordnung streng zu unterscheiden." (Sünkel 2011, 36) Insofern können also nicht nur Erwachsene Erwachsene erziehen, sondern in bestimmten Fällen (!) auch Kinder Erwachsene (vgl. ebd., 36).

Überzeugend argumentiert Prange weiter, warum eine Einengung des Erziehungsbegriffs auf die Kindheit und Jugend nicht nur falsch ist und von einer moralischen Aufladung dieses Begriffs herrührt, sondern auch für die Disziplin folgenreich war und ist:

„Wenn wir die Lernfähigkeit als Merkmal von Kindheit, nämlich das Lernenkönnen, für sich betrachten und von dem Kindstatus abstrahieren, dann können wir unabhängig vom Lebensalter alle Maßnahmen als Erziehen[11] bezeichnen, sofern sie sich auf das Lernen richten, und ungezwungen von ‚Jugenderziehung' und ‚Erwachsenenerziehung' sprechen. Das hat den Vorteil in der Erziehungswissenschaft mit *einer* Sprache zu sprechen, statt der Erziehung der Kleinen mit bedeutsamer Miene etwas anderes entgegenzusetzen, das besser für die Jugendlichen, die jungen Erwachsenen und die Großen passe und nicht ‚Erziehung' genannt werden dürfe, sondern im Falle der Erwachsenen besser mit dem noblen Begriff der Bildung erfasst sei. Doch diese Begründung hält nicht Stich: Auch Kinder sind nicht unterschiedslos gleichförmig; das ‚Material' verändert sich, durch Wachstum (…) so dass wir auf das Lernen eines kleinen Dreikäsehochs anders reagieren als auf das Lernen eines Zehnjährigen. Und [auf; M.S.] beide (…) anders als [auf; M.S.] Vierzehnjährige" (Prange 2012, 45; Hervorhebung im Original)

---

11 Damit meint Prange die Handlung, die Sünkel Vermittlung nennt und unterscheidet diese vom Begriff der Erziehung, der Erziehen und Lernen einschließt.

– und auf all diese wiederum anders als auf Erwachsene; und auch das Konstrukt „Erwachsene" ist nicht einheitlich. Weil folglich die Struktur (Sünkel) bzw. die Grundoperation von Erziehung (Prange) von Teilen der eigenen Disziplin nicht erkannt wird und auch deshalb Erziehung oft als moralische Erziehung verstanden wird (damit wird Erziehung nicht mehr beschrieben, sondern präskriptiv verstanden; moralische Erziehung ist nur ein „Kleidchen" von Erziehung, da das „Moralische" den Gegenstand der Erziehung bestimmt), ist der Erziehungsbegriff so normativ aufgeladen, dass man davor zurückschrecke, Erziehung auf Erwachsene zu beziehen und ihn durch andere Begriffe ersetze, die das, was strukturell dennoch passiert, verwischen. Doch was macht denn der Erwachsenen*bildner* so strukturell anderes, wenn er erwachsenen *Lernern* etwas *vermittelt*? Was will der Ratgeberverfassende (neben dem erfolgreichen Verkauf seines Buches natürlich), wenn nicht durch Vermittlung etwas zur Aneignung zu bringen, durch Zeigen Lernende unterstützen? Woher kommt diese Angst vor Erziehung und die für die disziplinäre Identität Probleme stiftende Angewohnheit, lieber unscharfe, mitunter sogar strukturell falsche Aussagen zu machen, als sich mit dem Erziehen zu identifizieren?

Problematisch wird so eine begriffliche Unklarheit dann, wenn das Pädagogische bzw. die pädagogische Struktur des Gegenstands (hier: Ratgeber) dadurch nicht (mehr) erkannt wird und deshalb ein gegenstandtheoretischer Zugriff verunmöglicht wird. Das, was in einer erziehungswissenschaftlichen Ratgeberforschung folglich alles in den Blick genommen werden könnte und müsste, bleibt blind – das fängt schon beim Gegenstand Ratgeber an (nicht eingeschränkt auf Ratgeber, die Erziehung im Titel tragen oder Themen rund um Kindheit und Jugendalter).

Mit Ratgebern wird (strukturell gesprochen) also erzogen (oder zumindest der Versuch unternommen) – jedenfalls hierin dürften sich alle jüngeren Erziehungstheorien einig sein. Die Form der Erziehung kann als Unterricht (Sünkel) bzw. repräsentatives Zeigen (Prange) bezeichnet werden (vgl. Kap. 2). Weitergehender könnte man überlegen, ob aus diesen Unterrichtssituationen Bildungsprozesse (Selbsterziehung) initiiert werden können.

4 Beratung und ihre Beziehung zur Erziehung

Der Klärung eines Einwandes folgt oftmals ein neuer auf dem Fuße: Ratgeber seien, wie der Name „Erziehungsratgeber" schon sagt, doch gar nicht (ausschließlich) Unterricht (Sünkel) oder repräsentatives Lernen (Prange), sondern Beratung[12]!

---

12 Vergleiche den Beitrag von Ott/Kiesendahl in diesem Band, welcher eine Definition des Ratgebers mittels der Differenzierung von Rat geben und Beratung sucht.

Zwei Überlegungen begegnen diesem Einwand:

- Namen können auch in die Irre führen!

Nur weil ein medialer Ratgeber „alltagssprachlich" als *Rat*geber bezeichnet wird, muss er nicht beraten[13]. Solche Phänomene kennt man von Erziehung: was im Alltag als Erziehung bezeichnet wird, muss strukturlogisch noch lange keine Erziehung sein. Um das unterscheiden zu können, muss jedoch erst einmal geklärt werden, was Beratung ist.

- Ungeachtet davon, ob es sich bei Ratgebern nun um Beratung handelt oder nicht – warum sollte Beratung kein Teil von Erziehung sein?

„[A]uch wer berät, wird sich darum bemühen, dass sich direkt oder indirekt dem Ratsuchenden etwas zeigt, was er ohne Beratung nicht gesehen hat." (Prange 2012, 71) Wenn Unterricht wie auch pädagogische Beratung Grundformen der Erziehung sind, bleibt also noch zu klären, wo Ratgeber einzuordnen sind.

Volker Kraft, der 1993 in einem Aufsatz auf das Fehlen und die „Probleme einer pädagogischen Theorie der Beratung" aufmerksam machte, identifiziert schließlich 2011 in einem Kapitel seines Aufsatzes zur „Phänomenologie der Beratung" „als Kern der Beratung (...) ein[en] auf mehrere Schultern [gemeint: Ratgebender und Ratsuchender; M.S.] verteilte(n), gleichsam verdoppelte(n) und in Gesprächsform externalisierte(n) Reflexionsprozess" (Kraft 2011, 157), der die Klärung eines Sach- und/oder Lebensproblems zur Grundlage habe, also entscheidungszentriert sei. Bei der Beratung über Lebensprobleme sei die Grenze zur Psychotherapie fließend/schwer zu ziehen, wolle man die Spezifika der pädagogischen Beratung über Lebensprobleme herausarbeiten; und bei der Beratung über Sachprobleme sei eine unmittelbare Nähe zum Unterricht gegeben, da hier Wissen präsentiert werde, das jedoch – und hier entsteht für Kraft die Abgrenzung vom Unterricht – nur „auf die spezifische biographische Situation und die anstehende Entscheidung" (ebd., 160) bezogen sei, so dass in „Beratungen repräsentativ-entscheidungszentriert gezeigt" (ebd.) werde. Als weiteres grundlegendes Kriterium für Beratungssituationen führt Kraft das Autonomiegebot an, das besagt, dass beide der Beratungssituation angehörende Personen autonom sein müssen, wenn auch die Autonomie der ratsuchenden Person vorübergehend eingeschränkt sei. Insofern könne nur die Person Ratsuchende sein, die über die Ergebnisse der Beratungssituation autonom verfügen könne, die die Beratungssituation zwangsfrei aufsuchen und verlassen könne und die über die notwendigen kommunikativen Voraussetzungen (Sprache- und Reflexionsvermögen) für eine Beratungssituation

---

13 In diesem Beitrag werden bewusst die Begriffe „beraten" und „Beratung" gewählt, da es um die Unterscheidung der pädagogischen Handlungsformen „erziehen" und „beraten" geht. Für eine linguistische Differenzierung der Begriffe „Beratung" und „Rat geben" vgl. den Beitrag von Ott/Kiesendahl in diesem Band.

verfüge. Aufgrund dieses Autonomiegebots ergebe sich dann ein weiteres Charakteristikum der Beratung: Obwohl die Beratung als spezifisches Form des Zeigens[14] zur Erziehung gezählt werden könne (Kraft 2009, 206f, 221), zeigt sich die Beratungssituation

> „bei näherer Betrachtung als eigentümliche Umkehrung pädagogischer Situationen, weil die Zeigestruktur der Erziehung der Beratung mit umgekehrten Vorzeichen eingeschrieben ist und mit vertauschten Rollen in ihr zur Geltung kommt. Denn jetzt ist es der Ratsuchende, der die für sein (signifikantes) Lernen als hilfreich erachteten Berater selbst auswählt, und er bestimmt die Themen, den Zeitpunkt, den Verlauf, die Dauer, bewertet das Ergebnis, entscheidet sich autonom und handelt selbständig." (Kraft 2011, 161)

Weiterhin bezeichnet Kraft Beratung als Selbsterziehung (ebd., 160), die quantitativ im Jugendalter zunehme und sich weiterhin in ihrer spezifischen Gestalt der Artikulation zeige, nämlich als Intervention (ebd., 158). Warum nun jedoch Beratung von Kraft missverständlich als Selbsterziehung[15] bezeichnet wird, ist fraglich; denn dann befänden sich Ratgebende und Ratsuchende jeweils im selben Subjekt. Welche Aufgabe hätte dann der außenstehende Pädagoge in der Beratungssituation? Und wer interveniert dann in der Selbsterziehung – man selbst gegenüber den eigenen Problemen? Oder ist gemeint, dass Beratung als Intervention zu verstehen ist, die zur Selbsterziehung (Bildung) anregt? Wäre dann aber nicht jede Erziehung Beratung, da Erziehung neben der Vermittlung von Kenntnissen immer auch zur Reflexion über diese anregen sollte – und zwar anschlussfähig, d.h. individuell auf das eigene Leben bezogen (vgl. Herbarts Formalstufen des Unterrichts)? Und dann: Lässt sich die Beratung über Sach- und Lebensprobleme immer so klar trennen bzw. gehen diese nicht vielmehr miteinander einher? Und können nicht auch Kinder, je nach Gegenstand und Alter, beraten werden? Rückbezüglich auf die Überlegungen zu Ratgebern erweisen sich Krafts Überlegungen als ambivalent für eine Klärung: Einerseits wird klar, dass auch Beratung neben Unterricht und anderen Formen der Erziehung zur Erziehung gezählt werden muss und von einer psychologischen Beratung abgegrenzt werden kann. Ob es sich dabei jedoch um eine „eigentümliche Umkehrung" pädagogischer Situationen handelt, ist fraglich und wenn, ob dieses sich als ein geeignetes Kriterium zur Abgrenzung der Beratung von anderen Erziehungsformen handelt. Denn auch in

---

14 Kraft legt seinem Beratungsbegriff den Erziehungsbegriff Pranges zugrunde. Beratung wird als Form der Erziehung (vgl. Kraft 2009, 219) verstanden. Ermittelt werden könne das über die Artikulation; abgrenzend vom repräsentativen und ostensiven Zeigen artikuliere sich „das reflexive Zeigen (…) im Erlebnis oder Beratungsmodell" (ebd., 112).

15 „In Beratungssituationen erziehen Erzogene sich selbst." (Kraft 2011, 160)
Und eine weitere Frage stellt sich nach diesem Satz: Wenn Jugendliche im Gegensatz zu Kindern beraten werden können und Beratung die Selbsterziehung von Erzogenen ist, sind Jugendliche dann bereits erzogen? Oder ist hier gemeint, sie sind „erzogen" in Bezug auf den zu beratenden Sachverhalt?

Unterrichtssituationen können Lernende selbständig handeln, sich für und gegen einen bestimmten Inhalt aussprechen bzw. selbst auswählen, was sie gezeigt bekommen wollen und legen auch die Dauer fest – bspw. indem ein Lernender sich aus der Unterrichtssituation „verabschiedet", wenn er schlicht nicht mehr lernt/ lernen will. So schreibt Prange über Erziehung in „Formen des pädagogischen Handelns": „Der Anfang ergibt sich aus einem vagen Bedürfnis oder einem bestimmten Wunsch des Kindes. Gerade im Umgang mit kleineren Kindern lässt sich beobachten, dass sie von sich aus auf etwas hinzeigen" (Prange 2006, 43) – und dabei kann man vermutlich nicht immer von Beratung sprechen. Genauso, wenn man Krafts Argument von der Seite des Unterrichts begegnet, lässt sich erwidern: in Unterrichtssituationen kann „das Thema (...) aus den Nachfragen und Interessen derjenigen entwickelt [werden; M.S.], die an einem Kurs (...) teilnehmen wollen" (ebd., 43). Nützt man Sünkels sehr weiten Unterrichtsbegriff, dann wird Beratung als „explizite" und „diskrete" Tätigkeit zwangsläufig unter Unterricht gefasst („Pädeutik"). Inwiefern sich Beratung als eine spezifische Unterrichtssituation strukturell beschreiben und von anderen Unterrichtssituationen abgrenzen ließe, wird in Sünkels Erziehungstheorie leider nicht geklärt. Festhalten kann man nur: Mit Bezugnahme auf Sünkel erziehen Ratgeber also in jedem Falle im Sinne des Unterrichts; der Beratungsbegriff kommt hier nicht vor.

Mit Bezug auf Kraft und Prange bleibt zu konstatieren: Auch Beratung ist eine Form der Erziehung, wobei unklar ist und bleibt, wodurch sich Beratung und Unterricht klar voneinander abgrenzen lassen. Insofern ist es schwer, eine klare Aussage zu treffen, ob Ratgeber nun unterrichten (repräsentatives Zeigen) oder beraten (reflexes/direktives Zeigen) – oder vielleicht sogar beides. Zieht man das ungenaue Unterscheidungskriterium Sach- und Lebensprobleme (vgl. Kraft 2009, 223) heran, so werden Ratgeber weniger über Lebensprobleme beraten und zwar spiegelnd, sondern sicherlich primär über Sachen (gute Figur, richtiger Hausbau, Erziehung, Gesundheit etc.) unterrichten, so dass der Leser diese wieder zeigen kann (Unterricht) und zwar so, dass er es auf seine individuelle Biographie beziehen kann (Beratung). Der Unterschied zwischen Sachen (Unterricht) und Lebensproblemen (Beratung) ist m.E. jedoch wenig klar und weiterführend. Insofern ist fraglich, ob man nicht nur dann von pädagogischer Beratung sprechen sollte, wenn der Berater bezüglich Lebensproblemen spiegelnd interveniert und ansonsten von Unterricht. Zumindest sollte aber klar geworden sein, dass mediale Ratgeber erziehen und zwar – wenn auch weniger eindeutig – unterrichtend. Ob sie auch (über Lebensprobleme) spiegelnd beraten, setzt eine stärkere systematische Abgrenzung und Bestimmung von Unterricht und pädagogischer (!) Beratung voraus, die erziehungstheoretisch erst noch zu leisten ist.

5 Fragen zur Artikulation von Ratgebern

Einer der wenigen Autoren, die sich im Rahmen der Allgemeinen Pädagogik mit Fragen der Artikulation beschäftigen, ist Klaus Prange. Mit Artikulation wird seit Herbart das Zusammenspiel von Zeigen und Lernen gemeint – und zwar nicht nur auf den schulischen Bereich beschränkt. Man erinnere sich: Im Kontext von Erziehung könne es Lernen nicht ohne Zeigen und Zeigen nicht ohne Lernen geben – insofern definiere sich erst in der Artikulation das Pädagogische; ohne die Artikulation gäbe es pädagogisches Handeln/Erziehung folglich nicht. „Artikulation ist die Brücke zwischen Zeigen und Lernen, gleichsam das Scharnier, von dessen Eigenschaften es abhängt, wie Lernen und Erziehen zusammenkommen. Indem wir artikulieren, verbinden wir die Operation des Zeigens mit der Operation des Lernens." (Prange 2012, 109) Dieses Zusammenspiel müsse nun methodisiert werden, um das Gelingen von Erziehung wahrscheinlicher zu machen.[16] „Der Begriff bezeichnet also zwei Sachverhalte: zum einen das Zergliedern des Zu-Zeigenden, zum anderen dessen situative Inszenierung in der damit vorgegebenen Reihenfolge. Anders gesagt: Durch Artikulation wird das Zeigen temporalisiert, und eben dadurch kondensieren Formen der Erziehung." (Kraft 2009, 112) Garantiert werden könne das Zusammenspiel (und damit Erziehung ans sich!) nie, denn das „Lernen bleibt dem Zeigen prinzipiell unverfügbar" (Berdelmann 2010, 32), so Kathrin Berdelmann in der Weiterführung von Pranges Gedanken zur Artikulation. Artikulation müsse folglich in jedem Erziehungsprozess versuchen, die pädagogische Differenz zu überwinden und zwar folgendermaßen: „Artikulation als Methodisierung des Zeigens nimmt Maß an dem Nacheinander datenzeitlich bestimmter Stufen und Etappen, in die das [modalzeitlich verfasste; M.S.] Lernen eingespannt und dadurch reguliert wird." (Prange 2012, 114) Was meint Prange damit genau? Während das Lernen datenzeitlich gegliedert ist, ist die Modalzeit des Lernens

„eine Art mitgängiger Horizont, in dem Zukunft und Vergangenheit gleichsam gegenwärtig sind. Sie sind anhaltend präsent, aufgespannt als Erinnerungen und Erwartungen, also als vorgreifender Zukunftsbezug auf eine ‚vergegenwärtigte Zukunft' und rückgreifender Vergangenheitsbezug auf eine ‚vergegenwärtigte Vergangenheit'. Erst modalzeitlich können Ereignisse in ihrem Übergang erfahren werden, und zwar durch

---

16 Auch bspw. Sünkel beschäftigt sich in seiner Phänomenologie des Unterrichts (1996) mit der Artikulation, jedoch mit anderen Schwerpunkten als Prange. Er konstatiert, dass die Artikulation des Gegenstandes für sich allein niemals ausreiche, um Aneignung zu ermöglichen. „Sie allein kann den ‚sicheren Gang' des Unterrichtsprozesses offenbar nicht garantieren. Die Schülerarbeit enthält spontane Momente, die gegenstandsartikulatorisch nicht vorausgesehen werden können" (ebd., 82) – und zwar grundsätzlich, also auch in einer gesprochenen Unterrichtssituation, in denen also zwei Menschen anwesend sind. Für Sünkel bedarf es dadurch der Artikulation der Aneignungsarbeit, die auf der Schülerspontaneität beruht. Artikulation ist für Sünkel insgesamt weniger methodisierbar als für Prange – und zwar grundsätzlich, ob nun der Unterricht als gesprochener oder geschriebener Text vorliegt.

die Differenz von ‚noch-nicht' und ‚hier-jetzt' und ‚nicht-mehr'. (…) Die Modalzeit ist damit unterschieden von der Datenzeit." (Berdelmann 2010, 33)

Da Daten- und Modalzeit gegenläufig seien, bedürfe es der Synchronisation beider durch Artikulation, denn gerade „im Zusammenbringen von zwei Zeitordnungen besteht das didaktische Problem von Erziehung." (ebd., 34) Zeit ist folglich das Kernstück aller Erziehungsprozesse, da Zeigen und Lernen bzw. das Tun beider Agierender in keinem Erziehungsprozess zusammenfällt.[17] Zeit muss also im Zuge der Artikulation mittels der Orientierung am zu vermittelnden Gegenstand und am Lernenden zergliedert werden, um Lernen bzw. Aneignung zu ermöglichen. „Artikulation als Bindeglied soll *Synchronisation* als Koordination der Zeiten ermöglichen, denn gerade in der Synchronisation von Zeigen und Lernen als dem Zusammenbringen von zwei Zeitordnungen besteht das didaktische Problem der Erziehung." (Berdelmann 2010, 34; Hervorhebung im Original)

An dieser Stelle werden Pranges Überlegungen zur Artikulation spannend für das Nachdenken über die Artikulation von Ratgebern. Wie kann nämlich das Zeigen der sog. „stummen Ratgeber", die ihren Lernenden ebenso wenig kennen wie deren Lernen selbst, …

- … mit dem Lernen des imaginären Gegenübers synchronisiert werden und …
- … wie tun sie es tatsächlich[18]?

Denn „Artikulation ist nicht nur Zeigen entlang der Zeitreihe, sondern sie impliziert zugleich auch und gegenläufig das, was wir poetische Rezeptivität derer genannt haben, denen sich etwas zeigt oder ausdrücklich gezeigt wird." (Prange 2012, 115)

Zweierlei lässt sich als Aufgabe für eine erziehungswissenschaftliche Ratgeberforschung ableiten:

1) Durch genauere systematische Überlegungen zur Artikulation von Ratgebern müsste man herausarbeiten, welcher Form von Erziehung sich Ratgeber zuordnen lassen und somit eine erste Antwort darauf erhalten, was genau Ratgeber aus erziehungswissenschaftlicher Perspektive sind und wie sie sich in diese einordnen lassen. Denn durch die Artikulation zeigen sich

„Formen der Erziehung. Und nur, weil diese Formen kondensierbar sind, lässt sich dieser Vorgang institutionalisieren, gesellschaftlich organisieren und dadurch kulturell auf Dauer stellen: In der Familie zeigt sich das Zeigen anders als in einem Heim oder in der

---

17 Selbst wenn es so scheint, dass Zeigen und Lernen zeitgleich auftreten – das ist tatsächlich nicht möglich, weil erst etwas gezeigt werden muss, ehe etwas angeeignet werden kann. Eine Zeitdifferenz wohnt also allen Erziehungsprozessen inne. Artikulation stellt sich nun dieser Zeitdifferenz und sucht sie aufzugliedern, um lernen zu ermöglichen.

18 Erste Überlegungen zur Artikulation von Erziehungsratgebern: vgl. Höffer-Mehlmer 2001; Schmid/Weickel/Wilfert 2016.

Schule, in Ausbildungswerkstätten und Volkshochschulen anders als in der pädagogischen Beratung oder der Drogenhilfe." (Kraft 2009, 112)

Wie zeigt es sich also in Ratgebern?

2) Weiterhin müsste man sich mittels empirischer Studien ansehen, wie mediale Ratgeber aufgrund ihrer spezifischen Artikulationsvoraussetzungen synchronisieren bzw. asynchronisieren[19] (vgl. Berdelmann 2010, 65ff) sowie in welchen Formen der Synchronisation und Asynchronisation (vgl. ebd., 231) und welche Schlussfolgerungen hier für das Erziehen über Medien/in textlicher Form getroffen werden können. Hierzu liefert Berdelmanns empirische Studie (2010) und ihre Erweiterung der Theorie Pranges um das Element der Transaktion wichtige Ansatzpunkte für weitere Überlegungen und empirische Studien. Denn

„innerhalb der analytischen Fassung Pranges von Synchronisation wird gezeigt, wie die Modalzeit durch das Lehren gelenkt werden kann, *wenn* die Lernenden getroffen werden. Darin ist aber nicht enthalten, wie sich Synchronisation realisieren kann, wenn beispielsweise Lernende selbstorganisiert zeitlich handeln und dies zudem bewusst, motiviert durch ihre eigenen Lernziele [oder wenn man es lieber so formulieren möchte: ihren Beratungsbedarf; M.S.], tun." (Berdelmann 2010, 231; Hervorhebung im Original)

Der Begriff Transaktion ergänzt das Verhältnis von Lehren und Lernen um dieses Element und räumt der „Mitgestaltung der zeitlichen Entfaltung der Interaktion" (ebd., 232) im Rahmen der Artikulation Raum ein.

Literatur

Benner, D. (1987): Allgemeine Pädagogik. Eine systematisch-problemgeschichtliche Einführung in die Grundstruktur pädagogischen Denkens und Handelns. Weinheim u.a.: Juventa.

Berdelmann, K. (2010): Operieren mit Zeit. Empirie und Theorie von Zeitstrukturen in Lehr-Lernprozessen. Paderborn: Schöningh.

Höffer-Mehlmer, M. (2001): Didaktik des Ratschlags – Zur Methodologie und Typologie von Ratgeber-Büchern. In: P. Faulstich/G. Wiesner/J. Wittpoth (Hrsg.): Wissen und Lernen, didaktisches Handeln und Institutionalisierung. Bielefeld: Bertelsmann Verlag, 155-164.

Kraft, V. (1993): Probleme einer pädagogischen Theorie der Beratung. In: Bildung und Erziehung 46 (3), 345-359.

Kraft, V. (2009): Pädagogisches Selbstbewusstsein. Studien zum Konzept des Pädagogischen Selbst. Paderborn: Schöningh.

Kraft, V. (2011): Beraten. In: J. Kade/W. Helsper/C. Lüders/B. Egloff/F.-O. Radtke/W. Thole (Hrsg.): Pädagogisches Wissen. Erziehungswissenschaft in Grundbegriffen. Stuttgart: Kohlhammer, 155-161.

Loch, Werner (1979): Lebenslauf und Erziehung. Essen: Neue Deutsche Schule.

---

19 In Ergänzung zu Pranges Begriff der Synchronisation entwickelte Berdelmann im Rahmen ihrer empirischen Studie von 2010 den Begriff der Asynchronisation.

Marotzki, W. (2006): Erziehung. In: H.-H. Krüger/C. Grunert (Hrsg.): Wörterbuch Erziehungswissenschaft. 2., durchges. Aufl., Opladen: Budrich, 146-152.

Prange, K. (2012): Die Zeigestruktur der Erziehung. Grundriss der Operativen Pädagogik. 2., korr. und erw. Aufl., Paderborn: Schöningh.

Prange, K./Strobel-Eisele, G. (2006): Die Formen des pädagogischen Handelns. Stuttgart: Kohlhammer.

Reichenbach, R. (2000): Die Zumutung des Erziehens und die Scham der Erziehenden. In: A.A. Bucher/ R. Donnenberger/R. Seitz. (Hrsg.): Was kommt auf uns zu? Erziehen zwischen Sorge und Zuversicht. Wien: Öbv/hpt, 104-119.

Schmid, M. (2016): Familienerziehung und Familienbildung. In: A. Hoffman-Ocon/E. Matthes/ S. Schlüter (Hrsg.): Enzyklopädie Erziehungswissenschaft Online (EEO). Historische Pädagogik/ Historische Bildungsforschung, Sozialisations- und Erziehungsinstanzen. Weinheim u.a.: Beltz.

Schmid, M./Weickel, M./Wilfert, L. (2016): ‚und dann garantiere ich Ihnen, dass Erziehen kinderleicht sein wird' – Zur Didaktik von Erziehungsratgebern. In: R. Bolle/W. Halbeis (Hrsg.): Wie lernt man erziehen? Zur Didaktik der Pädagogik. Herbartstudien, Bd. 6. Jena: Garamond Verlag, 235-249.

Sünkel, W. (1996): Phänomenologie des Unterrichts. Grundriß der theoretischen Didaktik. Weinheim u.a.: Juventa.

Sünkel, W. (2011): Erziehungsbegriff und Erziehungsverhältnis. Allgemeine Theorie der Erziehung. Bd. 1. Weinheim u.a.: Juventa Verlag.

Wandhoff, H. (2016): Was soll ich tun? Eine Geschichte der Beratung. Hamburg: Corlin Verlag UG.

Ulf Sauerbrey

Erziehen Ratgeber in Buchform?
Annäherungen aus erziehungstheoretischer Perspektive

1 Einführung

Erziehung oder Beratung? Oder etwas ganz anderes? Was geschieht eigentlich, wenn Eltern Informationen aus einem Medium rezipieren, das sich als Ratgeber zur Erziehung oder Kinderpflege ausgibt? Bilden sie sich? Werden sie beraten? Werden sie erzogen?

Dies sind grundlegende Fragen einer erziehungswissenschaftlichen Ratgeberforschung und um deren mögliche Dimensionen aufzuhellen, werden sich die folgenden Gedankengänge auf Ratgeber in Buchform konzentrieren. Diese Konzentration soll vor allem der Überschaubarkeit dienen, da sich die möglichen Vermittlungsformen von Ratgebern vielfältig zeigen (vgl. Oelkers 1995; Lüders 1994). Das Medium ‚Ratgeber' kann seine Vermittlungsfunktion in modernen Gesellschaften beispielsweise nicht nur schriftlich, sondern auch filmisch oder einfach mündlich erfüllen – von den komplexen Formen, die im Rahmen der Digitalisierung hervorgebracht wurden und werden, einmal ganz zu schweigen. Es ist dennoch davon auszugehen, dass das, was hier erziehungstheoretisch am Beispiel von Ratgeberbüchern herausgearbeitet wird, für mehrere – wenngleich nicht für alle – Gestalten verschriftlicht vorliegender Ratgeber gelten kann; neben Büchern etwa auch für Artikel in Elternzeitschriften und z.T. auch für Online-Zeitschriften oder Blogs im Internet. In diesem Sinne will ich versuchen, nicht weniger, aber auch nicht mehr als ein Element für eine allgemeine Theorie des Ratgebers zu entwerfen, die freilich noch weiterentwickelt werden muss. Das Vorhaben soll dabei explizit nicht literatur- oder medienwissenschaftlich, sondern vom Standpunkt einer Allgemeinen Erziehungswissenschaft aus durchgeführt werden.

Bevor wir uns diesen Gedankengängen widmen, sollen jedoch noch einmal Grundprobleme einer Ratgeberforschung umrissen werden. Ratgeber in Buchform bilden nicht nur ein Produkt gesellschaftlichen Lebens in der Moderne, wie wir sie gegenwärtig kennen, sondern haben als kulturelle Artefakte wiederum einen Einfluss auf dieses Leben. Weitgehend ungeklärt ist dabei allerdings noch die Frage, wie sich dieser Einfluss konkret ausgestaltet. Es ist zumindest denkbar, dass Leserinnen und Leser sich aus bzw. mittels Ratgeberliteratur irgendetwas ihnen zuvor Unbekanntes aneignen und dieses Gelernte dann in praktisches Handeln umsetzen. Es ist allerdings ebenso denkbar, dass sie Bestätigung für ein Handeln suchen, das sie ohnehin bereits an den Tag legen oder legen möchten. Bislang wissen wir jedenfalls nur in Ansätzen, wie Ratgeber in Textform wirken (vgl. Keller 2008). Es ist aber anzunehmen, dass sie einer Logik der Optimierung des Lebens von Menschen in modernen Gesellschaften folgen (vgl. Krüger 2017; Schmid 2012). Vor diesem Hintergrund bedarf es zweifellos einer weitergehenden Wirkungsforschung, die die Inanspruchnahme und Verwendung der Ratgeber auf Seiten der Rezipientinnen und Rezipienten untersucht (vgl. Lüders 1994, 164). Aber: Eine erziehungswissenschaftliche Wirkungsforschung kann nur das in der Sache angemessen erforschen, was zunächst einmal begrifflich und sachlich in einem plausiblen Zusammenhang beschrieben und bestimmt worden ist. Anders formuliert: Eine wirklich tiefgehende empirisch-sozialwissenschaftliche Forschung bedarf dem Forschungsgegenstand und -material entsprechende Begriffe und theoretische Rahmungen.[1] Eine Forschung ohne diese Rahmungen wäre kaum mehr als ein blindes empirisches Herumtappen im ohnehin unübersichtlichen Feld der Ratgebermedien in modernen Gesellschaften.

Mit dieser Annahme – und zugleich Forderung – sind jedoch Schwierigkeiten verbunden, wenn wir auf Ratgeber in Buchform blicken. Denn im Vergleich zur professionell organisierten Beratung in beruflichen Settings, etwa im Falle der Erziehungsberatung in Jugendämtern, lassen sich die Ratgeber nicht unmittelbar als handelnde Subjekte beobachten. Kann ein Buch denn überhaupt handeln? Kann es erziehen? Und falls ja, wie lässt sich dieses Handeln denken? Wichtiger noch: Wie lässt es sich als Voraussetzung einer systematischen Ratgeberforschung allgemein beschreiben? Im Folgenden werde ich zur Beantwortung dieser Fragen zunächst Beratung und Erziehung grob gegenüberstellen und eine allgemeine Erziehungstheorie, die hilfreich zur Erfassung der Charakteristika von Ratgebern in Buchform erscheint, umreißen (Kap. 2.). Daran anschließend versuche ich *die These, dass Ratgeber potenziell erziehen*, zu begründen (Kap. 3). Zum Abschluss sollen auf Basis der Ergebnisse dieser erziehungstheoretischen Reflexion mögliche Forschungsdimensionen einer Ratgeberforschung in der Erziehungswissenschaft formuliert werden (Kap. 4).

---

1 Zur Unterscheidung von Forschungsgegenstand und -material im Falle von Ratgebern vgl. Schmid (2011).

2 Ratgebermedien: Beratung oder Erziehung?

In der wissenschaftlichen Literatur findet sich eine Vielzahl von Definitionen über Beratung und darüber, was sie leisten soll. Einerseits kann Beratung wie folgt bestimmt werden:

> „Beratung ist eine freiwillige, kurzfristige, oft nur situative, soziale Interaktion zwischen Ratsuchenden (Klienten) und Berater mit dem Ziel, im Beratungsprozess eine Entscheidungshilfe zur Bewältigung eines vom Klienten vorgegebenen aktuellen Problems durch Vermittlung von Informationen und/oder Einüben von Fertigkeiten gemeinsam zu erarbeiten" (Brem-Gräser 1993, 15).

Dietrich hingegen bestimmt Beratung wie folgt:

> „Beratung ist in ihrem Kern jene Form einer interventiven und präventiven helfenden Beziehung, in der ein Berater mittels sprachlicher Kommunikation und auf der Grundlage anregender und stützender Methoden innerhalb eines vergleichsweise kurzen Zeitraums versucht, bei einem desorientierten, inadäquat belasteten oder entlasteten Klienten einen auf kognitiv-emotionale Einsicht fundierten aktiven Lernprozess in Gang zu bringen, in dessen Verlauf seine Selbsthilfebereitschaft, seine Selbststeuerungsfähigkeit und seine Handlungskompetenz verbessert werden können" (Dietrich 1983, 2).

Grundlegende Gemeinsamkeiten beider Begriffsbestimmungen zeigen sich wie folgt: Am Geschehen sind einerseits Berater bzw. Beraterin und andererseits Ratsuchende beteiligt. Beide nehmen komplementäre Rollen im Beratungsgeschehen ein. Darüber hinaus findet sich eine Interaktion bzw. Kommunikation zwischen diesen Beteiligten. Schlussendlich muss es, damit überhaupt eine Beratungssituation entstehen kann, auch ein Problem geben, bei welchem Ratsuchende keine zusätzlichen Handlungsalternativen mehr für sich erkennen und aus diesem Grund den Berater bzw. die Beraterin aufsuchen, um sich mit deren Hilfe bestimmte Kenntnisse oder Fertigkeiten anzueignen.

Die erziehungswissenschaftliche Theoriebildung steht nun vor der Herausforderung, dass Beratung in den skizzierten Begriffsbestimmungen so konzipiert ist, dass durch die Kultur bedingte gesellschaftliche und institutionelle Veränderungsprozesse aufgegriffen werden (vgl. dazu auch Krause et al. 2003, 38). Der Entwurf einer Theorie der Beratung wird dadurch generell erschwert (vgl. Fries 2017). Beratung kann mit Volker Kraft aber auch grundlegend als Versuch gedeutet werden, einen ins Stocken gekommenen Handlungsfluss mit Hilfe beratender Subjekte zu reorganisieren. Als Kern der Beratung zeige sich dabei ein doppelter Reflexionsprozess (Kraft 2011, 157). Ratsuchende besitzen nach Kraft hinsichtlich ihres Aufsuchens von Beraterinnen und Beratern das Recht des Darstellungsmonopols, während diese in der Pflicht stehen, durch Zuhören und Fragen den Ratsuchenden Hilfe zur Selbsthilfe zu verschaffen (vgl. Kraft 2009a und 2011, 157). Die

Voraussetzung einer Kommunikation zwischen zwei Menschen, wie sie im Beratungsbegriff bei Kraft sowie ebenfalls bei Dietrich und Brem-Gräser enthalten ist, erschwert – zumindest scheinbar – den Entwurf einer Theorie des Ratgebers, sobald dieser als verschriftlichtes Medium auftritt (vgl. dazu auch den Beitrag von Ott/Kiesendahl im vorliegenden Band). Es soll daher im Folgenden versucht werden, das Geschehen des Ratgebens und -rezipierens im Falle von Ratgebern in Buchform explizit nicht mittels Beratungstheorien, sondern vielmehr durch eine erziehungstheoretische Analyse im Anschluss an die ‚weit‘ gefasste Theorie Wolfgang Sünkels zu erfassen.

Die Pädagogikgeschichte ist reich besät mit Ideen, Begriffen oder gar ganzen Theorien der Erziehung. Viele dieser Theorien sind jedoch strukturell kaum miteinander vereinbar. Ich beschränke mich in meiner Auswahl auf eine recht ‚junge‘ Theorie und versuche zunächst knapp deren Vorteile gegenüber ‚älteren‘ Theorien zu begründen: Erziehung kann als subjektives Ziel (als Absicht bzw. Intention), als Geschehen (als tatsächliches Handeln) oder aber auch als Ergebnis eines Geschehens (als Erzogenwordensein bzw. als Folgezustand) beschrieben werden (vgl. Koerrenz 1995). Aus diesen (oft auch miteinander vermengten) Perspektiven sind bereits zahlreiche Erziehungsbegriffe konzipiert worden. Die ‚Mitte des Geschehens‘ erscheint jedoch für meine erziehungstheoretische Untersuchung fruchtbar. Denn: Damit Erziehung *als Geschehen* tatsächlich stattfindet, ist es erforderlich, auf das unmittelbare Tun der an ihr Beteiligten Subjekte zu blicken. Prototypisch soll dabei der Blick auf zwei Subjekte genügen: Vermittelnde und Aneignende (vgl. Sünkel 2011, 29). Der Blick allein auf einen Erzieher oder eine Erzieherin wäre einseitig, da er lediglich die Tätigkeit von nur einem Subjekt beschriebe. Wilhelm Dilthey und Wolfgang Brezinka haben ihre Erziehungsbegriffe in einer solchen Perspektive definiert. Dilthey schrieb im Jahr 1888: „Unter Erziehung verstehen wir die planmäßige Tätigkeit, durch welche die Erwachsenen das Seelenleben von Heranwachsenden bilden" (Dilthey 1888, 69). Und Brezinka schreibt:

> „Unter Erziehung werden soziale Handlungen verstanden, durch die Menschen versuchen, das Gefüge der psychischen Dispositionen anderer Menschen mit psychischen und (oder) sozialkulturellen Mitteln dauerhaft zu verbessern oder seine als wertvoll beurteilten Komponenten zu erhalten oder die Entstehung von Dispositionen, die als schlecht bewertet werden, zu verhüten" (Brezinka 1978, 45).

Das Problem dieser Begriffsbestimmungen ist der monosubjektive Fokus beider, der dazu führt, dass Erziehung in der Sache mit erzieherischer Einwirkung gleichgesetzt wird: Das vermittelnde Subjekt wirkt auf einen anderen Menschen ein. Dieser ist jedoch bloßes Objekt, auf das Erziehung als eine ‚planmäßige Tätigkeit‘ (Dilthey) bzw. als eine ‚soziale Handlung‘ (Brezinka) gerichtet ist. Das eigene Zutun eines im Erziehungsgeschehen lernenden Subjekts findet in solchen Erziehungsdefinitionen keinen Platz (vgl. dazu kritisch: Gudjons 2008, 185ff; Heid 1994). Und auch nur scheinbar wird hier das Geschehen Erziehung als Tatsache bestimmt. Es wird dabei jedoch vom intentionalen Tun des oder der Erziehenden her definiert, also vom vermeintlichen Anfang oder vom vermeintlichen Ende des Erziehungsgeschehens her gedacht. Dies ist doppelt problematisch, denn der Anfang eines Erziehungsgeschehens muss gar nicht zwingend von der Person, die traditionell ‚Erzieher' genannt wurde, ausgegangen sein, sondern kann ebenso vom ‚Zögling' initiiert worden sein – etwa als „vage[s] Bedürfnis" oder in Form eines „bestimmten Wunsch[es]" (Prange 2011, 26; vgl. auch ähnlich Sünkel 2011, 177f). Kurz gesagt: Nicht nur erzieherische Vermittlungsabsichten vermögen eine Erziehungssituation entstehen zu lassen, auch der Lernwille eines Subjekts, das eine Lernhilfe benötigt, vermag dies. Vom Ende her gedacht bleibt außerdem immer unklar, ob tatsächlich ein Erziehungsgeschehen zur beobachtbaren Wirkung geführt hat oder nicht doch etwas ganz anderes.

Dieses Problem ‚entschärfen' die jüngeren, bisubjektiv angelegten Erziehungstheorien, darunter auch die, die von Wolfgang Sünkel (2011) vorgelegt worden ist. Bei Sünkel ist Erziehung im Allgemeinen nicht allein das, was ein Erzieher bzw. eine Erzieherin absichts- oder planvoll tut, sondern vielmehr ein gemeinsames Tun, das von mindestens zwei Subjekten ausgeübt wird. Dieses Tun bestehe aus zwei Tätigkeiten, die sich keineswegs gleichen (Sünkel 2011, 31ff). Laut Sünkel übt ein Subjekt eine Vermittlungstätigkeit aus und ein anderes eignet sich etwas an. Dieses „etwas" bestehe aus Kenntnissen, Fertigkeiten und/oder Motiven – ein Dispositionenkomplex, der alles kulturell Hervorgebrachte bezeichnet und den Sünkel auch den „Dritten Faktor" (Sünkel 2011, 137) bzw. das „nicht-genetische Erbe" (ebd., 15; vgl. auch ähnlich Winkler 2006, 78f) im Erziehungsgeschehen genannt hat. Dementsprechend ist Erziehung „die vermittelte Aneignung" (Sünkel 2011, 63) von „Kenntnisse[n], Fertigkeiten und Motive[n]" (ebd., 41).[2] Die Aneignungstätigkeit richtet sich dabei auf den Dispositionenkomplex der Kenntnisse, Fertigkeiten und/oder Motive und ist somit gegenstandsorientiert. Die Vermittlungstätigkeit hingegen richtet sich auf die Aneignungstätigkeit und ist somit handlungsorientiert, da sie das Aneignen des anderen Subjekts unterstützt oder ihr entgegenwirkt. In Sünkels Erziehungsbegriff wird das Erziehungsverhältnis nicht primär als ein Verhältnis zwischen Personen, sondern vielmehr als eines zwischen den in der Erziehung stattfindenden Tätigkeiten verstanden (vgl. Sünkel 2011, 29ff) (vgl. Abb. 1).

---

2 Auch in der Operativen Pädagogik Klaus Pranges ist Erziehung ein Komplex aus zwei Operationen: ‚Zeigen' und ‚Lernen' (Prange 2012a). Vergleiche zu dieser Perspektive auch den Beitrag von Michaela Schmid im vorliegenden Band.

Kenntnisse, Fertigkeiten, Motive

Vermitteln

Aneignen

Autor/in

Leser/in

Abb. 1: Erziehung aus verhältnistheoretischer Perspektive in Anlehnung an Sünkel

3 Ratgeber erziehen – zumindest potentiell

Um diese allgemeine Erziehungstheorie nun der Forschungsfrage danach, ob Ratgeber in Buchform erziehen, zugrunde legen zu können, müssen wir von der bloßen Alltagsbeobachtung absehen. Wenn wir uns ein lesendes Subjekt mit einem Buch in der Hand vorstellen, so haben wir es nur scheinbar mit einer monosubjektiven Situation zu tun.

Um diese durchaus trügerische Gestalt angemessen zu erfassen, hält Sünkels Theorie eine auf den ersten Blick eigenartig anmutende Lösung bereit. Sie geht davon aus, dass Erziehung im Allgemeinen auch dann stattfinden kann, wenn Wissen und Können von einem vermittelnden Subjekt *in Sachen hineingearbeitet* wird. An dieser Stelle trifft sich Sünkels Theorie mit der erziehungswissenschaftlichen Ratgeberforschung, denn auch „Rat geben ist zunächst einmal Vermittlung von Informationen" (Höffer-Mehlmer 2001, 157). Das Hineinarbeiten eines Rates in ein Buch wäre somit eine Vermittlungstätigkeit, die allerdings erst dann zur Aneignung führt, wenn ein anderes Subjekt mit den entsprechenden Sachen umgeht und tatsächlich daraus lernt. Sünkel nennt solche besonderen Anlässe der Erziehung *intentionale Inkorporationen*:

> „Um intentionale Inkorporationen handelt es sich dann, wenn bestimmte Tätigkeitsdispositionen, deren Aneignung gewünscht wird oder gesollt ist, zum Zweck ihrer Aneignung in Geräte oder Sachen hineingearbeitet werden. Dieses Hineinarbeiten ist Erzieher- bzw. Lehrerarbeit. Sie kann so weit gehen, dass Geräte oder Sachen, die solche intentionalen Inkorporationen enthalten, zu ‚selbstlehrenden‘ Gegenständen werden, das heißt: Die darin verkörperte Disposition kann angeeignet werden, ohne dass eine zusätzliche Vermittlungstätigkeit erforderlich ist" (Sünkel 2011, 58f).

Ich gehe nun davon aus, dass dieses besondere Element einer allgemeinen Erziehungstheorie in der Wirklichkeit immer dann vorliegt, wenn wir es mit Ratgebern in Buchform zu tun haben. Diese enthalten beispielsweise ein Wissen oder ein Können über Erziehung oder Pflege, das sich Leserinnen und Leser aneignen können. Tun die Rezipientinnen und Rezipienten dies aber tatsächlich, so lernen sie – erziehungstheoretisch gedacht – nicht nur das, was das Buch ihnen zeigt, sondern zugleich das, was der Autor oder die Autorin in das Buch hineingearbeitet hat. Der Vermittlungsakt und die Information, die vermittelt wird, verschmelzen dabei gewissermaßen in einem verschriftlichten Dokument und in diesem Sinne erziehen Ratgeber in Buchform![3]

Nun ließe sich an dieser Stelle kritisch einwenden, dass dieses Geschehen doch bloß Selbsterziehung oder (Selbst-)Bildung durch Leserinnen und Leser sei. ,Bilden' wir uns denn nicht selbst, wenn wir ein Buch lesen? Um das Geschehen noch einmal ausführlicher zu beleuchten, soll daher mittels des Verfahrens phänomenologischer „Weglassprobe[n]" (Prange 2012b, 74) ein Gedankenexperiment erfolgen, in dem auf mögliche Vermittlungs- und Aneignungssituationen des Ratgebens und -rezipierens geblickt wird. Phänomenologie als erkenntnisgenerierendes Verfahren ist hierzu geeignet, denn sie ermöglicht es, „die Erscheinungsweise der Gegenstände zum Thema zu machen" (Stenger 2015, 61). „Mit den Operationen der phänomenologische[n] Reduktion, Deskription und Variation" (Brinkmann 2015, 37) soll das Phänomen, so wie es sich demjenigen zeigt, der es betrachtet, sichtbar werden. Ausgehend von der phänomenologischen Grundhaltung, dass es „Gegenstände" – wie etwa die Erziehung – nicht „an sich gibt, sondern dass sie jeweilig erscheinen" (Stenger 2015, 62), wird dabei im Folgenden bewusst nicht empirisch, sondern vielmehr „im fiktionalen Modus" (Brinkmann 2015, 39) nach möglichen Erscheinungsweisen von Vermittlungs- und Aneignungssituationen gesucht, indem diese in ihrer Form variiert werden.[4]

1. Fiktion: Nehmen wir zunächst an, es findet eine Elternberatung im Jugendamt statt. Thema der Beratung ist das ,richtige' Reagieren der Eltern auf ,Trotzreaktionen' des Kleinkindes. Eine Sozialpädagogin aus dem Jugendamt vermittelt den Eltern entsprechendes Wissen über die Autonomie- und Willensentwicklung des Kleinkindes, gibt Ratschläge zu geeigneten Fertigkeiten im Umgang mit dem Nachwuchs und zeigt Möglichkeiten einer die Familie entlastenden Alltagsgestaltung auf. Wir können annehmen, dass die Eltern in dieser Situation die sich etwas aneignenden Subjekte sind. Das Medium der Botschaft der Sozialpädagogin ist das im gemeinsamen Beisammensein gesprochene Wort. Kommt die Botschaft auch nur irgendwie bei den Eltern an, wird sie also rezipiert, so lässt sich mit Sünkel vom Geschehen ,Erziehung' sprechen.[5] In der von uns gedachten Situation wird also etwas vermittelt und angeeignet.

---

3 Michaela Schmid geht in ihrem Beitrag im vorliegenden Band sogar noch einen Schritt weiter, indem sie den Ratgeber in Anlehnung an Sünkels Theorie im Sinne einer „als Text objektiverte[n] Tätigkeitsdisposition" und damit als „Unterricht" (Sünkel 2011, 60) bestimmt.

4 Ein ähnliches Gedankenexperiment zur verborgenen Pädagogik in Sachbüchern und Romanen habe ich an anderer Stelle bereits vorgelegt (vgl. Sauerbrey 2019).

5 Dass der Erziehungsbegriff von vielen Vertreterinnen und Vertretern der Erwachsenenbildung meist vermieden wird (wohl da Erziehung im Alltagssprachgebrauch vor allem mit der Vermittlung von Wissen, Fertigkeiten und Einstellungen an Kinder und Jugendliche verbunden wird), ändert nichts

2. Fiktion: Nun stellen wir uns die Situation einmal in einer telefonischen Variante vor: Die gleichen Subjekte, das gleiche Thema, also – erziehungstheoretisch gesehen – das gleiche Geschehen; aber mit dem Unterschied, dass das gesprochene Wort nun durch eine Kabelverbindung übertragen wird. Das Telefon tritt nun als situatives Medium hinzu. Doch auch hier geschieht, wenngleich ohne eine visuelle Anwesenheit der Sozialpädagogin, eine vermittelte Aneignung.

3. Fiktion: Nun denken wir uns die Situation noch einmal in textlicher Form: Gleiche Subjekte, gleicher Themeninhalt, wieder Vermittlung und Aneignung. Aber: Das Medium ist nun ein Brief, den die Sozialpädagogin – vielleicht aus Altruismus oder aus Sorge um das Kindeswohl oder um ein niedrigschwelliges Angebot zu machen – extra für diese eine Familie verfasst hat. Auch hier findet, nun in Textform, vermittelte Aneignung von Kenntnissen statt, sofern der Brief tatsächlich von den Eltern gelesen wird und seine Inhalte in irgendeiner Form angeeignet werden.

Vermittelte Aneignung kann somit unzweifelhaft in verschiedenen medialen Formen auftreten. Die Sprache im Vermittlungsakt kann gesprochensprachlich oder schriftsprachlich (und wohl auch ‚bildsprachlich') geäußert werden. Warum also soll die Aneignung von Inhalten, die textlich in einen Ratgeber in Buchform hineingearbeitet wurden – *4. Fiktion* – folglich keine Erziehung sein? Strukturlogisch betrachtet sind die allgemeinen Merkmale vermittelter Aneignung von Kenntnissen, Fertigkeiten und/oder Motiven (vgl. Sünkel 2011, 63) gegeben, sofern das Vermitteln nicht – wie im Alltagsverständnis – als unmittelbare Zeige- oder Blickgeste, sondern vielmehr allgemein als Akt einer Informationsvermittlung verstanden wird, die zur Aneignung führt – ganz gleich in welcher Form und in welchem zeitlichen Zusammenhang der Vermittlungsakt dann auf die Aneignung durch ein Subjekt trifft (vgl. Abb. 2).

Buchinhalte

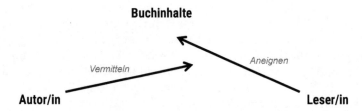

Autor/in   **Leser/in**

Abb. 2: Vermittelte Aneignung im Medium Buch aus verhältnistheoretischer Perspektive

---

daran, dass Menschen unabhängig von Lebensalter und bereits angeeigneten Kulturbeständen als Subjekte in Vermittlungs- und Aneignungssituationen eintreten. Die gängige Formel vom ‚lebenslangen Lernen' der Subjekte verdeckt allzu leicht, dass es in jedem Lebensalter zum Lernen durchaus auch der Lernhilfe durch andere Subjekte bedarf. Aus Sicht der Allgemeinen Erziehungswissenschaft ändern sich mit zunehmendem Lebensalter Formen und Inhalte solcher Vermittlungs- und Aneignungssituationen. Der Umstand aber, dass es vermittelte Aneignung in jedem Lebensalter gibt, bleibt.

Autorinnen und Autoren von Ratgebern arrangieren Wissen im Medium des Buches. Sie könnten uns einen Inhalt aber auch in unmittelbarer Anwesenheit erzählen oder uns auf der Leipziger Buchmesse vorlesen oder uns in einem Film vortragen. In solchen Varianten möglicher Vermittlungs- und Aneignungssituationen ändern sich nur die das Wissen transportierenden Medien, also die besonderen Vermittlungsformen, nicht aber die allgemeinen Tätigkeitsstrukturen des Erziehungsgeschehens. Erziehungstheoretisch lässt sich also logisch begründen, dass Ratgeber erziehen, sofern sie denn tatsächlich gelesen werden und sofern dabei auch Wissens-, Könnens- oder Motivbestände aus dem Buch angeeignet werden. So wie Beratung sich „als Form der Erziehung" (Kraft 2009b, 219) beschreiben lässt, können auch Ratgeber in Buchform zu Erziehungsagenten werden. Der grundlegende *Unterschied* zwischen vermittelter Aneignung im unmittelbaren Beisammensein einerseits und vermittelter Aneignung in Form des Mediums Buch andererseits *liegt in der Zeit des prozessualen Auftretens der jeweiligen Tätigkeit* (vgl. Abb. 3). Die Besonderheit der vermittelten Aneignung über Dokumente – wie den Ratgeber in Buchform – wird vor allem bedingt durch die „dokumentarische Wirklichkeit" (Wolff 2008, 502) moderner Gesellschaften, die einen großen Teil ihres Wissens und Könnens verschriftlichen. Diese „Schriftlichkeit erhöht die Reichweite der Kommunikation, indem sie diese unabhängig macht von Zeit und Ort der Mitteilung" (ebd.). In der Variante des unmittelbaren Beisammenseins laufen Vermitteln und Aneignen zeitlich fast direkt ineinander. Im Falle des Buches, also eines verschriftlichten Mediums, liegt zwischen der Vermittlungstätigkeit des Autors bzw. der Autorin einerseits und der tatsächlichen Aneignungstätigkeit durch ein Subjekt andererseits eine gewisse Zeit, unter Umständen können es sogar Jahrzehnte oder Jahrhunderte sein.

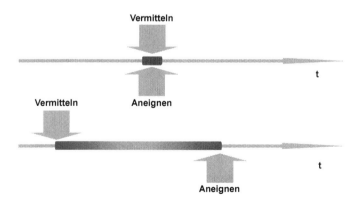

Abb. 3: Vermittelte Aneignung aus prozesstheoretischer Perspektive im unmittelbaren Beisammensein (oben) und in Form verschriftlichter Medien (unten)

Mit den Worten Sigrid Noldas, die von medialer Vermittlung spricht, bedeutet dies für die beiden Teiltätigkeiten pädagogischen Geschehens Folgendes: „Mediale, also in körperlicher Abwesenheit derjenigen, mit denen kommuniziert wird, vollzogene Vermittlung trennt das Vermitteln von der Aneignung – zeitlich und örtlich" (Nolda 2004, 184). Erst durch das lesende Aneignen des Wissens oder Könnens aus einem Ratgeber in Buchform entfaltet sich somit die Vermittlungtätigkeit, so dass wir ein vollständiges Erziehungsgeschehen vorfinden. Bliebe das Buch hingegen ungelesen, so liefe alle in das Werk inkorporierte Vermittlungsarbeit ins Leere und niemand lernte etwas daraus. Der Vermittlungsakt würde dann lediglich ‚schlummern'.

Kurzum: In Ratgebern in Buchform liegen durch ein vermittelndes Subjekt geschaffene Inhalte in literarisch arrangierter Form vor. Medialisierte Ratgeber lassen sich aus erziehungswissenschaftlicher Perspektive somit als schriftlich (oder anderweitig) dokumentierte Vermittlungsakte beschreiben. Dieses besondere Charakteristikum dokumentierter Vermittlungsakte im Falle von Ratgebern in Buchform stellt zugleich den zentralen Unterschied zur unmittelbaren dialogischen Beratung dar, wie wir sie aus beruflichen Settings kennen (vgl. Kap. 2). Die Schriftlichkeit kann zwar eine Chance im Sinne eines niedrigschwelligen Angebotes für Menschen sein, die beraten werden sollen oder wollen. Schriftlichkeit „gefährdet aber zugleich" das Gelingen einer intendierten Kommunikation, „weil situative Verständigungshinweise und unmittelbare Klärungsmöglichkeiten entfallen" (Wolff 2008, 502). Die Leserinnen und Leser können ihre Rückfragen zum vermittelten Inhalt in der Regel nur an das Buch, nicht aber unmittelbar an den Autor bzw. die Autorin stellen.[6]

4 Aus der Theorie generierte Forschungsdimensionen – Ausblicke

Wozu benötigen wir aber nun diese ‚abstrakte' allgemeine Theorie? Zum einen brauchen wir sie zur Beschreibung einer, in Ratgebern vermeintlich verborgenen Pädagogik (vgl. Sauerbrey 2019). Blickt man erziehungstheoretisch auf Ratgeberbücher, so offenbaren sich Vermittlungsakte, die wir im Alltag ohne eine ‚theoretische Brille' kaum zu erkennen vermögen. Ratgeber sind jedoch als dokumentierte Vermittlungsakte prinzipiell erziehungswissenschaftlich relevant! An dieser Stelle soll aber über diese Kenntlichmachung des Pädagogischen an Ratgebern hinaus versucht werden, das entwickelte erziehungstheoretische Schema systematisch in Forschungsdimensionen einer Ratgeberforschung zu unterteilen. Teile dieser For-

---

6 Ausgenommen sind hier Fälle, in denen Ratgeberautorinnen und -autoren in der Folge einer öffentlich stark wahrgenommenen Buchpublikation in Kolumnen von Zeitungen einen (eingeschränkten) Dialog auf Basis ausgewählter Fragen von Leserinnen und Lesern führen. Gemessen an der hohen Anzahl von Ratgeberveröffentlichungen auf dem Buchmarkt sind solche Fälle dialogischen Ratgebens und -rezipierens in öffentlichen Medien jedoch wohl eher selten.

schungsdimensionen (vgl. Abb. 4, A-F) sind – theoretisch wie empirisch – durch die bisherige Ratgeberforschung bereits angegangen worden. Vieles muss jedoch künftig noch weiter- und tiefergehender bearbeitet werden, insbesondere da die Ratgeberforschung aufgrund des sich fortlaufend verändernden Angebotes allein schon auf dem Buchmarkt und im Internet vor „nicht zu unterschätzende[n] Recherche-, Auswahl und Gewichtungsprobleme[n]" steht (Kost 2013, 482). Eine systematisch angelegte Ratgeberforschung erscheint vor diesem Hintergrund unabdingbar. Im Kern geht es bei den folgenden Dimensionen um eine Begründung möglicher Forschungszugänge.

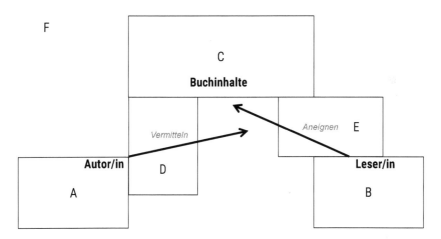

Abb. 4: Systematische Dimensionen einer Ratgeberforschung – basierend auf einem erziehungstheoretischen Schema

A) Wer vermittelt Rat und warum tut er bzw. sie dies?

Wie die bisherige erziehungswissenschaftliche Ratgeberforschung zeigen konnte, ist die fachliche Provenienz der Autorinnen und Autoren von Erziehungs- bzw. Elternratgebern selten in der Erziehungswissenschaft oder der in irgendeiner Weise beruflich organisierten Pädagogik auszumachen. Historisch gesehen schrieben vor allem Geistliche solche Ratgeber, zuletzt hingegen boomten Vertreterinnen und Vertreter aus Medizin und Psychologie (vgl. Berg 1991; Höffer-Mehlmer 2003). Doch auch selbsternannte Erziehungsexperten ohne pädagogische Ausbildung veröffentlichen Ratgeber. Darüber hinaus sind solche Fragen nach der fachlichen Provenienz auch mit Blick auf Gesundheits-, Lebenshilfe- und andere Ratgeber zu klären (vgl. Sauerbrey et al. 2018). Allen Autorinnen und Autoren lassen sich außerdem jeweils spezifische Motive zum Verfassen und Veröffentlichen von Ratgeberliteratur unterstellen, die am Material (etwa auf Klappentexten oder in Vorworten) als Begründungsmuster untersucht werden können. Wie beschreiben sich die Ratgebenden selbst? Welche berufliche Ausbildung und welche privaten Erfahrungen werden aufgeführt? Wie werden diese in den Kontext des Buches und seines Themas gesetzt?

B) Wer eignet sich Wissen aus Ratgebern an und warum tut er bzw. sie dies?
Motive bzw. Intentionen können in einem Erziehungsgeschehen nicht allein auf Seiten des vermittelnden Subjekts bestehen, sondern auch auf Seiten des aneignenden. Schon allein aufgrund dieser Feststellung ist die Formel von der ‚intentionalen Erziehung' (Ernst Krieck) begrifflich höchst unscharf, richtet sie sich doch einzig auf das vermittelnde Subjekt und auf dessen Absichten (vgl. Sünkel 2011, 73ff). Im Erziehungsgeschehen haben aber auch die aneignenden Subjekte Intentionen. Wer sind mit Blick auf den Gegenstandsbereich einer Ratgeberforschung die Leserinnen und Leser und welche Motive bewegen sie, Ratgeber zu kaufen, zu lesen und sich das enthaltene Wissen anzueignen (vgl. Keller 2008)? Es könnte aber auch gefragt werden: Eignen sich die Leserinnen und Leser überhaupt etwas für sie Neues aus dem Ratgeber an oder nutzen sie diesen eher zur Legitimation bereits angeeigneten Wissens und Könnens?[7]

C) Welche Inhalte werden in Ratgebern vermittelt?
Ratgeber in Buchform bilden eine spezifische Literaturgattung, deren charakteristisches Merkmal neben den noch zu erforschenden Stilmitteln (vgl. Dimension D) der in den Texten enthaltene Rat über bestimmte Themen ist. Neuere Untersuchungen zu dem sich gegenwärtig wandelnden Angebot der Inhalte in Ratgebern stehen jedoch noch aus. Jürgen Oelkers spricht mit Blick darauf in einem weiten Sinne von „Feldern des Wissens" bzw. „Dimensionen von Lebenshilfe" (Oelkers 1995, 15). Wir können dieses Wissen am Material näher untersuchen, ggf. lässt es sich historisch oder disziplinär ordnen. Das zu untersuchende ‚Wissen' in Ratgebern muss dabei jedoch nicht zwingend als ‚wahr' verstanden werden, sondern kann auch als Aussagesystem, das in einem mehr oder minder kohärenten Zusammenhang steht, das aber auch Brüche, Fehlschlüsse, und – gemessen an wissenschaftlicher Erkenntnis – auch ‚Unwahrheiten' enthält, verstanden werden.

D) Welche Formen der Vermittlung finden sich in Elternratgebern?
Wie Ratgeber in Buchform aber das zu vermittelnde Wissen literarisch aufbereiten, ist eine Frage von Rhetorik, Stilmitteln und Textformen. Ratgeber spannen sich als Textklasse auf zwischen romanhaften Beschreibungen, über Falldarstellungen und Grafiken, mit denen ‚richtiges' und ‚falsches' Handeln dargestellt wird, bis hin zu Checklisten, die es im Falle von Elternratgebern zum Wohle des Kindes

---

7 Vergleiche zu dieser Perspektive auch den Beitrag von Timo Heimerdinger im vorliegenden Band.

abzuarbeiten gilt.[8] Dies alles sind bestimmte Vermittlungsformen, die sich in Ratgebern in Buchform finden und die sich systematisieren lassen.

E) Welche Formen der Aneignung finden beim Lesen von Elternratgebern statt?

Während sich die spezifischen Vermittlungsformen in Ratgebern am Material erfassen lassen, geschehen die Formen der Aneignung auf Seiten der Rezipientinnen und Rezipienten. Da Lernen prinzipiell unsichtbar ist (vgl. Prange 2012a, 88), kann es lediglich über den Zustand der Leserinnen und Leser nach dem Lesen von Ratgeberliteratur erfasst werden. Dementsprechend erfordert diese Forschungsdimension empirische Untersuchungen, bei denen die Subjekte, die ein Ratgeberwissen rezipiert haben, mittels Interviews, Gruppendiskussionen oder papierbzw. onlinebasierten Befragungen in den Forschungsprozess einbezogen werden.

F) Welche Funktionen haben Ratgeber in Buchform in einer Gesellschaft bzw. Kultur überhaupt?

Es ist anzunehmen, dass Ratgeberbücher als Medien in modernen Gesellschaften bestimmte Funktionen aufweisen, die über die bloße Vermittlung von Wissen oder Können hinausgehen. Inwiefern Sie auf die historisch-kulturelle Entwicklung von Gesellschaften reagieren oder aber auch Teil dieser Entwicklung sind, ist eine Forschungsdimension, die alle anderen, die bis an diese Stelle skizziert worden sind, umgibt. Eine Popularisierung von Wissen geschieht zwar bereits seit einigen Jahrhunderten, hat jedoch durch die Heterogenität der Massenmedien in der Gegenwart eine neue Qualität und Quantität gewonnen. Es hat gegenwärtig den Anschein, als ob – um einen Gedankengang Siegfried Bernfelds äquivalent zu verwenden[9] – Erziehungsratgeber die Reaktion einer Gesellschaft auf die Entwicklungstatsache der (komplexer werdenden) Kultur(en) sind.[10]

8　Erziehungstheoretisch interessant erscheint auch die Frage danach, ob Stilmittel und Textsorten selbst bereits verschiedene didaktische Vermittlungsformen bilden, die dann auch verschieden wirken, oder ob es hier nur eine Vermittlungsform gibt: nämlich das schriftlich und ggf. bildlich darstellende Hineinarbeiten spezifischen ‚Wissens‘ in eine Textform. Ich vermute, dass ersteres der Fall ist, denn eine Checkliste zur Erziehung könnte – allein durch ihren technischen Aufforderungs- und Lösungscharakter – ganz anders wirken als ein eher romanhafter Ratschlag, der mehrere Interpretationsmöglichkeiten für Handlungsoptionen bietet.

9　Bernfeld hielt fest: „Die Kindheit ist irgendwie im Aufbau der Gesellschaft berücksichtigt. Die Gesellschaft hat irgendwie auf die Entwicklungstatsache reagiert" (Bernfeld 1967, 51). Daher schlug er mit einem weiten, fast schon soziologischen Blick auf Gesellschaften „vor, diese Reaktionen in ihrer Gänze Erziehung zu nennen. Die Erziehung ist danach die Summe der Reaktionen einer Gesellschaft auf die Entwicklungstatsache" (Bernfeld 1967, 51).

10　Vergleiche zur Bedeutung von Ratgeberliteratur als Reaktion auf kulturelle Problemsituationen (ganz gleich ob diese objektiv tatsächlich bestehen oder subjektiv von den Gesellschaftsmitgliedern wahrgenommen werden) auch den Beitrag von Johanna Hopfner im vorliegenden Band.

Literatur

Berg, C. (1991): ‚Rat geben'. Ein Dilemma pädagogischer Praxis und Wirkungsgeschichte. In: Zeitschrift für Pädagogik 37 (5), 709-734.

Bernfeld, S. (1967): Sisyphos oder die Grenzen der Erziehung. Frankfurt am Main: Suhrkamp.

Brem-Gräser, L. (1993): Handbuch der Beratung für helfende Berufe. München u.a.: Reinhardt.

Brezinka, W. (1978): Metatheorie der Erziehung. München u.a.: Reinhardt.

Brinkmann, M. (2015): Phänomenologische Methodologie und Empirie in der Pädagogik. Ein systematischer Entwurf für die Rekonstruktion pädagogischer Erfahrungen. In: M. Brinkmann/ R. Kubac/S.S. Rödel (Hrsg.): Pädagogische Erfahrung. Theoretische und empirische Perspektiven. Wiesbaden: Springer VS, 33-59.

Dietrich, G. (1983): Allgemeine Beratungspsychologie. Göttingen u.a.: Hogrefe.

Dilthey, W. (1888): Über die Möglichkeit einer allgemeingültigen pädagogischen Wissenschaft. In: W. Dilthey: Gesammelte Schriften. Bd. VI. Leipzig u.a.: Teubner, 1924.

Fries, N. (2017): Kritische Betrachtung eines Ratgebers – Eine Analyse des ‚Trotzkopfalters' von Doris Heueck-Mauss. Jena: Unveröffentlichte Abschlussarbeit.

Gudjons, H. (2008): Pädagogisches Grundwissen. Überblick – Kompendium – Studienbuch. Bad Heilbrunn: Verlag Julius Klinkhardt.

Heid, H. (1994): Erziehung. In: D. Lenzen (Hrsg.): Erziehungswissenschaft. Ein Grundkurs. Reinbek bei Hamburg: Rowohlt, 43-68.

Höffer-Mehlmer, M. (2001): Didaktik des Ratschlags: Zur Methodologie und Typologie von Ratgeber-Büchern. In: P. Faulstich/G. Wiesner/J. Wittpoth (Hrsg.): Wissen und Lernen, didaktisches Handeln und Institutionalisierung. Bielefeld: Bertelsmann, 155-164.

Höffer-Mehlmer, M. (2003): Ratgeber. Zur Geschichte eines Genres. Baltmannsweiler: Schneider Verlag Hohengehren.

Keller, N. (2008): Pädagogische Ratgeber in Buchform – Leserschaft eines Erziehungsmediums. Bern: Peter Lang.

Koerrenz, R. (1995): Stufentheorie der Erziehung. Studien zur Theorie der Erziehung unter besonderer Berücksichtigung der operativen Grundlage und strukturellen Gestaltungsmöglichkeiten von Erziehung. Tübingen: unveröffentlichte Habilitation.

Kost, J. (2013): Erziehungsratgeber. In: M. Stamm/D. Edelmann (Hrsg.): Handbuch frühkindliche Bildungsforschung. Wiesbaden: Springer, 472-684.

Kraft, V. (2009a): Probleme einer pädagogischen Theorie der Beratung. In: V. Kraft (Hrsg.): Pädagogisches Selbstbewusstsein. Studien zum Konzept des pädagogischen Selbst. Paderborn u.a.: Schöningh, 181-194.

Kraft, V. (2009b): Beratung als Form der Erziehung. In: V. Kraft (Hrsg.): Pädagogisches Selbstbewusstsein. Studien zum Konzept des pädagogischen Selbst. Paderborn u.a.: Schöningh, 219-233.

Kraft, V. (2011): Beraten. In: J. Kade/W. Helsper/C. Lüders/B. Egloff/F.-O. Radtke/W. Thole (Hrsg.): Pädagogisches Wissen. Erziehungswissenschaft in Grundbegriffen. Stuttgart: Kohlhammer.

Krause, C./Fittkau, B./Fuhr, R./Thiel, H.-U. (Hrsg.) (2003): Pädagogische Beratung – Grundlagen und Praxisanwendung, Paderborn: Schöningh.

Krüger, J.O. (2017): Wissen, was gut ist? Zur Adressierungsproblematik in Erziehungsratgebern für Eltern. In: K. Jergus/J.O. Krüger/A. Roch (Hrsg.): Elternschaft zwischen Projekt und Projektion. Aktuelle Perspektiven der Elternforschung. Wiesbaden: Springer VS, 201-213.

Lüders, C. (1994): Pädagogisches Wissen für Eltern. Erziehungswissenschaftliche Gehversuche in einem unwegsamen Gelände. In: H.-H. Krüger/T. Rauschenbach (Hrsg.): Erziehungswissenschaft. Die Disziplin am Beginn einer neuen Epoche. Weinheim u.a.: Juventa, 163-183.

Nolda, S. (2004): Zerstreute Bildung. Mediale Vermittlungen von Bildungswissen. Hrsg. v. Deutschen Institut für Erwachsenenbildung. Bielefeld: Bertelsmann.

Oelkers, J. (1995): Pädagogische Ratgeber. Erziehungswissen in populären Medien. Frankfurt am Main: Diesterweg.

Prange, K. (2011): Zeigen – Lernen – Erziehen. Hrsg. v. Karsten Kenklies. Jena: IKS.

Prange, K. (2012a): Die Zeigestruktur der Erziehung. Grundriss der operativen Pädagogik. Paderborn u.a.: Schöningh.

Prange, K. (2012b): Erziehung als Handwerk. Studien zur Zeigestruktur der Erziehung. Paderborn: Schöningh.

Sauerbrey, U. (2019): Das Buch als pädagogisches Medium ästhetischer Empfindung? Versuche zu einer erziehungstheoretischen Analyse. In: C. Bach (Hrsg.): Pädagogik im Verborgenen – Bildung und Erziehung in der ästhetischen Gegenwart. Wiesbaden: Springer VS, 45-61.

Sauerbrey, U./Petruschke, I./Schulz, S./Herklotz, K./Vollmar, H.C. (2018): Elternratgeber zur Kindergesundheit. Ein Überblick über populärmedizinische Themen auf dem deutschen Buchmarkt. In: Zeitschrift für Allgemeinmedizin 94 (6), 269-275.

Schmid, M. (2011): Ratgeber und Erziehungswissenschaft. Zur Theorie-Praxis-Problematik populärpädagogischer Schriften. Bad Heilbrunn: Verlag Julius Klinkhardt.

Schmid, M. (2012): Über die Tendenz einer Psychologisierung und Ökonomisierung des Erziehungsverständnisses in der pädagogischen Ratgeberliteratur. In: Pädagogische Rundschau 66 (2), 179-190.

Stenger, U. (2015): Phänomen Erziehen. Dimensionen und Dynamiken. In: M. Brinkmann/ R. Kubac/S. Rödel (Hrsg.): Pädagogische Erfahrung. Theoretische und empirische Perspektiven. Wiesbaden: Springer VS, 61-87.

Sünkel, W. (2011): Erziehungsbegriff und Erziehungsverhältnis. Allgemeine Theorie der Erziehung, Bd. 1. Weinheim u.a.: Juventa.

Winkler, M. (2006): Kritik der Pädagogik. Der Sinn der Erziehung. Stuttgart: Kohlhammer.

Wolff, S. (2008): Dokumenten- und Aktenanalyse. In: E. v. Kardorff/I. Steinke/U. Flick (Hrsg.): Qualitative Forschung. Ein Handbuch. Reinbek bei Hamburg: Rowohlt, 502-513.

Wolfgang B. Ruge

Mögliche Beiträge der Medienpädagogik(en) zu einer Erforschung des Ratgebers

Im vorliegenden Beitrag werde ich der Frage nachgehen, inwiefern die Medienpädagogik(en) einen Beitrag zur erziehungswissenschaftlichen Ratgeberforschung zu leisten vermögen. Dabei gehe ich sowohl auf vorliegende Konzepte und Forschungsergebnisse ein, die für das Feld der Ratgeberforschung gewinnbringend sein können, als auch mögliche Forschungsperspektiven, die sich aus der Ratgeberforschung für die Medienpädagogik(en) ergeben.

Dazu werde ich zunächst kurz begründen, warum ich nicht von der Medienpädagogik, sondern von Medienpädagogiken im Plural spreche, um anschließend die möglichen Beiträge jeder der vier genannten Felder zu skizzieren. Die Gliederung erfolgt dabei in systematischer Absicht – in pädagogischer Praxis und erziehungswissenschaftlicher Forschung sind durchaus Überschneidungen denkbar.

1 Medienpädagogik im Plural

Ein Blick auf die Diskurse, die im deutschsprachigen Raum unter der Bezeichnung „Medienpädagogik" geführt werden, zeigt eine große Heterogenität. Diese Heterogenität begründet sich einerseits darin, dass bestimmte Phänomene unterschiedlich bewertet werden. Wenn die Steigerung von Effizienz einerseits als Ziel des Medieneinsatzes in didaktischen Settings angesehen wird, Gegenstimmen aber die Durchsetzung einer neoliberalen Ideologie und einen Widerspruch zum humanistischen Bildungsideal beklagen (vgl. Swertz 2015; Brandhofer 2017), ist dies eine fachliche Diskussion innerhalb eines klar bestimmten Gegenstandes (Einsatz von Medien in Lehrprozessen), der die Erziehungswissenschaft aufgrund des ihr inhärenten Normativitätsproblems nicht entkommen kann.

Über diese durch unterschiedliche Werturteile begründete Pluralität hinaus findet sich jedoch eine weitere „undisziplinierte" Pluralität innerhalb medienpädagogischer Diskurse, die sich in einem wissenschaftstheoretischen Dissens gründen, wie Medien, Erziehung/Bildung und deren Verhältnis zueinander definieren zu seien. Deshalb ziehe ich es vor, von Medienpädagogiken im Plural zu sprechen. Diese

„undisziplinierte" Pluralität zeigt sich anhand dreier Kristallisationspunkte: (1) Einer höchst unterschiedlichen Anbindung der Medienpädagogik in Fakultäten und Fachgesellschaften, (2) unterschiedlichen Konfigurationen des Gegenstandes sowie (3) unterschiedlichen Begründungen der Relevanz von Medienpädagogik (Legitimationsargumentationen) (vgl. ausführlich dazu Ruge 2014, 2017a, 2017b).

Warum Medienpädagogik betrieben werden sollte und in welcher fachlichen Umgebung dies geschieht, ist für die Frage nach dem Wert der Medienpädagogik für die Ratgeberforschung von untergeordneter Bedeutung. Eine hohe Relevanz kommt jedoch den unterschiedlichen Konfigurationen des Gegenstandes zu, da sie den Blick auf die zu erforschenden Phänomene präfigurieren. In aktuellen Diskussionen unterscheidet sich die Konfiguration des Gegenstandes in

• der Beziehung, die zwischen Pädagogik und Medien angenommen wird,
• dem Forschungsinteresse und Gegenstand empirischer Analysen,
• der primären Erscheinungsform von Medien sowie dem impliziten Medienbegriff,
• spezifischen Kern- und Modebegriffen, die den wissenschaftlichen Diskurs prägen,
• dem wissenschaftlichen Habitus, welcher sich in der Art und Weise, wie die Theorien des jeweiligen Gebietes „funktionieren", ausdrückt und
• dem Verhältnis zu pädagogischen Kategorien wie Lernen, Bildung und Erziehung.

Diesem Vergleichskatalog folgend lassen sich in aktuellen Diskussionen vier Medienpädagogiken beschreiben: (1) Pädagogik mit Medien, (2) Pädagogik über Medien, (3) Pädagogik der Medien sowie (4) Pädagogik unter Medien(-bedingungen).

Tab. 1: Übersicht über die Medienpädagogiken (Quelle: Ruge 2017b, 109)

	Pädagogik mit Medien	Pädagogik über Medien	Pädagogik der Medien	Pädagogik unter Medien (-bedingungen)
Synonym	Mediendidaktik	Medienpädagogik, Medienerziehung	(strukturale) Medienbildung, Mediologie	Medienwissenschaftliche Medienpädagogik
Medien als …	Mittel zum Lehren/Lernen	Gegenstand von Lernprozessen	Rahmen für Bildungsprozesse des Individuums	Bedingung für Kultur und Bildung
Gegenstand wissenschaftlichen Interesses	Lehr-Lern-Situationen	Individuelles Medienhandeln	Mediale Artikulationen	Medialität

	Pädagogik mit Medien	Pädagogik über Medien	Pädagogik der Medien	Pädagogik unter Medien (-bedingungen)
Wissenschaftlicher Habitus	Bedingungslogisch, psychologisch	Begründungslogisch, sozialwissenschaftlich	Kulturwissenschaftlich-hermeneutisch, sozialwissenschaftlich	Kulturwissenschaftlich-hermeneutisch
Medienbegriff	Pädagogisch-psychologisch (an Wahrnehmung orientiert), technisch	Umgangssprachlich pragmatisch, kommunikationswissenschaftlich	Medien als Struktur mit eigener Medialität	Medienwissenschaftlich
Primäre Erscheinungsform der Medien	Konkretes Einzelmedium	Massenmedien, Technik	Mediale Artikulation (Performativität)	Medialität (Struktur)
Pädagogik als ...	Handlungsfeld	Handlungsfeld und Erziehungswissenschaft	Erziehungswissenschaft	Handlungsfeld

Ich werde im Folgenden die Medienpädagogiken abschreiten und nachdem ich kurz das Feld skizziert habe, auf mögliche Beiträge zur Ratgeberforschung eingehen.

2 Mögliche Beiträge der Pädagogik mit Medien

Die im Feld der Mediendidaktik verorteten Forschungen befassen sich

„vordringlich mit dem Lehren und Lernen mit Medien und damit verbunden mit der Frage, wie Medien bzw. Medienangebote zur Erreichung pädagogisch begründeter Ziele konzipiert und eingesetzt werden können bzw. sollten und wie Lehr-/Lern-Prozesse durch die Gestaltung oder den Einsatz von Medien optimiert werden können" (Süss et al. 2010, 150).

Die Forschungen hierzu umfassen sowohl Fragen nach dem Einsatz bestimmter Geräte (vgl. Knaus 2015) als auch eine Analyse der Persönlichen Lernumgebungen (Personal Learning Environments – PLE; vgl. Honegger/Neff 2013) der Lernenden. Eine Erforschung von (Erziehungs-)Ratgebern fand m.W. bisher nicht statt. Folgt man der u.a. von Kerres und de Witt vertretenen Linie einer gestaltungsorientierten Mediendidaktik (vgl. Kerres/Witt 2011), wäre es Aufgabe der Pädagogik, die Möglichkeiten neuer Technologien zur Gestaltung von Ratgebern zu nutzen. Hierfür möchte ich ein mögliches Forschungsprojekt skizzieren. Ziel wäre die Umsetzung eines in Buchform vorliegenden Ratgebers in eine mediengestützte Lernumgebung. Forschungsmethodisch läge dem Projekt ein Design-Based-Research-Ansatz (DBR-Ansatz), für dessen stärkere Verwendung in der pädagogischen Forschung sich etwa Reinmann (vgl. Reinmann 2005) und Tulodziecki u.a. (vgl. Tulodziecki et al. 2014) ausgesprochen haben, zugrunde. Das zentrale Element des Ansatzes besteht darin, in fortlaufenden Schleifen formativer Evaluation einen Prototyp so lange zu verbessern, bis das Produkt fertig ist.

In meinem Gedankenspiel gehe ich vom Erziehungsratgeber „Netzgemüse" (Haeusler/Haeusler 2015) aus. In diesem beschreiben Johnny und Tanja Haeusler ihr medienerzieherisches Handeln. Das Buch besteht vor allem darin, anhand konkreter Erlebnisse die zur Buchpublikation aktuellen Social-Media-Plattformen zu beschreiben und der Elterngeneration einen Einblick in die Lebenswelt ihrer Kinder zu geben. Der gegebene Rat lässt sich durch die Formel „Lerne die Medienwelt deines Kindes kennen, dann wird es schon" beschreiben und stützt sich nicht auf wissenschaftliche Erkenntnisse, sondern wird von den Verfassenden mit ihrer Elternrolle begründet. Auch wenn so selbstverständlich nicht der Stand medienpädagogischer Forschung abgedeckt wird (vgl. dazu Kap. 3), ist eine Kenntnis der aktuellen Plattformen durch die Elterngeneration erzieherisch wünschenswert.

Durch die auf Situationen fokussierte Schreibweise der Ratgebenden bietet sich eine Umsetzung in Form eines Serious Games (vgl. Michael/Chen 2006) an. In einem Point-and-Click-Adventure könnten die Spielenden durch verschiedene – problematische aber auch erfolgreiche – (Erziehungs-)Situationen geführt werden, wobei der simulierte Educand bei erfolgreichem Spielverlauf als medienkompetentes Wesen endet. Gemäß des DBR-Ansatzes würde zunächst ein Prototyp entwickelt, von Eltern getestet und auf Basis ihres Feedbacks weiterentwickelt werden.

3 Mögliche Beiträge der Pädagogik über Medien

Die Pädagogik über Medien, die sich auch als Medienerziehung beschreiben lässt, bezieht sich auf „diejenigen pädagogischen Handlungs- und Reflexionsfelder, in welchen technische Medien, Medieninhalte und die psychischen und sozialen Auswirkungen von Medien eine Rolle spielen" (Friedrichs/Sander 2012, 363-364). Als Zielvorstellung galt lange Zeit das Konzept der Medienkompetenz (vgl. Baacke 1973). In den letzten Jahren etablierte sich mit „Medienbildung" eine Alternative, wobei je nach Autorin und Autor Medienbildung und -kompetenz synonym, als gegenseitige Ergänzung oder konkurrierende Ansätze verhandelt werden (vgl. dazu die Beiträge in Moser et al. 2011, vor allem Jörissen 2011).

Die zentrale Differenz zwischen beiden Lagern besteht m.E. im Ausgangspunkt, der den Argumentationen zugrunde liegt. Während Verfechtende der Medienkompetenz vor allem aus den Anforderungen einer zunehmend mediatisierten Welt heraus argumentieren, beginnen die Verteidigenden der Medienbildung beim Individuum. Als gemeinsamer Konsens lässt sich jedoch eine Abgrenzung von vereinfachenden Positionen festhalten, die Medienkompetenz/-bildung auf das Bedienen technischer Hilfsmittel reduzieren oder Medienkonsum nur als problematisches Übel darstellen.

Der Stand der Diskussion steht somit im diametralen Gegensatz zu den, im öffentlichen Diskurs geführten Debatten, bei denen immer wieder das Reflexionsschema durchscheint, dass Medienerziehung vor allem als Abhärtung gegen schädliche Medieneinflüsse zu verstehen sei.

Hier liegt auch die Verbindung zu Erziehungsratgebern, denn ein nicht unerheblicher Teil der Medienkritik erscheint in Form von Erziehungsratgebern, die den elaborierten Konzepten der wissenschaftlichen Medienpädagogik eigene Zielvorstellungen entgegensetzen und so in Konkurrenz zu diesen treten.

Exemplarisch lässt sich dieses an Bleckmanns Konzeption der Medienmündigkeit (vgl. Bleckmann 2014) aufzeigen. Die Autorin bringt das Konzept der Medienkompetenz in Misskredit, indem sie es als „Plastikwort" (ebd., 29) bezeichnet und der populären Verwendung eine wissenschaftliche Position gegenüberstellt. Zunächst bemängelt Bleckmann die Position eines im Fließtext nicht näher benannten Medienpädagogik-Professors und zitiert diesen mit den Worten:

> „Der Begriff Medienkompetenz [wird; W.R.] in der veröffentlichten Diskussion, vor allem aber dort, wo sich Ökonomie und Politik seiner bedienen, häufig auf die Fertigkeit reduziert … den technischen Vorgaben der Medien als digitalen Maschinen adäquat zu folgen.'" (Bleckmann 2014, 30).

Es folgt ein kurzer Einschub, in dem Bleckmann von der wissensschaftlichen zur populären Konzeption überleitet:

> „Das bemängelt ein Medienpädagogik-Professor. Und was versteht ein Nicht-Experte, wenn er dieses Wort hört?" (Bleckmann 2014, 30)

Daran anschließend wird ein Praktiker zitiert:

> „Medienkompetenz? Also ich mein, ich stell mir darunter vor: Wissen, wie man mit Fernseher und Computer halt umgeht, also wie man die Geräte richtig bedient.'" (Bleckmann 2014, 30)

Und zum Abschluss der Passage wendet sich Bleckmann resümierend an den Leser:

> „Fällt Ihnen daran etwas auf? Da ist von Bedienen die Rede. Wer bedient hier wen?" (Bleckmann 2014, 30)

Im Folgenden führt Bleckmann unter Berufung auf Eberhard Freitag, den Leiter einer Präventionsstelle, aus, warum Medienkompetenz als Leitkategorie unbrauchbar sei. Im Gegensatz zum Medienpädagogik-Professor wird dieser Experte nicht nur mit seiner Position, sondern auch mit Namen genannt. Der Medienmündigkeit setzt die Autorin im Folgenden das Konzept der Medienmündigkeit entgegen. Problematisch ist nun weniger die Kritik am naiven Subjektverständnis des kompetenten Nutzers, das auch im Fachdiskurs durchaus hinterfragt wird, sondern die Selbstverständlichkeit, mit welcher die Argumentation vollzogen wird, die einen Praktiker als Garanten der Wahrheit gegen den Elfenbeinturm der Wissenschaft nobilitiert.

Bleckmanns Gegenkonzept der Medienmündigkeit fußt dabei auf einer profunden Ignoranz des von ihr kritisierten Diskurses und betreibt somit eine „Trivialisierung und Vernachlässigung der pädagogischen Theorie" (Schmid 2011, 373). So verwundert, dass die sechs Bausteine der Medienmündigkeit sich auch in den gängigen Medienkompetenz-Modellen wiederfinden. Entgegen der innerhalb der Medienpädagogik favorisierten aktiven Medienarbeit propagiert Bleckmann aber vor allem Abstinenz. Nützliche Tipps hierfür sind im folgenden Ratgeber: „Heute mal bildschirmfrei" (Bleckmann/Leipner 2018) zu finden.

Auch wenn Bleckmann noch nicht die Popularität Spitzers (Spitzer 2014)[1] erreicht hat, ist ihre Rezeption schon so erfolgreich, dass in der Wikipedia das Konzept der Medienmündigkeit als medienpädagogische Kategorie vorgestellt wird.[2]

Aufgabe der wissenschaftlichen Medienpädagogik wäre nun, solchen Positionierungen entgegen zu treten, da diese dem Ziel, eine sich an wissenschaftlichen Diskursen orientierende Profession zu entwickeln, entgegenstehen. Dies kann einerseits dadurch geschehen, dass die Medienpädagogik selbst Rat gibt – und geschieht auch schon, wenn auch in kleinerem Umfang. So warben Neuß und Schill (vgl. Neuß/Schill 2012) im Auftrag der Bundeszentrale für gesundheitliche Aufklärung schon 2012 dafür, der allgemeinen Aufregung doch das Anregungspotenzial neuer Medien entgegenzustellen. Und auch praktisch tätige Medienpädagogen veröffentlichen Bücher, die sich als Ratgeber verstehen lassen (vgl. Albers-Heinemann/Friedrich 2018) und geben auf „flimmo.de" Hinweise für einen angemessenen Medienkonsum.

Anderseits – und hier schließt ein mögliches Forschungsprojekt an – täte die Medienpädagogik gut daran, sich mit den Inhalten der Ratgeber zu beschäftigen und den Diskurs kritisch zu begleiten – etwa in Form einer Diskursanalyse aktueller Ratgeber.

---

1 Manfred Spitzer ist klinischer Psychiater und wurde vor allem mit seinem Buch „Digitale Demenz" einer breiten Öffentlichkeit als Medienkritiker bekannt.

2 https://de.wikipedia.org/wiki/Medienp%C3%A4dagogik – wobei der Artikel aktuell (Stand 12.11.2018) generell jedwede Kenntnis wissenschaftlicher Diskurse zum Thema vermissen lässt.

4 Mögliche Beiträge der Pädagogik der Medien

Mit der Pädagogik der Medien hat sich – wenn auch selten unter diesem Begriff – in den letzten Jahren ein Forschungsfeld etabliert, das sich der erziehungswissenschaftlichen Analyse von Medien(-inhalten) widmet. Unter anderem ist hier das Forschungsprogramm der Strukturalen Medienbildung (Jörissen/Marotzki 2009) zu nennen, das auf Basis formaler Medienanalysen nach den Bildungspotenzialen fragt, die den untersuchten Medien inhärent sind. Dabei dient die Strukturale Bildungstheorie Marotzkis (Marotzki 1990) als Grundlage, womit Fragen nach dem Verhältnis von Bestimmtheit und Unbestimmtheit im Mittelpunkt stehen. Ein wesentlicher Verdienst dieser Theorielinie besteht darin, den Zusammenhang zwischen der formalen Gestaltung eines Mediums und dessen Bildungspotenzialen zu argumentieren und durch die Rezeption kulturwissenschaftlicher Ansätze zu einer methodischen Weiterentwicklung erziehungswissenschaftlicher Medienanalyse beizutragen.

Ausgearbeitete Analysemodelle liegen für die Medien Film, Fotografie sowie für diverse webbasierte Formate (Jörissen/Marotzki 2009) und Computerspiele (Fromme/Könitz 2014) vor.

Die theoretischen Modelle und Analysen, die vor allem für künstlerische Artikulationen entwickelt wurden, aber schon auf populäre Formate übertragen wurden (de la Chaux 2014; Kleibrink 2014; Ruge 2012), lassen sich dabei auch für die Ratgeberforschung fruchtbar machen, wobei der Beitrag der Forschungsrichtung darin besteht, auf den Einfluss der medialen Form auf die Art und Weise des Ratgebens aufmerksam zu machen. So könnte gefragt werden, wie in visuellen, audiovisuellen oder interaktiven etc. Formaten Rat gegeben wird.

Einen ersten Ansatz hierfür liefern die Untersuchungen Wolfs (Wolf 2015), auch wenn sie sich nicht auf die Theorie Strukturaler Medienbildung beziehen, sondern didaktische anstatt bildungstheoretische Perspektiven in den Mittelpunkt stellen. Gemeinsam ist jedoch ein analytischer Blick auf das Medienprodukt.

Mögliche Ergebnisse möchte ich zunächst kurz an dem populären Format „BibisBeautyPalace" skizzieren. In ihren älteren Videos gibt Bibi ihrem Publikum Schmink- und Stylingtipps und führt diese praktisch vor. Dies geschieht durchaus mit kommerziellem Interesse, denn es wird werbend auf bestimmte Marken und Produkte hingewiesen. Mit zunehmendem Erfolg gründet Bibi eine eigene Kosmetik-Linie, erweitert ihr Themenspektrum und wird zu einer der einflussreichsten Influencerinnen im deutschsprachigen Internet. Diese Entwicklung ist durchaus öfter thematisiert worden, wodurch der thematische Inhalt der frühen Videos in der Diskussion etwas unterging. Indem Bibi ihrem Publikum ein bestimmtes Erscheinungsbild nahelegt und Hilfestellung zu deren Umsetzung leistet, kann sie durchaus als Rat-gebende betrachtet werden. Die kurze Analyse eines Videos zu „Frisuren ohne Haargummi"[3] zeigt, dass der Prozess des Ratgebens in der medialen Arena Youtube andere Formen annimmt als in gedruckten Ratgebern.

So findet sich zwar eine persönliche Ansprache der Rezipierenden, nicht aber, um diesen eigene Kompetenz zu suggerieren, wie es im „merken sie" des oben besprochenen Bleckmann-Ratgebers zu beobachten ist, sondern um ein Näheverhältnis aufzubauen. Den Zuschauenden wird suggeriert, sie würden an Bibis Leben teilnehmen, sodass sie sichihrer Community zugehörig fühlen können. Bibi tritt nicht als Lehrerin sondern als Freundin auf. Durch dieses „Lifestreaming" (Kohout 2017a) wird ein Gemeinschaftsgefühl aufgebaut. Dieses ist natürlich professionell produziert (vgl. Kohout 2017b), weshalb auch die Möglichkeiten der medialen Form genutzt werden – im hier betrachteten Video vor allem große Nahaufnahmen, die Bibis Näheangebot auf filmsprachlicher Ebene unterstützen. Auffällig ist dabei, dass das hier untersuchte Format ohne Verweis auf wissenschaftliche Theorien oder anderweitig argumentierte Autorität auskommt. Bibis Nähe zum Publikum, ihre Funktion als „Close Other" (Blight 2016), garantiert die Relevanz und Korrektheit ihrer Vorschläge. Das grundlegende Format ist somit ein anderes, als von Sauerbrey (in diesem Band) beschrieben. Während bei gedruckten Ratgebern der medialen Form die Aufgabe zufällt, eine zeitliche Distanz zu überbrücken, dient im Youtube-Video das Medium dazu, Synchronizität zu erzeugen oder diese zumindest zu simulieren. Auch direkte Nachfragen an die Ratgebenden sind in interaktiven Medien prinzipiell möglich.[4] Der Youtube-Ratgeber scheint sich also strukturell von einem Ratgeber in Buchform zu unterscheiden. Für eine historische Perspektive auf dieses Phänomen bieten sich Beiträge der vierten Medienpädagogik an.

5 Mögliche Beiträge der Pädagogik unter Medien(-bedingungen)

Als jüngster Diskursstrang etabliert sich innerhalb der Medienpädagogiken ein, sich als genuin medienwissenschaftlich verstehender, Diskursstrang. Dieser thematisiert die Frage, wie sich Pädagogik im Zeichen wandelnder Medienwelten verändert hat und verändern wird/sollte.[5] Das Forschungsprogramm wird von Missomelius folgendermaßen skizziert:

---

3 https://www.youtube.com/watch?v=cUBqfkMGzsE&t=256s

4 Stärker ist dieses Phänomen bei den Lifestreams, die etwa durch die Plattform twitch.tv zunehmend populär werden. Hier ist der Lifechat elementarer Bestandteil des Streams und wird nicht wie bei Youtube in die Kommentarspalte delegiert.

5 Hierbei wird die bisherige medienpädagogische Praxis und Theoriebildung teilweise auch polemisch angegriffen. So urteilt Leschke, die Konzeption der Medienkompetenz durch Baacke verdanke „sich ebenso elementarer Unbildung wie keckem theoretischem Unvermögen und borniertter Ignoranz" (Leschke 2016, 18). Die Analyse widmet sich im Wesentlichen einem Baacke-Beitrag und blendet

„Eine medienwissenschaftlich geprägte Medienbildung, welche den Zusammenhang von Medienkultur und Bildung in den Blick nimmt, hebt nun dazu an, diese frei von Affekten und Medienphobien zu perspektivieren und als ‚Bildung unter Medienbedingungen‘ (Sommer et al. 2011, S. 31) zu konzipieren. Dieses Verständnis medialer Verfasstheit heutiger Medienkulturen bindet sich an den Anspruch einer Medien berücksichtigenden Bildungstheorie. Kulturprägende Effekte im Feld von Medialität und Bildung rücken damit in den Fokus des Forschungsinteresses" (Missomelius 2013, 398).

Auch wenn manche seitens der Medienwissenschaft selbstbewusst vorgetragenen Kritik auf einer vereinfachenden Rezeption erziehungswissenschaftlicher Theorie beruht, kann ihr produktives Potenzial für die pädagogische Diskussion nicht geleugnet werden. Ein wesentlicher Beitrag medienwissenschaftlicher Theorien liegt z.b. in ihrem historischen Blick, der den Zusammenhang von Medien und Bildung in größeren Zeitabschnitten kontextualisiert als es die Medienpädagogik bisher getan hat. Problematisch bleibt m.E. dennoch der implizite Mediengenerativismus[6], der kulturelle Praktiken und Pädagogik vor allem als Effekt von Medien und deren Wandel betrachtet. Durch diese Einschränkung wird jedoch ein neuer Blick eröffnet.

Die angesprochenen kulturprägenden Effekte betreffen dabei nicht nur klassische Lernsettings, die z.b. in den Überlegungen von Othmer und Weich (Othmer/Weich 2015) Gegenstand sind, sondern lassen sich auch in Praktiken des Beratens finden.

Hierfür scheint mir u.a. die Mediologie Debrays (Debray 2003) ein angemessenes Reflexionsformat anzubieten. Debray geht davon aus, dass medientechnologische Innovationen einen derart großen Einfluss auf die Kultur ausüben, dass bei Wechsel des Leitmediums eine neue Mediosphäre entsteht, in der sich kulturelle Praktiken in Anpassung an das neue Medium transformieren. Die bisherige Medien- und Kulturgeschichte teilt er in 3 Phasen ein: die auf mündlicher Überlieferung beruhender Logosphäre, die Graphosphäre des Buchdrucks, sowie die Videosphäre des Fernsehens (vgl. Debray 2013, 64f). Meyer, der als einer der Pioniere der Debray-Rezeption innerhalb der Pädagogik gelten kann, weist zurecht daraufhin, dass sich durch die Verbreitung des Internets die Videosphäre schon jetzt zu einer Hypersphäre weiterentwickelt, weswegen er späteren Aufsätzen Debrays folgend von einer Video-/Hypersphäre spricht (vgl. Meyer 2014, 153-154).

---

sowohl andere Schriften des Autors als auch andere Ansätze innerhalb der Medienkompetenz-Diskussion aus.

6 Den Begriff des „Mediengenerativismus" (Krämer 2013, 329) verstehe ich hier im Sinne Krämers, die medienwissenschaftlicher Theorie vorwirft, zu stark von Eigenständigkeit der Medien zu betonen und die Heteronomie der Medien nur unzureichend zu berücksichtigen (vgl. ebd., 329ff).

Tab. 2: Mediensphären (Quelle: Meyer 2010)

	Logosphäre	Graphosphäre	Video-/Hypersphäre
	geprägt durch mündliche Tradierung und handschriftliche Aufzeichnung	beginnt mit Einführung des Buchdrucks (und Zentralperspektive)	datiert auf die Einführung des Farbfernsehens, ungefähr 1968
Legitime Referenz	Das Göttliche (es muss sein, es ist heilig)	Das Ideale (es muss sein, es ist wahr)	Das Leistungsfähige (es muss sein, es funktioniert)
Treibende Kraft des Gehorsams	Der Glaube (Fanatismus)	Das Gesetz (Dogmatismus)	Die Meinung (Relativismus)
Mittel der Einflussnahme	Die Predigt	Die Publikation	Die Erscheinung
Redensart über persönliche Autorität	Gott hat es mir gesagt	Ich habe es in einem Buch gelesen	Ich habe es im Fernsehen gesehen
Reich symbolischer Autorität	Das Unsichtbare (der Ursprung) Oder das logische Wahre	Das Sichtbare (Das Ereignis) Oder das Nichtnachprüfbare	Das Lesbare (das Fundament) Oder das Wahrscheinliche
Subjektives Gravitationszentrum	Seele (anima)	Das Bewusstsein (animus)	Der Körper (sensorium)
Geistige Klasse (Bewahrer des gesellschaftlich Heiligen)	Kirche (Propheten und Geistliche) sakrosankt: das Dogma	Laizistischee Intelligenzija (Professoren und Doktoren) sakrosankt: das Wissen	laizistische Medien (Verteiler und Produzenten) sakrosankt: die Information
Kanonisches Alter	Der Alte	Der Erwachsene	Der Junge
Pathologische-Tendenz	Paranoia	Obsession	Schizophrenie
Muttersprache	Griechisch	Italienisch	Amerikanisch
Präferierte Zeichenfunktion (Peirce)	Index	Ikon	Symbol
Bilderwelt hat als Ordnung	Das Idol	Die Kunst	Das Visuelle
Wirkungsprinzip (Beziehung zum Sein)	Präsenz (transzendent) Das Bild ist sehend	Darstellung (illusorisch) Das Bild wird gesehen	Simulation (digital) Das Bild wird angeschaut

	Logosphäre	Graphosphäre	Video-/Hypersphäre
	geprägt durch mündliche Tradierung und handschriftliche Aufzeichnung	beginnt mit Einführung des Buchdrucks (und Zentralperspektive)	datiert auf die Einführung des Farbfernsehens, ungefähr 1968
Existenzform	Lebendig Das Bild ist ein Wesen	Körperlich Das Bild ist eine Sache	Virtuelle Das Bild ist eine Wahrnehmung
Entscheidender Bezugspunkt (Quelle der Autorität)	Das Übernatürliche (Gott)	Das Reale (Die Natur)	Der Leistungsträger (Die Maschine)
Lichtquelle	Spirituell (von innen)	Solar (von außen)	Elektrisch (von innen)
Ziel und Erwartung von	Schutz (und Heil) Das Bild nimmt gefangen	Vergnügen (und Prestige) Das Bild fängt die Aufmerksamkeit	Information (und Spiel) Das Bild wird empfangen
Kultgegenstand	Der Heilige (ich schütze euch)	Das Schöne (ich gefalle euch)	Das Neue (ich überrasche euch)
Blickpunkt	Durch das Bild hindurch (das Hindurchsehen)	Über das Bild hinaus (kontemplative Betrachtung)	Nur das Bild (kontrollierende Betrachtung)

Anhand dieser Sphären dekliniert Debray verschiedene kulturelle Praktiken und Orientierungen durch. Für die Ratgeberforschung ist m.E. vor allem eine Facette interessant: die Frage nach anerkannten Autoritäten. Während in der Logosphäre noch „Gott hat es mir gesagt" als Ausweis von Autorität galt, gilt in der Graphosphäre „ich habe es in einem Buch gelesen". Medientheoretisch betrachtet, kann dies als Basis für die Ratgeberkultur betrachtet werden, da Akzeptanz von Büchern als Wissensquelle wesentliches Element (geschriebener) Ratgeber darstellt (von der banalen Tatsache, dass der Buchdruck erfunden werden musste, einmal abgesehen). Auch weitere lose Befunde lassen sich andocken. Die frühen Ratgeber, die sich an Erziehung zur Sittsamkeit der Erwachsenen orientieren, verweisen auf „das Ideale" als legitime Referenz, die Publikation ist Mittel der Wahl, um sich zu positionieren und Einfluss zu nehmen.

In der Video-/Hypersphäre ändert sich diese Praxis des Ratgebens. So fordert eine Mediosphäre, die sich an der Jugend als kanonisches Lebensalter orientiert, eher zu deren „artgerechter Haltung" auf, als zur Weiterentwicklung dieser zu sittsamen Erwachsenen. Debrays verklausulierte Formulierung der „Erscheinung" (Debray 2013, 65) als Mittel der Einflussnahme findet ihren Ausdruck in den auf

Synchronizität gerichteten Youtube-Videos wie z.B. den schon angesprochenen „BibisBeautyPalace"-Filmen.

Die Schwäche der hier kurz skizzierten Perspektive liegt in ihrer Allgemeinheit, da die Gliederung der Mediengeschichte in drei distinkte Phasen, unterschiedliche Praktiken der Mediennutzung innerhalb einer Phase nur ungenügend berücksichtigen kann. Dennoch kann diese Position den Blick einer erziehungswissenschaftlichen Ratgeberforschung schärfen, da sie es erlaubt, über spezifische Ratgeberformate hinausgehend, den gemeinsamen Kern dessen auszumachen, was Ratgeben unter der Bedingung eines bestimmten Mediums heißt. Auch die Erforschung des gedruckten Ratgebers ließe sich im Licht dieser Perspektive kritisch betrachten: Der Ratgeber in Buchform, ist ein Relikt aus der vergangenen Mediensphäre, eine von konservativen Kräften konservierte Idee, die auf der Weitergabe bewährten Wissens von der älteren Generation an die Jüngere beruht. Indem die Pädagogik sie untersucht, versichert sie sich ihrer eigenen Relevanz. Wichtig ist somit m.E. neue Praktiken des Ratgebens, wie Rat innerhalb der Generation in synchronen Youtube-Formaten, nicht außen vor zu lassen, und auch Pädagogizität innerhalb einer Generation in den Blick zu nehmen, auch wenn dies klassische Erziehungstheorien herausfordert und Pädagogik nicht mehr nur als „die planmäßige gewollte Überlieferung des in einer Gegenwart gegebenen wissenschaftlichen und außerwissenschaftlichen Kulturbestandes an nachfolgende Generationen durch die Vermittlung der zeitlich nächsten" (Hönigswald 1927, 16) verstanden werden kann.

6 Fazit

Da das Tableau medienpädagogischer Forschung sich als sehr vielfältig erweist, verwundert auch nicht, dass (mögliche) Beiträge zur Ratgeberforschung divers erscheinen. Zusammenfassend sehe ich folgende Aufgaben für die Medienpädagogik; sie sollte

- Ratgeber medial gestalten (Pädagogik mit Medien),
- in Konkurrenz zu Ratgebern treten und diese selbst schreiben (Pädagogik über Medien),
- Möglichkeiten des Rat-gebens in spezifischen Medialitäten untersuchen (Pädagogik der Medien) und ...
- den Wandel der Praxen des Rat-gebens durch wechselnde Leitmedien nachzeichnen (Pädagogik unter Medienbedingungen).

Hierbei handelt es sich vor allem um Möglichkeiten – bisher haben sich die Medienpädagogiken, wie auch die Erziehungswissenschaft im Allgemeinen – der Ratgeberforschung kaum gewidmet. Es ist zu hoffen, dass das Netzwerk, dessen Arbeit diesem Sammelband zugrunde liegt, hieran etwas ändern kann.

Literatur

Albers-Heinemann, T./Friedrich, B. (2018): Elternbuch zu WhatsApp, YouTube, Instagram & Co. 2. Aufl., Heidelberg: O'Reilly.

Baacke, D. (1973): Kommunikation und Kompetenz. Grundlegung einer Didaktik der Kommunikation und ihrer Medien. München: Juventa.

Bleckmann, P. (2014): Medienmündig. Wie unsere Kinder selbstbestimmt mit dem Bildschirm umgehen lernen. Stuttgart: Klett-Cotta.

Bleckmann, P./Leipner, I. (2018): Heute mal bildschirmfrei. Das Alternativprogramm für ein entspanntes Familienleben. München: Knaur.

Blight, M.G. (2016): Relationships to Video Game Streamers. Examining Gratifications, Parasocial Relationships, Fandom, and Community Affiliation Online. University of Wisconsin-Milwaukee. Verfügbar unter https://dc.uwm.edu/cgi/viewcontent.cgi?article=2260&context=etd (Zugriff am 01.06.2019).

Brandhofer, G. (2017): Das Digitale in der Schule — Mehrwert oder ein Wert an sich? In: N. Grünberger/K. Himpsl-Gutermann/P. Szucsich/G. Brandhofer/E. Huditz/M. Steiner (Hrsg.): Schule neu denken und medial gestalten. Glückstadt: vwh Verlag Werner Hülsbusch, 47-62.

de la Chaux, A. (2014): Interkulturelle Medienbildung im Dokumentarfilm für Kinder. Eine Analyse filmischer Inszenierungsstrategien fremder Lebenswelten. 1. Aufl., Stuttgart: ibidem.

Debray, R. (2003): Einführung in die Mediologie. Bern u.a.: Haupt.

Friedrichs, H./Sander, U. (2012): Medienpädagogik. In: K.-P. Horn/H. Kemnitz/W. Marotzki/ U. Sandfuchs (Hrsg.): Klinkhardt Lexikon Erziehungswissenschaft KLE. Bad Heilbrunn: Klinkhardt/UTB, 363-365.

Fromme, J./Könitz, C. (2014): Bildungspotenziale von Computerspielen – Überlegungen zur Analyse und bildungstheoretischen Einschätzung eines hybriden MedienphänomensBildungspotenziale von Computerspielen – Überlegungen zur Analyse und bildungstheoretischen Einschätzung eines hybriden Medienphänomens. In: W. Marotzki/N. Meder (Hrsg.): Perspektiven der Medienbildung. Wiesbaden: Springer VS, 235-268.

Haeusler, T./Haeusler, J. (2015): Netzgemüse. Aufzucht und Pflege der Generation Internet. 1. Aufl., München: Goldmann.

Honegger, B.D./Neff, C. (2013): Personal Smartphones in Primary School. In: M. Thomas (Hrsg.): Technologies, innovation, and change in personal and virtual learning environments. Hershey, Pa: IGI Global (701 E. Chocolate Avenue Hershey Pennsylvania 17033 USA), 155-164.

Hönigswald, R. (1927): Über die Grundlagen der Pädagogik. 2. Aufl., München: Ernst Reinhardt.

Jörissen, B. (2011): „Medienbildung" – Begriffsverständnisse und Reichweiten. In: H. Moser/P. Grell/ H. Niesyto (Hrsg.): Medienbildung und Medienkompetenz. Beiträge zu Schlüsselbegriffen der Medienpädagogik. München: Kopaed, 211-236.

Jörissen, B./Marotzki, W. (2009): Medienbildung – Eine Einführung. Theorie – Methoden – Analysen. Bad Heilbrunn: Klinkhardt/UTB.

Kerres, M./Witt, C. de (2011): Zur (Neu-)Positionierung der Mediendidaktik. Handlungs- und Gestaltungsorientierung in der Medienpädagogik. In: H. Moser/P. Grell/H. Niesyto (Hrsg.): Medienbildung und Medienkompetenz. Beiträge zu Schlüsselbegriffen der Medienpädagogik. München: Kopaed, 259-270.

Kleibrink, A. (2014): Die TV-Serie als Bildungsfernsehen? Eine Untersuchung der Selbst- und Weltbilder in der Quality-Primetime-Serie Mad Men. 1. Aufl., Stuttgart: ibidem.

Knaus, T. (2015): Me, my Tablet – and Us. Vom Mythos eines Motivationsgenerators zum vernetzten Lernwerkzeug für autonomopoietisches Lernen. In: K. Friedrich/F. Siller/A. Treber (Hrsg.): Smart und mobil. Digitale Kommunikation als Herausforderung für Bildung, Pädagogik und Politik. München: Kopaed, 17-42.

Kohout, A. (2017a): Livestreaming is Life. In: POP 6 (1), 74-77.

Kohout, A. (2017b): YouTube-Formate zwischen Professionalität und Dilettantismus. In: POP 6 (2), 66-71.

Leschke, R. (2016): Normative Selbstmissverständnisse. Medienbildung zwischen normativer Bewahrung und technologiegetriebener Normsetzung. In: T. Hug/T. Kohn/P. Missomelius (Hrsg.): Medienbildung wozu? Medien – Wissen – Bildung. Innsbruck: innsbruck university press, 17-32.

Marotzki, W. (1990): Entwurf einer strukturalen Bildungstheorie. Biographietheoretische Auslegung von Bildungsprozessen in hochkomplexen Gesellschaften. Weinheim: Deutscher Studien Verlag.

Meyer, T. (2010): Material zum Workshop HSLU Luzern (31.5.10). Verfügbar unter http://medialogy.de/2010/05/31/material-zum-workshop-hslu-luzern-31-5-10/ (Zugriff am 21.06.2019).

Meyer, T. (2014): Die Bildung des (neuen) Mediums – Mediologische Perspektiven der Medienbildung. In: W. Marotzki/N. Meder (Hrsg.): Perspektiven der Medienbildung. Wiesbaden: Springer VS, 149-170.

Michael, D./Chen, S. (2006): Serious games. Games that educate, train and inform. Boston, Mass: Thomson Course Technology.

Missomelius, P. (2013): Unruhestiftendes Wissen. Medien zwischen Bildung und Unbildung. In: MEDIENwissenschaft (4), 394-409. Verfügbar unter https://doi.org/10.17192/ep2013.4.1331 (Zugriff am 22.02.2016).

Moser, H./Grell, P./Niesyto, H. (Hrsg.) (2011): Medienbildung und Medienkompetenz. Beiträge zu Schlüsselbegriffen der Medienpädagogik. München: Kopaed.

Neuß, N./Schill, W. (2012): Anregung statt Aufregung. Neue Wege zur Förderung von Medienkompetenz in Familien. Köln: Bundeszentrale für gesundheitliche Aufklärung.

Othmer, J./Weich, A. (2015): Zwei Welten wohnen, ach, in meiner Brust. Medien- und lerntheoretische Überlegungen zu Symbolischem und Handlung am Beispiel eines Planspiels. In: Medienimpulse 23 (3). Verfügbar unter http://www.medienimpulse.at/articles/view/850 (Zugriff am 22.02.2016).

Reinmann, G. (2005): Innovation ohne Forschung? Ein Plädoyer für den Design-Based Research-Ansatz in der Lehr-Lernforschung. In: Unterrichtswissenschaft 33 (1), 52-69.

Ruge, W. (2012): Roboter im Film. Audiovisuelle Artikulationen des Verhältnisses zwischen Mensch und Technik. 1. Aufl., Stuttgart: ibidem.

Ruge, W.B. (2014): Pädagogik * Medien – Eine Suchanfrage. In: W. Marotzki/N. Meder (Hrsg.): Perspektiven der Medienbildung. Wiesbaden: Springer VS, 187-207.

Ruge, W.B. (2017a): Keine Disziplin in Schlumpfhausen. Anmerkungen zu einer Wissenschaftstheorie der Medienpädagogik. In: C. Trültzsch-Wijnen (Hrsg.): Medienpädagogik. Eine Standortbestimmung. Baden-Baden: Nomos Verlagsgesellschaft, 115-128.

Ruge, W.B. (2017b): Undisziplinierte Pluralität. Anmerkungen zu einer Wissenschaftstheorie der Medienpädagogik. In: Medienpädagogik – Zeitschrift für Theorie und Praxis der Medienbildung (27), 100-120. Verfügbar unter https://doi.org/10.21240/mpaed/27/2017.04.04.X (Zugriff am 10.04.2017).

Schmid, M. (2011): Erziehungsratgeber und Erziehungswissenschaft. Zur Theorie-Praxis-Problematik popularpädagogischer Schriften. Bad Heilbrunn: Verlag Julius Klinkhardt.

Spitzer, M. (2014): Digitale Demenz. Wie wir uns und unsere Kinder um den Verstand bringen. München: Droemer.

Süss, D./Lampert, C./Wijnen, C.W. (2010): Medienpädagogik. Ein Studienbuch zur Einführung. Wiesbaden: VS.

Swertz, C. (2015): Die semantische Ordnung der Dinge im Web. Bildung mit den HTTP-Dämonen zwischen Widerstreit und adaptiver Regelung. In: Medienimpulse – Beiträge zur Medienpädagogik 23 (2). Verfügbar unter https://medienimpulse.at/articles/view/807/ (Zugriff am 31.08.2018).

Tulodziecki, G./Herzig, B./Grafe, S. (2014): Medienpädagogische Forschung als gestaltungsorientierte Bildungsforschung vor dem Hintergrund praxis- und theorierelevanter Forschungsansätze in der Erziehungswissenschaft. In: Medienpädagogik – Zeitschrift für Theorie und Praxis der Medienbildung 14 (Occasional Papers – Einzelbeiträge), 1-18. Verfügbar unter https://doi.org/10.21240/mpaed/00/2014.03.10.X (Zugriff am 21.06.2019).

Wolf, K.D. (2015): Video-Tutorials und Erklärvideos als Gegenstand, Methode und Ziel der Medien- und Filmbildung. In: A. Hartung/T. Ballhausen/C. Trültzsch-Wijnen/A. Barberi/K. Kaiser-Müller (Hrsg.): Filmbildung im Wandel. Wien: new academic press, 121-131.

Christine Ott und Jana Kiesendahl

Ratgeber und RAT GEBEN. Textlinguistische Reflexionen zur Identifizierung, Typologisierung und pragmatisch-stilistischen Analyse von Ratgebern

1 Einleitung

Der Begriff des *Ratgebers* wird für sehr unterschiedliche mediale Erscheinungs-formen gebraucht: Ratgeber existieren u.a. als Printbuch, Flyer, als Fernsehserie, Online-Forum, Radiosendung, App fürs Smartphone (vgl. Kost 2013). Bereits die mediale Bandbreite an Erscheinungsformen zeigt auf, dass jede Ratgeberfor-schung zu klären hat, von welchem Gegenstand sie ausgeht bzw. welchen Gegen-stand sie beforschen möchte. Der Beitrag nähert sich Ratgebern textlinguistisch und stellt Kategorien vor, anhand derer ratgebende Texte beschrieben und mit Hilfe derer sie analysiert werden können. Er vollzieht hierbei einen Dreischritt: Zunächst wird diskutiert, im Rückgriff auf welche sprachlichen Indikatoren Rat-geber identifiziert werden können und sich der jeweilige Forschungsgegenstand eingrenzen lässt (Kap. 2).

Daran schließen Ausführungen zu einer Typologisierung ratgebender Texte an, die auf textsortenkonstitutive und -spezifische Merkmale[1] führt und über die ver-schiedene Ausprägungen – nicht nur thematische – von Ratgebern beschreibbar werden (Kap. 3). Bereits die grundsätzlichen Überlegungen zur Identifizierung von Ratgebern wie auch die typologischen Anmerkungen stellen Kategorien be-reit, mit denen form- und inhaltsbezogene Analysen von Ratgebern angereichert werden können.

Die Anwendungsperspektive steht im letzten thematischen Kapitel im Fokus (Kap. 4). Der Dreischritt wird dort komplettiert durch die Vorstellung eines Analysemodells, das sich mit der Didaktik von Ratgebern am Beispiel von Erzie-hungsratgebern auseinandersetzt: LeserInnen ohne eingehendere Kenntnisse im Bereich der Linguistik bekommen einen Werkzeugkasten für eine pragmatische Stilanalyse an die Hand, die Aufschluss geben kann über sprachliche Strategien

---

1 „[Es] gibt (…) Merkmale, die textsortenkonstitutiv sind, d.h. ihr Auftreten ist obligatorisch, andere Merkmale sind dagegen (nur) textsortenspezifisch, d.h. sie treten häufig bei einer Textsorte auf, sind aber nicht notwendig." (Fandrych/Thurmair 2011, 16)

der Popularisierung von Wissenschaftswissen (vgl. Schmid 2011, 17 in Referenz auf Höffer-Mehlmer 2003, 277), um nur eine Umschreibung von Ratgebern anzuführen. Zu den vorgestellten Analyseaspekten zählt beispielsweise, wie der RATSCHLAG[2] als Sprachhandlung und das RAT GEBEN als Handlungsmuster realisiert und wie Verbindlichkeitsgrade versprachlicht werden.

2 Zur Identifizierung von Ratgebern

Die Textlinguistik ist jene Disziplin innerhalb der Linguistik, die sich u.a. mit der Klassifizierung und Typologisierung von Texten befasst und Hilfestellung bei der Konturierung von sprachlich strukturierten Forschungsgegenständen bietet (vgl. auch Kost in diesem Band). Der Textbegriff der jüngeren Textlinguistik ist dabei weit gefasst und beinhaltet neben dem prototypischen Schrifttext auf Papier jedwede Folge von sprachlichen Zeichen, geschriebene wie gesprochene, auch in Kombination mit weiteren Zeichensystemen und realisiert auf unterschiedlichen Trägermedien, sofern diese Zeichenfolge „in sich kohärent[3] ist und (…) als Ganzes eine erkennbare kommunikative Funktion signalisiert" (Brinker et al. 2018, 17; vgl. ebd. zum integrativen Textbegriff). Nicht nur das gedruckte Buch, sondern auch die Fernsehsendung aus schriftlichen, auditiven und bildlichen Zeichen kann somit als Text gelten, der mit textlinguistischem Beschreibungsinventar näher klassifiziert werden kann.

Entscheidend für Forschende zum Phänomen Ratgeber ist nun, zu klären, auf welcher Grundlage ein Text als Ratgeber eingeordnet werden kann und damit beispielsweise einen Kandidaten für ein Untersuchungskorpus der Ratgeberforschung darstellt.

2.1 Der Paratext als Indikator

Der Paratext liefert Indizien hierfür. Er ist das Beiwerk zum Text, durch welches eine Klassifizierung als *Ratgeber* erfolgt – z.B. beim Buch auf dem Cover, im Klappentext oder durch das Tagging als *Ratgeber* im Buchhandel, bei Apps in der Bewerbung der Anwendung im Downloadportal, bei einem Online-Forum in der Beschreibung des Forum-Zwecks etc. Besonders prominent ist die paratextuelle Markierung in Form der Betitelung als *Ratgeber* (ähnlich: *Handreichung, Hilfestellung, Leitfaden, Guide*), z.B. im (Unter-)Titel des Buchs, in der Benennung der Zeitschriftenrubrik, im Titel der Fernseh-/Radiosendung oder der Forenbezeichnung.

Solche Markierungen evozieren aufseiten der RezipientInnen spezifische Erwartungen, was den Textinhalt anbelangt. Werden diese enttäuscht, kann die Legitimität der Selbstbezeichnung als *Ratgeber* rezipierendenseitig abgesprochen

---

2 Für Sprachhandlungen hat sich die Schreibweise in Großbuchstaben etabliert.
3 Das meint, dass die Zeichenfolge grammatisch und thematisch als zusammengehörig erkennbar ist.

werden. Wenn ein (fiktiver) *Ratgeber für junge Eltern* beispielsweise Entwicklungsstufen des Neugeborenen nachzeichnet, aber keine oder kaum Vorschläge zum
Umgang mit dem Neugeborenen macht, ist aus Sicht der RezipientInnen fraglich,
ob tatsächlich von einem Ratgeber die Rede sein kann.

Der Paratext ist Teil der Vermarktung. Bezeichnungen eines Textes werden daher
nicht ausschließlich nach dem tatsächlichen Textinhalt gewählt und paratextuelle
Indikationen hierdurch relativiert – wo Ratgeber draufsteht, muss nicht Ratgeber
drin sein. In umgekehrter Blickrichtung muss nicht jeder Ratgeber als solcher
paratextuell ausgewiesen werden. Die paratextuelle Markierung allein reicht somit
nicht aus, um Ratgeber zu identifizieren.

2.2 Innertextliche Indikatoren

Einen weiteren Anhaltspunkt stellen innertextliche Indikatoren dar (vgl. ebd.,
98f). Im Folgenden werden drei Subformen unterschieden.

a) Metasprachliche Thematisierungen: Dass bzw. ob es sich bei einem Text um
einen Ratgeber handelt, wird innertextlich nahegelegt, wo ein Text auf seine ‚Rat-
geberhaftigkeit' rekurriert und somit auf Metaebene thematisiert, dass er sich als
Ratgeber verstanden wissen will.

b) Sprachhandlung des RATSCHLAGS: Ein weiterer innertextlicher Indikator sind Performanzen des RAT GEBENS, d.h. im Text finden sich ratgebende
Sprachhandlungen. RAT GEBEN wird als komplexe sprachliche Handlung, als
ein „Handlungsmuster" (Ehlich/Rehbein 1986, 137), aufgefasst, das sich aus
Teilhandlungen zusammensetzt (siehe den nachfolgenden Gliederungspunkt c),
darunter der konkrete Akt des RATSCHLAGS, der als „Knotenpunkt" (Helmstetter 2014, 108) des komplexen Handlungsmusters RAT GEBEN gelten kann.
Beim RATSCHLAG wird einer konkreten Person oder einem abstrakten Kreis an
AdressatInnen, die sich einer Problemsituation ausgesetzt fühlen oder denen ein
Anliegen zugeschrieben wird, ein Verhaltensvorschlag gemacht; dieser Vorschlag
stellt eine Handlungsweise aus mindestens zwei[4] Handlungsmöglichkeiten dar
und soll den RezipientInnen aus Sicht der EmittentInnen[5] zur erfolgreiche(re)n
Bewältigung ihres Anliegens verhelfen. Der RATSCHLAG ist eine nicht-binden-
de Aufforderung mit Adressatenpräferenz (vgl. Hindelang 2010, 59ff; vgl. auch
Hindelang 1978, 409ff). Hindelang schlüsselt die Bedingungen, dass eine Aufforderung zum X-en ein RATSCHLAG ist, folgendermaßen systematisch auf (vgl.
Hindelang 1978, 413 und 2010, 106):

---

4 Sich nicht zu verhalten, stellt in der Regel bereits eine Handlungsmöglichkeit dar.

5 EmittentInnen sind diejenigen Personen, von denen „ein Text ausgeht" (Brinker et al. 2018, 16),
also nicht zwingend nur TextproduzentInnen, sondern auch HerausgeberInnen oder Auftrag-
geberInnen der Textproduktion (vgl. ebd.).

- Bedingung 1: Die/der RezipientIn hat ein praktisches Problem.
- Bedingung 2: Die/der EmittentIn hat kein unmittelbares Interesse an der Lösung des Problems.
- Bedingung 3: Die/der EmittentIn glaubt, dass zu X-en die beste Lösung für das Problem darstellt bzw. dass zu X-en ein optimaler Beitrag zur Lösung des Problems ist.[6]
- Bedingung 4: Es bleibt der/dem RezipientIn überlassen, ob sie bzw. er die Aufforderung befolgt oder nicht.

Zu den Bedingungen 1 und 2 ließe sich pointierend ergänzen: Ein Interesse an der Lösung oder Reduktion des Problems liegt vielmehr (primär) bei den RezipientInnen (vgl. auch Rolf 1993, 257).

Sprachliche Handlungen des RATSCHLAGS können besonders offensichtlich mit dem Verb *raten* (z.B. *Führende Experten raten …*)[7] oder als Imperativ realisiert sein, z.B.: „Was tun [wenn Ihr Baby schreit; C.O., J.K.]? Gehen Sie hin und sprechen Sie mit Ihrem Baby" (ZBFS 2016, 3; Hervorhebung des Originals entfernt); dagegen zurückhaltender appellativ mit *sollen*: „In den ersten zwei, drei Jahren ist das Nuckeln am Daumen oder Schnuller noch unbedenklich. Dann sollte es jedoch abgewöhnt werden, um eine Zahnfehlstellung zu vermeiden" (ebd., 8; Hervorhebung des Originals entfernt). Laut Helmstetter (2014, 112) soll es zum Wesen von Ratgebern[8] gehören, dass sie Aufforderungen oder Instruktionen nicht zu aufdringlich verbalisieren. Ungeachtet der empirischen Belastbarkeit dieser Behauptung[9] verweist sie auf die Schwierigkeit, dass ratgebende Sprachhandlungen unterschiedliche Explizitheitsgrade aufweisen und sich implizitere Formen des RATSCHLAGS einer Analyse, die sich an der sprachlichen Oberfläche bewegt, entziehen. Selbst Aussagesätze wie *Rauchen ist schädlich* lassen sich als kondensierte oder verdeckte Aufforderungen lesen (vgl. ebd., 123): ‚Ich würde Ihnen raten, nicht zu rauchen, denn Rauchen ist schädlich für Ihre Gesundheit'. Wir werden in Kapitel 4.2 auf dieses Problem zurückkommen und Versprachlichungen unterschiedlichen

---

6 Für Hindelang ist folglich die Einschätzung der EmittentInnen entscheidend, ob der Lösungsvorschlag als „beste Lösung" gelten kann. Im Unterschied zu Hindelang und in Übereinstimmung mit Niehaus (2013, 130) schlagen wir jedoch vor, die Güte des Ratschlags nicht von den Rezipierenden, sondern den Ratgebenden her zu perspektivieren.

7 Fiktive Textbeispiele setzen wir im Beitrag kursiv ebenso wie Objektsprachliches. Authentische Beispiele aus ratgebenden Texten sind dagegen (ebenso wie sonstige Zitate) in doppelten Anführungszeichen markiert und mit einem regulären Quellennachweis versehen.

8 Helmstetter bezieht seine Ausführungen auf Ratgeber in Buchform.

9 Für die *Elternbriefe* (vgl. z.B. ZBFS 2015, 2016), die als Newsletter an Eltern versandt sowie zum Download in Form eines Kurzprospekts zur Verfügung gestellt werden, gilt diese Einschätzung so pauschal schon einmal nicht. Hier lassen sich zahlreiche Imperative finden. Ob Explizitheit und starke Direktivität allerdings womöglich ein Merkmal von Briefratgebern im Unterschied zu Buchratgebern ist, wäre zu untersuchen.

Explizitheitsgrades des RATSCHLAGS vorstellen, die auch ohne fundierte linguistische Vorbildung zum Gegenstand einer Textanalyse gemacht werden können.

c) Sprachhandlungen innerhalb des Handlungsmusters RAT GEBEN: Sprachhandlungen des RATSCHLAGS indizieren folglich innertextlich die Kategorisierung eines Textes als Ratgeber, doch stehen ratgebende Sprachhandlungen nicht isoliert, sondern sind als Bestandteil eines komplexeren sprachlichen Handlungsmusters realisiert, das aus weiteren Sprachhandlungen besteht. Zu diesem Handlungsmuster gehört beispielsweise, dass ein Problem, das Anlass für den Rat ist, näher beschrieben wird (Sprachhandlung PROBLEM ERÖRTERN) oder Argumente für den Inhalt des Rates angeführt werden (Sprachhandlung BEGRÜNDEN). Der explizite RATSCHLAG ist folglich eingebettet in einen innertextlichen Kontext, zu dem Helmstetter folgende Elemente zählt:

> „die tatsächliche (oder zumindest gefühlte) oder unterstellte Empfindung eines Mangels, eines Defizits, eines Bedarfs, einer Problem- oder gar Notlage, die Suggestion von Optimierungs- und Perfektionierungsmöglichkeiten und das implizite oder explizite Erheben des Anspruchs, über das diesbezüglich erforderliche Wissen (*Know-How*) zu verfügen, sowie damit einhergehend das Signalisieren von Kompetenz und die (Selbst-)Autorisierung des Ratgebers (etwa durch Hinweise auf langjährige Erfahrung oder Spezialkenntnisse)." (Helmstetter 2014, 108; Hervorhebung im Original)

Die Abfolge dieser Elemente bzw. der damit verbundenen Sprachhandlungen innerhalb des Handlungsmusters RAT GEBEN ist nicht starr, auch müssen nicht stets alle Elemente realisiert sein. So kann auch nur zu Beginn eines Buchratgebers ausgeführt worden sein, woher eine Verfasserin ihre Legitimität als Expertin nimmt, und muss dies nicht im Zusammenhang mit jeder erörterten Problemsituation und jedem gegebenen Rat wiederholt werden. Das Vorkommen möglichst vieler der mit diesen Bausteinen verbundenen Sprachhandlungen ist weiterer Indikator dafür, dass wir es beim vorliegenden Text mit einem Ratgeber zu tun haben.

2.3 Die kommunikative Funktion des Ratgebens

Aus textlinguistischer Sicht ist die übergeordnete kommunikative Funktion des Textes dafür ausschlaggebend, ob von einem Ratgeber gesprochen werden kann. Die dominante kommunikative Funktion eines Textes wird in der Linguistik für dessen Klassifizierung (hier: als ratgebender Text) herangezogen. Diese kommunikative Funktion wird auch als *Textfunktion* oder *Kommunikationsabsicht* bezeichnet. Die Begriffe hängen folgendermaßen zusammen: *Textfunktion* meint „die im Text mit bestimmten, konventionell geltenden, d.h. in der Kommunikationsgemeinschaft [mehr oder weniger; C.O., J.K.] verbindlich festgelegten Mitteln ausgedrückte Kommunikationsabsicht des Emittenten" (Brinker et al. 2018, 97). Diese Absicht sollen die RezipientInnen auf der Grundlage konventionell etablierter Form-Funktions-Zusammenhänge erkennen können (vgl. ebd.). Ratgeber tragen ihre kommunikative Funktion bereits in der Bezeichnung: Sie geben dem allgemeinen Verständnis nach Rat.

Texte mit der kommunikativen Funktion des Ratgebens weisen im Standardfall komplexe Sprachhandlungen des RAT GEBENS auf.[10] Die sprachliche Handlung des RATSCHLAGS – als Teilhandlung im Handlungsmuster RAT GEBEN – wurde oben bereits als eine Form der nicht-bindenden Aufforderung bestimmt. In der Sprechakttheorie Searles zählen auffordernde Handlungen zur Klasse der Direktiva. Rolf greift diese Klassifikation in seiner Beschreibung von Gebrauchstextsorten auf und ordnet „Ratgeber"[11] entsprechend ihrer Textfunktion den nicht-bindenden direktiven[12] Textsorten zu (vgl. Rolf 1993, 257).

Direktiv seien Ratgeber insofern, als sie das adressierte Gegenüber zu einer bestimmten Handlung oder zur Unterlassung einer Handlung bewegen wollen (vgl. ebd.). Als nicht-bindend gelten Ratgeber, weil die Rezipierenden frei entscheiden, ob sie den Ratschlägen folgen; sie haben diese Entscheidungsfreiheit, weil keine Sanktionsmittel existieren, die der Aufforderung Nachdruck verleihen könnten (vgl. ebd.).

Um Texte als Ratgeber klassifizieren zu können, sollten sie in Übereinstimmung mit ihrer Textfunktion des Ratgebens eine Problemsituation, die rezipierendenseitig besteht, zum Ausgangspunkt haben. An Ratgeber wird dabei der Anspruch gerichtet, dass sie „problembeseitigend" oder „problemreduzierend" (ebd.) sind oder immerhin sein wollen. Im Fall von Erziehungsratgebern wird davon ausgegangen, dass die Rezipierenden ein die Erziehung betreffendes Problem oder Anliegen haben, das sie durch das Konsultieren eines Ratgebers potentiell lösen können. Für die EmittentInnen ergibt sich hingegen kein unmittelbarer Effekt oder Nutzen, wenn ihr Rat von den Rezipierenden befolgt wird. In diesem Aspekt unterscheiden sich Ratgebertexte von Textsorten mit Aufforderungscharakter, bei denen das Interesse primär aufseiten der EmittentInnen zu verorten ist, wie z.B. der Fall bei einer Beschwerde oder Bitte (vgl. ebd.).

Ohne ein Problem aufseiten der LeserInnen/ZuhörerInnen/ZuschauerInnen bräuchte es keinen Ratgeber. Die Logik ‚Zuerst war das Problem, dann der Ratgeber' gilt allerdings nur eingeschränkt. Schließlich kann das Beratungsbedürfnis durch einen Ratgeber erst geweckt oder bewusst gemacht werden. Bereits Herkenrath (1978)

---

10 Dies ist keine normative Setzung, sondern eine Beschreibung eines anzunehmenden textsortenkonstitutiven Merkmals; die Annahme beruht darauf, dass sich Textbezeichnungen nicht willkürlich entwickeln, sondern z.B. funktionale Merkmale zur Bezeichnung konventionalisieren.

11 Rolfs Klassifizierung liegt dabei ein enger Textbegriff zugrunde, d.h. er geht von Ratgebern in Printform aus, die sich an ein abstraktes Publikum wenden und durch eine Einseitigkeit in der Kommunikation, mindestens aber durch eine asynchrone Kommunikation auszeichnen. Für Texte dieses Profils hat sich die Bezeichnung *Ratgeberliteratur* etabliert. Rolfs Einordnung von Ratgeberliteratur als nicht-bindende direktive Texte darf aber auch für andere mediale Realisierungen Gültigkeit beanspruchen.

12 Im verbreiteten Textfunktionsmodell von Brinker werden diese Texte nicht als direktive, sondern appellative Texte benannt (vgl. Brinker et al. 2018, 105).

verweist darauf, dass nicht in der Problemsituation, die einen Ratschlag erforderlich macht, das Handlungsmotiv der AutorInnen von Erziehungsratgeberliteratur zu sehen ist, sondern in deren Ziel, eine spezifische Weltanschauung zu vermitteln. Unter Umständen ist darin kein Widerspruch zu sehen zur Gelingensbedingung des Ratgebens, wonach rezipierendenseitig zunächst ein Problem bestehen muss, für das dann ein Lösungsvorschlag unterbreitet wird.[13] Dies gilt für den Fall, dass im Text eine Problemkonstruktion erfolgt (diese ist nicht Teil des Handlungsmusters RAT GEBEN, sondern ihr handlungslogisch vorgelagert). Fehlt im Text jedoch eine erkennbare Orientierung auf ein Gegenüber, in dessen Dienst sich die EmittentInnen stellen, wodurch erkennbar würde, dass das Interesse zur Problemlösung primär aufseiten der RezipientInnen und nicht aufseiten der EmittentInnen gesehen wird, ist die kommunikative Funktion des Ratgebens relativiert und es liegt weniger ein prototypischer Ratgeber als vielmehr z.B. eine Streitschrift oder ein Pamphlet vor.

Fandrych und Thurmair weisen darauf hin, dass ratgebende Texte Bestandteil anderer Texte sein können (vgl. Fandrych/Thurmair 2011, 26). Texteinheiten mit der Textfunktion des Ratgebens können in einen übergeordneten Text eingebettet sein, der eine abweichende dominante Textfunktion aufweist (vgl. ebd.); so finden sich vergleichsweise gut abgrenzbare ratgebende Texte in Reiseführern in Form von *Hinweisen* oder *Tipps*. Für die Korpusbildung in der Ratgeberforschung ist zu klären, ob solche Ratgeber-„Subtexte" (ebd.)[14] einbezogen werden. Eine besondere Herausforderung stellen allerdings Texte dar, bei denen – anders als in einem Reiseführer beispielsweise – nicht durch Kästchen oder durch Ausweisung von Rubriken, wie in Zeitschriften und ähnlich in Online-Foren der Fall, eine Identifizierung solcher Subtexte auf der Textoberfläche möglich ist, sondern Textbausteine mit unterschiedlichen kommunikativen Funktionen ineinanderfließen.

Tab. 1: Ratgebender Text als Textsorte oder als Subtext einer Textsorte

Textsorte Ratgeber	Subtext Ratgeber
Ratgebender Text bildet eine erkennbare textliche Großeinheit (Textsorte Ratgeber), die ggf. hierarchisch niedrigere Einheiten gleicher Funktion oder unterschiedlicher Funktion vereint.	Ratgebender Text ist in eine hierarchisch übergeordnete Texteinheit (z.B. Textsorte Reiseführer) eingebettet; Subtext übernimmt Teilfunktion der übergeordneten Textfunktion.

13 Zu weiteren Gelingensbedingungen vgl. Zeller (2018, 53f).

14 Teilfunktionen der hierarchisch übergeordneten textlichen Einheit können auf Subtexte verteilt sein. Die verschiedenen Subtexte sind funktional unterschiedlich, aber „ihre kommunikative Funktion und Zweckhaftigkeit [wird] wesentlich erst durch die Gesamt-Textfunktion der Großtextsorte bestimmt" (Fandrych/Thurmair 2011, 26).

2.4 Die Wirkung als Ratgeber

Sollen im Kontext von Ratgeberforschung die Ratsuchenden oder Ratnehmenden fokussiert werden – denkbar wäre beispielsweise eine Befragung, welche Bücher, Sendungen, Filme, Foren o.Ä. ihnen in einer bestimmten Problemsituation in welcher Hinsicht eine Hilfestellung waren –, kann die tatsächliche Wirkung eines Textes als ratgebend und nicht seine Kommunikationsabsicht ausschlaggebend für die Aufnahme in ein Untersuchungskorpus sein. Im Rahmen einer solchen Befragung werden ggf. Texte genannt, die nicht (proto-)typischen Ratgebern oder konventionalisierten Erkennungsmerkmalen entsprechen, weil sie eine andere Textfunktion aufweisen (z.b. Unterhalten) und möglicherweise an keiner einzigen Stelle Ratschläge formulieren. Das könnten z.b. fiktionale Texte sein, die eine vergleichbare Problemsituation wie die eigene zum Gegenstand haben und deren Bewältigung an Stellvertreterfiguren aufzeigen. Helmstetter macht auf die grundlegende Problematik aufmerksam, dass „Äußerungen (aber auch Gesten, Verhaltensweisen, Habitus …) quasi als Rat beherzigt werden können, auch wenn sie gar nicht als solcher gemeint waren oder geäußert wurden" (Helmstetter 2014, 112). Die individuelle Wirkung und die aufgrund konventionell etablierter Marker erkennbare Kommunikationsabsicht können somit stark divergieren. Das gilt auch bei selbsternannten *Ratgebern*, denen rezipierendenseitig die Eigenschaft als Ratgeber abgesprochen wird.

Es ist vom jeweiligen Erkenntnisinteresse abhängig, welcher Weg zur Identifizierung von analyserelevanten Ratgebern eingeschlagen wird – über paratextuelle Marker, metasprachliche Thematisierungen, über das Handlungsmuster RAT GEBEN, die kommunikative Funktion oder Wirkung eines Textes als ratgebend. Die bisherigen Ausführungen können häufig implizit bleibende Entscheidungsprozesse für oder gegen die Einordnung als Ratgeber explizit machen und dabei behilflich sein, diese Prozesse zu reflektieren.

3 Zur Typologisierung von ratgebenden Texten

Ist ein Pool an Ratgebern ermittelt, helfen die nachfolgend vorgestellten Analysekategorien, die Texte situativ, funktional sowie thematisch-strukturell zu untersuchen und gegeneinander zu profilieren.

3.1 Zur Kommunikationssituation des RAT GEBENS

Die eingangs zu diesem Beitrag angesprochene mediale Erscheinungsform ist nur ein Aspekt der Kommunikationssituation, nach der ratgebende Texte unterschieden werden können. Die Tabelle 2 führt weitere Kategorien für kommunikative Situationen des RAT GEBENS sowie Beispielausprägungen auf (in Anlehnung an Holly 2011; Dürscheid 2005). Ist ein Text ins Untersuchungskorpus aufgenommen, der keine (erkennbare) Sprachhandlung des RATSCHLAGS aufweist, kann immerhin die Kommunikationssituation des Textes mit Hilfe der vorgestellten Kategorien spezifiziert werden.[15]

Tab. 2: Kategorienauswahl zur Bestimmung von Kommunikationssituationen des RAT GEBENS

Kategorie	Erläuterung	Ausprägungen
Kommunikationsbereich	In welchem kommunikativen Raum ist der Text angesiedelt?	Alltagswelt, Massenmedien, Wissenschaft usw.; privat vs. offiziell vs. öffentlich
EmittentIn	Wer gibt Rat?	z.B. ExpertIn vs. Privatperson; Abstufungen des Status als ExpertIn; auch: Chat-Bot vs. Mensch
RezipientIn	Wer wird als ratsuchend adressiert und/oder wer sucht Rat?	nach Größe: z.B. Einzelpersonen vs. Massenpublikum; nach sozialen Gruppen: z.B. Eltern, Lehrkräfte, Jugendliche
KommunikationspartnerInnen	Wie viele Personen sind an der Kommunikation in welchem Verhältnis beteiligt?	z.B. 1 : 1, 2 : Massenpublikum, 1 : variabel
Beziehung	In welcher Beziehung stehen EmittentIn und RezipientIn zueinander?	persönlich bekannt vs. anonym; symmetrisch vs. asymmetrisch
Kommunikationsrichtung	Welche Kommunikationsrichtung liegt vor?	monologisch vs. dialogisch
Räumliche Dimension	In welchem räumlichen Verhältnis zueinander befinden sich RatgeberIn und AdressatIn oder RatsuchendeR?	räumliche Nähe vs. Distanz
Zeitliche Dimension	In welchem zeitlichen Abstand erfolgen das Ratsuchen, Ratgeben und Ratnehmen?	synchron vs. asynchron

→Fortsetzung auf nächster Seite

---

15 Insbesondere die Fragen *Wer gibt Rat?* und *Wer wird als ratsuchend adressiert und/oder wer sucht Rat?* sind dann allgemeiner zu fassen: *Wer hat den Text hervorgebracht? Wer ist adressiert?*, oder sogar: *Wer sind die KommunikationspartnerInnen?*

Kategorie	Erläuterung	Ausprägungen
Kommunikations-medium[16]	Welches Medium ist an der Kommunikation beteiligt?	Papier, Smartphone, PC usw. (oder auch kein Medium)
Kommunikations-form[17]	Welcher Rahmen der Kommunikation wird gewählt?	Face-to-face-Gespräch, Brief, Fernseh-/Radiosendung, Kurznachricht, Forenchat usw.

Kommunikationssituationen können Kommunikationsbereichen zugeordnet werden, für die „jeweils spezifische Handlungs- und Bewertungsnormen gelten" (Brinker et al. 2018, 142). Diese Bereiche können inhaltlich bestimmt werden, z.B. in Alltagswelt, Massenmedien, Wissenschaft, Rechtswesen, Kunst, Religion, Medizin und Gesundheit, Wirtschaft, Verwaltung, Schule, Politik usw. (vgl. ebd.). Geht man stärker vom Verhältnis von EmittentIn zu RezipientIn aus, lässt sich davon eine ergänzende Gliederung der Kommunikationsbereiche in privat, offiziell und öffentlich ableiten. Dem privaten Bereich ist ein Text beispielsweise zuzuordnen, wenn EmittentIn und RezipientIn in privaten Rollen, z.B. als Familienangehörige, interagieren (vgl. ebd., 143). Ein Liebesbrief kann dem Privatbereich und gleichzeitig der Alltagswelt zugeordnet, ein Leserbrief (z.B. an eine Ratgeberrubrik) ist zwar ebenfalls als alltagsweltlich einzustufen (wegen der subjektiven Färbung, der z.T. umgangssprachlichen Lexik und weil der Brief im Privaten verfasst wurde), aber mit Blick auf seinen Wirkungsbereich dem öffentlichen Bereich (vgl. Heinemann 2000, 610). In der Internetkommunikation, beispielsweise in Online-Foren, ist die Zuordnung in privat vs. öffentlich mitunter sehr komplex gelagert.

Zu einer Kommunikationssituation, in der RAT GEGEBEN wird, gehören EmittentInnen des Rats sowie Personen, die von diesem RATSCHLAG adressiert (und insofern als ratsuchend konstruiert) werden und/oder Rat suchen. Wer GIBT RAT in einem Online-Forum, das den Anspruch hat, für NutzerInnen des Forums Ratgeber zu sein? Welche Qualifikationen werden genannt, die Ratgebenden einen Status als ExpertIn zuweisen sollen?

Die Kommunikationssituation strukturieren neben weiteren Parametern auch die raum-zeitliche Kopräsenz oder Distanz von EmittentIn und RezipientIn sowie die Kommunikationsrichtung. Ratgeber in gedruckter Form befinden sich räumlich und zeitlich in Distanz zu den Ratsuchenden bzw. Ratnehmenden. Ein verbreiteter Typus von Buchratgebern ist in seiner Kommunikationsrichtung monodi-

---

16 In Anlehnung an Dürscheid (2005) und Holly (2011) ist mit dem Medienbegriff hier ein technologisch-materiales Medienkonzept verbunden.
17 Begriffsfüllung nach Dürscheid (2005).

rektional, weswegen die AutorInnen hier für antizipierte Probleme und Anliegen überindividuelle Verhaltensvorschläge geben. Ebenfalls asynchron, aber dialogisch sind Ratgeberrubriken in Zeitschriften konzipiert, in denen z.b. ein Leserbrief eines Ratsuchenden zusammen mit der Antwort einer Expertin abgedruckt ist. Denkbar ist, dass solche Frage-Antwort-Abfolgen aus RATSUCHE/RATFRAGE und RATSCHLAG auch im Printbuchbereich vorkommen und z.b. ein Ratgeber als Sammlung dieser Paare veröffentlicht wird (z.b. als Zweitverwertung von Beiträgen einer Zeitschriftenrubrik oder von Forenkommunikation). Eine echte Interaktion zwischen Ratsuchenden und Ratgebenden mit der Möglichkeit zu Zwischen- oder Rückfragen sowie zur gemeinsamen Problemlösung ist jedoch bedingt durch die Wahl der Kommunikationsform und des Mediums in gedruckten Ratgebern nicht realisierbar.

Die Kommunikationsform wird von Holly (2011, 156f) als zentrale Kategorie heranzogen, um innerhalb einer funktional verwandten Gruppe Textsorten zu bestimmen. In Anlehnung an Holly können ratgebende Texte als Textsortenfamilie gelten, deren Varianten die kommunikative Funktion gemeinsam ist (hier: die des Ratgebens). Die Varianten werden nach ihrer Kommunikationsform unterschieden, die in Abhängigkeit von der Kommunikationssituation (siehe Tab. 1) zu bestimmen ist, und stellen dann jeweils eigene Textsorten dar: die Textsorte Buchratgeber, Zeitschriftenratgeber, Briefratgeber, Forenratgeber, App-Ratgeber, Fernsehratgeber etc. Die gemeinsame Familienzugehörigkeit wird durch die Letztpositionierung des Grundworts *Ratgeber* in den Komposita angezeigt, das Bestimmungswort beschreibt die jeweilige Kommunikationsform (vgl. ebd., 157f).

Tab. 3: Mögliche Klassifikationshierarchie ratgebender Texte (in Anlehnung an Holly 2011)

Textsortenfamilie	Ratgebende Texte (i.w.S.) = Texte mit der kommunikativen Funktion des Ratgebens
Textsorten	Ausprägungen unterschieden nach der Kommunikationsform: Ratgeber in Buchform, als Zeitschrift, Brief, Online-Forum, Kurznachrichten, Fernsehsendung etc.
Textsortenvarianten	z.B. Ausprägungen primär unterschieden nach dem Rat-Gegenstandsbereich: Erziehungsratgeber, Gesundheitsratgeber, Karriereratgeber, Rhetorikratgeber etc. z.B. Ausprägungen primär unterschieden nach dem AdressatInnenkreis: Elternratgeber, Männerratgeber, Lehrkräfteratgeber etc.

Die Tabelle 3 beschreibt somit eine mögliche vertikale Systematisierung und Hierarchisierung von ratgebenden Texten, die Tabelle 2 dagegen Kategorien für eine horizontale Systematisierung verschiedener Ausprägungen ratgebender Texte gleicher Hierarchiestufe, insbesondere: nach ihrer Kommunikationsform zu Textsorten. Ratgeberforen im Internet oder mobile Ratgeberformate fürs Smartphone sind zwar (i.d.R.) schriftgebunden, ermöglichen dabei aber eine annähernd synchrone sowie persönliche Kommunikation zwischen Ratgebenden und RezipientInnen, bei denen beide Seiten beinahe zeitgleich[18] miteinander interagieren können (wobei es sich bei der ratgebenden Instanz auch um einen Chat-Bot handeln kann und nicht zwingend ein menschliches Gegenüber anzunehmen ist). Spätestens ratgebende Texte, die eine quasi-synchrone Kommunikationssituation aufweisen, werfen die Frage auf, wie der Ratgeber zur Beratung steht.

Häufig erfolgt eine Bestimmung von Ratgebertexten und Beratungstexten am Buchratgeber und am Beratungsgespräch:

- Beratungstexte richten sich an konkrete Personen mit konkreten Problemen, Fragen, Anliegen; Ratgebertexte dagegen an ein Publikum, deren Anliegen von den Ratgebenden (d.i. im Fall des Buchratgebers: von den AutorInnen des Buchs) zu antizipieren sind (vgl. z.B. Fandrych/Thurmair 2011, 63).
- Bei Beratungstexten explizieren die Ratsuchenden ihr Anliegen, der Versuch der Problemlösung erfolgt diskursiv-dialogisch, während bei Ratgebertexten nur eine Kommunikationsinstanz sowohl das Problem, für das ein Rat gegeben wird, als auch die Problemlösung konstituiert (vgl. ebd., 263).
- Die Ratsuchenden kommen im Ratgebertext in Vermittlung durch die ratgebende Seite vor. Beratungstexte leben gerade von der Interaktion beider KommunikationspartnerInnen (vgl. auch Antos 2001, 1717: „Beratung als eine Interaktion im sozialen Kontext").
- In dialogischen Texten können der erfragte Rat und der gegebene Rat auseinanderfallen, wenn der/die RatgeberIn das Gefragte missachtet und z.B. auf *Wie tue ich x?* antwortet: *Sie tun es am besten gar nicht (weil es ethisch verwerflich ist, weil es negative Folgen für Sie hat o.Ä.).* Für die ratsuchende Person ist so keine Lösung des Problems herbeigeführt. In monologischen Texten kann die ratgebende Person die RATFRAGE und den RATSCHLAG maximal aufeinander abstimmen, weil die Problemdarstellung ihr überlassen ist.[19]

---

18 Sofern rasch auf Forenbeiträge von Ratsuchenden reagiert wird.
19 Ratgebertexte können mit der Passung von Problem und Rat aber auch dergestalt umgehen, dass z.B. die elterliche Frage nach dem bestmöglichen Weg, Schrei-Babys zu beruhigen, eingeführt wird und anschließend nicht nur eine bestmögliche Variante, sondern mehrere gleichwertige Wege skizziert werden. Der RATSCHLAG besteht dann darin, sich nicht auf eine Methode zu beschränken (was ja eigentlich in der RATFRAGE eingefordert wird), sondern verschiedene Methoden auszuprobieren.

Tab. 4: Auswahl prototypischer Merkmale von Ratgebertexten und Beratungstexten

Prototypischer Ratgebertext	Prototypischer Beratungstext
• Problemdarstellung erfolgt durch die Ratgebenden	• Problemdarstellung erfolgt durch die Ratsuchenden
• Monologische Problemlösung	• Diskursiv-dialogische Problemlösung
• 1 : abstraktes Publikum oder kleine Zahl an Ratgebenden : abstraktes Publikum	• 1 : 1 oder 1 : kleine Zahl an Ratsuchenden/Ratnehmenden[20]
• Optimale Passung zwischen Problem und Rat bzw. zwischen RATFRAGE und RATSCHLAG	• Offene Passung zwischen Problem und Rat bzw. zwischen RATFRAGE und RATSCHLAG, aber: RATSCHLAG ist fakultativ!
• Struktureller Fallbezug → Rat an Massenpublikum mit vermuteten überindividuell relevanten Fragen/Problemen gerichtet	• Individueller Fallbezug → Rat an Individuen mit konkreten Fragen/Problemen gerichtet

Je konkreter die/der AdressatIn des Handlungsmusters RAT GEBEN in der Kommunikationssituation greifbar wird, je dialogischer der Text und die Problemlösung ausfällt (bis hin zu: Möglichkeit zum beidseitigen Nachfragen, Neuperspektivierung des Problems, gemeinsames Entwickeln von Lösungsstrategien etc.) und je näher sich die KommunikationspartnerInnen raum-zeitlich sind, umso eher wäre ein Text als beratend denn ratgebend zu kategorisieren. Als textsortenkonstitutive Handlungsmuster von Beratungstexten darf nicht das des RAT GEBENS, sondern das der BERATUNG bzw. des BERATENS gelten – und es weist unter anderem bisweilen folgenden zentralen Unterschied auf: dass im Rahmen des Handlungsmusters BERATEN gar kein RAT GEGEBEN wird.[21] Es sei sogar in „manchen Kontexten (...) wichtiger Bestandteil des Beratungskonzeptes, gerade keine Ratschläge zu geben, sondern nur die Lösungssuche des Klienten zu unterstützen" (Kallmeyer 2000, 228; vgl. zur ebenfalls fehlenden RATGABE in Online-Foren Fandrych/Thurmair 2011, 263). Niehaus (2013, 132) weist in diesem Zusammenhang auf ein Lehrbuch zur systemischen Beratung mit dem sprechenden Titel „Beratung ohne Ratschlag" hin. In der Internetkommunikation gehe es zudem

---

20 Es liegt im Wesen prototypischer Bestimmungen, dass sie tendenziell undifferenziert erscheinen. So haben beispielsweise Beratene weder notwendigerweise die Beratungssituation herbeigeführt (und wären solchermaßen als ratsuchend zu bezeichnen) noch müssen sie gewillt sein, den Rat anzunehmen und nehmen ihn ggf. lediglich entgegen bzw. zur Kenntnis (und wären höchstens insofern ratnehmend). Man denke an therapeutische Beratungsformen, die den zu Beratenen zwangsverordnet werden.

21 Vergleiche zu BERATEN Pick (2017) in Abgrenzung zu RAT GEBEN z.B. bei Gläser (1990, 233: BESCHREIBEN, EXPLIZIEREN, FRAGEN, BEGRÜNDEN, ARGUMENTIEREN, EMPFEHLEN, WARNEN).

vonseiten der Ratsuchenden „vielfach nicht mehr darum, ein Problem in der eigenen Lebensgestaltung zu explizieren, um einen Rat zu dessen Lösung zu erhalten, sondern es geht primär darum, ein Problem mitzuteilen und vielleicht dadurch psychische Entlastung zu erreichen" (Fandrych/Thurmair 2011, 263).

3.2 Textfunktionen

Unter 2.3 wurde bereits auf die Textfunktion eingegangen. Soll sie als Analysekategorie zur Typologisierung ratgebender Texte taugen, bedarf es einer Vertiefung. Zuvorderst ist zu ergänzen: Ein Text muss nicht nur eine kommunikative Funktion aufweisen – er kann beispielsweise informieren und zugleich zurückhaltend appellativ-instruktiv sein. Fandrych/Thurmair (2011, 19f) stellen in ihrer empirisch-induktiven Untersuchung zur Bestimmung von Textsorten und Textfunktionen heraus, dass Texte häufig de facto multifunktional sind, wobei eine Funktion ggf. als dominant (oder: übergeordnet, global) angenommen werden kann, und dass spezifische Kombinationen von Funktionen für Textsorten charakteristisch sind.

Über die Linguistik hinaus weit verbreitet ist Brinkers Klassifikation in die Textfunktionen Information, Appell, Kontakt, Obligation und Deklaration, die eng an die Sprechakttheorie und Searles Sprechaktklassen (Assertiva, Direktiva, Expressiva, Kommissiva, Deklarativa) angelehnt ist (vgl. Brinker et al. 2018, 101ff):

- Texte mit dominanter Informationsfunktion informieren die RezipientInnen über einen Sachverhalt (z.B. Lexikonartikel; TV-Nachrichten), wobei sich die informative Textfunktion auch mit einer Bewertung dessen, worüber informiert wird, verbinden kann – allerdings ohne dass mit dieser Bewertung auch eine Handlungsaufforderung und Aufforderung zur Einstellungs- oder Meinungsänderung an die RezipientInnen verbunden wäre; zu solchen meinungsbetonten Informationstexten zählt z.B. die Rezension oder der Leserbrief;[22]
- appellative Texte fordern RezipientInnen zu einer Einstellungs-/Meinungsübernahme oder einer Handlung auf (z.B. Zeitungskommentar; Werbespot);
- Texte mit Kontaktfunktion dienen der Kontaktpflege oder stellen erst eine personale Beziehung zu den RezipientInnen her (z.B. beim Small Talk, bei der Kondolenzkarte);
- bei Texten mit Obligationsfunktion verpflichtet sich die/der EmittentIn gegenüber den RezipientInnen zu einer bestimmten Handlung (z.B. bei Verträgen, Gelöbnissen);

---

22 Zur Abgrenzung von meinungsbetonten Informationstexten gegenüber appellativen Texten führt Brinker aus: „Ob eine wertende Aussage neben ihrer informativen Funktion auch noch (oder primär) eine appellative Funktion hat, ergibt sich aus dem Kontext bzw. der Textsorte, der der entsprechende Text angehört." (Brinker et al. 2018, 109) Textsortenwissen ist also mitentscheidend dafür, ob Meinungskundgaben von RezipientInnen als appellativ eingeordnet werden oder eher nicht.

- deklarative Texte schaffen eine neue Realität (z.b. beim Testament, bei der Vollmacht).

In Erweiterung des Modells oder in anderen Funktionsmodellen werden außerdem die poetische/ästhetische Funktion[23] und/oder die Unterhaltungsfunktion angeführt ebenso wie die Textfunktion der Selbstoffenbarung/-darstellung, bei welcher die/der EmittentIn von sich etwas preisgibt oder sich selbst darstellt.[24] Der funktionale Ansatz ermöglicht eine Einordnung ratgebender Texte z.b. in Abgrenzung von autobiographischen Erfahrungsberichten, denen als dominante kommunikative Funktion die Selbstoffenbarung bzw. Selbstdarstellung der/des VerfasserIn zugewiesen werden kann; wenn der Text auf Basis der beschriebenen Erfahrungswerte auch Ratschläge an die RezipientInnen erteilt, kann die Appellfunktion – und spezifischer: die nicht-bindende Aufforderung des RATSCHLAGS – (mindestens) als Nebenfunktion angenommen werden. In einem Untersuchungskorpus zu Ratgebern wären diese Texte als Grenzfälle und nicht als Prototypen einzuordnen.

Eine Nähe zu informierenden (oder: assertiven) Textsorten weisen ratgebende Texte dort auf, wo ihr Aufforderungscharakter zurückgenommen ist, beispielsweise Handlungsaufforderungen eher indirekt erschlossen werden können und diese Texte über Handlungsmöglichkeiten informieren, ohne Präferenzen zu formulieren. Nimmt die/der EmittentIn zudem Bewertungen der Handlungsmöglichkeiten vor, ohne aber mit der Bewertung explizite Handlungsaufforderungen zu verbinden, ist maßgeblich vom Textsortenwissen der RezipientInnen abhängig, ob der vorliegende Text als meinungsbetont informierend oder eher als appellativ eingeordnet wird. Paratextuelle Markierungen als *Ratgeber* ebenso wie konkret sprachliche Realisierungen des Handlungsmusters RAT GEBEN unterstützen dann eine Einordnung als appellativ.

Auch diese Ausführungen verweisen auf die offenen Ränder und Übergangsbereiche ratgebender Texte zu anderen Textsorten mit verwandter globaler Textfunktion, z.b. anderen instruktiven Texten, oder zu Textsorten, die ähnliche Textfunktionen, allerdings in unterschiedlicher Hierarchisierung aufweisen (z.b. Reiseführer, siehe bereits weiter oben; Backfischliteratur[25]). Bei instruktiven Texten ist die Einordnung ratgebender Texte häufig schwierig. Hier hilft der Aspekt

---

23 Das heißt, ein Text verweist auf sich selbst und ist potentiell mehrdeutig; diese Funktion wird insbesondere bei literarischen Texten als dominant angesetzt.

24 Einen Überblick über Modelle von Textfunktionen geben Hausendorf et al. (2017, 236ff).

25 Backfischliteratur ist eine Bezeichnung von Romanen für Mädchen auf dem Weg in die Adoleszenz. Diese Romane entstanden im 19. Jahrhundert und bis etwa zur Mitte des 20. Jahrhunderts. Als dominante Textfunktion(en) kann die Unterhaltungs- und/oder die ästhetische Funktion angenommen werden. Tatsächlich hat die Backfischliteratur auch eine erzieherische Kommunikationsabsicht und damit eine appellative Funktion (nämlich die Heranbildung zur Hausfrau, Ehefrau, Mutter), die im literarischen Gewand nicht unmittelbar erkennbar ist; das zeitgenössische Allge-

der Verbindlichkeit einer Aufforderung weiter: Ratgebende Texte wurden bereits als nicht-bindende Aufforderungen grob charakterisiert; sie können von instruktiven Texten mit einem höheren Verbindlichkeitsgrad unterschieden werden, wie z.B. von Bedienungsanleitungen oder Kochrezepten.

Die höhere Verbindlichkeit kann beispielsweise darin gesehen werden, dass ein Nicht-Befolgen eines Handlungsangebots eindeutig negative Folgen für die Adressierten hat. Wer den Anweisungen eines Rezepts nicht folgt, wird im schlechtesten Fall ein ungenießbares Gericht zubereiten; wer eine Gebrauchsanweisung missachtet, kann ggf. das Gerät nicht benutzen. Bei Ratgebern bleibt tendenziell offener, ob das Ergebnis rezipierendenseitig weniger zufriedenstellend gewesen wäre, hätte man den Ratschlag nicht befolgt – das gilt insbesondere bei Ratschlägen zu zwischenmenschlichen Problemen. Auch in ratgebenden Texten können im Übrigen Textteile rezeptologisch formuliert sein oder die Form detaillierter Handlungsanleitungen haben. Sofern die Rahmung dieser Textteile verdeutlicht, dass es sich bei diesen rezeptartigen oder anleitungsartigen Texten um Vorschläge handelt, die zur Lösung des zuvor konstituierten Problems der AdressatInnen führen sollen, wird die niedrigere Verbindlichkeit der Aufforderung und insofern das Ratgeberhafte des Gesamttextes erkennbar. Auch Weltwissen darüber, dass bestimmte Themen (z.B. Erziehungsfragen) schlicht zu komplex für eine rezeptologische Behandlung sind, machen solchermaßen formulierte Texte rezipierendenseitig weniger verbindlich als ein Kochrezept. Für Lüders besteht ein zentraler Unterschied zwischen ratgebenden Texten und Anleitungen zudem darin, dass „sich bei Anleitungen meist eine eindeutige, überprüfbare Faktengrundlage angeben läßt (z.B. physikalische Eigenschaften, biologische Zusammenhänge, juristische Bestimmungen)", wohingegen „die Richtigkeit oder Angemessenheit eines Ratschlags oft erst plausibel gemacht werden" (Lüders 1995, 150f) müsse. Der Verhaltensvorschlag ist bei ratgebenden Texten entsprechend umfänglicher zu begründen (vgl. ebd., 151).

Aus den deduktiv gewonnenen Textfunktionen, wie sie in Fandrych/Thurmair (2011, 29ff) vorgestellt werden, lassen sich (weitere) potentielle Teilfunktionen ratgebender Texte gewinnen, welche zur appellativ-instruktiven Grundfunktion hinzutreten oder dieser ggf. sogar hierarchisch übergeordnet sind und welche noch im Rahmen einer texttypologischen Untersuchung zu Ratgebern zu verifizieren wären:

• Argumentative[26] Funktion: Ratgebende Texte stellen idealtypisch Wissen bereit, das den AdressatInnen so unmittelbar nicht zugänglich ist. Je komplexer das

---

meinwissen und heute das Fachwissen über diese Textsorte führen auf diese (ggf. nur vermeintlich) hintergründige Textfunktion.

26 *Argumentativ* beschreibt im eigentlichen Sinn die Vertextung; eine passendere Funktionsbezeichnung als Fandrych/Thurmairs *argumentative Funktion* wäre z.B. *Überzeugen* oder *Zustimmungsherstellung*.

Thema eines Ratgebers, desto relevanter ist und desto umfangreicher dürfte die argumentative Absicherung ausfallen. Das ist in akademischen Einführungen beispielsweise weniger der Fall. Hierin wird Wissen „als allgemein akzeptiert bzw. faktisch gegeben" (ebd., 30) dargestellt; dominant ist bei diesen Texten die „konstatierend-assertierende, wissensbereitstellende Funktion" (ebd.).

- Bewertende Funktion: Fandrych/Thurmair (ebd., 30f) ordnen diese Teilfunktion den primär wissensbezogenen Texten zu, merken aber an, dass Texte, die Bewertungen des präsentierten Wissens vornehmen, zugleich eine Nähe zu appellativen Texten aufweisen. Texte dieser funktionalen Prägung sind empirische Bestätigung für Brinkers Kategorie der meinungsbetonten Informationstexte. Es ist zu erwarten, dass einige ratgebende Texte auch Wissen bewertend einordnen und insofern eine bewertende Funktion haben. Dies gilt u.a. für ratgebende Texte, die sich von thematisch verwandten ratgebenden Texten bzw. von anderen RATSCHLÄGEN abgrenzen (z.B. in Erziehungsratgebern für Babys die Bewertung verschiedener zuvor dargestellter Einschlafstrategien). Daran kann, muss aber nicht eine explizite Handlungsempfehlung anschließen.

- Beratend-moralisierende Funktion: Laut Fandrych/Thurmair machen „Textsorten mit einer dominant beratenden bzw. moralisierenden Funktion" keine „konkrete[n] Handlungsangebote, sondern geben ethisch-moralische Kriterien als Handlungsmaßstäbe vor und wirken so auf eine langfristige Einstellungsänderung und Handlungsdisposition ein" (ebd., 32). Wie bereits im Zusammenhang mit ratgebenden vs. beratenden Texten ausgeführt (siehe Kap. 3.1), ist es für bestimmte Beratungstexte durchaus charakteristisch, dass keine konkreten Ratschläge unterbreitet werden; für Streitschriften – man denke beispielsweise an Buebs „Lob der Disziplin" (2006) – sind zwar die Problembeschreibung und Forderungen nach neuen Handlungsmaßstäben charakteristisch, nicht aber Formulierungen von konkreten Handlungsangeboten. Zwar fehlen bisweilen auch bei ratgebenden Texten explizite Handlungsangebote bzw. -aufforderungen, aber RezipientInnen können indirekt versprachlichte Aufforderungen zum Teil sehr leicht dekodieren.[27] Es ist bei fehlender Handlungsaufforderung folglich sehr genau zu prüfen, ob solche Korpustexte tatsächlich eine ethisch-moralische Normorientierung und insofern eine mittelbare Handlungsaufforderung aufweisen.

- Expressiv-soziale bis hin zu sinnsuchende Funktion: Fandrych/Thurmair beschreiben Texte mit einer dominanten expressiv-sozialen bis sinnsuchenden Funktion wie folgt: „Hier steht das Individuum in seiner Stellung zur sozialen

---

27 So lautet der zu erschließende RATSCHLAG zu „Woran kann es liegen, dass bei manchen Kindern die Motivation so stark absinkt? (…) Wenn Eltern zu stark auf das Lernen der Kinder Einfluss nehmen, wirkt sich das oft schädlich auf die Motivation aus." (ZBFS 2015, 5; Hervorhebungen des Originals entfernt) beispielsweise: Eltern sollten nicht zu stark auf das Lernen ihrer Kinder Einfluss nehmen, wenn sie deren Motivation nicht negativ beeinflussen wollen (siehe auch Kap. 4.2).

Umwelt im Vordergrund. Es geht also um die Selbstvergewisserung, (…) Selbstdarstellung, (…) Anteilnahme an (…) der sozialen Gemeinschaft" (Fandrych/ Thurmair 2011, 32). In Online-Foren werden zwar Ratschläge gegeben, möglicherweise aber ist das Ratgeben und Ratnehmen nicht Hauptzweck für die Existenz vieler selbsternannter Ratgeberforen. Es mag vielmehr um die Artikulation des Problems gehen sowie die Rückversicherung, dass andere das gleiche Problem haben (vgl. ebd., 263). Der Wunsch nach Bestätigung der eigenen Problemlage durch eine soziale Gruppe ist auch Ergebnis einer qualitativen Rezeptionsstudie zu Ratgeberliteratur (vgl. Heimerdinger 2012, 54); Heimerdinger spricht dort vom „Selbsthilfegruppeneffekt" (ebd.), den KäuferInnen eines Ratgebers anstrebten.

Die Systematik aus Information, Appell, Kontakt, Obligation, Deklaration und ggf. Ästhetik, Unterhaltung, Selbstoffenbarung/-darstellung, erweitert um die auszugsweise vorgestellten spezifischeren Funktionen von Fandrych/Thurmair (2011), bietet ein solides Handwerkszeug, um Texte funktional näher zu bestimmen. Eine solche Bestimmung erfolgt u.a. ausgehend von sprachlichen Indikatoren (siehe Kap. 2.1 und 2.2), der situativen Einbettung (siehe Kap. 3.1) und dabei stets auch im Rückgriff auf Weltwissen über die Thematik (bei Erziehungsratgebern: Weltwissen über Erziehung; bei Gesundheitsratgebern: Weltwissen über einen als (un-)gesund geltenden Lebensstil etc.) sowie auf der Basis von konventionalisiertem Hintergrundwissen über Textsorten.

3.3 Thematisch-strukturelle Aspekte

Neben Variationen der medialen Form existieren zahlreiche thematische Ausprägungen von Ratgebern im Allgemeinen und Erziehungsratgebern im Besonderen. So können letztere nach dem Alter des Kindes, zu dessen Erziehung Rat gegeben wird, systematisiert werden oder – wie von Höffer-Mehlmer (2008) vorgeschlagen – nach Anlässen,[28] aus denen heraus Rat gesucht wird (vgl. auch Kost in diesem Band). In textlinguistischen Analysemodellen dient die Kategorie des Textthemas zur thematischen Einordnung des Textes; darunter wird „die größtmögliche Kurzfassung des Textinhalts" (Brinker et al. 2018, 53) verstanden. Die Bestimmung des Textthemas hängt vom Gesamtverständnis ab, das RezipientInnen vom Text gewinnen, und dieses Verständnis wiederum ist maßgeblich abhängig von der Kommunikationsabsicht, die von den RezipientInnen bei den EmittentInnen vermutet wird (vgl. ebd., 53f). Das Textthema lässt sich u.a. an Wiederaufnahmen im Text ausfindig machen sowie ggf. in Haupt- und Nebenthemen differenzieren

---

28 Hier wäre beispielsweise die digitale Revolution im Kinderzimmer zu nennen, die Eltern vor neue Herausforderungen im Umgang bzw. in der Erziehung zum Umgang mit Neuen Medien stellt (vgl. Höffer-Mehlmer 2008, 140).

(vgl. ebd., 54ff). Bei ratgebenden Texten ist zu erwarten, dass das Problem (oder: die Frage, das Anliegen), welches zum Ausgangspunkt eines RATSCHLAGS gemacht wird, wiederholt als Ganzes aufgegriffen oder in Teilaspekte untergliedert wird. Hinweise auf das Thema finden sich prominent im Titel oder in Überschriften (vgl. Fandrych/Thurmair 2011, 20).

Eng verbunden mit dem Textthema ist die Kategorie der Themenentfaltung (oder auch: Vertextung). Sie gehört zur Textstruktur, die aufs engste mit der Textfunktion verknüpft ist. Es werden verschiedene Typen der Themenentfaltung bzw. Strategien der Vertextung unterschieden, verstanden als Kombinationen aus „internen Beziehungen der in den einzelnen Textteilen (Überschrift, Abschnitten, Sätzen usw.) ausgedrückten Teilinhalten bzw. Teilthemen zum (…) Textthema (…) (z.B. Spezifizierung, Begründung usw.)" (Brinker et al. 2018, 57) bzw. als „grundlegende Möglichkeiten, Äußerungen zu verbinden, also zu ‚vertexten'" (Fandrych/Thurmair 2011, 21). Bestimmte Kombinationen sind in der Textlinguistik unter den Typen- bzw. Strategiebezeichnungen Erzählen, Beschreiben, Argumentieren, Erklären, Anweisen erfasst.[29] Den Typus Beschreiben beispielsweise charakterisiert nach Brinker et al. (2018, 63f), dass ein Thema in seinen verschiedenen Aspekten dargestellt bzw. aufgegliedert (Spezifizierung) und raum-zeitlich eingeordnet wird (Situierung). Die Komponenten Spezifizierung und Situierung sind typenprägend. Das Thema kann dabei ein einmaliger Vorgang (typisch für Berichte), ein regelhaft, prinzipiell wiederholbarer Vorgang (typisch für Handlungsanleitungen) oder eine Lebewesen-/Gegenstandsbeschreibung (typisch für Lexikonartikel) sein. Dieser Typus der Themenentfaltung ist für Texte mit einer dominanten Informationsfunktion besonders kennzeichnend, findet sich aber auch in appellativ-instruktiven Texten wie Buchratgebern, z.T. in Verschränkung mit einer argumentativen Themenentfaltung (vgl. z.B. Höffer-Mehlmer 2011, 159). Eine narrative Themenentfaltung kann mit Höffer-Mehlmer als ebenfalls häufiger anzutreffender struktureller Bestandteil ratgebender Texte angenommen werden:

> „Beim Erzählen von Geschichten können die Autoren ihren Text mit Dialogen, als ‚Argumentieren im Erzählen' gestaltet, und dramatisierenden Spannungsbögen anreichern und ihm zugleich den Anschein von Authentizität, Lebensnähe und Farbigkeit verleihen. Daher wird dieses Gestaltungsmittel auch in Büchern für die allgemeine Lebenshilfe gern verwendet." (ebd., 160)

Mit dieser Form der Themenentfaltung verbindet Höffer-Mehlmer keine primäre ästhetische Textfunktion, sondern eine appellative: Es handele sich „beim Erzählen von Geschichten in der Regel um eine absichtsvoll eingesetzte Methode

---

29 Zu unterschiedlichen Systematisierungen vgl. den Kurzabriss in Fandrych/Thurmair (2011, 21). Zur Textkategorisierung nach der Themenentfaltung vergleiche einführend Brinker et al. (2018, 60ff), wobei der Typus des Anweisens bei Brinker fehlt.

der Beeinflussung, auf die in vielen gesellschaftlichen Bereichen, beispielsweise im Journalismus (...) oder im Schulunterricht[,] häufig und ausgiebig zurückgegriffen wird." (ebd.) Doch nicht nur die Ratgebenden greifen auf eine narrative Themenentfaltung zurück: In dialogisch konzipierten ratgebenden Texten, wie z.B. einem Online-Forum oder unter der Kummerkastenrubrik einer Zeitschrift, betten die Ratsuchenden und potentiell Ratnehmenden ihre Problemformulierung in eine (z.B. die Ratsuche begründende) Erzählung ein (vgl. Fandrych/Thurmair 2011, 253ff). Zur narrativen Themenentfaltung gehören nach Brinker et al. (2018, 65f) die thematische Situierung, die Repräsentation des erzählensrelevanten Ereignisses sowie ein Resümee, d.h. eine zusammenfassende Einschätzung der EmittentInnen (nicht der Erzählinstanz) vom Gegenwartszeitpunkt her.[30]

Die genannten Typen bzw. Strategien kommen in realiter selten in Reinform vor, sondern gehen selbst wiederum Verbindungen untereinander ein (vgl. Fandrych/ Thurmair 2011, 21). Zur thematisch-strukturellen Ebene gehört daher auch die Auswertung von Abfolgen von Vertextungsstrategien. Auf thematisch-struktureller Ebene bewegen sich außerdem folgende kategorialen Fragen (vgl. ebd., 27ff):

- In welche Einheiten lässt sich der Text gliedern? Kommen Subtexte oder Teiltexte vor und wie sind diese angeordnet?[31]
- In welchem logisch-semantischen Verhältnis stehen diese textuellen Einheiten innerhalb einer Textsorte zueinander (z.B. in manchen ratgebenden Texten: Abfolgen aus Frage-Antwort)?
- Wie sind die Subtexte und Teiltexte intern strukturiert?
- In welcher Reihenfolge sind Sprachhandlungen verkettet (z.B. Kombination aus instruktiven und erklärenden Sprachhandlungen)? Wie umfangreich ist das Handlungsmuster RAT GEBEN realisiert?

Der Text kann nach unterschiedlichen Organisationsprinzipien gegliedert sein: chronologisch, nach Unterthemen, nach EmittentInnen, nach Handlungsabfolgen (z.B. Abfolgen von Sprachhandlungen aus dem Handlungsmuster RAT GEBEN), nach medienspezifischen Eigenschaften (z.B. Sequenzierung).[32] Ggf. finden sich hier u.a. in Abhängigkeit von der Kommunikationsform relativ feste Abfolgen.

Zwar lassen sich für Vertextungsstrategien durchaus sprachliche Charakteristika ermitteln (vgl. Fandrych/Thurmair 2011, 253: u.a. Temporaladverbien und ad-

30 Zur Diskussion um die Vertextungsstrategie des Erzählens vgl. Fandrych/Thurmair (2011, 21), zur Diskussion des grundlegenden Zusammenhangs von Narrativität und Textualität vgl. Zeman et al. (2017).

31 Im Unterschied zu Subtexten (siehe FN 14) werden unter Teiltexten abgrenzbare Einheiten innerhalb einer Textsorte verstanden, welche in ihrer Textfunktion mit der übergeordneten textuellen Einheit übereinstimmen (vgl. Fandrych/Thurmair 2011, 26f).

32 In manchen ratgebenden Texten (z.B. Kummerkasten) ist „die (diskursive) Handlungsabfolge zu einer Textsorte ‚geronnen' (nämlich das Ratsuchen und Ratgeben)" (Fandrych/Thurmair 2011, 28).

versative Konnektoren, wenn Ratsuchende ihr Problem explizieren), doch auch darüber hinaus lassen sich ratgebende Texte hinsichtlich der gewählten formal-grammatischen Mittel (z.b. Passivformulierungen, Anreden, syntaktische Struktur) und des Stils (z.b. wertende Ausdrücke) untersuchen und auf textsortenkonstitutive und -spezifische Musterhaftigkeiten befragen. Kategorien, die sich auf dieser sprachlichen Analyseebene bewegen, werden im Zuge des nachfolgenden Kapitels zum Teil sehr detailliert beschrieben, weswegen hier auf eine Darstellung verzichtet wird (vgl. aber Fandrych/Thurmair 2011, 20ff; Krieg-Holz/Bülow 2016, 236ff). In diesem Kapitel 4 erfolgt die Beschreibung allerdings nicht mit dem Ziel, Kategorien der Typologisierung von Ratgebern zu vermitteln, sondern sie dient der Analyse zur Didaktik von Erziehungsratgebern.[33]

4 Zur Didaktik von Erziehungsratgebern: Pragmatische Stilanalyse

In diesem Abschnitt werden zunächst Bausteine des Analyseverfahrens einer pragmatischen Stilanalyse vorgestellt sowie mögliche Analysekategorien für Erziehungsratgeber im Besonderen expliziert.

4.1 Pragmatische Stilanalyse

Die pragmatische[34] Stilanalyse ist eine produktive Weiterentwicklung der Sprechakttheorie von Austin/Searle und begreift Texte als Handlungen und insbesondere den Stil als sprachliches Handeln, denn wir haben immer die Möglichkeit, etwas so oder auch anders auszudrücken. Die Wahl sprachlicher Mittel wird in der pragmatischen Stilistik als absichtsvolle Wahl aufgefasst, für welche die EmittentInnen auch zur Verantwortung gezogen werden können.

> „Man könnte nun annehmen, Stil und Handeln seien identisch. Das ist aber nicht intendiert: Stil ist ein Teilaspekt sprachlichen Handelns, ein funktionales Element davon. Zugleich kann Stil aber nur analytisch vom Handeln getrennt werden: Handlungen werden ‚in' einem Stil vollzogen." (Sandig 1984, 157)

Eine pragmatische Stilistik geht davon aus, dass mit verschiedenen Arten des Formulierens auch verschiedene Wirkungen erzielt werden (vgl. Fix/Poethe/Yos 2003, 36). Hat einE SprecherIn die Absicht, unter bestimmten Bedingungen in einem spezifischen Handlungskontext bei den HörerInnen bestimmte Wirkun-

---

33 Neben der vorgestellten pragmatischen Stilanalyse lassen sich Argumentationsanalysen und kognitionslinguistisch ausgerichtete Analyseverfahren ebenfalls sehr ertragreich einsetzen, wie Strauss (2018) am Beispiel von Rhetorikratgebern zeigen konnte.

34 Das Adjektiv *pragmatisch* wird hier nicht alltagssprachlich im Sinne von ‚emotionslos', ‚nüchtern', ‚trocken' u.a. (vgl. http://wortschatz.uni-leipzig.de), sondern als linguistischer Terminus verwendet, der sich auf die linguistische Disziplin der Pragmatik bezieht, die sich mit den Regeln des Sprachgebrauchs als Sprachhandlungstheorie beschäftigt (vgl. auch Schäfer 2016, 83).

gen zu erreichen, muss die/der SprecherIn zwischen verschiedenen Ausdrucksmöglichkeiten wählen. Dabei entscheidet sie bzw. er sich bei einem gegebenen Handlungsziel für diejenige sprachliche Handlung, von der angenommen werden kann, dass damit dieses Handlungsziel möglichst wirksam und unproblematisch zu erreichen ist.

Stil wird im Methodenfeld der pragmatischen Stilanalyse auf ganze Texte bezogen und nicht mehr nur auf einzelne Wörter und Sätze. Innerhalb der Texte ist in Anlehnung an Fix/Poethe/Yos Stil eine Sekundärinformation,

- die die Situation, die dem Text zugrunde liegt, verdeutlicht,
- die sich auf die Selbstdarstellung von TextproduzentInnen bezieht,
- die Hinweise auf die Beziehungsgestaltung zwischen ProduzentIn und EmpfängerIn liefert: symmetrische oder asymmetrische, private oder offizielle Beziehungen, Ausdruck von Vertrautheit oder Distanz etc.,
- die ausdrückt, wie ein Text gelesen werden soll, z.B. durch Hinweise auf die Textsorte, indem Instruktionstexte z.B. einen anweisenden Charakter aufweisen,
- und die auch etwas über das Verhältnis der VerfasserInnen zu der von ihnen benutzten Sprache aussagt, dass sie wissen, was sie tun, wenn sie bestimmte sprachliche Mittel verwenden (vgl. ebd., 35).

Der Beziehungsaspekt zwischen TextproduzentIn und RezipientIn determiniert den Inhaltsaspekt und hier die Wahl der sprachlichen Mittel im Besonderen (vgl. Sandig 1984, 151). Sandig plädiert für eine handlungstheoretische Stilauffassung, bei der Texte als komplexe Sprachhandlungen betrachtet werden, so dass es möglich ist, Textmuster nach ihren unterschiedlichen Teilakten zu beschreiben, nämlich nach ihrer Textproposition (inhaltliche Aussage), nach ihrer Textillokution (Absicht/Intention) und nach ihrer Textlokution (sprachliche Ausgestaltung). Darüber hinaus wird ein besonderer Schwerpunkt auf die Bedingungen der Kommunikation, den Handlungskontext und die Wahl und Wirkung der stilistischen Texteigenschaften gelegt. Die pragmatische Stilanalyse arbeitet in der Regel mit Einzeltexten und legt deren individuelle Kommunikationssituation zugrunde.

4.2 Analysekategorien

Im Folgenden werden Kategorien für eine pragmatische Stilanalyse von Erziehungsratgebern vorgestellt und einzelne denkbare Kategorienausprägungen erläutert. Diese Übersicht ist prinzipiell erweiterbar. Sie speist sich teilweise aus sprachwissenschaftlichen Studien zu Ratgebern (wie Kessel 2009, die Kommunikationsratgeber untersucht hat, oder Schütte 2014 zu Trauerratgebern), teilweise sind es darüber hinausreichende Kategorien, die als aufschlussreich erachtet werden. Die Kategorien und ihre Beschreibung gehen in diesem Kapitel primär vom Erziehungsratgeber in Buchform aus. Für andere Kommunikationsformen können die Kategorien ebenfalls angewendet werden, sie müssten jedoch um kommunikationsformspezifische Kategorien, wie z.b. Rederecht, Rederechtverteilung, Forenspezifik, ergänzt werden, die im Rahmen dieses Beitrags nicht in Gänze aufgeführt werden können.

4.2.1 Analyse der Kommunikationssituation

Bei einer pragmatischen Stilanalyse ist der Kontext, in dem die Kommunikation stattfindet, ganz entscheidend. Die folgenden Kategorien dienen dazu, die Kommunikationssituation zu beschreiben (zu weiteren Kategorien siehe Kap. 3.1):

▶ **Kommunikationsform und Medium**
Handelt es sich um ein Buch, einen Forenbeitrag, eine Radio- oder Fernsehsendung, einen Zeitschriftartikel etc.? Ist das Medium Papier, ein PC, ein mobiles Endgerät? Dies ist insofern relevant, als die medialen Eigenschaften den Text und seine kommunikativen Möglichkeiten vorstrukturieren.

▶ **AutorIn**
Wer ist EmittentIn? Tritt der Beruf der Person in Erscheinung, wie stellt sich die/der AutorIn dar, beispielsweise im Vorwort oder dem Klappentext?

▶ **Zielgruppe**
Bei Erziehungsratgebern hat man es vermutlich primär mit Eltern als Zielgruppe zu tun, aber auch Personen, die im pädagogischen Bereich arbeiten und anderen helfen wollen, wären denkbar. Es ist von einer grundsätzlich heterogenen Rezipierendengruppe auszugehen. Hilfreich ist ein Blick ins Vorwort oder in den Klappentext. Häufig wird die Zielgruppe dort explizit genannt. Gleichwohl müssen die tatsächlichen NutzerInnen eines Ratgebers nicht identisch mit der anvisierten Zielgruppe sein.

▶ **Kommunikationsrichtung und raum-zeitliche Dimension**
Erfolgt die Kommunikation raum-zeitlich getrennt oder zeitgleich, ggf. auch raumgleich? Ist die Kommunikation monologisch oder dialogisch ausgerichtet? Es existieren mittlerweile durchaus schriftliche Realisierungen von Ratgebern, die eine quasi-synchrone Kommunikation zwischen Ratgebenden und Ratsuchenden ermöglichen, beispielsweise Ratgeberforen im Internet oder Ratgeber als Smartphone-Anwendungen.

4.2.2 Makrostrukturelle Textanalyse

Diese Analysekategorien umfassen die Grobstruktur eines Textes, hier des Buchratgebers. Sie werden entweder aufgrund inhaltlicher, pragmatischer oder formaler Kriterien gewonnen (vgl. Kessel 2009, 109).

▶ **Allgemeiner Aufbau**

Ratgebertexte können als Nachschlagewerk dienen, dann sollten die gewünschten Informationen schnell zu finden sein. Welche Verzeichnisse sind etwa enthalten (Inhalts-, Stichwort-, Fachwort-, Abbildungs-, Literaturverzeichnis etc.)? Zusammenfassungen und Merkkästen bieten außerdem die Möglichkeit, Texte selektiv zu lesen und schnell die relevanten Informationen und Handlungsschritte zu erfassen (vgl. Neckermann 2001, 62).

▶ **Überschriften und Gliederung**

„Überschriften haben Einfluß auf das Textverstehen, da sie das Verständnis für Satzaussagen und Textzusammenhänge unterstützen bzw. ein selektives Lesen des Textes ermöglichen können. Bei normal strukturierten Texten verbessern Überschriften die Textwiedergabe signifikant und haben daher einen lernerleichternden Effekt." (ebd., 63) Zudem priorisieren die Überschriften die nachfolgenden Informationen. Das Kernthema wird damit benannt[35] und die Aufmerksamkeit der LeserInnen auf das Thema gelenkt.

▶ **Typographische Merkmale**

Die Analyse typographischer Merkmale ist in verschiedener Hinsicht aufschlussreich. Die Typographie, und dazu gehört auf makrostruktureller Ebene auch die Anordnung der Textteile, hat Einfluss auf die Lesbarkeit und damit Verständlichkeit des Textes. Gleichzeitig werden durch typographische Auszeichnungen wie Fett- oder Kursivdruck, die streng genommen zur mikrostrukturellen Textebene gehören, Hervorhebungen vorgenommen, die die Aufmerksamkeit auf bestimmte Textelemente und Aussagen lenken. Aufmerksamkeitslenkend fungieren auch Marginalien, d.h. Orientierungshinweise, die am Textrand verortet sind. Sie strukturieren den Text und heben (im Fall von inhaltlichen Marginalien) zentrale Aspekte hervor.

4.2.3 Mikrostrukturelle Textanalyse und Funktion

Die Mikrostruktur eines Textes ist die sprachliche Oberflächen- und Tiefenstruktur. Hier geht es um die Erfassung inhaltlicher und ausdrucksseitiger Merkmale der bewusst gewählten sprachlichen Mittel.

▶ **Propositionsanalyse/Inhaltsanalyse**

Welche Inhalte werden im Text ausgesagt? In diesem Schritt der Analyse geht es noch nicht darum, wie der Inhalt versprachlicht wird – ob als INFORMATION, RATSCHLAG, FRAGE etc. Es geht allein um das Thema des Textes, Kapitels, Absatzes, Satzes: Was wird ausgesagt?

---

35 Das ist zumindest bei den thematischen Überschriften der Fall. Nicht-thematische Überschriften indes haben keinen direkt nachvollziehbaren Bezug zum nachfolgenden Text und sind z.B. Zitate (vgl. Neckermann 2001, 63; zu verschiedenen Typen nicht-thematischer Überschriften im Zeitungswesen vgl. Ott/Staffeldt 2013).

▶ **Übergeordnete Kommunikationsabsicht**
Unter diesem Aspekt soll ermittelt werden, was der Hauptzweck des Ratgebers ist, z.b. Hilfestellungen beim Einschlafen von Babys zu geben: „So helfen Sie Ihrem Kind, gut ein- und durchzuschlafen" (Kast-Zahn/Morgenroth 2007, Klappentext; Hervorhebungen des Originals entfernt). Hinweise darauf liefern der Buchtitel (insbesondere der Untertitel), das Vorwort und der Klappentext.

▶ **Textfunktionen**
Die Appellfunktion gilt in Ratgebertexten als dominierende Textfunktion, die Informations- und zum Teil auch die Unterhaltungsfunktion treten als Nebenfunktionen in Erscheinung (zu weiteren potentiellen Funktionen siehe Kap. 3.2). Es wäre aufschlussreich zu untersuchen, ob vordergründig unterhalten, informiert oder appelliert wird, um bestimmte Handlungsschritte bei den RezipientInnen auszulösen.

▶ **RATFRAGE(N)**
Die RATFRAGE bezeichnet das (vermeintliche) Problem der LeserInnen. Auf der Ebene der Proposition/des Satzinhalts wäre zunächst zu eruieren, welche Probleme überhaupt in dem Ratgeber diskutiert werden. Anders als in Beratungsgesprächen ist der/die AutorIn eines Ratgebers in der besonderen Situation, dass die RATFRAGEN bzw. Probleme der Ratsuchenden simuliert werden müssen. Hier wäre analysierenswert, wie die Personen die RATFRAGEN integrieren und so eine mündliche Beratungssituation nachahmen: Wird die 2. Person Singular verwendet, wird die Frage an die/den LeserIn gerichtet, wie in „Wie schläft Ihr Baby am sichersten?" (Kast-Zahn/Morgenroth 2007, 44), wird das solidarisierende Pronomen *wir* verwendet oder eine indirekte Frage gestellt (vgl. Kessel 2009, 115)?

▶ **Sprachhandlungen innerhalb des Handlungsmusters RAT GEBEN**
Es sollte eruiert werden, welche Sprachhandlungen getätigt werden, um den Rat auszuformulieren. Wird das Problem erörtert (PROBLEM ERÖRTERN) und der RATSCHLAG begründet (BEGRÜNDEN)? Wird ein Beispiel gegeben (BEISPIEL GEBEN)? Werden fiktive Einwände (EINWAND ÄUSSERN) gegenüber den Lösungsvorschlägen der/des AutorIn vorgebracht? Werden Handlungsalternativen aufgezeigt (ALTERNATIVE NENNEN) und Hintergrundwissen geliefert (INFORMIEREN)? All dies wären unterschiedliche Sprachhandlungen, die das Handlungsmuster RAT GEBEN beinhalten kann.

▶ **Grammatisch-stilistische Realisation der Sprachhandlung RATSCHLAG**
Kessel (ebd., 120) unterscheidet vier Ratschlagtypen, die im Folgenden weiter ausdifferenziert werden und als Analysekategorien dienen können: 1) personalisierter RATSCHLAG, 2) adressierter RATSCHLAG, 3) verdeckter RATSCHLAG, 4) modellbasierter RATSCHLAG.

1) **Explizit performative RATSCHLÄGE** als eine Form des personalisierten RATSCHLAGS stellen einen direkten Bezug zur/zum UrheberIn der Sprachhandlung her. Sie benötigen ein performatives Verb, das stets in der 1. Person Präsens Indikativ Aktiv versprachlicht wird, z.b.: *Ich rate*[36] *dir, das Kind zu beruhigen, wenn es schreit.* Explizit performative Ratschläge können Kessel (ebd., 121) zufolge jedoch bevormundend wirken. Alternativ können andere RatgeberautorInnen oder ExpertInnen hinzugezogen werden, um Ratschläge erteilen zu lassen, z.b.: *Die Hebamme Nora Imlau rät, das Kind zu beruhigen, wenn es schreit.*

2) Bei den **adressierten RATSCHLÄGEN** sind die RezipientInnen grammatisch mit dem Subjekt im Aktivsatz (= das grammatische Agens) identisch, während sich das Subjekt bei den personalisierten RATSCHLÄGEN hinter den AutorInnen, die nicht die Personen sind, die den RATSCHLAG auch ausführen sollen, verbirgt.

Als direkteste und prototypische Form eines adressierten RATSCHLAGS gilt der **Imperativsatz** (vgl. Bergmann 1999, 236), der insbesondere in Zusammenfassungen und Checklisten auffindbar ist, z.b.: „Abkürzen können Sie die Wartezeiten im Plan so weit wie möglich. Verlängern sollten Sie sie nicht" (Kast-Zahn/Morgenroth 2007, 101). Weitere Formen adressierter RATSCHLÄGE sind:

Sie + **Indikativ Präsens**, z.b.: *Sie beruhigen das Kind, wenn es schreit.* – die Konstruktion wirkt zunächst wie die Beschreibung einer bestimmten Handlung. Erst aus dem Kontext wird die eigentliche kommunikative Absicht der Aufforderung deutlich.

Sie + **Modalverb** + **Infinitiv**, z.b.: *Sie können/müssen/sollen/dürfen das Kind beruhigen, wenn es schreit.* – diese grammatische Konstruktion steht dem Imperativsatz sehr nahe. Die Semantik (Bedeutung) des Modalverbs gibt Auskunft über den Geltungsgrad der Norm: *können* ist weniger bindend als *sollen* oder *müssen*.

Sie + **Futur I**, z.b.: *Ich gehe davon aus, dass Sie das Kind beruhigen werden, wenn es schreit; Sie werden sicherlich das Kind beruhigen, wenn es schreit.* – dieses Formulierungsmuster findet Verwendung, wenn die/der AutorIn davon ausgeht, dass den LeserInnen ein bestimmtes positives oder negatives Verhalten bereits bewusst ist. Kessel nennt diese Form einen „präventiven positiven/negativen Ratschlag" (Kessel 2009, 124). Der negative RATSCHLAG ist gleichbedeutend mit dem Abraten.

(*Sie* +) konditionaler Nebensatz, z.b.: *Wenn Sie das Kind beruhigen, wird es sich sicher gebunden fühlen und das Schreien einstellen.* – die im konditiona-

---

36 Unterstreichungen markieren hier sowie im Weiteren eine konkrete Ausprägung der genannten Analysekategorie.

len Nebensatz (*wenn … beruhigen*) beschriebene Handlung wird durch den Hauptsatz (*wird … einstellen*), der die Konsequenz der Handlung ausdrückt, erst als RATSCHLAG gedeutet. Weitere Beispiele mit oder ohne eine neben-satzeinleitende Konjunktion lauten: „<u>Bekommen sie aber nicht ihren not-wendigen Schlaf</u>, schaffen sie es nicht, diese naturbestimmte Lebenslust für mehr als nur sehr kurze Zeitspannen wirklich zusammenhängend zu genießen" (Wahlgren 2009, 20; Hervorhebung C.O. und J.K.); „Wenn Eltern zu stark auf das Lernen der Kinder Einfluss nehmen, wirkt sich das oft schädlich auf die Motivation aus" (ZBFS 2015, 5). Es handelt sich um eine indirekte Form der Sprachhandlung RATSCHLAG. Diese grammatische Konstruktion sollte nicht verwechselt werden mit Imperativsätzen, an die eine Kondition geknüpft ist, z.B. „Wenn Sie stattdessen den Plan zum Schlafenlernen sofort abbrechen und Ihrem Kind wieder die gewohnte Einschlafhilfe geben, wird es etwas sehr Ungünstiges daraus lernen: ‚Durch Schreien bekomme ich nicht die Einschlaf-hilfe, die ich haben will. Durch Erbrechen schon.'" (Kast-Zahn/Morgenroth 2007, 107) Hier ist der RATSCHLAG nicht im Nebensatz, sondern im Haupt-satz artikuliert, was Kessel auch als „bedingten Ratschlag" (Kessel 2009, 124) betitelt.

Rhetorische Frage: Ein RATSCHLAG lässt sich auch als rhetorische Frage for-mulieren, z.B.: „Wie soll es [das Kind; C.O., J.K.] lernen, was seine Handlung bzw. Nichthandlung bei einem anderen Menschen auslöst, wenn dieser Mensch mit allen Mitteln versucht, seine negativen Gefühle zu verheimlichen?" (Graf/ Seide 2018, 167)

Präferenzhinweis + *Sie* im Nebensatz, z.B.: „Deshalb <u>ist es unabdingbar</u>, dass Sie authentisch bleiben, weil sonst die Impulskontrolle eines Kindes nicht rei-fen kann." (ebd., 167; Hervorhebung C.O. und J.K.) – der von Kessel (2009, 124) bezeichnete Präferenzhinweis, grammatisch auch: Operator, gibt den LeserInnen eine Verstehensanweisung, wie die nachfolgende Äußerung aufzu-nehmen ist. Der eigentliche RATSCHLAG ist dann im Nebensatz („dass … bleiben") versprachlicht.

3) **Verdeckte Ratschläge** als dritter Ratschlagtyp haben eine weniger offensichtli-che Aufforderungsqualität, da das Handlungssubjekt nicht mit dem Agens im RATSCHLAG identisch ist. Der RATSCHLAG ist weniger spezifisch „und kann als allgemein gültige Norm verstanden werden." (ebd., 125)

Infinitivkonstruktionen und **Ellipsen** sind Formen für einen verdeckten RATSCHLAG, z.B.: *Deshalb ist es eine gute Strategie, <u>das Kind hochzunehmen, zu beruhigen und da zu sein</u>.* (Infinitivkonstruktion); <u>*Kind hochnehmen, beruhigen, da sein*</u> (elliptische Infinitivkonstruktion). Auch wenn die/der Handlungsträ-gerIn nicht explizit genannt wird, ist eindeutig, dass es sich um die Rezi-pientInnen handelt, die diese Handlung ausführen sollen.

Das Indefinitpronomen *man* schwächt den Aufforderungscharakter ebenfalls ab und gilt als weitere Form eines verdeckten RATSCHLAGS, z.B.: *Man nimmt das Kind hoch, beruhigt es und ist da.*

Ähnlich dem bedingten RATSCHLAG gibt es Konstruktionen mit dem **einführenden Relativsatz mit *wer***, z.B.: *Wer das Kind hochnimmt, beruhigt und da ist, wird eine sichere Bindung zu seinem Kind aufbauen.* Das Relativpronomen *wer* ist unspezifisch und allgemein. Voraussetzung dafür, dass die Konstruktion als Aufforderung gelten kann, ist, dass sich LeserInnen angesprochen fühlen und das Pronomen *wer* als direkte Ansprache deuten. Der Handlungseffekt ist dann im Hauptsatz versprachlicht. Der Relativsatz weist strukturell und semantisch eine Nähe zum Konditionalsatz auf.

Passiv und Passiversatz: Vorgangspassiv und Passiversatz gelten als sachbezogen und agensabgewandt (vgl. ebd., 128). Dadurch ist ihr Aufforderungscharakter schwächer als bei unpersönlichen Formulierungen mit *man* oder *wer*: „Kleine Kinder sollen rechtzeitig hingelegt werden, und sie sollen mit sichtbarer und aktiver Freude ins Bett gebracht werden!" (Wahlgren 2009, 95)

Verallgemeinerndes Präsens: Diese RATSCHLÄGE sind wie allgemeine Gesetzmäßigkeiten formuliert und weisen einen noch schwächeren Aufforderungscharakter auf als die zuvor genannten Formulierungen (z.B. *Das fortwährende Beruhigen des Kindes führt zu sicherer Bindung*).

4) Als vierten Ratschlagtyp beschreibt Kessel (2009, 129) die **modellbasierten RATSCHLÄGE**, die nach dem Prinzip „Lernen am Modell" funktionieren. Sie zeichnen sich durch einen schwachen Aufforderungscharakter aus und arbeiten mit fiktiven **Personen, die als Positiv- oder Negativbeispiel** dienen. Positivbeispiele lauten:

a) *Die auf ihr Bauchgefühl vertrauende Mutter weiß, dass sie das Kind hochnehmen und beruhigen muss, wenn es schreit.*

b) *Stellen Sie sich folgende Situation vor: Anne sitzt mit Mona und deren 12 Wochen altem Sohn Noah in Annes Wohnzimmer. Noah schläft und Mona verlässt kurz den Raum, um ins Bad zu gehen. Noah ist derweil aufgewacht und weint. Offenbar fühlt er sich fremd in diesem Raum. Anne nimmt Noah hoch, beruhigt ihn mit gutem Zureden und zeigt ihm geduldig den Raum. Wenig später guckt er sich zufrieden und interessiert im Raum um.*

Die fiktiven Personen dienen der Leserschaft als Vorbild. „Mit ihnen wird den Rezipienten ein Identifikationsangebot unterbreitet, d.h. er kann (und soll) in einer entsprechenden Handlungssituation überlegen, ob er zur Erlangung eines Handlungsziels jene Handlung ausführt, die von der im Ratgebertext genannten Person realisiert wurde." (ebd.) Die Personen in den Beispielen können Verwandte, Bekannte, eine ehemalige Klientin, ein Freund etc. sein. Ob es sich dabei tatsächlich um reale Personen handelt, kann bezweifelt werden.

Das Lernen am Negativbeispiel erfolgt in ähnlicher Weise, nur, dass das nicht wünschenswerte Verhalten thematisiert wird und die RezipientInnen per Schlussverfahren deuten müssen, dass dies nicht die erwünschten Handlungsschritte sind:

c) Beispiel: „Nun stellen Sie sich ein anderes Baby vor, vielleicht Tim, ebenfalls sechs Monate alt. (…) Tim hat stattdessen gelernt: ‚Wenn ich nachts aufwache, ist nichts so, wie ich es zum Einschlafen gewohnt bin. Ich muss schreien, dann kommt Mami und macht alles so, wie es sein muss. Wenn sie nicht sofort kommt, muss ich länger und lauter schreien. Dann kriege ich immer genau das, was ich gewohnt bin. Und nur das, was ich kenne, kann doch richtig sein. Das ist doch klar.‘ So denkt Tim. Er hat wirklich schon viel gelernt! Mami hilft ihm jede Nacht mehrmals in den Schlaf. Das Stillen kann ihr niemand abnehmen. Mit ihrer liebevollen Aufopferung, die sie oft an den Rand der Erschöpfung treibt, erreicht sie aber keine Verbesserung. Im Gegenteil: Sie verhindert, dass sich etwas ändert. Tim hat keine Chance zu lernen: ‚Ohne Hilfe einzuschlafen, ist vollkommen in Ordnung.‘ Wenn er das lernen würde, könnte auch Tim durchschlafen." (Kast-Zahn/Morgenroth 2007, 35f)

Wichtig ist bei den modellbasierten RATSCHLÄGEN, dass die AutorInnen deutlich machen, ob es sich um erwünschtes oder unerwünschtes Verhalten handelt. Beim Negativbeispiel c) soll vermittelt werden, dass sich die LeserInnen keinesfalls so verhalten sollen („sie verhindert"; „Tim hat keine Chance" usw.). Wenn es den LeserInnen bereits bekannt ist, hat ein solches Beispiel den Effekt, sich höher zu positionieren und sich selbst von der Personengruppe der „falsch Handelnden" auszunehmen und auf der Seite der „Guten" (Kessel 2009, 130) einzuordnen.

Natürlich beschränkt sich ein Ratgeber nicht auf einen einzigen Ratschlagtyp. Vielmehr werden unterschiedliche Typen miteinander kombiniert, wie Kessel anhand ihrer Studie zu Smalltalk-Ratgebern konstatiert: „So können vor oder nach modellbasierten Ratschlägen verdeckte oder adressierte Ratschläge folgen oder ein verdeckter Ratschlag im Grundtext kann zusätzlich in einem graphisch markierten ‚Tipp‘ als adressierter Ratschlag formuliert werden usw." (ebd., 132)

▶ **Rollenkonstruktion AutorIn – LeserIn**

Hier interessiert, welche soziale Rolle AutorIn und LeserIn einnehmen bzw. zugewiesen bekommen. Kessel (ebd., 105ff) hat zu den Smalltalk-Ratgebern beispielsweise folgende Rollenkonstellationen ermittelt, die vermutlich in ähnlicher Weise in Erziehungsratgebern auffindbar sind:

a) Die/der AutorIn als ‚persönlicher Trainer‘ der LeserInnen: Eine Face-to-face-Beratungssituation wird nachgeahmt: direkte Ansprache der LeserInnen, fiktive Dialoge mit dem/der LeserIn werden inszeniert, um die fehlende Mündlichkeit zu kompensieren, und Äußerungen, Gedanken und Gefühle der AutorInnen werden eingebracht. Dadurch wird eine private Atmosphäre hergestellt, die vertrauensfördernd ist und damit das Committment der Leserschaft erhöht, den Äußerungen/Ratschlägen beizupflichten (vgl. ebd., 106).

b) Die/der AutorIn als ‚Leidensgenosse': AutorInnen schildern eigene Erfahrungen und bauen so eine enge Beziehung zu den AdressatInnen auf, da ein Gruppengefühl hergestellt wird. Die AutorInnen stellen sich auf eine Ebene mit den LeserInnen und nehmen sich in ihrer Rolle als ExpertInnen zurück (vgl. ebd.).

c) Die/der AutorIn als ‚Lehrer': Hier stellen sich die AutorInnen deutlich als ExpertInnen und Autoritätspersonen dar und behandeln die LeserInnen als Lernende, die man abfragen und belehren kann (vgl. ebd.).

d) Die/der AutorIn als ‚guter Freund': Die AutorInnen vertrauen den LeserInnen private Dinge an. Diese Rolle ist durch viel Herzlichkeit und Intimität geprägt, kann aber auch anbiedernd wirken (vgl. ebd., 107).

e) Die/der AutorIn als ‚Leser' und ‚Beobachter': AutorInnen und LeserInnen schauen gemeinsam auf das zu bewertende Verhalten. So wird ein „Solidarisierungseffekt" erreicht (vgl. ebd.).

f) Neutrales Verhältnis zwischen AutorInnen und LeserInnen: Sehr sachliche, unpersönliche Darstellungsweise, bei der die Person des Autors bzw. der Autorin und des Lesers bzw. der Leserin in den Hintergrund tritt (vgl. ebd., 108).

Schütte konstatiert in seiner Studie zu Trauerratgebern, dass häufig „die Autonomie des ratsuchenden Subjekts" (Schütte 2014, 146) weitgehend erhalten bleiben soll. Man will keine „Rezepte" liefern, sondern nur „Anregungen" (ebd.) geben. Die praktischen Übungen seien von den AutorInnen als „Vorschlag" oder „Einladung" (ebd.) zu verstehen. Man will die LeserInnen nicht einengen oder bevormunden, sondern die Individualität des selbstbestimmten Subjekts anerkennen. All dies sind Merkmale einer „nicht-direktiven Beratung" (ebd.), welche die Autoren-Leser-Beziehung konstituiert.

▶ **Anrede**
Werden die LeserInnen geduzt oder gesiezt? Das Duzen stellt Nähe und Vertrautheit her. Es ist der privaten Kommunikation (in der Schriftkommunikation) zugehörig und „unterstützt die ‚Fiktion der persönlichen Beziehung', die eine gängige Strategie in Ratgebertexten ist" (ebd., 151). Auch die 1. Person Plural wird als direkte Anredeform verwendet. „Dabei steht das Wir manchmal für die Einheit von Autor und Leser oder aber für den Autor und alle Menschen" (ebd., 150). Gruppenzugehörigkeit und Solidarisierung werden mit dem *Wir* zum Ausdruck gebracht, z.B.: „Nehmen <u>wir</u> Erwachsenen ihnen die Lösung für ihre Probleme ab, indem <u>wir</u> ihnen zum Beispiel erlauben, sich krank zu melden und der Schule fernzubleiben, dann nehmen <u>wir</u> ihnen gleichzeitig die Chance, an Hürden im

Leben zu wachsen und sich weiterzuentwickeln." (Graf/Seide 2018, 84f; Hervorhebungen C.O. und J.K.)

▶ **Kompetenzsignalisierung**

Hier ist zu fragen, wie die AutorInnen mit ihrer Expertise für Erziehungsfragen in Erscheinung treten. Welche Strategien werden angewendet, um das Vertrauen der RezipientInnen zu erhalten und als kompetent wahrgenommen zu werden? Liegt eine typische fachexterne Experten-Laien-Kommunikation vor oder beruht der Wissensvorsprung der AutorInnen und ihre Kompetenz im Bereich Erziehung eher auf praktischen Erfahrungen? Die Verwendung narrativer Strukturen ist beispielsweise ein Mittel, um den Expertenstatus zu signalisieren, indem Episoden ehemaliger KlientInnen hinzugezogen werden, um die Beratungskompetenz zu präsentieren. Auch die beigefügten Verfasserbiographien dienen der Kompetenzsignalisierung, z.B.: „Die DurchschlafKur [sic!] ist entstanden durch meine Arbeit mit Hunderten und abermals Hunderten von Säuglingen mit Schlafschwierigkeiten." (Wahlgren 2009, 17) „Für Dr. Morgenroth und mich begann nun eine sehr fruchtbare Zusammenarbeit. In den kommenden Jahren führten sowohl der Kinderarzt als auch ich selbst viele hundert Gespräche mit betroffenen Müttern und Vätern. Der Erfolg war überwältigend. Schlafprobleme konnten meist nach einem einmaligen Gespräch innerhalb weniger Tage gelöst werden." (Kast-Zahn/Morgenroth 2007, 14)

Zudem gibt es verschiedene Darstellungsformen, die einen wissenschaftlichen Anstrich vorgeben und den Expertenstatus festigen können, wie Fuß- bzw. Endnoten oder Literaturverzeichnisse. Ein weiteres Mittel der Kompetenzsignalisierung ist das Zitieren. Hier ist zu prüfen, ob wissenschaftlich, d.h. nachvollziehbar und prinzipiell überprüfbar, zitiert wird (mit Autorenangabe, Jahr, ggf. Titel, Seitenzahl) oder ob der Quellennachweis eher vage erfolgt, wie in „Im Jahr 2004 wurde von der Amerikanischen Schlafgesellschaft eine große Untersuchung zum Thema Kinderschlaf durchgeführt" (ebd., 15). Möglicherweise wird sogar keine Quelle genannt, z.B.: „Am besten schlafen erwiesenermaßen die Kinder, welche die ganze Nacht allein in ihrem Bett im eigenen Zimmer verbringen" (ebd., 65).

Zudem wird über Fach- oder Pseudofachwortschatz Kompetenz und Expertentum signalisiert, worauf weiter unten bei den mikrostrukturellen Textmerkmalen genauer eingegangen wird.

▶ **Dialogische Strukturen**

Dialogische Strukturen sind ein Vertextungsmittel, um die Asynchronität des Mediums Buch und die fehlende Mündlichkeit kompensieren zu können. In Form von Frage-Antwort-Sequenzen werden bestimmte Fragestellungen aus der Sicht fiktiver LeserInnen beantwortet und damit erklärt, z.B.: „SIE FRAGEN SICH VIELLEICHT: Wozu ist das Aufwachen nach jeder REM-Phase eigentlich gut? Und warum schlafen viele Kinder einfach wieder ein, während meines jedes Mal anfängt zu schreien? Zunächst zur ersten Frage. Man braucht nicht viel Fantasie, um sich vorzustellen (…)" (ebd., 34; Hervorhebung im Original).

▶ **Satzbau**

Propositionen (Aussagen) werden in Phrasen und diese wiederum in Sätzen versprachlicht. Von Interesse ist, wie die Phrasen mit ihren jeweiligen Inhalten verknüpft werden. Werden Einzelsätze aneinandergereiht oder die Phrasen in komplexen Satzstrukturen aufeinander bezogen? Entspricht der Satzbau dem ggf. selbst gegebenen Anspruch an leicht verständliches Lesen und schnelles Nachschlagen? Unter anderem können „[k]omplexe Sätze mit vielen ‚Verschachtelungen' (also Sätze mit einer komplexen Hierarchie der Teilsätze, Verschränkung der Teilsätze oder Parenthesen)" (Neckermann 2001, 68) das Textverständnis erschweren.

▶ **Nebensatzeinleitende Konjunktionen**

Wird mittels der Konjunktion ein Grund (kausal), eine Bedingung (konditional), ein Ziel (final), eine Folge (konsekutiv) oder Einschränkung (konzessiv) versprachlicht? Die Konjunktionen sind innerhalb des Handlungsmusters RAT GEBEN aufschlussreich, weil die Argumentationsstrategie dadurch eruierbar ist. Für Sprachhandlungen außerhalb des Handlungsmusters, z.B. rein konstatierend-assertierende Textabschnitte, ist die Kategorie wenig nützlich.

▶ **Aktiv-/Passiv-Gebrauch**

Sätze in Instruktionstexten sollten Neckermann (ebd., 68) zufolge möglichst im Aktiv gebildet werden, da die LeserInnen sofort zur Handlung angeleitet werden und der handelnde Teil der Aussage nicht verschleiert oder gar weggelassen wird.

▶ **Fachwortschatz und Pseudofachwortschatz**

Die Verwendung fachsprachlicher Ausdrücke ist ein probates Mittel, um auf lexikalischer Ebene Expertentum zu signalisieren. „Der Fachwortschatz wird meist explizit als solcher gekennzeichnet und auch erklärt." (Kessel 2009, 101) Pseudofachwortschatz gibt ausdrucksseitig vor, zu einer Fachsprache zu gehören. „Ihre Verwendung dient jedoch nicht der fachlichen Verständigung und Informierung, sondern zielt darauf ab, vom Prestige und der Autorität der Fachsprachen zu profitieren." (Janich 1998, 42f) Oft sind dies Neologismen (Begriffsneubildungen) der AutorInnen, die mit den semantisch vagen Grundwörtern *Methode, Technik, Effekt* oder *Syndrom* fachsprachlich anmuten sollen. Die Verwendung von Pseudofachwortschatz ist ein Indikator für die Zwischenstellung, die AutorInnen von Ratgebern einnehmen, nämlich einerseits wissenschaftlich fundiert zu schreiben und andererseits praxisorientiert und unterhaltsam die Inhalte darzustellen (vgl. Kessel 2009, 102).

▶ **Stilschicht**

Ist der verwendete Wortschatz eher allgemeinsprachlich, fachsprachlich, essayistisch, umgangssprachlich?

▶ **Wertende Ausdrücke und ihre Deontik**

Wertende Ausdrücke geben Aufschluss über die Erwünschtheit und Unerwünschtheit eines Sachverhalts. Unter Deontik verstehen LinguistInnen, dass ein „Wort oder [eine] Wendung bedeutet oder mitbedeutet, daß wir, in Bezug auf einen Gegenstand, etwas nicht dürfen, dürfen oder sollen" (Hermanns 1989, 74). Beispiel: „Die DurchschlafKur [sic!] ist die Lösung für dich, die/der in <u>fehlgerichtetem</u> Wohlwollen deinem Kind Schlafprobleme <u>aufgebürdet</u> hat. Wegen Schlafmangel <u>kriechst</u> du selber <u>schon auf den Knien</u>. Aus dieser <u>Erschöpfung und Verzweiflung</u> heraus ist es dir nun vielleicht auch möglich, zu verstehen, wie es deinem Kind ergehen muss." (Wahlgren 2009, 18; Hervorhebungen C.O. und J.K.)

Dieser Auszug enthält eine Reihe an wertenden (hier unterstrichenen) Ausdrücken, die allesamt eine negative Deontik aufweisen und damit zum Ausdruck bringen, dass der beschriebene Zustand unerwünscht ist.

▶ **Metaphern**

Die benutzten Metaphern ermöglichen den Zugang zu Denkkonzepten der AutorInnen. Wird z.b. die Reise- oder Weg-Metapher verwendet, wird der Sachverhalt als Prozess begriffen und nicht als statischer Zustand. Im folgenden Beispiel wird mit Stabilitätsmetaphern und grenzenloser Freiheit gearbeitet: „Falls und wenn du die DurchschlafKur [sic!] so durchführst, wie sie durchgeführt werden muss, d.h. mit der Ruhe als Grundlage und mit der Sicherheit als fest gemauertem Bollwerk, wird dein kleines Kind von ganz allein das Werk krönen mit seinem Genuss, der sich wie ein Dach der Freiheit gegen einen grenzenlosen Sternenhimmel erstreckt." (Wahlgren 2009, 92; Hervorhebungen des Originals entfernt)

▶ **Handlungsmodalität**

Diese Analysekategorie umfasst Intensität und Verbindlichkeitsgrad der erteilten Ratschläge. Es macht einen Unterschied, „ob ein Vollzug (oder die Unterlassung) einer bestimmten Handlung im Hinblick auf die Herbeiführung eines bestimmten Zustands erlaubt, verboten, vorgeschrieben bzw. lediglich möglich oder angeraten ist." (Franke 1997, 193)

Ausprägungen dieser Kategorie sind z.b. Modalverben (*müssen, sollen, dürfen*), Adverbien (*nie, stets, immer, ausschließlich, nur*) oder die Satzkonstruktion *ist + zu + Verb* (z.b. *ist zu beachten*). Ein geringer Verbindlichkeitsgrad wird ausgedrückt durch das Modalverb *können*, das Adverb *vielleicht* oder das Verb *vorschlagen* statt *raten* oder *empfehlen*.

Beispiel: „Deshalb lautet das Grundprinzip der DurchschlafKur [sic!]: ‚Man <u>muss</u> die Kinder dort beruhigen, wo sie liegen.'" (Wahlgren 2009, 29; Hervorhebung C.O. und J.K.) Hier wird durch das Modalverb *müssen* ein sehr hoher Verbindlichkeitsgrad versprachlicht.

▶ **Vertrauensaufbau**

Die linguistische Vertrauensforschung geht davon aus, dass Kommunikation und Vertrauen inhärent zusammenhängen (vgl. Schäfer 2016). Insbesondere für Ratgebertexte wäre es aufschlussreich zu prüfen, welche vertrauensbildenden Maßnahmen angewendet werden, um die AdressatInnen zur Handlungsausübung zu bewegen.

Schäfer (2013 und 2016) zufolge wird Vertrauen durch vier Faktoren begünstigt, die in der Interaktion aber auch erkennbar sein müssen:

> „1. *Kompetenz* auf dem relevanten Gebiet, 2. *Konsistenz* in den verbal und nonverbal vermittelten Inhalten und Konsistenz der Selbstdarstellung im Laufe der Zeit, 3. *Interesse* am Partner, seinen Problemen und seinen gemeinsamen Themen, 4. *Koordiniertes Handeln* – Fähigkeit und Bereitschaft dazu, eigenes Handeln mit dem des Partners zu koordinieren." (Schäfer 2016, 69; Hervorhebungen im Original)

Welche dieser Faktoren sind in Ratgebertexten besonders dominant? Welche Strategien der Vertrauensbildung werden angewendet? Wie wird emotionale Nähe hergestellt? Dies kann z.b. durch empathische Äußerungen geschehen, dass der/die AutorIn vorgibt, die Situation der Ratsuchenden aus eigener Erfahrung gut zu kennen und sich damit als ‚Leidensgenosse' inszeniert (vgl. die Ausführungen zur Analysekategorie „Rollenkonstruktion AutorIn – LeserIn").

Die hier vorgestellten Analysekategorien sind als Angebot zu verstehen und müssen je nach Erkenntnisinteresse erweitert oder modifiziert werden. Auch sind nicht alle Kategorien abzuarbeiten, wenn sie für die Forschungsfrage nicht zielführend sind.

5 Schlussbemerkung

Die Vorstellung von textlinguistischen Kategorien zur Identifizierung, Typologisierung und didaktischen Analyse von ratgebenden Texten muss im Rahmen eines Sammelbandbeitrags vergleichsweise knapp ausfallen und kann die zum Teil umgreifenden innerdisziplinären Diskussionen zu einzelnen Termini, Kategorien oder Systematiken höchstens andeuten. Dessen ungeachtet ist Nicht-LinguistInnen ein, so hoffen wir, überschaubares Instrumentarium zur Ratgeberforschung an die Hand gegeben. Mit diesem lassen sich beispielsweise auch textsortenprägende Ratgebertexte identifizieren und analysieren sowie in historischer Perspektive Brüche bzw. Transformationen der Textsorte nachzeichnen.

Eine Betrachtung von (Erziehungs-)Ratgebern kommt nicht ohne eine sprachliche Analyse aus. Will man etwas über die zugrundeliegenden Strukturen der Informationsvermittlung und Instruktionsmodalität erfahren, muss man die sprachlichen Mittel genauer untersuchen. Andernfalls verbleibt die Analyse auf einer rein propositionalen Ebene, d.h. man praktiziert eine reine Inhaltsanalyse. Zweifelsohne ist das möglich und auch ertragreich, aber es wird Erkenntnispotenzial verschenkt, wenn unberücksichtigt bleibt, dass Aufbau und Formulierung des Textes eine bewusste Entscheidung der TextproduzentInnen sind und mit dieser Wahl sprachlicher Mittel ganz bestimmte Wirkungen erzielt werden. Denn es macht durchaus einen Unterschied, ob schulmeisterlich direktiv das Handeln der RezipientInnen beeinflusst werden soll oder freundschaftlich vorschlagend.

Eine linguistische Betrachtung von (Erziehungs-)Ratgebern ermöglicht den Zugang zu Denkkonzepten, Beziehungsdefinition und dem Selbstverständnis von EmittentInnen zu den von ihnen Adressierten. In einer breiter angelegten Studie von (Erziehungs-)Ratgebern könnten diese Denkkonzepte aufgeschlüsselt werden und ggf. konträre Denkansätze freigelegt werden. Zudem wäre aufschlussreich, mit welchen sprachlichen Strategien Vertrauen hergestellt wird – eine Grundvoraussetzung, um erfolgreich RAT GEBEN zu können, denn ohne Vertrauen zum/ zur AutorIn wird die Bereitschaft nicht vorhanden sein, die Ratschläge in konkretes Handeln umzusetzen.

Voraussetzung für solche Analysen ist es, ein Untersuchungskorpus zusammenzustellen, zu dessen Konturierung der vorliegende Beitrag ebenfalls relevante Kategorien und Fragestellungen bereitstellt.

Literatur

Antos, G. (2001): Handbücher zur Sprach- und Kommunikationswissenschaft: Gesprächsanalyse und Ratgeberliteratur. In: K. Brinker/G. Antos/W. Heinemann/S.F. Sager (Hrsg.): Text- und Gesprächslinguistik. Ein internationales Handbuch zeitgenössischer Forschung/Linguistics of Text and Conversation. An International Handbook of Contemporary Research, 2. Halbbd.: Gesprächslinguistik. Berlin u.a.: de Gruyter, 1716-1725.

Bergmann, R. (1999): Rhetorikratgeberliteratur aus linguistischer Sicht. In: G. Brünner/R. Fiehler/ W. Kindt (Hrsg.): Angewandte Diskursforschung. Bd. 2. Opladen: Westdeutscher Verlag, 226-246.

Brinker, K./Cölfen, H./Pappert, S. (2018): Linguistische Textanalyse. Eine Einführung in Grundbegriffe und Methoden. 9., durchges. Aufl., Berlin: Erich Schmidt.

Dürscheid, C. (2005): Medien, Kommunikationsformen, kommunikative Gattungen. In: Linguistik Online 22 (1). Verfügbar unter https://bop.unibe.ch/linguistik-online/article/view/752 (Zugriff am 02.10.2018).

Ehlich, K./Rehbein, J. (1986): Muster und Institution. Untersuchungen zur schulischen Kommunikation. Tübingen: Narr Verlag.

Fandrych, C./Thurmair, M. (2011): Textsorten im Deutschen. Linguistische Analysen aus sprachdidaktischer Sicht. Tübingen: Stauffenburg.

Fix, U./Poethe, H./Yos, G. (2003): Textlinguistik und Stilistik für Einsteiger. Ein Lehr- und Arbeitsbuch. 3., durchges. Aufl., Frankfurt am Main u.a.: Peter Lang.

Franke, W. (1997): Massenmediale Aufklärung. Eine sprachwissenschaftliche Untersuchung zu ratgebenden Beiträgen von elektronischen und Printmedien. Frankfurt am Main: Peter Lang.

Gläser, R. (1990): Fachtextsorten im Englischen. Tübingen: Narr.

Graf, D./Seide, K. (2018): Das gewünschteste Wunschkind aller Zeiten treibt mich in den Wahnsinn. Der entspannte Weg durch Trotzphasen. 13. Aufl., Weinheim u.a.: Beltz Verlag.

Hausendorf, H./Kesselheim, W./Kato, H./Breitholz, M. (2017): Textkommunikation. Ein textlinguistischer Neuansatz zur Theorie und Empirie der Kommunikation mit und durch Schrift. Berlin: de Gruyter.

Heimerdinger, T. (2012): Wem nützen Ratgeber? Zur alltagskulturellen Dimension einer populären Buchgattung. In: Non Fiktion – Arsenal der anderen Gattungen 7 (1/2), 37-48.

Heinemann, M. (2000): Textsorten des Alltags. In: K. Brinker/G. Antos/W. Heinemann/S.F. Sager (Hrsg.): Text- und Gesprächslinguistik. Ein internationales Handbuch zeitgenössischer Forschung/ Linguistics of Text and Conversation. An International Handbook of Contemporary Research, 1. Halbbd: Textlinguistik. Berlin u.a.: de Gruyter, 604-614.

Helmstetter, R. (2014): Die Tunlichkeits-Form. Zu Grammatik, Rhetorik und Pragmatik von Ratgeberbüchern. In: M. Niehaus/W. Peeters (Hrsg.): Rat geben. Zu Theorie und Analyse des Beratungshandelns. Bielefeld: transcript, 107-132.

Herkenrath, L. (1978): Zum Umgang mit Ratgeberliteratur. In: T. Sprey (Hrsg.): Praxis der Elternbildung. Projekte – Hilfen – Perspektiven. München: Kösel, 94-103.

Hermanns, F. (1989): Deontische Tautologien. Ein linguistischer Beitrag zur Interpretation des Godesberger Programms (1959) der Sozialdemokratischen Partei Deutschlands. In: J. Klein (Hrsg.): Politische Semantik. Bedeutungsanalytische und sprachkritische Beiträge zur politischen Sprachverwendung. Opladen: Westdeutscher Verlag, 69-149.

Hindelang, G. (1978): Auffordern. Die Untertypen des Aufforderns und ihre sprachlichen Realisierungsformen. Göppingen: Verlag Alfred Kümmerle.

Hindelang, G. (2010): Einführung in die Sprechakttheorie. Sprechakte, Äußerungsformen, Sprechaktsequenzen. 5., neu bearb. und erw. Aufl., Berlin: de Gruyter.

Höffer-Mehlmer, M. (2001): Didaktik des Ratschlags – Zur Methodologie und Typologie von Ratgeber-Büchern. In: P. Faulstich/G. Wiesner/J. Wittpoth (Hrsg.): Wissen und Lernen, didaktisches Handeln und Institutionalisierung. Befunde und Perspektiven der Erwachsenenbildungsforschung. Bielefeld: Bertelsmann Verlag, 155-164.

Höffer-Mehlmer, M. (2003): Elternratgeber. Zur Geschichte eines Genres. Baltmannsweiler: Schneider Verlag Hohengehren.

Höffer-Mehlmer, M. (2008): Erziehungsdiskurse in Elternratgebern. In: W. Marotzki/L. Wigger (Hrsg.): Erziehungsdiskurse. Bad Heilbrunn: Verlag Julius Klinkhardt, 135-153.

Holly, W. (2011): Medien, Kommunikationsformen, Textsortenfamilien. In: S. Habscheid (Hrsg.): Textsorten, Handlungsmuster, Oberflächen: Linguistische Typologien der Kommunikation. Berlin: de Gruyter, 144-163.

Janich, N. (1998): Fachliche Information und inszenierte Wissenschaft. Fachlichkeitskonzept in der Wirtschaftswerbung. Tübingen: Narr.

Kallmeyer, W. (2000): Beraten und Betreuen. Zur gesprächsanalytischen Untersuchung von helfenden Interaktionen. In: Zeitschrift für Qualitative Bildungs-, Beratungs- und Sozialforschung 1 (2), 227-252.

Kast-Zahn, A./Morgenroth, H. (2007): Jedes Kind kann schlafen lernen. 8. Aufl., München: Gräfe und Unzer Verlag.

Kessel, K. (2009): Die Kunst des Smalltalks. Sprachwissenschaftliche Untersuchungen zu Kommunikationsratgebern. Tübingen: Narr.

Kost, J. (2013): Erziehungsratgeber. In: M. Stamm/D. Edelmann (Hrsg.): Handbuch frühkindliche Bildungsforschung. Wiesbaden: Springer VS, 473-484.

Krieg-Holz, U./Bülow, L. (2016): Linguistische Stil- und Textanalyse. Eine Einführung. Tübingen: Narr.

Lüders, H.-H. (1995): Pressesprache. 2., neu bearb. Aufl., Tübingen: Niemeyer.

Neckermann, N. (2001): Instruktionstexte. Normativ-theoretische Anforderungen und empirische Strukturen am Beispiel des Kommunikationsmittels Telefon im 19. und 20. Jahrhundert. Berlin: Weißensee Verlag.

Niehaus, M. (2013): „Wie soll ich tante Emma umbringen?" Überlegungen zum Ratgeben als Institut. In: Zeitschrift für Literaturwissenschaft und Linguistik 43 (1), 122-141.

Ott, C./Staffeldt, S. (2013): In die Irre. Bemerkungen zur Funktion journalistischer Überschriften als Leseanreiz. In: Neuphilologische Mitteilungen 114 (2), 131-170.

Pick, I. (2017): Zusammenführung der Beiträge: Entwicklung einer Typologie des Handlungstyps Beraten. In: I. Pick (Hrsg.): Beraten in Interaktion. Eine gesprächslinguistische Typologie des Beratens. Frankfurt am Main u.a.: Peter Lang, 427-470.

Rolf, E. (1993): Die Funktion der Gebrauchstextsorten. Berlin u.a: de Gruyter.

Sandig, B. (1984): Ziele und Methoden einer pragmatischen Stilistik. In: B. Spillner (Hrsg.): Methoden der Stilanalyse. Tübingen: Narr, 137-161.

Schäfer, P. (2013): Das Potenzial der Vertrauensförderung. Sprachwissenschaftliche Explikation anhand von Texten der Brücke/Most-Stiftung. Berlin: Erich Schmidt Verlag.

Schäfer, P. (2016): Linguistische Vertrauensforschung. Eine Einführung. Berlin u.a.: de Gruyter.

Schmid, M. (2011): Erziehungsratgeber und Erziehungswissenschaft. Zur Theorie-Praxis-Problematik populärpädagogischer Schriften. Bad Heilbrunn: Verlag Julius Klinkhardt.

Schütte, C. (2014): Kommunikative Strategien in Ratgeberbüchern zum Thema „Trauer". In: M. Niehaus/W. Peeters (Hrsg.): Rat geben. Zu Theorie und Analyse des Beratungshandelns. Bielefeld: transcript, 133-158.

Strauss, L. (2018): Rhetorikratgeber als Beispiel für Laienlinguistik. Eine Diskursanalyse. Berlin: Metzler.

Wahlgren, A. (2009): Das DurchschlafBuch. Die sanfte Schlafkur für dein Baby. 2. Aufl., Weinheim: Beltz Verlag.

Zeller, C. (2018): Warum Eltern Ratgeber lesen. Eine soziologische Studie. Frankfurt am Main: Campus.

Zeman, S./Blank, W./Staffeldt, S./Ott, C./Rödel, M. (2017): Was bedeutet eigentlich erzählen? Linguistische und didaktische Annäherungen an einen schwierigen Begriff. In: Mitteilungen des Deutschen Germanistenverbandes 64 (3), 307-329.

ZBFS – Zentrum Bayern Familie und Soziales/Bayerisches Landesjugendamt (Hrsg.) (2015): Elternbrief 37. Alter: 10 Jahre 6 Monate. Verfügbar unter https://www.elternimnetz.de/imperia/md/content/eltern_im_netz/elternbriefe/download_elternbrief_37.pdf (Zugriff am 01.09.2018).

ZBFS – Zentrum Bayern Familie und Soziales/Bayerisches Landesjugendamt (Hrsg.) (2016): Elternbrief 2. Alter: 3-4 Monate. Verfügbar unter https://www.elternimnetz.de/imperia/md/content/eltern_im_netz/elternbriefe/download_elternbrief_2.pdf (Zugriff am 01.09.2018).

II
Exemplarische Analysen

Timo Heimerdinger

Brust oder Flasche? –
Säuglingsernährung und die Rolle von Beratungsmedien[1]

1 Einführung

„Es ist, wie wenn ein Schalter umgelegt würde, danach ist alles anders", so formulierte der Vater eines nun zweijährigen Kindes rückblickend sein Erleben beim Übergang zur Elternschaft. Wenn ein Kind zur Welt kommt, insbesondere wenn es das erste ist, dann steht die Welt Kopf und die eingespielten Routinen des Alltags versagen. Schlafen und Wachen, Arbeiten und Ausruhen, Weggehen und Nach-Hause-Kommen – nichts ist mehr, wie es war. Der Übergang zur Elternschaft ist alltagskulturell hochsensibel. Was hier, beim Übergang zur Elternschaft, passiert, wurde v.a. in der Psychologie in der Vergangenheit unter verschiedenen Paradigmen verhandelt. War noch bis in die 1980er Jahre von einer Krisensituation die Rede, so wird heute von einem Übergangsgeschehen gesprochen, das eine tief greifende Transformation alltagsweltlicher Abläufe und Bezüge zur Folge hat und sich über einen längeren Zeitraum hin erstreckt, in etwa von der Bewusstwerdung der Empfängnis bis zum ersten Geburtstag des Kindes (Gloger-Tippelt 1988, 2007). Der „Schalter" wird also keineswegs punktuell einfach „umgelegt" – gleichwohl scheint es retrospektiv ein deutliches „Vorher" und „Nachher" zu geben.

Im vorliegenden Zusammenhang interessiert jedoch ein bestimmter Aspekt der gelebten Elternschaft, der sehr wohl in der Entscheidungssituation punktuellen Charakter haben kann, nämlich die Ernährungsfrage.[2] Sie stellt sich unmittelbar nach der Geburt: Was soll das Kind nun eigentlich bekommen: die Brust

---

1 Es handelt sich bei diesem Text um die korrigierte, bzgl. Web-Links aktualisierte und mit einem kurzen ergänzenden Kommentar versehene, ansonsten aber weitgehend unveränderte Fassung eines erstmals 2009 publizierten Textes. Ich danke herzlich für die Möglichkeit des Wiederabdrucks. Erstdruck: Timo Heimerdinger (2009): Brust oder Flasche? – Säuglingsernährung und die Rolle von Beratungsmedien. In: M. Simon/T. Hengartner/T. Heimerdinger/A.-C. Lux (Hrsg.): Bilder. Bücher. Bytes. Zur Medialität des Alltags. Münster u.a.: Waxmann, 100-110.

2 Dieser Aufsatz steht im Kontext eines aktuellen Forschungsprojektes zu Fragen der Elternschaftskultur im 20./21. Jahrhundert. Die Ernährungsfrage ist dabei neben Schlaf/Beruhigung bzw. Mobilität nur eine von mehreren behandelten.

oder die Flasche oder beides? Und wenn es die Flasche bekommt: Was soll drin sein? Diese Frage ist ebenso drängend wie unausweichlich. Ihre Beantwortung, wie auch immer sie ausfällt, hat weitreichende Folgen für den gelebten Familienalltag: Zeitstruktur, Rollenbilder, Arbeitsteilung, Broterwerb, die nächtliche und auch sonstige Zuständigkeit – alle diese Aspekte sind eng mit der Ernährungsfrage verknüpft. Und wenn die Wahl auf die Flasche fällt, dann ist diese Entscheidung schon nach kurzer Zeit irreversibel.

Kinder kommen bekanntlich nackt zur Welt und auch ganz ohne Bedienungsanleitung. Umso üppiger fällt die Fülle an Ratgeberliteratur zur Säuglingspflege aus, die rund ums Baby den Eltern erklärt, was zu tun und zu lassen sei. Säuglingspflege ist bereits seit langer Zeit ein prominentes Sujet der populären Ratgeberliteratur. Für die vergangenen rund 100 Jahre ist ein reichhaltiges Quellenkorpus an Anleitungstexten verfügbar, das sich als Gemengelage unterschiedlicher Texttypen mit denkbar fließenden Übergängen darstellt: Werbeschriften der Säuglingsmilchindustrie sind hier ebenso zu nennen wie populärwissenschaftliche Texte, Experten- und Multiplikatoreninstruktionen sowie pädagogisch-aufklärerische Ratgeberliteratur, die sich direkt an die Eltern wendet.

Im Rahmen eines aktuellen Forschungsprojektes zur Elternschaftskultur als kultureller Praxis und der Bedeutung, die hierbei Ratgeberliteratur zukommt bzw. zugekommen ist, wurden bislang rund 50 Ratgebertexte zur Säuglingspflege aus den vergangenen 60 Jahren inhaltlich ausgewertet und mit den (zugegebenermaßen nicht durchgehend in gleichem Umfang und gleicher Qualität) verfügbaren statistischen Daten in Zusammenhang gebracht.

Die weiteren Ausführungen konzentrieren sich auf diesen Zusammenhang. Die zu schildernden Beobachtungen mögen in zweierlei Hinsicht instruktiv sein: erstens im Hinblick auf die prinzipielle alltagskulturelle und damit auch quellenkritische Einordnung von Ratgeberliteratur und zweitens im Hinblick auf kulturelle Aspekte einer Geschichte der Säuglingsernährung.

Der folgende Text gliedert sich dazu in vier Abschnitte: Nach einem Blick auf die Veränderungen der historischen Praxis hinsichtlich der Ernährung von Säuglingen werden diese Befunde mit den diskursiven Formationen zum Thema, wie sie sich in der Ratgeberliteratur finden lassen, verglichen. Aus Parallelen und Abweichungen werden dann – drittens – Schlüsse zur quellenkritischen Einordnung der Ratgeberliteratur gezogen und auf dieser Basis schließlich – viertens – einige grundlegende Entwicklungen benannt, die Veränderungen in der beobachtbaren Praxis verständlich werden lassen.

2 Die Praxis der Säuglingsernährung

Wie in vielen anderen Ländern der westlichen Hemisphäre so ist auch in Deutschland die Geschichte der Säuglingsernährung eine sehr wechselvolle. Die Auseinandersetzung um die Frage, wie Säuglinge zu ernähren seien, ist keine neue, sie ist schon spätestens seit der Aufklärung nachweisbar und wurde phasenweise heftig, geradezu polemisch geführt – wenn es um die Kinder und ihr Wohlergehen geht, dann hört der Spaß offensichtlich schnell auf. Doch nicht nur in der medizinischen Diskussion (Manz/Manz/Lennert 1997), sondern vor allem auch in der gelebten Praxis sind in den vergangenen über 100 Jahren mehrfach grundlegende Verschiebungen und Paradigmenwechsel zu beobachten, die Stillquoten in Deutschland schwanken seither erheblich. Zunächst zu der Datenlage in Deutschland (1949-1989 BRD)[3], soweit sie zugänglich ist (vgl. DFG 1978; IVE Babymonitor; Kersting/Dulon 2002; Orland 2004, 292-293; Thoms 1994, 2001; Tönz 1997; Vögele 2004).

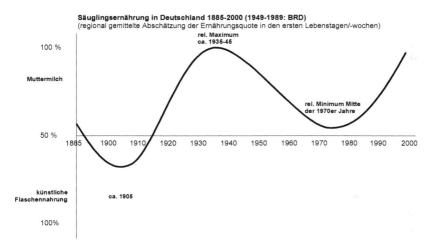

Abb. 1: Säuglingsernährung in Deutschland 1885-2000 (1949-1989: BRD) – regional gemittelte Abschätzung der Ernährungsquote in den ersten Lebenstagen/-wochen (Quelle: eigene Grafik des Autors; zu den Daten vgl. auch Tönz 1997; Orland 2004; IVE Babymonitor; Thoms 1994 und 2001; Vögele 2004; Kersting/Dulon 2002; DFG 1978)

Durchgängige und völlig widerspruchsfreie Daten von gleicher Dichte und Güte liegen für den betrachteten Zeitraum leider nicht vor. Die Grafik rekonstruiert daher den gemittelten Verlauf aus verschiedenen, aus teilweise sehr unterschiedlicher Motivation verfassten Quellen. Zudem sind die Daten im Detail sehr vielschichtig und wären natürlich zeitlich, regional und sozial zu differenzieren. Insbeson-

---

3 In der DDR ist ein prinzipiell sehr ähnlicher Verlauf zu beobachten, der allerdings zeitlich um ca. fünf Jahre nach hinten verschoben ist. Das relative Maximum für die künstliche Flaschennahrung lag in der DDR etwa im Jahr 1980 (vgl. Kruspe 1997, 76).

dere ist bei der Frage der Säuglingsernährung zwischen der initialen Stillquote (Wie viele Kinder werden zu Beginn ihres Lebens gestillt?) und der Stilldauer (Wie lange werden diese Kinder gestillt?) zu unterscheiden. Die Grafik zeigt daher eine stark vereinfachte, regionale und soziale Parameter nicht berücksichtigende Darstellung der initialen Stillquote. Weil es um die elterliche Entscheidung direkt nach der Geburt geht, konzentriert sie sich hier auf den wesentlichen Trend hinsichtlich der Wahl zwischen Muttermilch und künstlicher Säuglingsmilch und lässt Fragen wie die nach der Stilldauer und Details der Stillpraxis (ausschließlich – teilweise, nach Zeitschema – ad libitum etc.) unberücksichtigt.

Eine besonders große, öffentlich und gezielt geführte Beschäftigung mit der Frage der Säuglingsernährung ist in der zweiten Hälfte des 19. Jahrhunderts zu beobachten: Die vor dem demographischen Übergang ohnehin noch sehr hohe Säuglingssterblichkeit stieg während der Hochindustrialisierung bis ca. 1870 noch weiter an. Als eine häufige Ursache hierfür wurden die gängigen Ernährungsgewohnheiten identifiziert, eine breit angelegte Stillpropaganda sollte Abhilfe schaffen (Thoms 1994, 58). Für den Beginn des 20. Jahrhunderts sind recht niedrige Stillquoten überliefert, für Berlin etwa zwischen 30% und 40% (vgl. Thoms 2001, 99, 105). Diese Situation ändert sich in der Folgezeit, es kam zu einem ersten starken Anstieg der Stillquoten, die nach einigen Quellen in den 1930er Jahren Werte bis über 90% erreichen (vgl. Thoms 2001, 105; Tönz 1997, 107f). Nach dem Zweiten Weltkrieg, insbesondere ab 1950 mit der Erfindung der „adaptierten Säuglingsmilch"[4], wendete sich das Blatt wieder, die Quote der mit künstlicher Milch ernährten Säuglinge stieg an und erreichte Mitte der 1970er Jahre ihren Höhepunkt, als ungefähr 50% der Säuglinge vollständig künstlich ernährt wurden.[5] Ab Mitte der 1970er Jahre kam es zu einem zweiten, erneut starken Anstieg der Stillquoten, der bis heute anhält (Kersting/Dulon 2002, 1199-1200). Ende des 20. Jahrhunderts lag die primäre Stillquote in Deutschland bei über 90%. Es sind also in historischer Perspektive starke Veränderungen im Ernährungsverhalten zu beobachten. Auch wenn die Daten der Kurve im Detail möglicherweise zu

---

4 Eine in Fett- und Nährstoffgehalt an die Frauenmilch angeglichene Kuhmilch. Nach Angaben der Firma humana wurde eine solche Milch erstmals im Jahr 1950 von dem Herforder Kinderarzt Dr. Heinz Lemke entwickelt (vgl. https://www.humana.de/de/ueber-uns/meilensteine/l (Zugriff am 19.06.2018)).

5 Die „Talsohle" der Stilltätigkeit in Deutschland Mitte des 20. Jahrhunderts (Schmelter 2002, 49) ist verschiedentlich benannt, aber in der berücksichtigten Literatur an keiner Stelle konkret belegt worden. Die vorfindlichen Angaben differieren zwischen „in den 50er und 60er Jahren" (Gajek 1999, 60), „Anfang der 1970er Jahre" (Kersting/Dulon 2002, 1199), „1976" (IVE Babymonitor), „Mitte der 1970er Jahre" (Borrmann 2005, 3) oder „1940-1970" (Manz/Manz/Lennert 1997, 578). Möglicherweise haben hier die Autoren in vielen Fällen einfach voneinander abgeschrieben. Dass der fragliche Zeitpunkt etwa in der Mitte der 1970er Jahre liegt, kann jedoch auch aufgrund anderer Befunde, z.B. der verstärkten Behandlung des Themas in den damals aktuellen „Eltern"-Heften als durchaus plausibel gelten.

präzisieren wären, so zeigt sich doch insgesamt deutlich ein zweimaliger starker Anstieg der Stillquote im fraglichen Zeitraum, ein Befund, der auch an anderer Stelle so bestätigt wird (Tönz 1997, 107-108) und der so nicht in allen westlichen Industrienationen zu beobachten ist.[6] Soweit die Zahlen.

3 Ratgeberbefund

Aus kulturwissenschaftlicher Sicht interessieren nun natürlich die Gründe für diese Entwicklung. In der medizinischen Fachliteratur wird dafür – insbesondere für den Anstieg der Stillquote seit Mitte der 1970er Jahre – die populäre Durchsetzung neuerer Erkenntnisse über die Vorteile des Stillens, insbesondere auch in immunologischer Hinsicht, als ein wichtiger Grund angegeben (Borrmann 2005, 3).
Der hier verfolgte Ansatz war zunächst, diesen Gründen durch die Analyse von populären Ratgebertexten nachzugehen. Die Ausgangshypothese war, dass Ratgebertexte als alltagsrelevante Medien mit normativem Charakter und Mittel der Instruktion nach der frühen, mittlerweile klassischen Formulierung von Hans Trümpy sowohl als Abbild wie auch als Vorbild gelebter Alltagspraxis verstanden werden können: „Wie weit spiegeln und registrieren diese Bücher die jeweils geltenden Normen, und wie weit beeinflussen sie diese Normen?" (Trümpy 1985, 154) Im heutigen Sprachduktus würde man sagen, dass sie als diskursive Bestandteile der kulturellen Wirklichkeit an ihrer Herstellung beteiligt sind. Im Umkehrschluss müssten sich in ihnen je zeittypische Norm- und Wertvorstellungen auffinden lassen.
Es müssten sich also etwa Mitte der 1970er Jahre zumindest an irgendeiner Stelle auch Texte finden lassen, in denen z.B. mit dem Verweis auf die hohe Qualität der modernen Säuglingsnahrung und im Hinblick auf die größere Unabhängigkeit einer – eventuell auch nur in Teilzeit – berufstätigen Mutter, sowie spätestens etwa ab Anfang der 1980er Jahre mit Verweis auf den „neuen", in die Säuglingspflege stärker integrierten Vater (vgl. Werneck 1998, 53-58) vom Stillen ab- und zur Flaschennahrung zugeraten wird. Doch diese Texte gibt es nicht, zumindest konnten sie bislang nicht identifiziert werden. In den bisher untersuchten Säuglingspflegeratgebern wird durchgehend und eindeutig zum Stillen geraten und erst in zweiter Linie die Flaschennahrung als Ausweichmöglichkeit vorgestellt. Natürlich sind gewisse Verschiebungen in der Schwerpunktsetzung zu beobachten. Insbesondere betrifft dies die Bewertung der künstlichen Milch: Wird diese bis 1950 stets als nur leidlicher bis schlechter Ersatz für die Muttermilch in Not- und Ausnahmesituationen diskutiert, so avanciert sie in den 1960er und 1970er Jahren mit Verweis auf den technologischen Fortschritt in Herstellung und Zu-

---

6 In Kanada etwa ist nur ein einmaliger Anstieg seit ca. 1960 zu verzeichnen (vgl. Knaak 2005, 198), die spezifisch deutsche Situation ist natürlich v.a. auch durch die Verwerfungen des 3. Reiches mit Mutterideologie/Stillpropaganda und Mangelsituation im Krieg gekennzeichnet.

sammensetzung zu einem fast ebenbürtigen Äquivalent. Aber eben nur fast. Aus ernährungsphysiologischer Perspektive bleibt Muttermilch immer die erste Wahl. Gleichwohl, die Begründungen hierfür, die Hinweise über Stilldauerdauer und die Modalitäten (nach Bedarf oder nach Zeitplan; mit Nachtpause oder ohne) variieren über die Jahre.[7]

Selbst in einer von Säuglingsmilchherstellern durch Werbeanzeigen mitfinanzierten Schrift aus dem Jahr 1972 findet sich der explizite und mit Argumenten unterfütterte Hinweis, dass Stillen sowohl für die Mutter als auch für das Kind das Beste sei (Wundex-Werke 1972, 18). In einem der populärsten aktuellen Ratgeber hingegen, dem Bestseller „Babyjahre" des Schweizer Arztes Remo Largo, seit 1993 auf dem Markt und mittlerweile in mehr als fünfzehn Auflagen gedruckt, findet sich – natürlich neben der üblichen Hymne auf die Brusternährung – bezeichnenderweise auch folgende Passage:

> „Stillen ist für Mutter und Kind erstrebenswert, ist aber nicht die einzige Möglichkeit, einen Säugling zu ernähren. Ein Kind kann mit der Milchflasche vollwertig ernährt werden. Zwischen Mutter und Kind kann eine genauso tiefe Beziehung entstehen wie beim Stillen. Es gibt keine Studie, die überzeugend belegen würde, dass Kinder, die mit der Flasche ernährt werden, sich in ihrem Wachstum und in ihrer Beziehungsfähigkeit von gestillten Kindern unterscheiden." (Largo 2002, 362-363)

So klar ist diese Aussage nicht einmal in Texten aus den 1970er Jahren zu finden. Die Ratgebertexte sind also mit den empirischen Befunden nicht so einfach zur Deckung zu bringen, denn die starken Schwankungen in den Formen der Säuglingsernährung bilden sich nicht in dieser Deutlichkeit in den Texten ab. Wie ist es also um die alltagskulturelle Relevanz der Ratgebertexte bestellt? Und was bedeutet dies für den kulturwissenschaftlichen Umgang mit Ihnen als Quelle?

4 Quellenkritische Folgerungen

Ein direkter Zusammenhang zwischen den Ratgebertexten und der gelebten Praxis besteht jedenfalls nicht, und dies nimmt in der Forschung auch niemand an. Dass das Verhältnis zwischen den Texten und der Praxis ein schwierig zu bestim-

---

7 Knaak (2005) hat eine diskursanalytische Untersuchung amerikanischer Ratgebertexte zu dieser Frage vorgelegt in der sie nachweisen kann, dass hinsichtlich der thematischen Schwerpunktsetzung, der Wortwahl und der gesamten thematischen Verhandlung über die Jahre Verschiebungen hin zu einer noch nachdrücklicheren Stillempfehlung zu beobachten sind, die durchaus mit den statistischen Befunden korrespondieren. Ähnliches ließe sich sicherlich auch für deutschsprachige Texte zeigen. Doch diese Veränderungen spielen sich auf einer recht subtilen sprachlichen Ebene ab und können m.E. die doch sehr großen Veränderungen in der Statistik nicht befriedigend erklären, zumal das factum brutum, dass durchgehend und explizit das Bruststillen vor der Flaschennahrung präferiert wird, davon unberührt bleibt. Zur Veränderung hinsichtlich der detaillierten ärztlichen Stillempfehlungen in Deutschland – vgl. Manz/Manz/Lennert 1997.

mendes ist, ist allgemeiner Konsens. So weit, dieses als vollständig unbestimmbar und damit die Quellengruppe der Ratgeber als bedeutungslos zu klassifizieren möchte jedoch auch niemand gehen. Dafür wiederum erscheinen die Ratgeber als zu alltagsnah und zu aussagekräftig. Viele Autoren, insbesondere in der Soziologie und in der Geschichtswissenschaft, suchen eine Lösung dieses Problems in der Sprachregelung, dass sich in den Ratgebertexten die jeweils aktuelle Expertenmeinung zu einem Thema, ein je zeittypisches diskursives Umfeld also, abbilde, mit der die allgemeinen gesellschaftlichen Erwartungen, hier: an die Eltern, greifbar würden. In den Ratgebertexten manifestiere sich gewissermaßen die kulturelle Großwetterlage – in einem jüngeren historischen Beitrag: „das jeweilige Kulturelle" (Gebhardt 2007, 89), innerhalb derer die Akteure ihre jeweils konkreten Entscheidungen treffen. Die Ratgebertexte stehen also in irgendeiner Weise zwischen Denken und Handeln. Für diese Schnittstellenposition zwischen Diskurs und Selbstführung (vgl. Duttweiler 2007, 19) schlägt Duttweiler den Begriff der „Problematisierungsformel" (ebd., 14-17) vor. Damit ist auch der Gedanke impliziert, dass bestimmte Fragen durch die Thematisierung in der Anleitungsliteratur überhaupt erst als verhandelbar und zwingend zu verhandelnder Gegenstand in den Blick genommen werden. Doch was bedeutet dies dann, wenn in den Büchern offensichtlich das eine steht, die Menschen jedoch das andere tun? Die Beziehung zwischen Texten und Praxis erscheint vielschichtig, teilweise diffus, sicherlich aber individuell verschieden: mal stehen die Texte normativ, mal konstitutiv, mal kontrastiv zur Praxis, vielleicht sind sie aber auch als explikativ zu verstehen. Nicht sie beeinflussen die Praxis, selbst wenn die Gattung dies suggeriert, sondern vielleicht wird oft auch eine bereits vorgängige Praxis durch die Ratgebertexte diskursiv verhandelbar und aus Akteursperspektive erklärbar.

Hier soll die These vertreten werden, dass die Ratgebertexte möglicherweise gar nicht ursächlich für bestimmte praktische Entscheidungen sind. Hierfür sind oft ganz andere lebensweltliche, situative und ökonomische Faktoren ausschlaggebend. Auf das Thema der Säuglingsernährung bezogen wären also Fragen der gesetzlichen Regelung des Mutterschutzes, der ökonomischen Situation von Familien, der Zustände und Verfahrensmuster in den Geburtskliniken usw. zu veranschlagen, aber auch gesellschaftliche und kulturelle Trends sowie habituelle Muster. Die Ratgebertexte jedoch stellen, so wäre zu vermuten, Argumentationen und Begründungen bereit, um innerhalb dieser je zeittypisch gegebenen Kontexte die getroffenen Alltagsentscheidungen diskursiv abzusichern, vielleicht sogar zu rechtfertigen. Um Ratgebertexte in dieser Perspektive für die Alltagskulturforschung fruchtbar zu machen, wäre es also wichtig, die Aufmerksamkeit nicht nur auf den unmittelbar gegebenen Rat hinsichtlich einer bestimmten Frage zu richten, sondern vielmehr den gesamten thematischen Kontext, in den diese Frage eingebunden ist, gewissermaßen den weiteren „thematischen Beifang", zu berücksichtigen.[8] Die in den Texten behandelten Themen – im vorliegenden Fall bedeutet dies also v.a. die Themen um die Ernährungsfrage *herum* – könnten dann zu den jeweils zeittypisch virulenten Feldern der gesellschaftlichen und damit auch persönlichen Auseinandersetzung führen. Geht man die Ratgebertexte auf diese Weise systematisch durch, so zeigt sich eine Fülle an Anhaltspunkten, die deutlich machen, in welchen Bezügen das Thema Elternschaft jeweils allgemein verhandelt wurde, welche weiteren Implikationen eine Rolle spielten und wie dadurch auch die Frage der Säuglingsernährung durch Kontextualisierung mit angrenzenden Fragen je spezifische, über die ernährungsphysiologischen Aspekte deutlich hinausgehende, Bedeutungen zugewiesen bekam. Die Ernährung des Säuglings erscheint als ein Aspekt im Rahmen der gesamten Kulturpraxis der Elternschaft, hier im Foucaultschen Sinne verstanden als „Technologie des Selbst", also als Verfahren der Selbstbeeinflussung und reflexiven Identitätsarbeit der Akteure (vgl. Duttweiler 2007, 27-30). Diese Konzepte von Elternschaft wiederum erscheinen als Ausdruck noch weiter gefasster kultureller Bewegungen. In aller Holzschnittartigkeit und exemplarisch sollen nun sechs derartige kulturelle Kontexte bzw. Dynamiken, die sich anhand einzelner Indizien in den Ratgebertexten auffinden und zur Ernährungsfrage in Beziehung setzen lassen, kurz ausgeführt werden: Mutterideologie, Medikalisierung, Psychologisierung und Neuverhandlung von Geschlechterrollen, Politisierung und Entmedikalisierung sowie Intensive Parenting und Remedikalisierung. Ein detaillierter Nachweis entlang der Quellen muss aus Platzgründen hier unterbleiben und mit diesen sechs Begriffen ist das 20. Jahrhundert gewiss auch nicht vollständig beschrieben. Dennoch sind damit doch wichtige Eckpunkte benannt, die zumindest deutlich machen, wie komplex die Säuglingsernährungsfrage kulturell jeweils eingebunden war und damit auch als ein zentraler Bestandteil bestimmter Elternschaftskulturen gesehen werden muss.

5 Elternschaftskulturen

Mutterideologie

Der erste Höhepunkt der Stillaktivität um 1940 steht im Umfeld der nationalsozialistischen Propaganda, die mit Verweis auf die Volksgesundheit die Ernährung an der Mutterbrust verfocht. Im Hintergrund stand ein biologistisches Frauen- und Mutterbild, das im Rahmen der Rassenideologie mit einem unmissverständlichen Imperativ gekoppelt war: „Deutsche Mutter, wenn du stillst, tust du nicht nur deine Schuldigkeit deinem Kinde gegenüber, sondern erfüllst auch eine rassische Pflicht" (Haarer 1937, 108). Gleichzeitig war mit diesem Imperativ eine geradezu mythische Erhöhung der Frau als Mutter verbunden, die durch die Ernährung des

---

8 Ich habe mich mit dieser Problematik bereits an anderer Stelle ausführlicher befasst – vgl. Heimerdinger 2006, 2008 und 2015.

Kindes an der Brust etwas Einzigartiges, sie selbst Nobilitierendes leisten konnte. In den Ratgebern wird Elternschaft in erster Linie als Mutterschaft thematisiert.

Medikalisierung

Der Trend zur Flasche ab ca. 1950 muss auch vor dem Hintergrund der Medikalisierung gesehen werden. Nach dem Ende des Krieges war das junge demokratische Deutschland auf der Suche nach einer neuen Normalität. Diese sollte nicht mehr ideologisch und rückwärtsgewandt, sondern von Modernität, Fortschritt und Wohlstand geprägt sein. Eine eigenartige Kombination aus Konservativismus und traditionalem Familienbild auf der einen Seite und Forschrittsoptimismus, Technisierung des Alltags und ein großes Vertrauen in die Naturwissenschaft auf der anderen Seite bestimmten das Bild. Das Streben nach Sicherheit und Kontrolle war im medizinischen Bereich ebenso zu beobachten wie eine weiterhin starke Orientierung an den aktuellen medizinischen Funktionseliten. Der Griff zur Flasche entsprach diesem Wohlstands- und Modernitätsideal. Zudem kam die künstliche Ernährung dem ärztlich angeratenen Hygiene- und Kontrollverhalten entgegen: Man wusste genau, was und welche Menge das Kind zu sich nahm. Die Elternschaft ist stark von Medikalisierungstendenzen mitbestimmt, die Ratgebertexte strotzen vor Hygienegeboten, Warnhinweisen und strikten, kraft ärztlicher Autorität angeratenen Verhaltensvorschriften.

Psychologisierung und Neuverhandlung von Geschlechterrollen

Unterstützt wurde diese Entwicklung in den späten 1960er und 1970er Jahren durch die kulturellen Entwicklungen im Umfeld der Studentenbewegung. Natürlich handelt es sich hier nicht um einen gesamtgesellschaftlichen Trend, sondern um eine Bewegung, die – allen antibürgerlichen Proklamationen zum Trotz – weiterhin stark mit dem bürgerlichen Aufklärungs-, Emanzipations- und Bildungsideal assoziiert war. Parallel dazu sind natürlich in anderen Teilen der Gesellschaft Kontinuitäten bei den rigiden, autoritären Sozialisationsvorstellungen der vergangenen Jahrzehnte zu beobachten. Doch „1967 ff" war in kultureller Hinsicht wirkmächtig und als von einem anti-autoritären Impetus getragenes Laboratorium der Lebensstile höchst folgenreich. In den frühen 1970er Jahren fand eine weitere Verstärkung des Trends zur Flasche statt, allerdings teilweise aus anderen Gründen, als in den 1950ern. Die späten 1960er und frühen 1970er Jahre waren zumindest für einen Teil der damals jungen Eltern eine Zeit der intensiven, kontroversen Auseinandersetzung mit tradierten Rollenbildern. Die Option der Flaschenernährung erlaubte im Rahmen der angestrebten Neuverhandlung des Geschlechterverhältnisses auch im Hinblick auf die Kultur der Elternschaft Schritte hin zur Gleichberechtigung: Der Vater konnte so umfassend in die Säuglingspflege eingebunden werden. Das Stillen war dieser paritätischen

Arbeitsteilung tendenziell im Wege. Diese Zusammenhänge werden in den neuen Ratgebern der Zeit erstmals explizit mitdiskutiert, neue Themen tauchen auf: die emotionale Befindlichkeit des Vaters, seine mögliche Eifersucht auf den an der Mutterbrust genährten Säugling und auch der explizit vorgetragene Wunsch der Mütter nach Unabhängigkeit und zeitlichen Freiräumen. Elternschaft wird hier auch Gegenstand eines umfassenden Aushandlungsprozesses der Geschlechterrollen, die Reflektion der Interaktionen sowohl zwischen den Elternteilen, als auch zwischen Eltern und Kind erfährt eine gesteigerte Aufmerksamkeit (vgl. Gebhardt/Wischermann 2007, 11).

Politisierung und Entmedikalisierung

Damit sind zugleich bereits schon kulturelle Tendenzen markiert, die die Trendwende und das Still-Revival vorbereiteten. Die kritische Auseinandersetzung mit den alten, patriarchalen Machtstrukturen bedeutete auch eine zunehmend kritische Haltung zu Funktionsträgern wie Ärzten oder auch der Industrie. Dieses Problembewusstsein wurde dann auch in einem breiteren Sinn alltagskulturell wirksam. Ab Ende der 1970er Jahre und zu Beginn der 1980er Jahre gewann in Deutschland die – wiederum in den gebildeten Mittelschichten situierte – Alternativbewegung an Einfluss. Für sie war das Stillen in vielfältiger Weise bedeutsam: In vielen damals neu erscheinenden Ratgebern wird es im Zusammenhang mit Begriffen wie Individualität und Selbstbestimmung, selbstbewusst praktizierter Weiblichkeit und Emotionalität behandelt, prominent ist in diesem Kontext von „natürlichen" (vgl. Lothrop 1994, 18) oder auch „naturgewollt[en]" (Sichtermann 1981, 48) Vorgängen die Rede. Dies kann aus heutiger Sicht auch als politisches Statement gegen die Kontrolltendenzen der (in vielen Fällen immer noch männlich dominierten) Krankenhauskultur und das Gewinnstreben der Säuglingsmilchindustrie gedeutet werden, steht aber auch in Beziehung zu differenzfeministischen Positionen. Die Stillbewegung ab 1980 war in Deutschland auch eine kulturelle Positionsbestimmung gegen alte Autoritäten, Technisierung und Ökonomisierung – sie war Bestandteil einer Haltung, die auf Natürlichkeit und ökologische Rückbesinnung zielte, und dabei auch das Kind in seiner Beziehung (und Bindung!) zu den Eltern noch einmal verstärkt ins Zentrum des Interesses rückte.

Intensive Parenting und Remedikalisierung

Diese Kindzentrierung (bei Kneuper 2005, 271-278: Pädozentrismus) erfuhr im letzten Jahrzehnt des 20. Jahrhunderts bis in die Gegenwart eine weitere Steigerung.[9] Die amerikanische Soziologin Sharon Hays – und mit ihr eine anglo-amerikanische

---

9 In ihrer Fokussierung auf das Kind schließt dies durchaus auch an die besondere Wertschätzung der Kindheit ab dem Beginn des 20. Jahrhunderts an: Ellen Key, Das Jahrhundert des Kindes (1902).

Forschergruppe zu Elternschaftsfragen – sieht die gegenwärtige Situation von der Ideologie der „intensiven Bemutterung" (Hays 1998, 133-173; engl. Originaltitel: „intensive mothering") gekennzeichnet.[10] Vier Aspekte kennzeichnen diese aktuelle Auffassung über angemessene Mutter- bzw. Elternschaft: Kindzentriertheit, Expertenorientierung (eine Form der Re-Medikalisierung!), die Anwendung intensiver Methoden der Kinderfürsorge (dies in finanzieller, emotionaler, zeitlicher und intellektueller Hinsicht, es geht also um die Investition sämtlicher Kapitalformen in die Kinder) und eine erneute Ausrichtung auf die Mutter als die zentrale Bezugsperson für das Kind. Kritiker sehen hierin einen konservativen Roll-back, der traditionelle Rollenmuster wieder aktualisiert. Dieses an der amerikanischen Kultur entwickelte Konzept lässt sich mit einer gewissen Vorsicht auch auf die deutschen Verhältnisse anwenden. Eva Hermann ist mit ihren Publikationen und Auftritten hierfür sicherlich nur ein (aber dafür umso plastischeres und polarisierendes!) Beispiel.

Die Ernährungspraxis des Stillens korrespondiert jedenfalls nahezu perfekt mit den einzelnen Merkmalen dieser Haltung: Sie schafft eine körperlich, emotional und zeitlich starke Bezogenheit zwischen Mutter und Kind und gilt als die von medizinischen und psychologischen Experten weiterhin favorisierte Ernährungsmethode. Dass sie an bestimmte sozioökonomische Voraussetzungen geknüpft ist, die in vielen Fällen nur von wirtschaftlich gut situierten Kreisen erfüllt werden können (die Mutter muss immer für das Kind körperlich verfügbar sein, wenn es Hunger hat), grenzt andere Gruppierungen tendenziell von diesem Konzept der „idealen Säuglingsfürsorge" aus. Man könnte auch sagen: die Mittelschichten reklamieren auf diese Weise für sich das Prädikat der „perfekten Elternschaft".

6 Zusammenfassung: Elternschaft als Lebensstil

Zusammenfassend zeigt sich, dass die Beantwortung der Frage „Brust oder Flasche" eine Entscheidung ist, die über die nutritiven Aspekte weit hinausweist. Elternschaft ist eine Lebensform, die kulturell ausgestaltet werden muss – die Stillfrage wird damit auch zu einer Stilfrage. Auch über sie erfolgt eine Selbsteinordnung der Eltern in soziale Gruppierungen und Bildprogramme, die je zeittypisch unterschiedlich konnotiert sein können. In den vergangenen Jahrzehnten korrespondierten, so ist hoffentlich in diesem Beitrag deutlich geworden, die verschiedenen Ernährungspraktiken mit jeweils ganz unterschiedlichen Haltungen und Stilen und haben dadurch mehrfache Umdeutungen erfahren.

Die Ratgeberliteratur ermächtigt und unterwirft ihre Leser zugleich: der Teilhabe am Expertenwissen steht das Eingeständnis seiner Bedürftigkeit, des Selbst-nicht-mehr-weiter-Wissens entgegen. Für den Alltagsakteur bietet die eigenständige Se-

---

10 In der Folge auch etwas weiter als „intensive parenting" gefasst, vgl. https://blogs.kent.ac.uk/parentingculturestudies/ (Zugriff am 20.06.2018).

lektion aus den angebotenen Ratschlägen einen Ausweg aus dem Dilemma. Was die Frage der Säuglingsernährung angeht, so sollte die medizinische Dimension der Ratschläge nicht überschätzt, keinesfalls jedoch verabsolutiert werden. Möglicherweise ist der Raum der Konnotate, der sozialen Ordnung, der symbolischen Selbstausstattung mit elternschaftskulturellen Accessoires mindestens ebenso wichtig: Tragetuch vs. Kinderwagen, Still-BH vs. Fläschchen. Die Ausstattung der Kinder ist immer auch, und vielleicht sogar in erster Linie, ein Akt elterlicher Selbstausstattung, denn die Praxis der Elternschaft ist Identitätsarbeit.

Heikel ist dabei, dass die Begründung für die getroffene Wahl gut und das heißt heute immer „im Sinne des Kindes ideal" sein muss. Denn die rhetorische Figur der Priorisierung elterlicher Interessen vor denen der Kinder ist derzeit gesellschaftlich nicht akzeptiert.

Ratgeber geben praktische Ratschläge, doch darüber hinaus stellen sie auch Informationen, Argumente und argumentative Figuren für die Unterfütterung unterschiedlicher Verhaltensoptionen bereit. Besonders in den aktuellen Ratgebern findet man gute Gründe für das Stillen, aber ebenso – wenn auch in puncto Relevanz abgestuft – Hinweise darauf, warum die künstliche Ernährung fast ebenso gut vertretbar sei und für ein schlechtes Gewissen der nicht stillenden Mutter kein Grund bestehe. Vielleicht liegt ja gerade darin der Hauptnutzen der Ratgeber: nicht in der direkten Anleitung zur Praxis, sondern in der diskursiven Fassung und Absicherung derselben – wie auch immer sie ausfällt.

Der Ratgeber berät. Vor allen Dingen auch darin, wie das, was getan oder unterlassen wird, vor den Mitmenschen vertreten werden kann: seien es nun die Eltern, die Schwiegereltern, die Freunde, Krabbelgruppenbekanntschaften, der Ehepartner oder nicht zuletzt der oder die Ratsuchende selbst. Denn das schlechte Gewissen gehört zur Elternschaft wie die Reflexivität zur Moderne. Die Elternratgeber taugen für vieles: Das schlechte Gewissen anzufachen, es zu bekämpfen, zumindest es zu dämpfen. Ob sie auch dazu taugen, aus Eltern gute Eltern zu machen, muss vorerst weiterhin offen bleiben.

7 Kommentar 2018

Der hier wieder abgedruckte und erstmals 2009 erschienene Text geht auf einen Vortrag aus dem Jahr 2007 zurück. Im Zentrum stand für mich damals die Frage, in welchem Verhältnis Ratgebermedien und Alltagspraxis zueinander stehen, nicht zuletzt um grundsätzliche Erkenntnisse für den kulturwissenschaftlichen Umgang mit Ratgebermedien als Quelle zu gewinnen. Am Beispiel der Säuglingsernährung versuchte ich, die – wenn auch lückenhaften, so doch vorhandenen – empirischen Daten mit inhaltsanalytischen Befunden der Ratgebertexte in historischer Perspektive miteinander abzugleichen, es ergab sich ein Inkongruenzbefund: Die

Säuglingsernährungspraktiken unterlagen, so meine damalige Erkenntnis, über die Jahrzehnte hinweg weit stärkeren Veränderungen, als sich anhand der Ratgebertexte auf diskursiver Ebene nachvollziehen ließ. Diese spiegelten die empirisch nachvollziehbaren alltagspraktischen Entwicklungen nur vage wider. Ich habe sie daher als Elemente eines weitaus umfassenderen und wirkmächtigeren Dispositivs gedeutet, das sich zentral um die elterliche Identitätsarbeit dreht, die auch andere Forschende in ihren Analysen zentral setzten (vgl. z.B. Faircloth 2013). Neben der elterlichen Identitätsarbeit erwiesen sich in der Folge in der wissenschaftlichen Diskussion zudem auch die Paradigmen der Sorge für das Kind (Seehaus 2014) und des umfassenden Wetteifers um Lebensentwürfe und Erfolg im elternschaftskulturellen Feld (Heimerdinger 2013) als plausible ideelle Rahmungen, die elterliche Praxisentscheidungen mitkonfigurieren.

In diesen Kontexten werden die Brust/Flasche-Entscheidungen im Zusammenspiel vieler Faktoren getroffen, die Rationalisierungen auf der Ebene von Beratungsmedien erscheinen hierbei nur als ein Faktor unter vielen. Und diese dienen manchmal vielleicht eher der Diskursivierung *ex post*, als der Entscheidungsfindung selbst. In jedem Fall erweist sich das Verhältnis zwischen der diskursiven Ebene der Anleitungstexte und der praktischen Ebene der Handlungsentscheidungen als komplex (Heimerdinger 2015).

An diesem grundlegenden Befund hat sich aus meiner heutigen Sicht nichts geändert, eher im Gegenteil, die Fülle an Beratungsmedien, Elternforen und Anleitungsformaten hat sogar noch stark zugenommen und sich weiter diversifiziert. Insbesondere der Bereich der Mütter- und Elternblogs hat sich in den vergangenen Jahren zu einem eigenen, umfangreichen Feld entwickelt, das strukturell zwischen Anleitungsliteratur, Erfahrungsaustauschforum und Selbstdokumentation angesiedelt ist. Die Vielschichtigkeit und Komplexität unterschiedlicher „Beratungsstimmen", mit denen sich junge Eltern konfrontiert sehen, hat sich also noch weiter gesteigert. Auf inhaltlicher Ebene jedoch, und hierin sehe ich tatsächlich eine qualitative Neuerung, hat ein reflexiver, teilweise auch ironischer Ton Einzug gehalten, der die Ambivalenzen und Dilemmata der konkurrierenden Meinungen und praktischen Zielkonflikte anschaulich reflektiert. Augenscheinlich wird dies etwa an dem metaphorischen Begriff „Stillmafia", der zunehmend sowohl in Elternblogs[11] als auch im Kontext des Selbstverständnisses professioneller Beratungsdienstleistender[12] auftaucht. Dieser Begriff fasst plastisch die starke ideologische

---

11 Vergleiche https://trendshock.de/moderne-oeko-mama-stillmafia-shopping-queen/ bzw. http://www.familothek.de/zwang-zu-stillen.html (Zugriff am 20.06.2018).

12 So hielt die Stillberaterin Ingrid Kloster am 25.09.2015 auf dem zehnten Deutschen Still- und Laktationskongress in Berlin (einem Kontext, der grundsätzlich klar pro-Stillen ausgerichtet ist!) einen Vortrag mit dem Titel: Stillmafia – sind wir damit gemeint? Kritische Betrachtung unserer Arbeit. Vergleiche http://s522812237.online.de/wp-content/uploads/2015/03/Kongress-2015-Onlineversion.pdf (Zugriff am 20.06.2018).

Befrachtung des Themas, die teilweise zu beobachtende Verbissenheit und Lager-
bildung in dieser Frage und zugleich auch den verschwörerischen Zwangscharak-
ter, der hiermit einhergeht. Dies ist kulturhistorisch betrachtet nicht neu – das
Feld der Säuglingsernährung ist seit langer Zeit ein heiß umkämpftes –, doch die
Klarheit und Offenheit, mit der dieser Umstand, sowohl im wissenschaftlichen
Feld (vgl. Heimerdinger 2017), wie im Feld der sich selbst artikulierenden Eltern
und der Gesundheitsdienstleistenden reflektiert wird, ist durchaus bemerkenswert und stellt eine neue Qualität dar: Mütter und Stillberaterinnen befinden
sich nicht nur in dilemmatischen Entscheidungslagen, sie reden nun auch offen
darüber und thematisieren ihren eigenen Anteil daran.

Für die übergeordnete Frage des Zusammenhangs zwischen Anleitungsdispositi-
ven und Praxisentscheidungen freilich bedeutet dies, dass eine weitere Ebene der
Selbstreflexivität hinzugekommen ist, eine weitere Relativierung der ExpertInnen-
autorität stattgefunden und somit aus Sicht der Beratungssuchenden das Subjek-
tivierungsparadigma noch weiter an Bedeutung gewonnen hat. Die Pluralität und
Fülle an Beratungsangeboten unterschiedlicher Ausrichtung und Couleur lässt die
für Eltern immer noch drängende Frage „Brust oder Flasche?" immer mehr zu
einer elternschaftskulturellen Positionierungsgeste werden, die von Ratschlägen
allenfalls flankiert aber keinesfalls determiniert wird. Denn weder kann ihnen diese Entscheidung irgendjemand abnehmen, noch wollen sie diese aus der Hand
geben.

Dies verweist jedoch zugleich auf einen anderen Aspekt, der aus dem zeitlichen
Abstand von rund 10 Jahren ebenfalls sofort ins Auge fällt: Wir sprechen hier
durchgehend von kulturellen Dispositionen, die für im weiteren Sinne bürger-
liche Kreise gelten bzw. dort untersucht wurden. Am bereits 2009 auffälligen
Mittelschichts-Bias der gesamten elternschaftskulturellen Forschung hat sich bis
heute leider wenig geändert. Forschungen, die jenseits bürgerlicher Milieus das
Elternverhalten und Elterndenken etwa migrantischer, proletarischer oder ruraler
Bevölkerungssegmente untersuchen, sind immer noch ein drängendes Desiderat.

Literatur

Borrmann, B. (2005): Kurz- und mittelfristige Auswirkungen des Stillens auf die maternale Ge-
    sundheit post partum. Verfügbar unter https://repositorium.ub.uni-osnabrueck.de/handle/
    urn:nbn:de:gbv:700-2005092935 (Zugriff am 20.06.2018).
DFG (Deutsche Forschungsgemeinschaft) (1978): Rückstände in Frauenmilch. Situation und Bewer-
    tung. (Mitteilung/Kommission zur Prüfung von Rückständen in Lebensmitteln, 5). Boppard: Boldt.
Duttweiler, S. (2007): Sein Glück machen. Arbeit am Glück als neoliberale Regierungstechnologie.
    Konstanz: uvk.
Faircloth, C. (2013): Militant Lactavism? Attachment parenting and intensive motherhood in the UK
    and France. New York: Berghahn.

Gajek, E. (1999): Von Mutterglück und Busenqualen. Erzählte Erinnerungen an die Zeit des Stillens. In: D. Drascek/I. Götz/T. Helebrant/C. Köck/B. Lauterbach (Hrsg.): Erzählen über Orte und Zeiten. Münster u.a.: Waxmann, 59-83.

Gebhardt, M. (2007): Haarer meets Spock – frühkindliche Sozialisation nach 1945. In: M. Gebhardt/ C. Wischermann (Hrsg.): Familiensozialisation seit 1933 – Verhandlungen über Kontinuität. Stuttgart: Steiner, 87-104.

Gebhardt, M./Wischermann, C. (2007): Familiensozialisation seit 1933 als Geschichte generationeller Weitergabeprozesse – Einleitung. In: M. Gebhardt/C. Wischermann (Hrsg.): Familiensozialisation seit 1933 – Verhandlungen über Kontinuität. Stuttgart: Steiner, 9-23.

Gloger-Tippelt, G. (1988): Schwangerschaft und erste Geburt. Psychologische Veränderungen der Eltern. Stuttgart: Kohlhammer.

Gloger-Tippelt, G. (2007): Familiengründung und Übergang zur Elternschaft. In: M. Hasselhorn/ W. Schneider (Hrsg.): Handbuch der Entwicklungspsychologie. Göttingen: Hogrefe, 511-521.

Haarer, J. (1937): Die deutsche Mutter und ihr erstes Kind. München u.a.: J.F. Lehmanns Verlag.

Hays, S. (1998): Die Identität der Mütter. Zwischen Selbstlosigkeit und Eigennutz. Stuttgart: Klett-Cotta. [Englische Originalausgabe 1996]

Heimerdinger, T. (2006): Alltagsanleitungen? – Ratgeberliteratur als Quelle für die volkskundliche Forschung. In: Rheinisch-westfälische Zeitschrift für Volkskunde 51 (1), 57-71.

Heimerdinger, T. (2008): Der gelebte Konjunktiv. Zur Pragmatik von Ratgeberliteratur in alltagskultureller Perspektive. In: A. Hahnemann/D. Oels (Hrsg.): Sachbuch und populäres Wissen im 20. Jahrhundert. Frankfurt am Main: Peter Lang, 97-108.

Heimerdinger, T. (2013): Simply the Best. Elternschaft als kompetitive Praxis. In: M. Tauschek (Hrsg.): Kulturen des Wettbewerbs. Formationen kompetitiver Logiken. Münster u.a.: Waxmann, 249-267.

Heimerdinger, T. (2015): Zwangloser Zwang? – Lebensratgeber-Literatur, Selbstformung und Alltagspragmatik. In: R. Conrad/R. Kipke (Hrsg.): Selbstformung. Beiträge zur Aufklärung einer menschlichen Praxis. Münster: mentis, 97-113.

Heimerdinger, T. (2017): Naturalisierung als Kampfbegriff. Zur diskursiven Konkretisierung des Mutterschaftsdilemmas. In: E. Tolasch/R. Seehaus (Hrsg.): Mutterschaften sichtbar machen. Sozial- und kulturwissenschaftliche Beiträge. Opladen u.a.: Barbara Budrich, 125-140.

IVE Babymonitor: IVE Research International Hamburg. Daten aus Panelbefragungen für Nestlé. Mitteilung von Nestlé per E-Mail am 07.03.2006.

Kersting, M./Dulon, M. (2002): Fakten zum Stillen in Deutschland – Ergebnisse der SuSe-Studie. In: Monatsschrift Kinderheilkunde 150 (10), 1196-1201.

Key, E. (1902): Das Jahrhundert des Kindes. Berlin: S. Fischer.

Knaak, S. (2005): Breast-Feeding, Bottle-Feeding and Dr. Spock: The Shifting Context of Choice. In: The Canadian Review of Sociology and Anthropology/La Revue canadienne de sociologie et d'anthropologie 42 (2), 197-216.

Kneuper, E. (2005): Mutterwerden in Deutschland. Eine ethnologische Studie. Münster: Lit.

Kruspe, K. (1997): Die Bedeutung des Stillens für die Beziehung zwischen Mutter und Kind unter besonderer Berücksichtigung der Stillförderung in der DDR. Unveröffentlichte Diplomarbeit, PH Erfurt – vorh. im Deutschen Hygiene Museum Dresden: DHMD 13/201.

Largo, R.H. (2002): Babyjahre. Die frühkindliche Entwicklung aus biologischer Sicht. Das andere Erziehungsbuch. München: Piper.

Lothrop, H. (1994): Das Stillbuch. 19. Aufl., München: Kösel-Verlag. [Erstausgabe 1982]

Manz, F./Manz, I./Lennert, J. (1997): Zur Geschichte der ärztlichen Stillempfehlungen in Deutschland. In: Monatsschrift Kinderheilkunde 145 (6), 572-587.

Orland, B. (2004): Wissenschaft, Markt und Erfahrung. ‚Natürliche‘ versus ‚künstliche‘ Säuglingsernährung im 19. Jahrhundert. In: M. Bos/B. Vincenz/T. Wirz (Hrsg.): Erfahrung: Alles nur Diskurs? Zur Verwendung des Erfahrungsbegriffes in der Geschlechtergeschichte. Zürich: Chronos, 291-305.

Schmelter, A. (2002): Muttermilch – Lebenselixier unserer Gene? In: K.W. Alt/A. Kemkes-Grottenthaler (Hrsg.): Kinderwelten. Anthropologie – Geschichte – Kulturvergleich. Köln u.a.: Böhlau, 49-62.

Seehaus, R. (2014): Die Sorge um das Kind. Eine Studie zu Elternverantwortung und Geschlecht. Opladen u.a.: Barbara Budrich.

Sichtermann, B. (1981): Leben mit einem Neugeborenen. Ein Buch über das erste halbe Jahr. Frankfurt am Main: Fischer.

Thoms, U. (1994): ‚Der Tod aus der Milchflasche'. Säuglingssterblichkeit und Säuglingsernährung im 19. und 20. Jahrhundert. In: Landschaftsverband Westfalen-Lippe (Hrsg.): Kein Kinderspiel – das erste Lebensjahr. Münster: Westfälisches Museumsamt, 58-69.

Thoms, U. (2001): Die Kategorie Krankheit im Brennpunkt diätetischer Konzepte. In: G. Neumann/ A. Wierlacher/R. Wild (Hrsg.): Essen und Lebensqualität. Natur- und kulturwissenschaftliche Perspektiven. Frankfurt am Main: Campus, 77-106.

Tönz, O. (1997): Stillen in der guten alten Zeit. In: W. Siebert/W. Stögmann/G.F. Wündisch (Hrsg.): Stillen – einst und heute. München: Hans Marseille, 91-111.

Trümpy, H. (1985): Anstandsbücher als volkskundliche Quellen. In: K. Beitl (Hrsg.): Probleme der Gegenwartsvolkskunde. Wien: Verein für Volkskunde, 153-169.

Vögele, J. (2004): Die Kontroverse um das Bruststillen. Ein Kapitel aus der Geschichte der öffentlichen Gesundheitsvorsorge. In: H.J. Teuteberg (Hrsg.): Die Revolution am Esstisch. Neue Studien zur Nahrungskultur im 19./20. Jahrhundert. Stuttgart: Steiner, 232-248.

Werneck, H. (1998): Übergang zur Vaterschaft. Auf der Suche nach den ‚Neuen Vätern'. Wien: Springer-Verlag.

Wundex-Werke Wilh. Wülfing & Co (1972): Lehrschrift Wiege. Ein moderner Ratgeber für werdende und junge Mütter (und Väter). Borken: Wundex Werke. [Erstausgabe 1959]

Nicole Vidal

„Selbstständiges Lernen" – Eine Analyse didaktischer Ratgeberliteratur für Lehrkräfte

Lernen ist die Grundlage aller Phänomene, mit denen sich die Pädagogik als Praxis und die Erziehungswissenschaft als Disziplin befasst. Klaus Prange beschreibt Lernen als eine „anthropologische Konstante" (Prange 2005, 88); auch wenn es sich nicht direkt beobachten ließe, sei es überall präsent. Solange es gut funktioniere, nehme man es auch nicht wahr: „Wir werden darauf aufmerksam, wenn es misslingt und wir einer Hilfe bedürfen, und wir kümmern uns zumeist erst um das Lernen, wenn wir seiner angesichts fremder oder eigener Ansprüche zu besonderen Leistungen bedürfen." (ebd., 85)

In der Ratgeberliteratur widmet sich eine ganze Sparte der „Thematisierung des Lernens" in diesem Sinne und unterscheidet zwischen verschiedenen Zielgruppen: es gibt Bücher mit dem Schwerpunkt der Verbesserung schulischen Lernens, welche sich an Kinder, Jugendliche, deren Eltern und Lehrkräfte richten, aber auch solche für Erwachsene, die aus persönlichen oder professionellen Gründen ihr Lernen optimieren wollen. Viele Autoren beziehen sich auf einen konkreten Gegenstand oder ein Feld (z.B. Mathematik oder Fremdsprachen), daneben gibt es aber auch solche, die das Lernen im Allgemeinen zum Thema machen.

Ein Klassiker unter solchen Lernratgebern ist im deutschsprachigen Kontext das Buch „Denken, Lernen, Vergessen" des Biochemikers Frederik Vester, das im Jahre 1975 erschien und es bis zum Jahr 2016 auf 37 Auflagen brachte. Es ging aus einer Fernsehreihe hervor und ist das erste kommerziell erfolgreiche Programm, das mithilfe von „Regeln aus der Lernbiologie" schulisches Lehren und Lernen verbessern wollte. Nach wie vor wird Vester in anderen Lernratgebern als Referenz herangezogen (vgl. Becker 2006, 163ff sowie Abschnitt 2.3 in diesem Beitrag).

Erziehungswissenschaftliche Forschung über diese Ratgebersparte existiert indes nur ansatzweise: Nicole Hoffmann hat sich mit „Lernratgebern für Erwachsene" beschäftigt (Hoffmann 2010), ich hatte mich im Rahmen meiner Dissertation der Analyse von Ratgebern zum „hirngerechten Lernen" gewidmet (Becker 2006, 100ff). Rezeptionsstudien gibt es nicht: *Wer* zu Lernratgebern greift, *wie* sie rezipiert werden, *ob* und *wie* die praktischen Empfehlungen anschließend praktisch umgesetzt werden – darüber weiß man nichts. Der vorliegende Beitrag versteht sich in diesem Sinne als eine Vorarbeit: die exemplarische Auseinandersetzung mit konkreten „Programmen" – im Sinne kohärenter Empfehlungen – kann zum Ausgangspunkt empirischer Rezeptionsforschung im Bereich der Lernratgeber werden (vgl. Drerup 1988).

Im vorliegenden Beitrag werden didaktische Ratgeber untersucht, die sich an Lehrkräfte allgemeinbildender Schulen richten und die Förderung des „selbstständigen Lernens" im Sinne einer grundlegenden Kompetenz losgelöst von bestimmten Fächern ins Zentrum stellen. Die Thematisierung *selbstständigen* Lernens ist deshalb besonders interessant, weil sie mit bildungspolitischen und erziehungswissenschaftlichen Entwicklungen korrespondiert: In der schulpädagogischen Diskussion ist „die selbständig lernende Schülerin" (Rabenstein 2007) in den vergangenen beiden Jahrzehnten zu einer leitenden Norm geworden. Rabenstein konstatiert einen breiten „Konsens über die Einführung selbstständigkeitsfördernder Arbeits- und Lernformen in der Schule" (ebd., 39) und beschreibt ihn als „erstaunliche Allianz" aus einem „reformpädagogisch geprägten Begriff des Lernens als selbstständiger Tätigkeit" und der „neoliberale[n] Idee des sich selbst managenden Subjekts" (ebd.). Hintergrund ist die Forderung nach schülerzentrierten Unterrichtsformen im Zuge der PISA-Kritik sowie die zunehmende Heterogenität der Schülerschaft, die im individualisierten Unterricht optimale Lernbedingungen vorfinden soll (vgl. Gudjons 2006; Breidenstein/Rademacher 2017).

Selbständiges Lernen ist demnach sowohl Thema der Ratgeberliteratur als auch des politischen und erziehungswissenschaftlichen Diskurses, ob sich konkrete Bezüge aufzeigen lassen, wird eine der leitenden Fragestellungen sein. In den folgenden Abschnitten wird zunächst das Vorgehen bei der Auswahl und Analyse der Ratgeber beschrieben (1), anschließend werden die einzelnen Bücher vorgestellt und mit Blick auf die Grundanliegen der Untersuchung ausgewertet (2). Schließlich folgt ein kriterienbezogener Quervergleich (3), der in eine Diskussion (4) mündet.

1 Vorgehen bei der Auswahl und Analyse

Für die sozialwissenschaftliche Untersuchung von Ratgebern gibt es keine spezielle Forschungsmethode; es bieten sich sämtliche inhalts- und diskursanalytische Verfahren an, die das Vorgehen nachvollziehbar machen. Die vorliegende Analyse orientiert sich an den Vorschlägen von Scholz und Lenz (2013) zur Erforschung von Ratgebern und der Sozialwissenschaftlichen Diskursforschung nach Keller (2011a, 2011b).

Scholz und Lenz schlagen vor, zunächst eine Eingrenzung und Bezeichnung des jeweils spezifischen Ratgeberdiskurses vorzunehmen (z.B. „Liebesdiskurs" für

Ehe- und Beziehungsratgeber) und anschließend das Feld zu sondieren. Währenddessen werden Kriterien entwickelt, um eine begründete Auswahl an Ratgebern vorzunehmen. Im nächsten Schritt werden Leitfragen formuliert, die bei der Lektüre im Sinne eines Kodierschemas genutzt werden: entsprechende Stellen werden markiert („codiert"), um sie interpretierend auszuwerten (vgl. Scholz/Lenz 2013, 61ff).

Diesem Schema entsprechend wird in der folgenden Analyse der „Lerndiskurs" in Lernratgebern zunächst als eine besondere Thematisierungsform behandelt, bei der Lernen mit praktischen Verbesserungsabsichten verbunden ist. Wie sich dieser Lerndiskurs zu Lerndiskursen in Erziehungswissenschaft und Bildungspolitik verhält, wird gesondert thematisiert.

Für die Recherche bei dem Onlinehändler Amazon wurde der Begriff „Lernen" mit den Suchbegriffen „Lernen"/„selbst(st)ändiges"/„selbstgesteuertes"/ „selbstorganisiertes"/„fördern"/„verbessern" verknüpft. Diese Verknüpfungen ergaben zunächst eine hohe Trefferzahl, die im ersten Durchgang mithilfe der Kriterien „Zielgruppe Lehrkräfte" und „Thematisierung des Lernens unabhängig von bestimmten Inhalten" reduziert wurde. Als weitere Auswahlkriterien wurden „Aktualität und leichte Zugänglichkeit" (Erscheinungszeitraum 2015-2018, lieferbar) sowie eine „klare Einordnung als didaktischer Ratgeber" (praktische Umsetzbarkeit wird ausdrücklich in Titel und Beschreibung angezeigt) gesetzt. Diese Engführung reduziert die Anzahl der Titel erheblich und aus den verbleibenden Treffern wurden drei für die Analyse ausgewählt:

1) Sabine Stuber-Bartmann: *Besser lernen. Ein Praxisbuch zur Förderung von Selbstregulation und exekutiven Funktionen in der Grundschule.* Ernst Reinhard Verlag 2017, 106 Seiten, 19,90 Euro
2) Ulrich Haas: *Selbstorganisiertes Lernen im Unterricht. Eine unterrichtspraktische Einführung.* Beltz Verlag 2015, 342 Seiten, 29,95 Euro
3) Heinz Klippert: *Methoden-Training: Bausteine zur Förderung grundlegender Lernkompetenzen.* Beltz Verlag 2018, 22. komplett überarbeitete Auflage, 238 Seiten, 29,95 Euro.

An den Titeln und Untertiteln lässt sich ablesen, dass nicht alle Autoren ausschließlich von „selbstständigem Lernen" sprechen; sie nutzen verschiedene Begriffspaare (z.B. „selbstreguliertes Lernen" oder „selbstorganisiertes Lernen") oder sprechen von „grundlegenden Lernkompetenzen". Alle Begriffskombinationen stehen jedoch für ein Lernverständnis, das von der Eigenaktivität und -verantwortung der Schülerinnen und Schüler ausgeht und werden im Textverlauf nahezu synonym verwendet. Stuber-Bartmann konzentriert sich dabei auf die Grundschule, Haas auf die Sekundarstufe und Klippert nimmt keine Einschränkung vor, wenngleich seine Vorschläge und Materialien eher auf eine Nutzung in weiterführenden Schulen schließen lassen.

Inhaltlich wurden folgende Themenschwerpunkte und Leitfragen für die Analyse festgelegt:

1) Sprecherposition: Wer verfasst Lernratgeber und weshalb „darf" sich der Autor oder die Autorin von dieser Sprecherposition aus an Lehrkräfte richten? Keller empfiehlt, auch nach möglichen Konsequenzen von Sprecher-Adressaten-Konstellationen zu fragen (vgl. Keller 2011b, 233).

2) Problemdefinition und Legitimation: „Ratgebern liegt immer eine Problemdefinition zugrunde und zugleich bietet jede/r Autor/in für die von ihm/ihr diagnostizierten Probleme auch Lösungen an." (Scholz/Lenz 2013, 54) Welche Problemdefinition wird in den Lernratgebern vorgenommen und wie werden die jeweiligen Empfehlungen legitimiert?

3) Wissensverwendung: Die Frage, welches Wissen „durch Diskurse als ‚wirklich' behauptet" wird, ist ein zentrales Anliegen der Diskursforschung (Keller 2011b, 265). Welches Wissen wird im Lernratgeberdiskurs vermittelt und worauf gründen sich die konkreten Empfehlungen?

4) Diskursbezüge: Selbstständiges Lernen ist nicht nur Gegenstand einer Ratgebersparte, sondern auch in der bildungspolitischen und erziehungswissenschaftlichen Diskussion ein Thema. Wie verhält sich der Lerndiskurs in Ratgebern zum Lerndiskurs in der Erziehungswissenschaft und Bildungspolitik? Lassen sich Verbindungen oder Verweisungszusammenhänge rekonstruieren (vgl. Keller 2011a, 87)?

Die drei Ratgeber werden nun vorgestellt und zunächst jeweils gesondert analysiert.

2 Lerndiskurse in didaktischen Ratgebern: Exemplarische Analysen

2.1 „Besser lernen" – Lernen als Selbstregulationsproblem

Stuber-Bartmann ist Sonderpädagogin und in der Schule sowie in der Lehreraus- und Fortbildung tätig und richtet sich dementsprechend als Expertin an ihre Kolleginnen und Kollegen in der Schulpraxis. In ihrem „Praxisbuch" möchte sie konkret umsetzbare Empfehlungen zur Verbesserung des Lernens geben, ein Hinweis auf dem Cover kündigt „über 50 Spiele" an.

Die folgende Analyse konzentriert sich auf die Einleitung „Was Kinder zum Lernen brauchen" (Stuber-Bartmann 2017, 9-12) und das erste Kapitel „Exekutive Funktionen und Selbstregulation" (ebd., 13-19), da die Autorin in diesen Abschnitten den Anlass und den theoretischen Hintergrund ihres Programms erörtert. Die in den Folgekapiteln vorgestellten Methoden werden exemplarisch behandelt, um deren pädagogischen Charakter zu illustrieren.

Stuber-Bartmann beginnt ihre Einleitung mit folgender Problemdefinition: „20% der 15-jährigen Jugendlichen in Deutschland scheitern beim Lösen einfachster Alltagsaufgaben, weil sie ihre Konzentration nicht hinreichend steuern und nicht planvoll handeln können." (ebd., 9). Schon in der Grundschule zeige sich, dass Kinder immer weniger dazu in der Lage seien, „ihre Impulse zu kontrollieren" (ebd.) oder „sich auf eine Sache zu konzentrieren" (ebd.). Sie verweist auf ein populäres Sachbuch des Mediziners Joachim Bauer und erklärt, dass diese Entwicklung bedenklich sei, da Schulerfolg maßgeblich von solchen Fähigkeiten abhänge. Es folgen vier Fallvignetten von Kindern, die ablenkbar, unorganisiert, unkonzentriert oder impulsgesteuert sind. Eine Ursache für diese Probleme könne darin liegen, dass die „Fähigkeit zur Selbstregulation im Vergleich zu ihren Altersgenossen weniger ausgeprägt ist." (ebd., 10) Eine eingeschobene Definition beschreibt Selbstregulation als „die Fähigkeit, Gefühle, Gedanken und Handlungen kontrollieren und steuern zu können. Die höheren geistigen Prozesse, die der Selbstregulation zugrunde liegen, werden exekutive Funktionen (EF) genannt." (ebd.) Damit ist das Grundanliegen des Buches wenngleich nicht erklärt, so doch legitimiert: exekutive Funktionen müssen gefördert werden, damit Selbstregulation funktioniert.

Lernen als solches wird in der Einleitung nicht thematisiert; man erfährt genau genommen nicht, „was Kinder zum Lernen brauchen" (wie es die Überschrift ankündigt), sondern eher, wann Lernen nicht funktioniert und kann daraus im Umkehrschluss folgern, dass es Selbstregulation und exekutive Funktionen sein müssen, die Kinder zum Lernen brauchen. In diesem Sinne werden dann auch Lernprobleme gedeutet: „Lernschwierigkeiten" (ebd., 11) seien häufig „auf exekutive Funktionen" wie beispielsweise „ein schwaches Arbeitsgedächtnis" (ebd.) zurückzuführen. Es folgt ein Verweis auf das „Aufmerksamkeitsdefizitsyndrom (ADS/ADHS)", das auch als „dysexekutives Syndrom" bezeichnet werde (ebd.). Stuber-Bartmann möchte den Lehrkräften „so viel Hintergrundwissen wie nötig, so viel Praxisorientierung wie möglich" (Stuber-Bartmann 2017, 10) vermitteln und das erste Kapitel, in dem dieses Wissen aufbereitet wird, ist ebenso wie die Einleitung von klinisch-psychologischem Vokabular bestimmt, ohne dass jedoch Fachliteratur im engeren Sinne herangezogen wird. Zunächst wird noch einmal der Begriff „exekutive Funktionen" (ebd., 11ff) definiert, dann folgt eine Beschreibung neuronaler Abläufe, die mit Analogien arbeitet („Dirigent", „Steuermann"). Der Zusammenhang zwischen Selbstregulation, exekutiven Funktionen und Lernen wird mit Verweis auf neurobiologische Grundlagen erörtert und bildet den Ausgangspunkt der vorgeschlagenen Spiele zur Förderung exekutiver Funktionen. Deren Beschreibung folgt einem festen Muster: Nach der Bezeichnung folgen Angaben zum benötigten Material und Hinweise. Der Spielablauf wird dargestellt und in Stufen unterteilt, die Schwierigkeitsniveaus widerspiegeln. Am Ende jedes Spiels werden „Förderziele" genannt, z.B. „Kognitive Flexibilität" (ebd., 36) oder „Inhibition steigern" (ebd., 34). Je nach Setting richten sich die Spiele an die ganze Klasse, an kleine Gruppen oder an einzelne Kinder.

„Lernwörter buchstabieren" (ebd., 31): „Stufe 1: Die Lehrkraft nennt ein Lernwort. Die Kinder merken sich das Wort und buchstabieren es in Gedanken. Anschließend ruft die Lehrkraft ein Kind auf, das das Lernwort buchstabieren darf." (ebd.) In Stufe 2 wird das Wort rückwärts buchstabiert, in Stufe drei nur die Konsonanten nacheinander ausgesprochen, in Stufe 4 „werden die Lernwörter zunächst wieder in Gedanken buchstabiert. Anschließend werden die Lernwörter in einzelne Buchstaben zerlegt und alphabetisch wiedergegeben." (ebd., 31f) Förderziele: „Leistungsfähigkeit des Arbeitsgedächtnisses verbessern." (ebd., 32)

In ihrer theoretischen Begründung bezieht sich die Autorin nahezu ausschließlich auf Publikationen, die sich, folgt man deren Titel, selbst als Förderprogramme verstehen und somit ihrerseits Ratgeber sind (vgl. ebd., 9-19, 103-104).

2.2 „Selbstorganisiertes Lernen im Unterricht" – Lernen als Problem der Wissensorganisation

Ulrich Haas ist Studiendirektor an einer Schule und Leiter des „Arbeitskreises SOL" (= Selbstorganisiertes Lernen) in Berlin. Das Buch ist aus seiner praktischen Expertise hervorgegangen (vgl. Haas 2015, 13f) und soll als Anleitung die „Funktion eines Bergführers" (ebd., 10) erfüllen: „Da das vorliegende Buch für Ihre Praxis bestimmt ist, werden Sie nicht mit umfassenden theoretischen Begründungen für das hier im Fokus stehende didaktische Konzept konfrontiert" (ebd.).

In der Einleitung nutzt Haas Analogien zum Bergsteigen, um die Prinzipien des „selbstorganisierten und kompetenzorientierten Lernens nach ‚SOkeL'" (ebd., 10) zu erklären. Im Zentrum steht eine vollständige Umstellung des Unterrichts (Planung und Durchführung, Methoden, Ziele, Rückmeldung, Bewertung etc.) auf selbstorganisiertes und das heißt im Kern schülerzentriertes Lernen: „Der Mount Everest der Umstellung ist dann erfolgreich bestiegen, wenn eine Kollegin oder ein Kollege in Ihren Unterricht kommt und es ihm oder ihr nicht klar wird, wo ‚vorn' ist." (ebd.)

Die Kritik des Autors am traditionellen „lehrerzentrierten Lehren" setzt am nichtanwendbaren, „trägen Wissen" (ebd., 89) an, das Schüler dort erwürben. Das schülerorientierte Lernen sei hingegen durch einen dynamischen Lernprozess geprägt, der die Entwicklung von Kompetenzen ermögliche und durch individualisierte und kooperative Methoden die Eigenverantwortung stärke. Haas führt Kernbegriffe seines SOkeL-Konzepts ein, die an die Forderungen nach einer „neuen Lernkultur" anschließen: Es gehe u.a. um „selbständiges Lernen", den „Aufbau von Metakognition" sowie Selbstorganisationsprinzipien und „wechselseitiges Lernen und Lehren" (ebd., 15ff).

Im ersten Kapitel stellt Haas „Schritte zum selbst- und kompetenzorientierten Lernen mit Kartenmethoden" (ebd., 15ff) vor, die den methodischen Kern des Konzepts bilden: „Mit den vorgestellten Kartenmethoden legen Sie (…) die Basis für eine Königsdisziplin des Lernens, nämlich die Fähigkeit zur Metakognition." (ebd., 15) Anschließend stellt er vier verschiedene Varianten der Arbeit mit Karten vor.

Beispiel

Bei der Sortieraufgabe (ebd., 15f) werden zentrale Begriffe auf ein Blatt geschrieben und anschließend ausgeschnitten. Dann müssen die Schüler nach den Kriterien „kann ich", „kann ich nicht" oder „bin nicht sicher" entscheiden, ob sie z.B. zu dem Begriff drei Sätze formulieren oder ihn einem anderen erklären könnten und Stapel bilden. Dazu werden dann verschiedene Varianten vorgestellt, z.B. Arbeit in Zweier- oder Sechsergruppen.

In den folgenden Kapiteln geht Haas auf Themen wie „Kooperatives Lernen" (ebd., 33ff), „Umgang mit Fehlern" (ebd., 164ff), „Bewerten und Beurteilen" (ebd., 213ff) und die „erweiterte Lehrerrolle" (ebd., 309ff) ein und beschreibt eine ganze Reihe von Unterrichtsmethoden und -prinzipien, die im SOkeL-Konzept eingesetzt werden können.

Auffällig sind die zahlreichen Verweise auf popularisierte Aussagen der Hirnforschung. Haas verweist auf Autoren wie Manfred Spitzer, Gerald Hüther und Gerhard Roth, um die Bedeutung der Emotionen beim Lernen hervorzuheben (Kap. 8) und Prozesse der Gedächtnisbildung (Kap. 4) zu erläutern. Die Verweise dienen der Stützung und Legitimation schülerzentrierter Arbeits- und Lernmethoden: Informationen müssten das Interesse wecken und an bereits vorhandene Wissensstrukturen anschlussfähig sein, damit „im Gehirn Andockpunkte gefunden werden." (ebd., 86) Dabei erfüllten Gefühle eine wichtige Funktion, denn die „Bewertung des Neuen findet auf Grundlage von Emotionen statt, nicht auf Grundlage der Vernunft oder der Logik oder des Vorderhirns (Kortex)." (ebd., 124)

In der unterrichtspraktischen Einführung von Haas entspricht Lernen einer kompetenzorientierten Wissensaneignung mithilfe der Kartenmethode: „Wissen ist in semantischen Netzwerken abgelagert. Schulisches Lernen heißt letztlich ‚Arbeit am Begriff'." (ebd., 335) Die Kompetenzorientierung bezieht sich maßgeblich darauf, dass Schüler lernen, sich Inhalte selbstständig und kooperativ zu erarbeiten.

2.3 „Methoden-Training" – Lernen als Methodenproblem

Heinz Klippert ist Diplom-Ökonom, hat als Lehrer gearbeitet und ist seit vier Jahrzehnten in der Lehrerfortbildung tätig. Sein Buch hebt sich gegenüber den beiden anderen Ratgebern dadurch ab, dass das Methoden-Training bereits in der 22. Auflage erschienen ist und die „Klippert-Konzeption" zu einem eigenen Markenzeichen geworden ist.[1]

Die erste Auflage aus dem Jahr 1994 wurde in der Zwischenzeit vollständig überarbeitet. Die folgende Beschreibung bezieht sich auf die neueste Auflage, ein Vergleich zwischen den verschiedenen Auflagen wird nicht vorgenommen. Ausführlich analysiert werden das Vorwort, die Einleitung und der erste Teil („Warum abgeklärte Lern- und Arbeitsmethoden wichtig sind"), auf die Teile II und III wird exemplarisch eingegangen, um den Charakter der vorgeschlagenen Methoden zu illustrieren.

Im Vorwort betont Klippert, dass der „lerntheoretische und bildungspolitische Begründungskontext der avisierten Methodenschulung" (Klippert 2018, 11) im vorliegenden Band besonders stark herausgestellt werde. Gleichzeitig nutzt er die Gelegenheit, um auf eine Kritik der Kognitionspsychologin Elsbeth Stern in der Wochenzeitung „Die Zeit" zu reagieren: In dem Beitrag argumentiert Stern, dass die Konzentration auf die Vermittlung von Methoden im schulischen Unterricht zulasten der Inhalte gehe und bezieht sich dabei explizit auf Klipperts Methodentraining (vgl. Stern 2006). Klippert kontert, diese „Geringschätzung des Methodenlernens" lade „zur problematischen Fortschreibung der tradierten Belehrungs- und Unterweisungskultur" ein und vernachlässige „den unbestreitbaren Eigenwert methodisch-prozeduraler Kompetenzen für die Persönlichkeitsentwicklung der Schüler/innen" (Klippert 2018, 12).

Wiederholt weist er darauf hin, dass „Methodenbeherrschung und Methodenbewusstsein" Kernziele seien und führt dies auch auf die veränderten Bedingungen schulischen Unterrichts zurück: „Wenn offener Unterricht, individualisiertes Lernen, Freiarbeit, Lernateliers und andere Formen des eigenverantwortlichen Arbeitens und Lernens wirklich gelingen sollen, dann bedarf es dazu zwingend des Aufbaus tragfähigen methodischen Wissens, Wollens und Könnens." (ebd.)

Der erste Teil des Trainingsbuches dient, ebenso wie Vorwort und Einleitung, ausschließlich der Legitimation des eigenen Programms: Im Abschnitt „Bildungspolitische Begründungsstränge" stellt Klippert Anschluss an schulpraktische Entwicklungen der vergangenen beiden Jahrzehnte her. Ausgehend vom „PISA-Schock als Wachmacher" (ebd., 18) skizziert er, wie neue Bildungsstandards und Bildungspläne entwickelt wurden. Darüber hinaus nimmt er u.a. Bezug auf die zunehmende Heterogenität der Schülerschaft und Anliegen einer neuen Lernkultur, wie beispielsweise Verfahren der Eigenevaluation, schülerzentrierte Unterrichtsformen sowie Digitalisierung. Alle diese Entwicklungen würden den Anforderungen an die Arbeitnehmer von morgen gerecht und Methodenkompetenzen

---

1 Auf der Website https://www.klippert-medien.de (Zugriff am 24.08.2018) finden sich Informationen zu Klipperts Methodentraining und zahlreiche Veröffentlichungen – sowohl von ihm selbst als auch von anderen AutorInnen, die sich auf seine Konzeption beziehen.

spielten dabei eine besondere Rolle: „Die moderne Informations- und Wissensgesellschaft ist zwingend auf (…) methodenzentrierte Vorleistungen des Bildungssystems angewiesen, sollen die Schüler/innen die auf sie zukommenden Aufgaben in Wirtschaft und Gesellschaft erfolgreich erfüllen" (ebd., 27).

Im Abschnitt „Unterrichtpraktische Begründungsstränge" nennt Klippert zahlreiche Probleme, die man durch die Vermittlung von Lern- und Methodenkompetenzen lösen könne. Dazu gehörten die Überlastung von Lehrkräften (ebd., 28), „dürftige Lesefähigkeit, störende Konzentrationsmängel, die Unsicherheit und Unselbstständigkeit bei komplexen Arbeitsaufträgen" (ebd., 29) sowie die „überwiegend geringe Lernmotivation" (ebd.). Den Ausgangspunkt bildet die Kritik am lehrerzentrierten Unterricht, der den unterschiedlichen Lerntypen nicht gerecht werde, da er ausschließlich auf den „verbal-abstrakten Lerner" (ebd., 30) ausgelegt sei. Der sei aber „deutlich in der Minderheit", während die Mehrzahl der Kinder und Jugendlichen „vorrangig praktisch-anschaulich begabt" sei und daher „vielschichtige und tiefenwirksame Lernhandlungen" (ebd.) benötige. Klippert verweist auf Lerntypen, unterscheidet zwischen „Hör- und Sehgedächtnis" und macht Angaben zu „Behaltensraten" (ebd., 22). Dabei stützt er sich im Wesentlichen auf zwei Quellen: Einen Ratgeber über Mid-Mapping-Techniken und das bereits erwähnte Buch von Frederik Vester.

Obwohl Klippert stellenweise selbst Ratgeber nutzt, um seine Konzeption (wissenschaftlich) zu stützen, beurteilt er andere „Lernen-lernen-Bücher" kritisch: Es seien „berechtigte Zweifel daran angebracht" (ebd., 32), dass sie „die skizzierte Qualifizierungsaufgabe wirklich zu lösen helfen." (ebd.) Das begründet er damit, dass auch solche Bücher vorwiegend den „verbal-abstrakten Lerner" (ebd., 30) bedienten, indem sie „mittels gedruckter Texte, Illustrationen, Denkaufgaben und sonstige Handlungsappelle zur intendierten Lern- und Methodenkompetenz" (ebd.) verhelfen wollten.

Im weiteren Verlauf führt er „Ergebnisse der Lernforschung" (ebd., 34ff) an, um die Wirksamkeit *seines* Methodentrainings zu belegen. Er nennt zwei Evaluationsstudien und bezieht sich auf „die neuere Gehirnforschung", die die Notwendigkeit „Methodenschulung und Methodenklärung" untermauere, indem sie „auf den engen Zusammenhang von Lernaktivität und Gehirnaktivität verweist" (ebd., 36). Es sei „unstrittig", dass „durch kluge Lernhandlungen (…) spezifische neuronale Verknüpfungen und Vernetzungen in den Schülergehirnen gebildet werden. (…) Methodenbeherrschung ist eine zentrale Stütze und Quelle dieser neuronalen Aufbauarbeit." (ebd., 36f)

Das Gehirn stellt in Klipperts Methodentraining eine Dauerreferenz dar: Im zweiten Teil des Buches wird „Texte gehirngerecht markieren" (ebd., 42) als zentrale Arbeitstechnik eingeführt, darüber hinaus sollen Lehrkräfte gegenüber Eltern „Befunde der Lern- und Gehirnforschung" (ebd., 73) anführen, um sie vom

Methodentraining zu überzeugen. Im dritten Teil finden sich dann zahlreiche Übungen, mit denen Schülerinnen und Schüler über ihr Lernen reflektieren sollen und dabei mit „Informationen" über die Funktionsweise des Gehirns versorgt werden, darunter befindet sich auch ein Lerntypentest (vgl. ebd., 187).

Beispiel

In der Übung „Wissenswertes zum Gehirn" (ebd., 183) müssen den beiden Hirnhälften unterschiedliche Zuständigkeiten zugeordnet werden. Das Arbeitsblatt enthält eine tabellarische Unterteilung in rechte und linke Hirnhälfte, dazu Stichworte wie „Sprache", „Farbe", „Fantasie", „Linearität", die zugeordnet werden sollen. Darunter befinden sich mehrere Merksätze zum Gehirn, bei denen die Wortstellung korrigiert werden soll: „Während für das Logisch-Sprachliche zuständig ist mehr die linke Gehirnhälfte, vorrangig speichert das Anschaulich-Emotionale die rechte Gehirnhälfte. Überlegen ist der linken die rechte Gehirnhälfte vom Behalten her." (ebd., 183)

Klippert rekurriert durchgehend auf den Kompetenzbegriff und suggeriert damit eine Anschlussfähigkeit seines Methodentrainings an die bildungspolitische und erziehungswissenschaftliche Diskussion (ebd., 5ff). Diese versucht er, neben dem Rekurs auf neuere Gehirnforschung, auch durch gelegentlich eingestreute Verweise auf bekannte Namen wie John Hattie (Metastudie Lernwirksamkeit), Andreas Helmke (Unterrichtsforschung), Uwe Schaarschmidt (Lehrerbelastungsforschung) und Howard Gardener („Multiple Intelligenzen") zu stützen. Durchgängig haben die Verweise eine rein legitimatorisch-kosmetische Funktion für Klipperts Programm; konkrete Befunde werden nicht rezipiert.

3 Thematischer Quervergleich

Ausgehend von den vier Leitthemen und Ausgangsfragen der Analyse, werden die drei Ratgeber nun pointiert miteinander verglichen.

3.1 Sprecherposition

Alle drei Autoren sind sowohl in der Schulpraxis als auch in der Lehrerfortbildung tätig oder tätig gewesen und gewinnen daraus ihre Legitimität in Sachen Lernratgeber. Klippert hat sich früh ausschließlich auf Fortbildung konzentriert und sein eigenes Konzept erfolgreich vermarktet. Obwohl er selbst ein Methodentraining anbietet, das mit Arbeitsblättern und schriftlichen Aufgaben verfährt, kritisiert er an seinen Konkurrenzprogrammen genau dieses Vorgehen, weil diese Form des Arbeitens lediglich dem verbal-abstrakten Lerner gerecht werde. Mit Blick auf die Sprecherposition ist Klippert unter den Autoren der strategischste und zugleich einflussreichste: er hat seine Konzeption über Jahrzehnte stabilisiert und ausdifferenziert und verteidigt sie offensiv gegenüber Konkurrenzprodukten und Kritik von wissenschaftlicher Seite.

Bei Stuber-Bartmann gewinnt man hingegen den Eindruck, dass eine Lehrerin – ausgehend von ihren Erfahrungen – anderen Lehrkräften praktische Übungen an die Hand geben möchte, die den Kindern das Lernen leichter machen. Das zeigt sich auch daran, dass sie ihrem Konzept keinen eigenen Namen gibt, während die „Klippert-Methode" den Status eines Markennamens hat und das Selbstorganisierte kompetenzorientierte Lernen („SOkeL") nach Haas dies zumindest anzustreben scheint.[2]

Die Frage, welche möglichen Konsequenzen (vgl. Keller 2011b) sich dadurch ergeben, lässt sich nicht eindeutig beantworten. Aus den Fortbildungsaktivitäten aller drei Autoren lässt sich aber zumindest schließen, dass ihre Programme einen Einfluss im Bereich der Lehrerfortbildung haben und insofern Spuren in der Praxis hinterlassen dürften. Ob das nur für die konkreten Methoden gilt, die im Sinne von „Rezepten" genutzt werden oder auch für die „theoretischen" Begründungsmuster, bleibt offen.

3.2 Problemdefinition und Legitimation

Die grundsätzliche Problemdefinition bezieht sich zwar in allen drei Ratgebern auf „Lernschwierigkeiten", doch die werden unterschiedlich gefasst. Bei Stuber-Bartmann dreht sich alles um „exekutive Funktionen", sodass Lernschwierigkeiten ihren Ausgang im Gehirn haben: Wenn die Selbstregulation funktioniert – was derzeit, so ihre einleitende Krisendiagnose, bei vielen Kindern nicht der Fall sei – so werde auch das Lernproblem gelöst. Haas überlässt es den Lesern, einen Zusammenhang zwischen dem von ihm kritisierten lehrerzentrierten Unterricht, der träges Wissen produziere, und der Forderung nach Selbstorganisiertem Lernen herzustellen. Er steigt direkt mit den Prinzipien des selbstorganisierten Lernens im Sinne seines Programms ein.

Die weitreichendste Problemdefinition findet sich bei Klippert, der es versteht, sein Training als Antwort auf aktuelle und grundlegende schulpraktische Anforderungen zu beschreiben. Er führt sämtliche Probleme schulischen Lernens (z.B. fehlende Lern- und Sozialkompetenzen bei Schülern sowie Belastungserleben bei Lehrkräften) im Kern auf eine mangelnde Methodenkompetenz der Kinder und Jugendlichen zurück. Damit legitimiert und bewirbt er seine Konzeption in einem Schritt. Dass er sich dabei ausschließlich auf die Schülerseite konzentriert, ist geschickt; vermutlich käme sein Programm bei seiner Zielgruppe schlechter an, wenn er die unzureichende Methodenkompetenz der Lehrkräfte als Erklärung für die Probleme in Erwägung ziehen würde.

---

2 Auch Haas bewirbt sein Konzept auf einer eigenen Homepage: http://www.sokel.de (Zugriff am 29.08.2018).

3.3 Wissensverwendung

Zunächst betonen alle drei Autoren ihre praktische Expertise und stellen den Praxisanspruch ihres Buches über die theoretischen Begründungen: Stuber-Bartmann und Haas formulieren die praktische Umsetzbarkeit explizit als Hauptanspruch, während Klippert zwar die langjährige praktische Bewährung seines Konzepts hervorhebt, gleichzeitig jedoch den lerntheoretischen und bildungspolitischen Begründungskontext betont.

Dennoch enthalten auch die Bücher von Stuber-Bartmann und Haas Versatzstücke wissenschaftlichen Wissens, die im ersten Fall ausschließlich auf den Bereich der klinischen Psychologie und Neurobiologie rekurrieren und im zweiten auf populärwissenschaftliche Veröffentlichungen aus dem Bereich der Hirnforschung. Klippert erwähnt als einziger auch einige Namen von Bildungsforschern und Psychologen, überwiegend bezieht jedoch auch er sich auf popularisierte Darstellungen der Hirnforschung; teilweise verweist er auf die gleichen Autoren wie Haas. Um die Qualität seines Methodentrainings zu belegen – und gleichzeitig seine eigene wissenschaftliche Seriosität zu demonstrieren – verweist Klippert außerdem auf zwei Evaluationsstudien: eine lässt sich nicht auffinden, bei der anderen handelt es sich um eine dreiseitige Zusammenfassung einer Schülerbefragung, die keine Auskunft über Erhebungs- und Auswertungsverfahren gibt.[3]

Demnach wird popularisierte Hirnforschung in allen drei Ratgebern in einem sehr allgemeinen Sinne zur Stützung schülerzentrierter Lernmethoden herangezogen, ohne dass dabei auf konkrete (Original-)Studien Bezug genommen wird. Bei Stuber-Bartmann fällt besonders auf, dass der intensive Gebrauch von Fachbegriffen aus dem klinisch-psychologischen Bereich nicht mit einer Rezeption von Fachliteratur einhergeht und so ergibt sich eine stark vereinfachte, stellenweise sachlich falsche Unterstellung von Zusammenhängen zwischen neurophysiologischen Abläufen und beobachtbaren Verhalten.[4]

Aus Erfahrung speisen sich demnach alle drei Bücher, popularisiertes wissenschaftliches Wissen wird zur Stützung des jeweiligen Konzepts herangezogen, wobei sowohl die Auswahl als auch der Umgang mit den Wissensbeständen einem

---

3 Heinz Günter Holtappels/Stefanie Leffelsend (o.D): Entwicklung von Methodenkompetenzen durch Schülertrainings und Unterrichtsentwicklung – Ergebnisse einer Evaluationsstudie. Verfügbar unter https://www.google.com/url?sa=t&rct=j&q=&esrc=s&source=web&cd=1&ved=2ahUK Ewj-1_H2wuLdAhWNKewKHahpDL0QFjAAegQICRAC&url=https%3A%2F%2FFeldorado. tu-dortmund.de%2Fbitstream%2F2003%2F2106%2F1%2FF16.pdf&usg=AOvVaw1_xplfe-6 Cru5tJDXpvHJO (Zugriff am 29.09.2018).

4 Beispielsweise bezeichnet sie „ADHS" als „dysexekutives Syndrom", was sachlich nicht nachvollziehbar ist: Die „ADHS" entspricht in dem im europäischen Raum eingesetzten Klassifikationssystem ICD-10 den „Hyperkinetischen Störungen" (F.90) – von dem genannten Syndrom ist weder im Kapitel „Verhaltens- und emotionale Störungen mit Beginn in der Kindheit und Jugend" noch an anderer Stelle die Rede.

„ratgebertypischen Muster" der Selbstbestätigung folgt: Erwähnt wird, was in das eigene Konzept passt, der Rest wird ausgeblendet oder kritisiert.

3.4 Diskursbezüge

Obwohl Selbstständiges Lernen sowohl in der bildungspolitischen als auch in der erziehungswissenschaftlichen Diskussion ein Thema ist, versucht nur Klippert entsprechende Verbindungen herzustellen. Er macht sich die Sprache der aktuellen Bildungspolitik zunutze und verwendet typische Schlüsselbegriffe, um damit die Anschlussfähigkeit seines Methodentrainings hervorzuheben: Die meisten Zwischenüberschriften enthalten den Kompetenzbegriff in Verbindung mit bestimmten Domänen („Lesekompetenz", „Recherchekompetenz", „Visualisierungskompetenz", „Problemlösungskompetenz" etc.) und er verweist auf die neuen Bildungspläne und Bildungsstandards, die kompetenzorientiertes Lernen erforderten.

Zwar nutzt auch Haas den Kompetenzbegriff, er ordnet ihn aber nicht in einen breiteren Kontext ein und auch Stuber-Bartmann sucht keinen direkten Anschluss an bildungspolitische Argumente. Ihr Ansatzpunkt ist das individuelle Lernproblem, das im Schulunterricht durch bestimmte spielerische Interventionen gelöst werden soll. Am ehesten ließe sich hier ein Bezug zum kinder-und jugendpsychiatrischen Diskurs über schulbasierte Interventionen bei ADHS herstellen (vgl. Richard et al. 2015), die Autorin verweist aber nicht direkt darauf.

Bemerkenswert ist, dass in keinem der Ratgeber ein Bezug zu Didaktik- oder Methodendiskussionen in der Erziehungswissenschaft hergestellt wird, obwohl dort Themen wie Schülerzentrierung, Individualisierung und Selbstständiges Lernen intensiv und zunehmend kritisch diskutiert werden (vgl. im Überblick Martens 2016). Rademacher und Breidenstein (2017) haben jüngst Praxen „invididualisierten Lernens" in Schulen untersucht und kommen zu dem Schluss, dass beim selbstständigen Arbeiten mit Materialien die eigentlichen Arbeitsergebnisse zur Nebensache würden. Sie sprechen von einer „weitreichenden und durchgängigen Indifferenz gegenüber den Inhalten" und einer „Irrelevanz der Ergebnisse" (ebd., 112). Auch die Selbstevaluation erfolge nicht wie angedacht: An Beispielen zeigen sie auf, dass die Kinder entweder vergessen, ihre Ergebnisse auf Korrektheit zu prüfen, über Fehler hinweggehen oder dass es sie entdeckte Fehler schnellstmöglich beseitigen, ohne deren Ursache nachzugehen.

Rabenstein und Reh (2009) rekonstruieren, wie sich in der Schulpädagogik parallel zum Selbständigkeitsdiskurs ein Pathologisierungsdiskurs entwickelt hat: Wenn Kinder die Erwartungen nicht erfüllen, werde ihr Verhalten im Sinne von Aufmerksamkeitsdefiziten und einem Mangel an Selbstkontrolle gedeutet und pathologisiert. Dabei werde vollkommen ausgeblendet, dass das selbständige Arbeiten im Unterricht sehr viele Ablenkungsmöglichkeiten biete und deshalb von den Kindern eine *besonders* hohe Aufmerksamkeit erfordere. Möglicherweise geht also die Betonung des selbstständigen Lernens mit einer höheren Wahrscheinlichkeit der „Erzeugung" und Wahrnehmung unaufmerksamer Kinder einher.

Es stellt sich die Frage, ob die jüngere empirische Forschung zu Praktiken des schülerzentrierten, selbstgesteuerten Lernens von den Ratgeberautoren bewusst ausgeblendet wird oder ob es sich, wie Jürgen Oelkers (1995) es einmal beschrieben hat, um die Folge einer konsequenten Trennung zwischen Erziehungswissenschaft und pädagogischen Ratgebern handelt.[5] Wenn es sich um eine bewusste Ausblendung handelte, würde das bedeuten, dass die Ratgeberautoren ihre Programme – trotz kritischer Forschungsergebnisse – als bessere Form schulischen Lehrens und Lernens betrachten. Wenn sie hingegen nichts von der neueren Forschung wüssten, würde das stärker für Oelkers Annahme ‚getrennter Sphären' sprechen.

4 Typisch(e) Ratgeber? Passungsverhältnisse und Perspektiven

Obwohl alle drei Autoren ihrem Anspruch nach Ratschläge zur Gestaltung von Lernumgebungen geben – sie definieren Probleme, stützen argumentativ einen Bedarf und arbeiten mit positiven Wirkungsannahmen (vgl. Oelkers 1995, 27) – wird keines der Bücher von den Verlagen als Ratgeber beworben. Die Bezeichnungen „schulpraktische Einführung" und „Trainingsbuch" sowie die Einordnung unter „Fachmedien" im Bereich „Methodik & Didaktik" (durch den Beltz Verlag) legen die Zuordnung in den Bereich Schulpädagogik nahe und suggerieren eine Nähe zur wissenschaftlichen Fachliteratur.

Grundsätzlich funktionieren jedoch alle drei Titel wie „typische" Ratgeber: Sie greifen praktische Probleme auf (Konzentrationsprobleme, Methodendefizite, Belastungserleben) und die Verfasser richten als erfahrene Praktiker das Wort direkt an Lehrkräfte, was Vertrauen schafft und Identifikation ermöglicht (zur Einordnung ins Ratgebergenre vgl. Ott/Kiesendahl in diesem Band). In allen drei Büchern findet sich ein hoher Anteil an persönlichen Überzeugungen, die zur Förderung bestimmter Einstellungen beim Leser beitragen sollen (vgl. Lüders 1994, 152ff). Und weil Ratgeber dort, wo sie bestimmte Methoden empfehlen, selten direkt auf wissenschaftliche Untersuchungen verweisen (können), folgt die Begründung einer persönlichen Logik, gebildet aus eigenen Erfahrungen, Fallbeschreibungen sowie Schilderungen der positiven Effekte.

Auch die Thematisierung von Theorie und Praxis folgt in den Lernratgebern dem üblichen Muster (vgl. Hopfner 2001, 74ff): Einerseits distanzieren sich die Autoren von Theorie, sie wollen ihr „Praxisbuch" nicht mit zu viel Theorie über-

---

5 Oelkers (1995) nahm in seiner Auseinandersetzung mit Ratgebern eine scharfe Abgrenzung zur erziehungswissenschaftlicher Literatur vor: Durch Ratgeber „perpetuiert sich ein Erziehungskosmos unterhalb und jenseits der Erziehungswissenschaft, der das besetzt, was die Wissenschaft zunehmend kritisiert und abstößt, nämlich starke Formen von Pädagogisierung" (ebd., 10).

frachten und betonen ihr praktisches Anliegen. Andererseits nutzen sie (populär-) wissenschaftliche Begründungen, um ihr Konzept zu stützen.

Bei der Wissensverwendung zeigen sich sowohl Übereinstimmungen als auch Abweichungen gegenüber bisherigen Ergebnissen der Ratgeberforschung. Schmid (2011) stellt in Bezug auf Erziehungsratgeber fest, dass erziehungswissenschaftliches Wissen durchweg eine untergeordnete Rolle einnimmt, weist auf eine ausgeprägte Tendenz zur Nutzung psychologischer Theorie und Empirie hin, belegt aber auch die Bedeutung persönlicher Erfahrungen (vgl. Schmid 2011, 374f).

In den hier untersuchten Lernratgebern dominiert, neben den eigenen Erfahrungen, die Rezeption popularisierten Wissens aus den Neurowissenschaften: neurobiologische Grundlagen des Lernens stellen die Zentralreferenz dar, wenngleich es sich bei näherer Betrachtung lediglich um den Versuch der argumentativen Stützung reformpädagogischer Prinzipien handelt, der wenig empirische Substanz hat. Dieses Merkmal teilen die hier untersuchten Ratgeber aber mit anderen erziehungswissenschaftlichen Publikationen, in denen „die Hirnforschung" in den vergangenen 15 Jahren zu einer zentralen Bezugsgröße geworden ist (vgl. Becker 2014). Insofern sind die Grenzen zwischen didaktischen Ratgebern und erziehungswissenschaftlichen Publikationen fließend: auch dort wird mit Blick auf Lernen häufig präskriptiv argumentiert und die Verwendung wissenschaftlichen Wissens folgt dem hier für die Ratgeber beschrieben Muster.

Charakteristisch für die Lernratgeber ist wiederum die Empfehlung konkreter Maßnahmen im Sinne von Anleitungen und es ist interessant, wie sehr sich die drei Bücher in dieser Hinsicht unterscheiden. Den umfassendsten Anspruch vertritt Haas, denn er will Unterricht generell auf „Selbstorganisation" umstellen, dann folgt Klippert, für den Methodenbeherrschung als eine Art Querschnittskompetenz hilfreich für alle Formen des Unterrichts ist. Stuber-Bartmann schließlich stellt mit ihren „Spielen" Elemente bereit, die in den üblichen Unterricht integriert werden können, ohne dass damit eine grundsätzliche Neuausrichtung verbunden wäre. Das bedeutet: obwohl alle drei Bücher selbstständiges Lernen fördern wollen, unterscheiden sich ihre praktischen Empfehlungen und deren intendierte Reichweite erheblich.

Drerup (1988) hat vorgeschlagen, zwischen „schulpädagogischen Rezeptologien" und wissenschaftlicher Literatur im Bereich der Schulpädagogik scharf zu trennen. Dabei bezog er sich exemplarisch auf die erfolgreichen Bücher des Oldenburger Schulpädagogen Hilbert Meyer, die konkrete Vorschläge zur Vorbereitung von Unterricht enthielten und sich vornehmlich an angehende Lehrkräfte richteten.

Meyer selbst beschrieb seine Bücher als „Ersatz für die noch nicht vorhandene Routine" von Berufsanfängern (Meyer 1993, 50): „Unterrichtsrezepte sind eindeutig gemeinte Handlungsanweisungen zur Sicherung der Machtbalance und des Lernerfolgs im Unterricht, die von konkreten Unterrichtssituationen abgehoben und mit Allgemeingültigkeitsanspruch formuliert sind. Sie entstammen schulischer Alltagserfahrung und sind weder theoretisch hergeleitet noch empirisch abgesichert." (ebd., 49) Sein Ziel war es nicht, einen Beitrag zur Theoriediskussion zu leisten, sondern einen „reflektierten Rezeptgebrauch" anzuregen. Schon damals konstatierte Drerup eine große Diskrepanz zwischen der Popularität solcher didaktischen Ratgeber unter Praktikern und deren Thematisierung in der Erziehungswissenschaft und sprach sich dafür aus, (a) die didaktische Ratgeberliteratur als eigene Textgattung zu untersuchen, (b) den Ursachen ihres Erfolges und (c) deren konkreter Verwendung in der Praxis nachzugehen. Doch keine dieser Forderungen wurde in der Folge eingelöst, sodass Drerups Beitrag retrospektiv charakteristisch für den Umgang der Erziehungswissenschaft mit dem Ratgebergenre insgesamt ist.

Eine Rezeptionsforschung im Bereich der zeitgenössischen Lernratgeber könnte nicht zuletzt deshalb besonders reizvoll sein, weil selbstständiges Lernen auch in der Schulpädagogik ein wichtiges Thema ist und die Grenzen der Diskurse möglicherweise weniger klar bestimmbar sind, als es Drerup und Oelkers in den 1990er Jahren beschrieben haben. Zumindest zeigt sich an den hier untersuchten Ratgebern, dass sie – genau wie die Erziehungswissenschaft – auf zentrale bildungspolitische Forderungen reagieren, Schlüsselbegriffe in ihre Programme einarbeiten und somit auf einen Bedarf reagieren und ihn gleichzeitig miterzeugen.

Folgt man der Argumentation von Rabenstein und Reh (2009), so kommt hinzu, dass die Lerndiskurse in der schulpädagogischen Literatur ‚den selbstständigen Lerner' voraussetzen, während sich in der Praxis zeigt, dass selbstständiges Lernen erst „gelernt" bzw. hergestellt werden muss. Das würde dafür sprechen, dass die akademische Schulpädagogik den Bedarf nach Ratgebern zum selbstständigen Lernen selbst (mit) erzeugt.

Solche „Verzahnungen" ließen sich jedoch nur ansatzweise diskursanalytisch rekonstruieren; gewinnbringender wäre der direkte Blick auf die Praxen schulischen Lehrens und Lernens. Dort könnte man der Frage nachgehen, inwiefern die in Praxisbüchern vorgeschlagenen Methoden des selbstständigen Lernens im individualisierten oder schülerzentrierten Unterricht tatsächlich (bewusst) rezipiert und angewendet werden und welche Konsequenzen sich daraus in theoretischer und praktischer Hinsicht ergeben.

Literatur

Becker, N. (2006): Die neurowissenschaftliche Herausforderung der Pädagogik. Bad Heilbrunn: Verlag Julius Klinkhardt.

Becker, N. (2014): Mehr verstehen, besser handeln? Zum Verhältnis von Pädagogik und Neurowissenschaften. In: Zeitschrift für Pädagogik, Beiheft 60, 225-242.

Breidenstein, G./Rademacher, S. (Hrsg.) (2017): Individualisierung und Kontrolle. Wiesbaden: Springer Fachmedien Wiesbaden.

Drerup, H. (1988): Rezeptologien in der Pädagogik. Überlegungen zur neueren schulpädagogischen Ratgeberliteratur. In: Bildung und Erziehung 41 (1), 103-122.

Gudjons, H. (2006): Neue Unterrichtskultur – veränderte Lehrerrolle. Bad Heilbrunn: Verlag Julius Klinkhardt.

Haas, U. (2015): Selbstorganisiertes Lernen im Unterricht. Eine unterrichtspraktische Einführung. Weinheim u.a.: Beltz.

Hoffmann, N. (2010): Terraingewinn bei Identitätsverlust? Professionalität im Buchmarktsegment der ‚Lernratgeber für Erwachsene'. In: C. Hof/J. Ludwig/B. Schäffer (Hrsg.): Professionalität zwischen Praxis, Politik und Disziplin. Baltmannsweiler: Schneider Verlag Hohengehren, 6-18.

Hopfner, J. (2001): Wie populär ist pädagogisches Wissen? Zum Verhältnis von Ratgebern und Wissenschaft. In: Neue Sammlung 41 (1), 73-88.

Keller, R. (2011a): Wissenssoziologische Diskursanalyse. Wiesbaden: VS Verlag für Sozialwissenschaften.

Keller, R. (2011b): Diskursforschung. Eine Einführung für SozialwissenschaftlerInnen. 4. Aufl., Wiesbaden: VS Verlag.

Klippert, H. (2018): Methoden-Training. Bausteine zur Förderung grundlegender Lernkompetenzen. 22., komplett überarb. u. erw. Neuaufl., Weinheim u.a.: Beltz.

Lüders, C. (1994): Elternratgeber oder: Die Schwierigkeit, unter pluralistischen Bedingungen einen Rat zu geben. In: F. Heyting/H.-E. Tenorth (Hrsg.): Pädagogik und Pluralismus. Deutsche und niederländische Erfahrungen im Umgang mit Pluralität in Erziehung und Erziehungswissenschaft. Weinheim: Deutscher Studien Verlag, 149-158.

Meyer, H. (1993). Leitfaden zur Unterrichtsvorbereitung. 12. Aufl., Frankfurt am Main: Cornelsen Scriptor.

Oelkers, J. (1995): Pädagogische Ratgeber. Erziehungswissen in populären Medien. Frankfurt am Main: Diesterweg.

Prange, K. (2005): Die Zeigestruktur der Erziehung. Grundriss der Operativen Pädagogik. Paderborn u.a: Schöningh.

Rabenstein, K. (2007): Das Leitbild des selbständigen Schülers. Machtpraktiken und Subjektivierungsweisen in der pädagogischen Reformsemantik. In: K. Rabenstein/S. Reh (Hrsg.): Kooperatives und selbstständiges Arbeiten von Schülern. Wiesbaden: VS Verlag für Sozialwissenschaften, 39-60.

Rabenstein, K./Reh, S. (2009): Die pädagogische Normalisierung der ‚selbständigen Schülerin' und die Pathologisierung des ‚Unaufmerksamen'. Eine diskursanalytische Skizze. In: J. Bilstein/ J. Ecarius (Hrsg.): Standardisierung – Kanonisierung. Wiesbaden: VS Verlag für Sozialwissenschaften, 159-180.

Richard, S./Eichelberger, I./Döpfner, M./Hanisch, Ch. (2015): Schulbasierte Interventionen bei ADHS und Aufmerksamkeitsproblemen: Ein Überblick. In: Zeitschrift für Pädagogische Psychologie 29 (1), 5-18.

Schmid, M. (2011): Erziehungsratgeber und Erziehungswissenschaft. Zur Theorie-Praxis-Problematik popularpädagogischer Schriften. Bad Heilbrunn: Verlag Julius Klinkhardt.

Scholz, S./Lenz, K. (2013): Ratgeber erforschen. Eine Wissenssoziologische Diskursanalyse von Ehe-, Beziehungs- und Erziehungsratgebern. In: S. Scholz/K. Lenz/S. Dreßler (Hrsg.): In Liebe verbunden. Zweierbeziehungen und Elternschaft in populären Ratgebern von den 1950ern bis heute. Berlin u.a.: transcript, 49-75?.

Stern, E. (2006): Inhalt statt Methode. Durch Lehrertraining allein wird der Unterricht nicht besser. In: Die Zeit vom 20.04.2006. Verfügbar unter https://www.zeit.de/software/tests/k4import/ B-Klippert_Replik_xml/komplettansicht (Zugriff am 17.09.2018).

Stuber-Bartmann, S. (2017): Besser lernen. Ein Praxisbuch zur Förderung von Selbstregulation und exekutiven Funktionen in der Grundschule. 1. Aufl., München: Ernst Reinhardt.

Vester, F. (2001): Denken, Lernen, Vergessen. Was geht in unserem Kopf vor, lernt das Gehirn, und wann lässt es uns im Stich? 28. Aufl., München: dtv.

Ulf Sauerbrey, Claudia Schick, Sonja Wobig,
Inga Petruschke und Sven Schulz

Essenlernen durch ostensives Zeigen – Eine Dokumentenanalyse zu Elternratgebern über Kinderernährung

1 Hinführung zum Thema und Fragestellung

Wissen über Kindergesundheit wird heute über verschiedene mediale Kanäle an Eltern vermittelt. Vor diesem Hintergrund wurde die Produktion, Verbreitung und Inanspruchnahme von Elternratgebern (zu dieser Systematik vgl. Lüders 1994) über Kindergesundheit bislang kaum untersucht. Dies erstaunt, denn Ratgeber wiesen in den einzelnen Warengruppen im deutschen Buchhandel im Jahr 2017 immerhin einen Umsatzanteil von 14,3% auf (vgl. Börsenverein des deutschen Buchhandels 2018). Innerhalb des breiten Angebots der Ratgeberliteratur sind die so genannten Lebensratgeber, unter die auch Elternratgeber zu den Themen Pflege, Gesundheit und Erziehung fallen, stark vertreten (vgl. Krüger 2017; Heimerdinger 2015). Rhea Seehaus hat in ihrer Studie „Die Sorge um das Kind" mit Blick auf die „Rahmenbedingungen moderner Elternschaft" (Seehaus 2014, 21) festgehalten, dass solche Ratgeberliteratur einen nicht unbedeutenden Einflussfaktor für das Familienleben darstellt. Elternratgeber stellen regelrecht die Anforderung, das in ihnen enthaltene „populärwissenschaftlich aufbereitete pädagogische, psychologische und medizinische Wissen" (ebd., 26) auch zur Kenntnis zu nehmen. Elternschaft werde so „zunehmend als Lernaufgabe entworfen" (ebd.).

Mit dem Anliegen, u.a. die Produktionsdimension von Elternratgebern zum Thema Kindergesundheit zu klären, haben wir 2017 am Universitätsklinikum Jena mit einem Projekt zur Erforschung von populären Medien begonnen.[1] In einem nur wenige Tage umfassenden Zeitfenster wurden dabei im Oktober und November 2017 in Anlehnung an die Erhebungsstrategien früherer Studien aus der Rat-

---

1 Der vorliegende Beitrag ist Teil des Forschungsprojekts GeWiMe („Gesundheitswissen in populären Medien"), in dem am Universitätsklinikum Jena von einem interdisziplinären Team (bestehend aus SozialwissenschaftlerInnen und ÄrztInnen) die Produktion populären Wissens über Gesundheit und Krankheit von Kindern untersucht wird. Die Ergebnisse des Beitrags wurden im Dezember 2018 auf der Tagung „Das Essen der Kinder – zwischen Pädagogisierung, Konsum und Kinderkultur" des Zentrums für Kindheits- und Jugendforschung an der Universität Bielefeld vorgestellt.

geberforschung (vgl. Ramos/Youngclarke 2006; Kennedy et al. 2009; Kanis et al. 2016) medizinisch relevante Ratgeber aus drei der am häufigsten für den Bücherkauf genutzten deutschsprachigen Online-Buchhandelsportale erfasst. Auf diesem Weg haben wir eine Liste mit 788 Elternratgebern zum Thema Kindergesundheit generiert (vgl. Sauerbrey et al. 2018). Die Buchtitel wurden anschließend gemäß Kuckartz mittels einer induktiven Inhaltsanalyse codiert (vgl. Kuckartz 2016). Dabei zeigte sich, dass Ernährung die häufigste Themenkategorie der erfassten Elternratgeber bildete: 12,3% bzw. 134 Bücher (vgl. Sauerbrey et al. 2018).

Im vorliegenden Beitrag wird zunächst die fachliche Provenienz der AutorInnen der Elternratgeber über Kinderernährung untersucht, um die ProduzentInnen dieses an Familien adressierten Vermittlungsangebots zu identifizieren (Kap. 2). Im Anschluss wird eine Stichprobe von sechs der Elternratgeber (Kap. 3) nach dem Prinzip der maximalen Kontrastierung (z.B. drei von ÄrztInnen und drei von Personengruppen, die beruflich explizit auf Ernährung spezialisiert sind) mittels einer „konversationsanalytisch ausgerichtete[n] Dokumentenanalyse" (Wolff 2008, 508) ausgewertet (Kap. 4). Dieses Verfahren ermöglicht es, die von den AutorInnen beschriebene nutritive Sorgearbeit als Motiv aus den Elternratgebern herauszuarbeiten. Dabei werden theoriegeleitet zwei Fragen verfolgt, deren Hintergrund im Folgenden skizziert wird.

1. Zweifelsohne muss das Sich-Ernähren in der frühen Kindheit erlernt werden – mithin wird es sogar als die erste Stufe des anfänglichen Lernens in der menschlichen Ontogenese beschrieben, bei der Lernen und Einverleiben einhergehen (vgl. Prange 2012, 98). Barbara Methfessel hat über diese ontogenetische Perspektive hinaus und im Anschluss an die Ernährungssoziologin Eva Barlösius gezeigt, wie sich im Laufe der menschlichen Phylogenese die „Ess-Enkulturation und -Sozialisation zur Ernährungserziehung" (Methfessel 2014, 193) weiterentwickelt hat. Vor diesem Hintergrund ist Kinderernährung bzw. kindliches Essen heute in (post-)modernen, industrialisierten Gesellschaften nicht selten mit *pädagogischen Erwartungen* verbunden. Dominik Krinninger konkretisiert dies, wenn er festhält, dass sich heute eine „Vielzahl von Projektionen" auf „das gemeinsame Essen von Kindern und Eltern" richte – etwa die „Gesundheit", die „psychosoziale Entwicklung von Kindern", „familialer Zusammenhalt", aber auch der „Erhalt kulinarischer Kultur" (Krinninger 2016, 91). Eine solche Pädagogizität des Essens in der Familie findet sich auch in pädagogischen Begründungsmustern in Elternratgebern zur Kinderernährung, wie im Folgenden gezeigt wird. Mit Blick auf Kochbücher als eine Unterform der Textklasse Ratgeber haben David Oels und Anke Vogel bereits festgehalten, dass sich „Ernährungsnormen oder -tabus" an solchen Texten „ablesen" lassen – „die jeweiligen Speisedispositive" finden „ihren Niederschlag unmittelbar" in den Büchern (Oels/Vogel 2012, 127). Beatrice Hungerland und Timo Heimerdinger haben in ihren empirischen Studien zudem jeweils Ratgebertexte zur Säuglingsernährung im

Spannungsfeld von ‚Brust oder Flasche' untersucht und dabei die verschiedenen Normierungen der Still- bzw. Ernährungsdiskurse im 20. Jahrhundert rekonstruiert (vgl. Heimerdinger im vorliegenden Band; Hungerland 2003). Vor dem Hintergrund dieser Vorarbeiten einer erziehungs- oder kulturwissenschaftlich ausgerichteten Ratgeberforschung ergab sich für uns schließlich die Leitfrage: *Welche pädagogischen Begründungsmuster werden in Elternratgebern zur Kinderernährung angeführt?*

2. Darüber hinaus erscheint die Rezeption wissenschaftlichen (oder anderweitig begründeten) Wissens in den Elternratgebern relevant. Nicole Becker etwa hat an populärer Ratgeberliteratur zum so genannten ‚hirngerechten Lehren und Lernen' nachgewiesen, dass durch Ratgebertexte ein zum Teil stark vereinfachter Wissenstransfer stattfindet und dass dabei auch mit Verweisen auf die entsprechende Fachliteratur recht heterogen umgegangen wird (vgl. Becker 2006, 162ff). Weitere empirische Studien an Elternratgebern in Buchform konnten darüber hinaus feststellen, dass die Orientierung an Hinweisen wissenschaftlicher Fachgesellschaften von der fachlichen Provenienz der AutorInnen der Bücher abhängig war: So haben etwa Wanda M. Hunter und ihr Forschungsteam (vgl. Hunter et al. 2005) 46 der zwischen 1984 und 2003 in den USA meistgekauften Elternratgeber zur Verletzungsprävention bei Kindern und Jugendlichen untersucht und dabei gezeigt, dass die Hinweise zur Unfallverhütung von drei einschlägigen nordamerikanischen Fachgesellschaften in den Elternratgebern eher selektiv aufgenommen wurden. Bücher, die von ÄrztInnen verfasst wurden, orientierten sich dabei jedoch stärker an den Hinweisen und empfohlenen Themen der Fachgesellschaften als Bücher, die von AutorInnen aus anderen beruflichen Kontexten stammten. Mit Blick auf die Elternratgeber zur Kinderernährung stellte sich daher die grundlegende Frage: *Welches Wissen über Kinderernährung wird in den Büchern rezipiert und welche Rolle spielen dabei – in Abhängigkeit von der fachlichen Provenienz der AutorInnen der Ratgeber – die Empfehlungen wissenschaftlicher Fachgesellschaften?*

Mit beiden Fragen werden bislang eher wenig untersuchte Dimensionen im Bereich sozialwissenschaftlicher Ratgeberforschung exploriert. Unser Ziel ist es dabei vor allem, weiterführende Forschungsfragen zum Thema Kinderernährung in Ratgeberliteratur zu generieren. Abschließend werden daher neben einem Fazit und einer Diskussion der Ergebnisse auch einige Forschungsausblicke skizziert (Kap. 5).

2 Von wem? Zur fachlichen Provenienz der AutorInnen von Elternratgebern über Kinderernährung

Zunächst wird im Fokus stehen, wer eigentlich Elternratgeber zur Kinderernährung verfasst. Wie Markus Höffer-Mehlmer in einer umfassenden, historisch angelegten Studie herausgearbeitet hat, haben wir es im Falle von Elternratgebern mit einer Textklasse zu tun, die von Personen mit verschiedenen fachlichen Hintergründen produziert wird (vgl. Höffer-Mehlmer 2003). Um die fachlichen Provenienzen der Elternratgeber zur Kinderernährung zu erfassen, haben wir eine auf Bibliothekskatalogen basierende Suchstrategie entwickelt. Über den Katalog der Deutschen Nationalbibliothek (DNB) und den Verbundkatalog der Bibliotheken Mitteldeutschlands (GBV), ließ sich ein Großteil der fachlichen Provenienzen der AutorInnen erheben. Die Informationen aus diesen Quellen wurden von uns bei der Erhebung bevorzugt, da sie aus so genannten „Gemeinsamen Normdateien" (GND) stammen – das sind institutionenübergreifend gepflegte Dateien u.a. für Personen, Körperschaften, Kongresse und Werktitel (vgl. Haffner 2013). Die DNB, alle deutschsprachigen Bibliotheksverbünde und zahlreiche weitere Einrichtungen führen die öffentliche Datenpflege kooperativ durch.[2]

Die Auswertung der AutorInnenprovenienz der Elternratgeber zur Kinderernährung zeigt, dass die 134 erfassten Bücher von insgesamt 135 verschiedenen Personen verfasst wurden. Insgesamt konnten 40 verschiedene Provenienzen gefunden werden. Die häufigsten fachlichen Provenienzen bilden ErnährungswissenschaftlerIn/ÖkotrophologIn (30 = 22,2%), ÄrztIn (27 = 20%) ErnährungsberaterIn (9 = 6,7%), JournalistIn (9), PsychologIn (8), HeilpraktikerIn (7), LehrerIn (3), LogopädIn (3), Diät-AssistentIn (3) und KöchIn (2).

Im Ergebnis ist – ähnlich wie es der jüngere Forschungsstand über Elternratgeber zur Schwangerschaft und zur Geburt (vgl. Kennedy et al. 2009), aber auch über die klassischen Kinderkrankheiten (vgl. Gärtner 2010) zeigt – auch für die Elternratgeber zur Kinderernährung eine starke Heterogenität fachlicher Provenienz festzustellen.

3 Materialauswahl und Auswertungsverfahren

Vor dem Hintergrund des noch unzureichenden Forschungsstandes über Elternratgeber zur Kinderernährung war es Ziel unserer Untersuchung, neben der Exploration der o.g. Leitfragen auch eine grundlegende Klärung zur Produktionsdimension dieser populären Texte vorzunehmen. Um für die explorative Analyse einen Kontrast der Bücher zu ermöglichen, haben wir aus der generierten Elternratgeberliste drei Bücher von ÄrztInnen und drei von Personen der Gruppe der ErnährungswissenschaftlerInnen/ÖkotrophologInnen und ErnährungsberaterInnen ausgewählt. Wir vermuteten inhaltliche Unterschiede, die durch die fachliche Provenienz bedingt sind.

---

2 Sofern bei unserer Recherche nach Provenienzen über die DNB und den GBV keine entsprechenden Informationen über Einzelpersonen zu finden waren (dies war selten der Fall), suchten wir – in dieser Rangfolge – auch nach Informationen auf Klappentexten und innerhalb der Bücher über Google Books, auf Internetseiten des Onlinebuchhandels, auf Verlagsseiten, auf Online-Präsenzen der AutorInnen und in sonstigen Quellen.

Das erste Einschlusskriterium für die Materialauswahl bildete eine Alleinautorenschaft, um möglichst zu vermeiden, dass sich verschiedene berufliche Perspektiven mehrerer AutorInnen auf das Thema Kinderernährung in einem Buch überlagern bzw. verdecken. Das zweite Einschlusskriterium umfasste provokante oder auf eine Problemlösung hinweisende Buchtitel sowie auffällig gelayoutete Buchcover (farbig, ansprechend durch Fotografien oder Zeichnungen). Als drittes Einschlusskriterium wurde festgehalten, dass kein Buch in der letzten Auflage vor 2005 erschienen sein sollte, um möglichst aktuelle Elternratgeber und ggf. zeitgenössische Debatten und Motive über Kinderernährung erfassen zu können. Das vierte Einschlusskriterium bezog sich auf die Produktionsdimension der Verlage: um auch hierbei eine möglichst breite und kontrastreiche Vielfalt zu erfassen, wurden im Sample die Bücher von bekannten (GU, Goldmann, Elsevier/Urban & Fischer), aber auch von eher unbekannten Verlagshäusern (Artulen, Nova MD, Unimedica/Narayana) eingeschlossen.

Aufseiten der ÄrztInnen haben wir vor diesem Hintergrund Dr. Claudia Bergers „Dicke Kinder sterben früher" (2017), Dr. Joel Fuhrmans „Gesunde Kids durch Powerfood" (2017) sowie „Das große GU Familienernährungsbuch" (2011) von Dr. Ute Gola ausgewählt. Demgegenüber haben wir das Buch des prominenten[3] französischen Ernährungsberaters und ‚Diät-Gurus' Michel Montignac mit dem Titel „Montignac macht Kinder schlank. Europas erfolgreichster Schlankmacher" (2006), das Buch „Kinderernährung gesund & richtig. Expertenwissen und Tipps für den Essalltag" (2012) der Ökotrophologin Gabi Eugster sowie das Buch „Die Walleczek-Methode für Ihr Kind. Richtig essen leicht gemacht" (2011) der in Österreich prominenten Moderatorin und diplomierten Ernährungsberaterin Sasha Walleczek hinzugezogen (vgl. Tab. 1).

Tab. 1: Sample der Elternratgeber zur Kinderernährung

Elternratgeber	Fachliche Provenienz	Verlag
„Gesunde Kids durch Powerfood" (2017) von Dr. Joel Fuhrman	Arzt	Unimedica/ Narayana
„Dicke Kinder sterben früher" (2017) von Dr. Claudia Berger	Ärztin	Nova MD
„Das große GU Familienernährungsbuch: Das Handbuch zur ausgewogenen und gesunden Ernährung" (2011) von Dr. Ute Gola	Ärztin	Gräfe und Unzer (GU)

→Fortsetzung auf nächster Seite

---

3 Die Montignac-Methode ist nach Michel Montignac (1944-2010) benannt und verfolgt als Ernährungskonzept vor allem eine Gewichtsreduktion.

Elternratgeber	Fachliche Provenienz	Verlag
„Kinderernährung gesund & richtig. Expertenwissen und Tipps für den Essalltag" (2012) von Gabi Eugster	Ökotrophologin	Elsevier/Urban & Fischer
„Die Walleczek-Methode für Ihr Kind. Richtig essen leicht gemacht" (2011) von Sasha Walleczek	Diplomierte Ernährungs- beraterin	Goldmann
„Montignac macht Kinder schlank. Europas erfolgreichster Schlankmacher" (2006) von Michel Montignac	Ernährungsberater	Artulen

Die Auswertung der Bücher erfolgte in Anlehnung an das dokumentenanalytische Verfahren nach Wolff und damit in einem „konversationsanalytisch[en]" Ansatz (Wolff 2017, 508; vgl. Hoffmann 2018). Bei der forschungspragmatischen Umsetzung der Analyse haben wir uns an allgemeinen Gütekriterien qualitativer Forschung, wie an der durch den Forschungsstand geleiteten und transparenten Dokumentation des Forschungsprozesses, der empirischen Verankerung von Auswertungsschritten sowie der kommunikativen Validierung und der intersubjektiven Nachvollziehbarkeit der Datenauswertung orientiert (vgl. Steinke 2017). Alle sechs Ratgeberbücher wurden in Bezug auf die im Forschungsprozess generierten Leitfragen zusammengefasst und auf dieser Basis diskutiert. Darüber hinaus wurden nicht nur die schriftlichen Texte, sondern auch die Gestaltung bzw. das Layout der Bücher und andere ästhetische Dimensionen in die Analyse einbezogen, die teilweise in Kombination mit dem Text spezifische „methodisch gestaltete Kommunikationszüge" (Wolff 2017, 511) bildeten.

4 Kinderernährung bzw. das Essen mit Kindern in Elternratgebern

Zur Charakteristik der sechs ausgewählten Elternratgeber lässt sich festhalten, dass fünf der sechs Bücher umfangreich bebildert sind. Lediglich der Ratgeber der Ärztin Claudia Berger enthält ausschließlich Text. Dies gründet jedoch wahrscheinlich im günstigen Druck- und Bindeverfahren, das der Verlag Nova MD für einen Großteil seiner Bücher verwendet. Auffällig ist weiterhin, dass in jedem Ratgeber Rezepte enthalten sind – zum Teil sogar im stetigen Wechsel zwischen Darstellungen zur Kinderernährung und zum elterlichen Verhalten in Essenssituationen. Im Folgenden werden die beiden oben skizzierten Leitfragen unserer explorativ angelegten empirischen Untersuchung mittels Textbeispielen aus dem Material beantwortet und durch einen knappen Exkurs über Furchtappelle, die wir uns unserer Analyse aus den Ratgebern beiläufig herausarbeiten konnten, ergänzt.

4.1 Pädagogische Begründungsmuster elterlicher Sorge um das kindliche Essen

Mit Blick auf unsere erste Leitfrage, welche pädagogischen Begründungsmuster zur Kinderernährung in den Elternratgebern implizit oder explizit angeführt werden, zeigte sich, dass Thematisierungen des ‚richtigen‘ kindlichen Essverhaltens nicht bloß einleitend skizziert werden, sondern vor allem auch in die Darstellung von praktischen Tipps dazu, wie Essenssituationen gestaltet werden können bzw. wie eine gesunde Ernährung im Alltag umgesetzt werden kann, eingeflochten sind. Teilweise wird sogar explizit von „Ernährungserziehung" (Gola 2011, 271) gesprochen, um entsprechende Ratschläge zu erteilen (vgl. ebd., 271ff). Zur möglichst systematischen Erfassung und Darstellung pädagogischer Begründungsmuster in den Elternratgebern haben wir in Anlehnung an die operativ angelegte Erziehungstheorie Klaus Pranges (vgl. Prange 2012) sowie an deren formensystematische Weiterentwicklung von Prange und Gabriele Strobel-Eisele (vgl. Prange/ Strobel-Eisele 2015) diejenigen Argumentationen herausgearbeitet, die sich auf bestimmte Handlungsformen und/oder Motive des Zeigens und Lernens in Essenssituationen von Eltern und Kindern beziehen. Solche Situationen des Essens – so viel sei bereits vorweggenommen – beginnen mit Blick auf die Argumentationsgänge in den Elternratgebern nicht erst am Esstisch, sondern schon bei der Nahrungsmittelzubereitung oder gar bereits beim Anbau oder Einkauf.

Die Wahl eines an die operative und formensystematische Erziehungstheorie angelehnten Analysefokus' ergab sich im Forschungsprozess bereits bei der ersten Sichtung des Materials über Titel, Klappentexte, Inhaltsverzeichnisse und Einleitungen bzw. Vorworte der Bücher. Gabi Eugster etwa stellt auf dem Klappentext ihres Ratgebers heraus, dass sie pädagogisch relevante Fragen zum kindlichen Essen beantworten möchte, z.B.: „Wie (…) bringt man Kindern eine gesunde Ernährung und ein Gefühl für die ‚richtigen‘ Nahrungsmittel bei?" (Eugster 2012, Rückseite Klappentext). Oder auch: „Wie sollten Eltern mit Kindern umgehen, die wahre Erbsenzähler oder kleine Nimmersatte sind oder Essen als Druckmittel einsetzen?" (ebd.). Ähnlich verspricht auch die Ärztin Claudia Berger potentiellen LeserInnen „Tipps und Tricks, wenn das Kind kein Gemüse isst" (Berger 2017, Rückseite Klappentext). Solche Fragen nach dem ‚Wie‘ im Umgang mit Essenssituationen mit Kindern zielen letztlich auf Formen des elterlichen Sorgehandelns und (damit praktisch untrennbar verbunden) auch des kindlichen Lernens ab. Vor dem Hintergrund dieses Analyseinstruments zeigten sich in den Elternratgebern schlussendlich vier pädagogische Begründungsmuster für das kindliche Essen.

Gewohnheiten bilden sich langsam – Essenlernen durch ostensives Zeigen
Die Ökotrophologin Gabi Eugster stellt in ihrem Elternratgeber umfangreich die
Phänomene des Ernährungsverhaltens in verschiedenen Lebensphasen des Kin-
des- und Jugendalters dar. Vom zweiten bis zum fünften Lebensjahr finde demnach nicht selten ein Erproben und ein Ablehnen statt, doch dies bedeute nicht,
„dass ein Nahrungsmittel für immer durchgefallen ist, wenn das Kind beim ersten
Probebissen ‚Bäh!' ruft" (Eugster 2012, 1). Bis ein neues Lebensmittel akzeptiert
werde, brauche „es oft bis zu zehn Versuche" – Voraussetzung hierfür sei jedoch,
„dass die Eltern diese Speise selbst mögen und [beim Essen; U.S. et al.] herzhaft –
und nicht mit saurer Miene – zugreifen" (ebd.).
Im Kapitel „So geht man's an" (Walleczek 2011, 87) werden im Elternratgeber der
Ernährungsberaterin Sasha Walleczek zahlreiche Ratschläge gegeben, die helfen
sollen, den Ess-Alltag mit Kindern zu gestalten (vgl. ebd., 92ff): Eltern sollten
demnach beim Essen selbst Vorbild sein, also sich selbst von gesunden Lebensmitteln ernähren, wenn sie sich dies auch von ihren Kindern wünschen. Ebenfalls die
Gewöhnung an das Essen repräsentiert der Hinweis Walleczeks, dass Eltern ein
Frühstück sicherstellen sollen, ggf. auch ein Frühstück im Bett, damit das Kind
nicht mit leerem Magen das Haus verlässt. Außerdem sollen Kinder gemeinsame
warme Mahlzeiten zu sich nehmen, um Essen als soziales Ereignis in der Familie
wahrzunehmen. Gegessen werde außerdem – dies wird von der Autorin als zentrale Regel markiert – am Esstisch, wobei „die Ausnahme von dieser Regel (…)
‚schwierige Esser'" seien und dies gelte insbesondere dann, „wenn man mal einfach die ‚Spielregeln' ändern will, um den Druck aus der Essensituation zu nehmen" (ebd., 97). Nahrungsmittel sollen immer wieder vorgesetzt werden, um das
Kennenlernen des eigenen Geschmacks durch die Gewohnheit zu unterstützen:

> „Aber, wie schon erwähnt, um einen Geschmack für ein Nahrungsmittel zu entwickeln
> und wirklich entscheiden zu können, ob man etwas mag, muss man es mindestens acht-
> mal, manche Experten sagen sogar 15- bis 30-mal, gekostet haben. Also: Die beste Re-
> aktion, die Sie als Eltern zeigen können, wenn Ihrem Kind etwas nicht schmeckt, ist die
> gleiche wie beim Gehen-Lernen, wenn es umfällt: Sie helfen ihm wieder auf und lassen
> es weiter probieren" (ebd., 100f).

Im Grunde müssen Kinder laut Walleczek die „Lust am Essen [erst; U.S. et al.] lernen" (ebd., 127), daher sollten Eltern das „Essen spannender machen", etwa indem
sie Kräuter oder Ähnliches selbst anpflanzen und Erdbeeren pflücken gehen (ebd.,
129). Außerdem fordert Walleczek die LeserInnen auf: „Vermitteln Sie Genuss" –
insbesondere das Obstessen könne durch die Eltern als ein solcher dargestellt und
bei geeigneten Anlässen auch entsprechend zelebriert werden (ebd., 130).
Herausgehoben wird in einigen Ratgebern zudem explizit, dass sich bereits an-
geeignete Gewohnheiten der Kinder auch wieder ändern lassen. Zur Ernährung
vom zweiten Lebensjahr bis in die Pubertät etwa entwirft Michel Montignac kon-

krete Regeln zur Gestaltung der einzelnen Malzeiten. Insbesondere mit Blick auf Getreide hält er dabei fest: „Wenn das Kind industriell gezuckerte Cerealien oder Getreideflocken gewöhnt ist, sollten diese durch ungezuckerte naturbelassene Vollkornflocken (…) ersetzt werden" (Montignac 2006, 104), um ein entsprechendes Umlernen zu ermöglichen. Montignac geht außerdem umfangreich auf den Zusammenhang von Ernährung und Bewegung ein und fordert die LeserInnen auch in diesem Zusammenhang auf: „Seien Sie ihrem Kind ein Vorbild. Es wird sich dann ähnlich sportlich verhalten und Ihnen nacheifern" (ebd., 152).

Der Arzt Joel Fuhrman erläutert auf der Grundlage persönlicher Erfahrungen, dass und wie eine gesunde Ernährung durch die Umgebung des Kindes beeinflusst wird – gerade hier zeige sich die Bedeutsamkeit der Eltern, da diese die Umgebung bilden und gestalten (vgl. Fuhrman 2017, 9f). Das Motiv einer Gewöhnung der Kinder an das erwartete Essverhalten findet sich außerdem auch im Buch der Ärztin Claudia Berger, die konstatiert, „dass nicht nur die Kinder ihr Verhalten ändern müssen, sondern gerade auch die Erwachsenen" – insbesondere „das elterliche Vorbild" wirke „enorm auf die Kinder" (Berger 2017, 65).

Die Möglichkeit der Gewöhnung von Kindern ans Essen und die vor diesem Hintergrund explizierte elterliche Vorbildfunktion bildet das häufigste pädagogische Begründungsmuster in den von uns untersuchten Elternratgebern. Die skizzierten Gestalten pädagogischen Handelns lassen sich unter Bezug auf die empirischen Untersuchungen von Dominik Krinninger zur ‚Familienmahlzeit als praktisch-pädagogischem Arrangement' als ein Lernen durch Erfahrung bezeichnen (vgl. Krinninger 2016, 104ff). Sie können unter Verwendung der Formensystematik von Klaus Prange und Gabriele Strobel-Eisele und mit Blick auf die in der Essenssituation vermittelnden Subjekte aber auch als „ostensives Zeigen" bezeichnet werden: Insbesondere das frühe Lernen in der menschlichen Ontogenese sei „darauf angewiesen, dass der Lernende eine Gebärde oder eine Bewegung vollzieht, indem er gewissermaßen den Erziehenden ‚wiederholt'" – diese Form des Zeigens und Lernens wird daher auch als „Üben", genauer: als „feste Koppelung von Ausübung (auf Seiten der Lernenden) und Einübung (auf der Seite des Erziehens)" beschrieben (Prange/Strobel-Eisele 2015, 49). „Verglichen mit den anderen Formen des Zeigens besteht hier die größte Nähe zwischen denen, die pädagogisch handeln, und den Lernenden" (ebd., 49f). Mit Christoph Wulf lassen sich die von den RatgeberautorInnen beschriebenen Situationen und Ratschläge außerdem auch als Rituale verstehen, also als „körperliche Bewegungen, die einen Anfang und ein Ende haben, die gerichtet sind und die den Beteiligten eine Position zuweisen" (Wulf 1997, 1029):

> „Rituale lassen sich als *symbolische kodierte Körperprozesse* begreifen, die soziale Realitäten erzeugen und interpretieren, erhalten und verändern. Sie vollziehen sich im Raum, werden von Gruppen ausgeführt und sind normativ bestimmt. Sie umfassen standardisierte

Elemente und ermöglichen Abweichungen von diesen. Im Vollzug von Ritualen werden durch die Körperbewegungen Emotionen erzeugt, die ihrerseits zur Veränderung der rituellen Handlungen beitragen" (ebd.; Hervorhebung im Original).

Kennzeichnend für das Ritual seien nach Wulf besonders *„Handlungen ohne Worte"* (ebd.; Hervorhebung im Original). Dieses Motiv zeigt sich auch in den Elternratgebern zur Kinderernährung, die zu viel explizites, vordergründiges Reden der Eltern über die Ernährung eher abweisen, sondern vorrangig auf das Tun beim Essen abheben – wenngleich sie an vielen Stellen ‚Ausnahmen' und Abweichungen von den Normen durchaus zulassen. Ute Gola spricht mit Blick auf die Ernährung in der frühen Kindheit sogar explizit von „Rituale[n] und Gewohnheiten in der Familie" (Gola 2011, 261). Sie schlägt im Umgang mit Kindern vor, von „theoretische[n] Unterweisungen" (ebd., 272) Abstand zu nehmen und empfiehlt vielmehr: „rein in die Küche, Hocker rangeschoben und gemeinsam Essen zubereiten. Im besten Fall vorher noch zusammen mit dem Sprössling die erforderlichen Zutaten einkaufen" (ebd.). Mit Blick auf die Ernährung in der Pubertät gibt Gabi Eugster außerdem den Ratschlag: „Ein gravierender Fehler wäre es, Essen zum Hauptthema der Familie zu erklären oder den Ablösungskampf übers Essen auszufechten, sodass die Jugendlichen aus Trotz in die Imbissbude gehen. Damit käme der Ernährung eine Bedeutung zu, die sie nicht verdient" (Eugster 2012, 6).

Trotz der pubertätsbezogenen Hinweise zum Essenlernen beschreibt der Großteil der AutorInnen aus dem von uns gewählten Sample die frühe Kindheit als sensible Phase des Zeigens und Lernens von Geschmack und Essverhalten. Im Ratgeber von Michel Montignac wird sogar beschrieben, dass bereits ungeborene Kinder während der Schwangerschaft durch das so genannte Jacobsenorgan – ein Teil des olfaktorischen Systems bei Wirbeltieren – das Fruchtwasser schmecken können. Dadurch werde das ungeborene Kind auf das Essen vorbereitet, so dass Kinder mit ihrer Geburt bereits bestimmte Geschmäcker kennengelernt haben und damit verbundene Lebens- und Nahrungsmittel in der Folge weniger ablehnen würden (Montignac 2006, 77). Solche Erinnerungsspuren des kindlichen Geschmacks bilden demnach bereits dispositionelle Voraussetzungen für die weitere Gewöhnung an den Geschmack in der frühen Kindheit.

Ablehnung von Verstärkermethoden und zu spielerisch angelegten Essenssituationen

Parallel zum Motiv der Gewöhnung ans Essen durch Vorbildverhalten findet sich in einigen der Elternratgeber auch eine Zurückhaltung gegenüber behavioristisch-konditionierenden Ansätzen zum Erlernen bestimmter Verhaltensweisen in Essenssituationen, aber gegenüber auch allzu ‚spielerischen' Einwirkungsversuchen. Stark expliziert wird dies im Buch von Sasha Walleczek. Dort heißt es: „wenn wir unseren Kindern beibringen wollen, einfaches, gesundes Essen zu genießen, dann hat die ‚Show' (die Essen eigentlich zum Spiel degradiert) dabei nichts mehr verloren" (Walleczek 2011, 15). Die Autorin stellt eine Position der Kinder im Kontext der Ernährung heraus, in der keine ‚Verkindlichung der Ernährung' stattfinden solle, sondern die von einem eher sachlichen Aufklärungscharakter geprägt ist, der im Kern auch die nach ihr selbst benannte Methode charakterisiert. Die Kritik an einer solchen Verkindlichung sei insbesondere vor dem Hintergrund der Einflüsse moderner Medien zu betonen (vgl. Walleczek 2011, 17f), in denen Nahrungsmittel für Kinder nicht selten spielerisch-werbend angeboten werden. Bzgl. der Essensituationen hält Walleczek außerdem fest, dass von Kindern präferiertes Essen wie Schokolade o.Ä. keine Verstärker- und Konditionierungsfunktion einnehmen dürften, denn der eigentliche Sinn des Essens gehe durch solche Belohnungs-/Bestrafungsgedanken verloren (Walleczek 2011, 60ff). Als Verhaltensregel für Eltern hält sie daher fest: „Niemals bestechen", denn dies sei „langfristig kontraproduktiv" (ebd.) – und: „Niemals mit Essen belohnen", denn meist bestehe die Belohnung aus Süßigkeiten und diese würden dem Kind ein negatives Bild von Gemüse vermitteln (ebd., 119). Nichtsdestoweniger sollen Nahrungsmittel durch die Eltern nicht verboten werden, vor allem da dies ihre Attraktivität für Kinder steigere (Walleczek 2011, 17).

Eine weitere Position der Autorin wird anhand einer biografischen Notiz nachvollziehbar:

> „Als ich klein war, hat es immer geheißen: ‚Mit Essen spielt man nicht' Essen ist etwas Sinnliches, Soziales, Familiäres. Es hat viel mit Genuss und Traditionen zu tun und nicht nur damit, die richtigen Nährstoffe in den richtigen Verhältnissen zu sich zu nehmen" (Walleczek 2011, 14f).

Diese Kindheitserfahrungen in Ernährungssituationen bestimmen auch die normativen Forderungen im Ratgeber. „Essen macht Spaß und schmeckt – und das sollten Sie auch Ihren Kindern beibringen. Aber dafür müssen Kinder nicht hinters Licht geführt werden" (Walleczek 2011, 15). Vielmehr sollen gesunde Lebensmittel hervorgehoben werden, wobei die Bedeutung der Aussage ‚Es ist gesund' eher sekundär mitgeteilt werden soll – demgegenüber solle auch nicht stetig hervorgehoben werden, dass ungesunde Nahrungsmittel ungesund seien (vgl. ebd.). Hierbei bezieht sich die Autorin noch einmal auf ihre Zurückhaltung gegenüber behavioristischen Ansätzen, wenngleich sie diese nicht vollständig ablehnt – den Kindern sei zu zeigen, dass Essen sowohl eine lebensnotwendige als auch eine angenehme Tätigkeit ist:

> „Essen ist Genuss und Nahrung für Körper und Seele. Und es muss schmecken, und zwar immer und ausnahmslos. (…) Sie sollten Ihre Kinder auch unbedingt loben, wenn sie ein neues Gemüse gekostet haben, denn Kinder lernen besonders gut über das positive Feedback der Eltern. Aber es ist auch wichtig, dem Ganzen nicht zu viel Bedeutung beizumessen" (ebd., 102).

Autonomie oder Zwang?
Ohne den kindlichen Ess- und Lernwillen geht es nicht

Der Großteil der Elternratgeber greift im Rahmen der Darstellungen familialer Essenssituationen das pädagogische Spannungsfeld auf, das sich an der Frage nach Autonomie oder Zwang (vgl. Helsper 2006) aufspannt. Dies wird in den Büchern besonders im Kontext von Problemlösungsvorschlägen zu den Situationen des Essens deutlich, in denen Kinder sich der Nahrungsaufnahme verweigern. Im Kapitel „Was aber, wenn…? Probleme" (Walleczek 2011, 105) thematisiert Sasha Walleczek solche schwierigen Situationen und unterbreitet u.a. folgende Vorschläge für elterliche Verhaltensregeln:

- „Niemals zum Essen zwingen": „Mit Zwang erreicht man nur Gegendruck, vor allem aber können sich echte Aversionen gegen Essen entwickeln" (Walleczek 2011, 119).
- „Niemals ,Du stehst erst auf, wenn du das aufgegessen hast'": „(…) ist im besten Fall Zeitverschwendung, kann aber auch in Tränen und Wutausbrüchen enden." (ebd.)

Die Checkliste enthält weitere und durchaus vielfältige Ansätze des Zeigens bzw. Vermittelns ,richtigen' Essverhaltens, welches sich Kinder in Essenssituationen aneignen sollen. Deutlich wird, dass Walleczek auf die dabei zugleich vermittelten Motive achtet, denn die Kinder sollen nicht lernen, aus Gründen der Belohnung oder des Spaßes am Spiel mit Nahrungs- bzw. Lebensmitteln ,richtig' zu essen, sondern weil sie Lust auf Lebensmittel und Genuss beim Essen empfinden.

Deutlich werden Probleme des kindlichen Essverhaltens auch im Elternratgeber von Ute Gola, die Situationen zwischen Eltern und Kindern beschreibt, in denen „Essen als Machtkampf" (Gola 2011, 273) ausgetragen werde. Dabei geht auch sie von der Autonomie der Kinder aus, die sich in der frühen Kindheit entwickle und die sich nahezu paradigmatisch in Essensituationen wie auch bei der typischen „Situation im Supermarkt" (ebd.) zeige: „Versuche der Kinder, mehr Bestimmungsrecht über ihr Essen zu erstreiten, bleiben nicht aus" (ebd.). Ob es hierdurch jedoch „tatsächlich zu einem Machtkampf zwischen Eltern und Kind kommt, hängt maßgeblich vom Verhalten der Eltern ab" (ebd.). Gola schlägt Eltern hierzu vor, „Botschaften so klar wie möglich zu formulieren und den eingeschlagenen Weg nicht zu verlassen" (ebd.) – demgegenüber empfiehlt sie jedoch zugleich, das „Kind bestimmen zu lassen, wie viel es essen möchte", daher sollten Eltern den Zwang vermeiden, auf einen leer gegessenen Teller zu bestehen (ebd., 275).

Michel Montignac geht im seinem Elternratgeber zum Thema der Gewichtsreduktion explizit auf den Willen des Kindes in Situationen des Essens ein, indem er die LeserInnen mit einem scheinbar selbstkritischen Stilmittel wie folgt adressiert: „Am Ende dieses Kapitels fragen Sie sich wahrscheinlich, alles schön und gut, aber wie bringe ich mein Kind jetzt dazu, diese Ernährungsumstellung auch zu wollen"

(Montignac 2006, 146). Seine Antwort darauf lautet: „Fragen Sie Ihr Kind, was es will (…) denn nur wenn es selbst abnehmen will, wird es funktionieren. Ihr Kind muss sich zuerst schlank wünschen und dann schlank essen" (ebd.). Hierfür findet sich in Montignacs Elternratgeber eine gesonderte an Kinder adressierte Beilage, die Informationen zu Nährstoffen, den ‚richtigen' Lebensmitteln nach der so genannten ‚Monti-Pyramide', Checklisten, Comics, Tipps zum Umstellen der Ernährung sowie Rätsel und Rezepte enthält.

Dingliche Zeigemittel zur Unterstützung des kindlichen Essens – über Bannlisten und Ampelsysteme
Fast alle Ratgeber enthalten Auflistungen gesunder Lebensmittel und ‚richtiger' elterlicher Verhaltensweisen beim Essen sowie entsprechende Checklisten, die an die erwachsenen LeserInnen adressiert sind. Einige Ratgeber empfehlen aber auch für den unmittelbaren Umgang mit Kindern in der Familie dingliche Zeigemittel, die zur Unterstützung angewandt werden sollen. Michel Montignac etwa führt eine Art Ampelsystem auf (ebd., 113), nach dem für Mahlzeiten wie Frühstück, Imbiss, Vorspeise, Suppe, Hauptgericht, Beilagen, Nachspeisen ganze Menübeispiele dargestellt werden – grün stellt dabei die Kategorie ‚empfohlen' dar, gelb die Kategorie ‚toleriert' und rot die Kategorie ‚verboten'. Im Ratgeber von Sasha Walleczek findet sich außerdem eine „Bannliste" (Walleszek 2011, 121). Da der Einbezug des Kindes in die Essensplanung wichtig sei, schlägt sie vor, dass das Kind bestimmte Lebensmittel, die es nicht mag, auf dieser Liste einträgt. Diese kann variieren, soll jedoch auch nur eine maximale Anzahl an Lebensmitteln enthalten (z.B. vier bis sechs). Im Gegenzug seien alle anderen Lebensmittel beim Essen durch die Kinder mindestens zu probieren (vgl. ebd.). Solche vertragsähnlichen bzw. dokumentierten Zeigemittel sollen helfen, schwierige Essenssituationen durch konkrete Vereinbarungen, auf die sich Eltern, aber eben auch Kinder berufen können, zu vermeiden.

4.2 Welches Wissen? Erste Hinweise auf selektive Wissensrezeption
Unsere zweite Leitfrage danach, welches Wissen über Ernährung in den Büchern rezipiert wird und welche Rolle dabei die Empfehlungen wissenschaftlicher Fachgesellschaften spielen, lieferte Hinweise auf eine selektive und eher selten an ausgewiesener wissenschaftlicher Erkenntnis orientierte Wissensrezeption. Oftmals werden in den Elternratgebern an inhaltlich passenden Stellen Untersuchungen oder Studien zum gerade thematisierten Themenkomplex angeführt, wobei insgesamt nur äußerst selten nähere Angaben darüber erfolgen. Zudem bleibt oftmals unklar, um welche Studien es sich handelt und auch wann bzw. von wem diese durchgeführt wurden. Drei der sechs Ratgeber enthalten Literaturverzeichnisse (Fuhrman, Eugster, Montignac). Im Ratgeber von Ute Gola ist zudem eine Liste

mit und Buchtipps zur weitergehenden Recherche enthalten. In den drei Büchern der ErnährungswissenschaftlerInnen/ÖkotrophologInnen und ErnährungsberaterInnen finden sich im Fließtext zwischen drei und sieben explizite Verweise auf wissenschaftliches Wissen aus Studien und/oder auf Empfehlungen von Fachgesellschaften. Bei den Elternratgebern, die von ÄrztInnen verfasst wurden, sind die Verweise im Durchschnitt nur geringfügig häufiger (zwischen drei und neun).

Die häufigsten und zugleich ausführlichsten Verweise finden sich dabei im Buch des Arztes Joel Fuhrman. Neben der Deutschen Gesellschaft für Ernährung und der WHO geht er bei der Rezeption wissenschaftlicher Erkenntnisse über (Kinder-)Ernährung auch auf die American Academy of Pediatrics, die American Academy of Family Physicians, die U.S. Centers for Disease Control and Prevention, das National Institute of Occupational Safety and Health, die Enviromental Protection Agency und die American Cancer Society ein. Sein Buch stellt die Übersetzung eines ursprünglich in den USA unter dem Titel ,Disease-Proof Your Child: Feeding Kids Right' veröffentlichten Buches dar, das an einigen Stellen um Informationen bzgl. der Erkenntnisse und Empfehlungen deutscher Fachgesellschaften ergänzt wurde. Fuhrman verweist aber im Buchtext nur randständig auf die im Einzelfall rezipierten Quellen aus seinem Literaturverzeichnis. Ähnlich ist dies im Elternratgeber der Ökotrophologin Gabi Eugster der Fall. Beide scheinen sich bzgl. des präsentierten Wissens und der gegebenen Ratschläge sogar absichern zu wollen: Fuhrman schreibt, dass „eine Garantie" für die Wirksamkeit seiner Tipps „nicht übernommen werden" werden könne – mehr noch: „Weder der Autor noch der Verlag können für eventuelle Nachteile oder Schäden, die aus den im Buch gegebenen Hinweisen resultieren, eine Haftung übernehmen" (Fuhrmann 2017, 305). Und auch Gabi Eugster gibt bereits auf der Titelumschlagseite den „[w]ichtige[n] Hinweis an den Benutzer", wenn sie schreibt „Die Erkenntnisse in der Ernährungswissenschaft unterliegen laufendem Wandel durch Forschung und klinische Erfahrungen. Bei der Erstellung dieses Werkes wurde große Sorgfalt darauf verwendet, dass die in diesem Werk gemachten Angaben dem derzeitigen Wissensstand entsprechen" (Eugster 2012, IV). Dies entbinde „den Nutzer dieses Werkes aber nicht von der Verpflichtung, die in diesem Buch gemachten Angaben zu überprüfen und Entscheidungen in eigener Verantwortung zu treffen" (ebd.). In der Analyse erschien uns dies einerseits haftungsrechtlich relevant; es verweist aber zugleich stärker, als dies bei den anderen Elternratgebern aus unserem Sample der Fall ist, auch auf ein Bemühen der Autorin, den LeserInnen den stetigen Wandel und die ständige Neuverhandlung wissenschaftlicher Erkenntnisse zu vermitteln.

In deutlichem Gegensatz dazu hält Michel Montignac im Literaturverzeichnis seines Elternratgebers in einem farbig hervorgehobenen Kästchen explizit fest: „Die Montignac-Methode ist wissenschaftlich bewiesen" (Montignac 2006, 194), und gibt dabei einen Verweis auf eine Ernährungsstil-vergleichende Studie aus dem British Journal of Nutrition an (vgl. Dumesnil et al. 2001). Zieht man diese Studie exemplarisch zum Vergleich mit Montignacs Rezeption der Ergebnisse heran, so zeigt sich zwar, dass die Montignac-Methode gegenüber einer bestimmten von der American Heart Association empfohlenen Diät vorteilhaft sei – dies gilt laut der Studie aber nur für das atherogene metabolische Risikoprofil von abdominal adipösen Männern. Kinderernährung wurde in der Studie nicht untersucht. Die AutorInnen der Studie äußern sich zudem zurückhaltend, wenn sie festhalten, dass es sich mit Blick auf das Studiendesign nur um eine kurzfristige Intervention handele, die weitere zusätzliche Studien erfordere, um die langfristige Wirksamkeit dieses Ernährungsansatzes in Bezug auf Compliance und Auswirkungen auf das metabolische Risikoprofil dokumentieren zu können (vgl. ebd., 562ff).

4.3 Furchtappelle – ein knapper Exkurs zu beiläufigen Befunden über populäre Darstellungsweisen wissenschaftlichen Wissens in Elternratgebern

Joel Fuhrman stellt bzgl. der Kindergesundheit die Bedeutung der Ernährung während der Schwangerschaft und die positive Wirkung eines längeren Stillens durch die Mutter heraus (vgl. Fuhrmann 2017, 66). Besonders auffällig an seinem Elternratgeber sind jedoch die beschriebenen Risiken ungesunder Ernährung mit Blick auf das gehäufte Auftreten von ADHS (vgl. ebd., 50-56), Mittelohrentzündungen (vgl. ebd., 60-63), Halsentzündungen (vgl. ebd., 66-69) sowie Asthma und Allergien bei Kindern (ebd., 69-72). Bereits die Auflistung signalisiert Eltern Gefahr durch bestimmte Formen der Kinderernährung.

Solche Furchtappelle finden sich ebenfalls und sogar noch deutlicher im Buch der Ärztin Claudia Berger, die bereits an den Beginn ihres Buches mit dem provokanten Titel „Dicke Kinder sterben früher" (vgl. Berger 2017) das Thema Übergewicht als drohendes Problem der Menschheit stellt. Sie schreibt dort: „Die Weltbevölkerung nimmt stetig zu, leider auch an Gewicht. (...) Erschreckend ist die Tatsache, dass vor allem die Rate übergewichtiger Kinder stark ansteigt" (Berger 2017, 8). Ihr Buch will hierzu aufklären und dabei neben Informationen über die richtige Nahrungsmittelauswahl und über einfache, gesunde Rezepte auch vermitteln, „[w]elche Gewohnheiten Kinder dick machen und wie man diese vermeidet" (ebd., 9). Hierbei legt die Autorin einen Schwerpunkt auf das Thema Adipositas und mögliche Folgeerkranken. Ihr Elternratgeber steht damit jedoch auch stärker als die anderen im Sample in einem therapeutischen Kontext.

Deutlich zurückhaltender ist demgegenüber die Darstellung im ‚Familien-Ernährungsbuch' der Ärztin Ute Gola. Zwar finden sich auch bei ihr zahlreiche Hinweise auf den Zusammenhang von Ernährung und Krankheitsauftreten, die jedoch eher allgemein gehalten werden und die im Vergleich zum Buch von Claudia

Berger weniger auf Kausalketten zwischen hochkalorischer Ernährung und konkreten Folgekrankheiten abheben. Vielmehr deutet Gola einen Zusammenhang zwischen Ernährung und „Stress" (Gola 2011, 147) an und geht auf Nahrungsmittelallergien (vgl. ebd., 161ff) sowie Laktose- und Fruktoseintoleranz (vgl. ebd., 166ff) ein.

Im Vergleich dazu zeigen sich die drei Elternratgeber aus der Gruppe der ErnährungswissenschaftlerInnen/OkotrophologInnen und ErnährungsberaterInnen mit Blick auf Furchtappelle etwas weniger explizit, wenngleich auch dort durchgängig die Vermeidung fett- und zuckerreicher Nahrungsmittel vor dem Hintergrund drohender Folgeschäden thematisiert wird. Insbesondere Sasha Walleczek verweist im Fließtext (meist ohne nähere Ausführungen) auf ‚Experten'. So gebe es:

> „Experten, die davor warnen, dass die jetzt heranwachsende Generation die erste sein könnte, die vor ihren Eltern stirbt, weil Übergewicht und die damit einhergehenden Komplikationen zu einem immer größeren Problem werden. Bei Diabetes und Übergewicht, aber auch bei Verhaltensauffälligkeiten wie ADHS (…) kann die Ernährung eine entscheidende Rolle spielen" (Walleczek 2011, 22).

Insgesamt scheinen Furchtappelle in Elternratgebern zur Kinderernährung sowohl bei ÄrztInnen, als auch bei ErnährungswissenschaftlerInnen/OkotrophologInnen und ErnährungsberaterInnen ein häufig genutztes stilistisches Mittel zur Darstellung ernährungsrelevanter Wissensinhalte und Diskurspositionen zu sein (bzgl. der Appellfunktionen von Ratgebern im Allgemeinen vgl. auch die Beiträge von Ott/Kiesendahl sowie von Kost im vorliegenden Band).

5 Fazit – Diskussion – Ausblick

Im Ergebnis finden sich verschiedene pädagogische Begründungen zum Thema Kinderernährung in den Elternratgebern. Die zunächst von uns vermuteten Unterschiede zwischen den Büchern unterschiedlicher fachlicher Provenienzen sind jedoch gering. In allen sechs Ratgeberbüchern wird davon ausgegangen, dass die von ihnen jeweils ins Zentrum gestellte Form der Kinderernährung – im Sinne der Zusammenstellung bzw. Vermeidung bestimmter Lebens- und Nahrungsmittel – die ‚richtige' sei. Vor diesem Hintergrund der Auswahl bzw. Nichtauswahl der Nahrung entfalten sich im Großteil der Bücher verschiedene pädagogische Begründungen zu Situationen des kindlichen Essens bzw. zum ‚richtigen' kindlichen und elterlichen Verhalten im Kontext des Essens. Dabei geht es jedoch kaum in einem weiten Sinn um eine Kultur des Essens und Trinkens (z.B. mit Messer und Gabel etc.), wie sie etwa von Norbert Elias als ein Teil des Prozesses der Zivilisation historisch herausgearbeitet wurde (vgl. Elias 2001, 110ff). Die Elternratgeber zur Kinderernährung beziehen sich in einem deutlich engeren Sinne vorrangig auf ein Essverhalten, das aus ihrer Sicht zur Aufnahme bestimmter erwünschter und zur Vermeidung unerwünschter Lebens- und Nahrungsmittel durch das Kind führt. Unterstellt wird dabei teils implizit, teils explizit eine Kausalität von elterlicher Einwirkung im Rahmen von Essenssituationen über kindliches Essverhalten hin zur ‚richtigen' Ernährung. Die von den AutorInnen der Elternratgeber favorisierten Formen des Zeigens ‚richtigen' Essverhaltens durch die Eltern und die Aneignung des entsprechenden Verhaltens aufseiten der Kinder repräsentiert sich im ausgewählten Material verschieden und wird an einigen Stellen durchaus mit Blick auf verschiedene mögliche Reaktionen von Kindern differenziert. Insgesamt gehen die Ratgeber jedoch von einer starken Wirkung des Vorbildverhaltens der Eltern und des Gewohnheitslernens der Kinder aus. Bei diesem pädagogischen Begründungsmuster, aber auch bei anderen, kommen die Elternratgeber über knappe Ratschläge zur Lösung von schwierigen Essenssituationen jedoch kaum hinaus. Die Darstellungen bleiben in der Regel vage.

Bezüglich der Wissensrezeption zeigt sich, dass in den Elternratgebern insgesamt nur selektiv auf wissenschaftliche Studien oder Empfehlungen von Fachgesellschaften verwiesen wird. Wenngleich nähere Untersuchungen hierzu noch ausstehen, insbesondere da wir die entsprechenden wissenschaftlichen Studien (so sie denn in den Elternratgebern überhaupt genannt werden) kaum herangezogen haben, so liefert unsere Auswertung dennoch erste Hinweise auf eingeschränkte bzw. begrenzte Formen der Wissensrezeption (vgl. Kap. 4.2; Montignac 2006, 194; Dumesnil et al. 2001). Meist erfolgen Begründungen bestimmter wissenschaftlicher Erkenntnisse über Kinderernährung in den Elternratgebern ohne konkrete Verweise. Es ließe sich hier zwar einwenden, dass Elternratgeber als Texte, die für die Praxis in Ratschläge transferiertes Wissen enthalten, gar keine ausgiebigen Quellenverweise und Literaturlisten enthalten müssen. Dem ist jedoch entgegenzuhalten, dass interessierten Eltern dadurch ein Vertiefen, Abwägen und/ oder Prüfen der Inhalte weitgehend unmöglich gemacht wird. Selbst für uns als Forschungsteam war nicht in jedem Fall unmittelbar klar, wo und wie wir die entsprechenden Studien zu bestimmten Erkenntnissen überhaupt ausfindig machen können. Der Großteil des präsentierten Wissens erscheint zudem eher als Alltagswissen über Ernährung. Diese Befunde könnten bei künftigen Dokumentenanalysen zu Elternratgebern über Kinderernährung in entsprechende Fragestellungen zur Wissensrezeption in Ratgebern einfließen.

Limitationen unserer Studie liegen in dem kleinen Sample, aber auch im Explorationscharakter der Untersuchung. Wenngleich wir erste Ergebnisse v.a. zur Quantität der Rezeption wissenschaftlichen und anderweitig generierten Wissens über Kinderernährung aus den Elternratgebern herausarbeiten konnten, so bleibt bislang unklar, welche Qualität die rezipierten Studien sowie Empfehlungen der Fachgesellschaften im Einzelnen aufweisen. Hier wäre ein Vergleich zwischen populärer und wissenschaftlicher Literatur notwendig (vgl. hierzu den Beitrag über Lernratgeber für Lehrkräfte von Nicole Vidal im vorliegenden Band). Einschränkend ist außerdem festzuhalten, dass sich die Materialauswahl nicht an den meistgekauften Elternratgebern zur Kinderernährung orientiert hat, wie es etwa in den Ratgeber-Studien von Kanis et al. (2016), Kennedy et al. (2009) oder Hunter et al. (2005) der Fall war. Mit dem Anliegen, eine vorrangig explorative Studie durchzuführen, schien uns jedoch die Konzentration auf provokante und eine Problemlösung suggerierende Buchtitel sowie auffällige Cover angemessen. Außerdem bilden Erhebungen zu meistgekauften Ratgebern auf dem Buchmarkt meist ohnehin nur Momentaufnahmen bzw. Konjunkturen bestimmter Ratgeberthemen ab.

Über unsere Leitfragen hinaus konnten weitere Befunde generiert werden: Wie Stephan Wolff bzgl. des Ansatzes einer konversationsanalytischen Dokumentenanalyse festhält, müssen „die Produzenten von Beschreibungen" – also in unserem Fall die AutorInnen der Ratgeberbücher – „auf konventionelle Annahmen (…) ihrer Rezipienten Bezug nehmen", um „Äußerungen rezipientenorientiert zuschneiden zu können" (Wolff 2008, 509f). In den hier ausgewählten Elternratgebern zur Kinderernährung repräsentiert sich durchweg, wenngleich mal mehr, mal minder explizit, die Sorge um das richtige kindliche Essverhalten insbesondere in der frühen Kindheit, um das elterliche Vorbildverhalten in Essenssituationen, zum Teil aber auch um kindliches Über- oder (eher seltener) Untergewicht. Das Thema der Süßigkeiten bzw. des Übermaßes an stark zuckerhaltigen Nahrungsmitteln findet sich in allen sechs Elternratgebern und wird – wie im Falle von Claudia Bergers „Dicke Kinder sterben früher" (vgl. Berger 2017) – in Form von Furchtappellen sogar explizit im Titel, auf dem Buchumschlag oder dem Klappentext ausgewiesen.

Abschließend bleibt festzuhalten, dass es weiterer Forschung zur Produktion von Elternratgebern zur Kinderernährung bedarf – nicht zuletzt aus dem Grund, dass sie in unserer Gesamterhebung zum Thema Kindergesundheit auf dem deutschen Buchmarkt am stärksten vertreten waren (vgl. Sauerbrey et al. 2018). Dies liegt mit hoher Wahrscheinlichkeit auch daran, dass sich bei dieser konkreten Form der Elternratgeber durch die enthaltenen Rezepte eine deutliche Schnittmenge zu Kochbüchern zeigt. Dennoch bestimmen sie damit in hohem Maße das Angebot. Kinderernährung scheint mit Blick auf die inhaltlichen Dimensionen gegenwärtig ein Top-Thema von Elternratgebern auf dem deutschen Buchmarkt zu sein.

Literatur

Becker, N. (2006): Die neurowissenschaftliche Herausforderung der Pädagogik. Bad Heilbrunn: Verlag Julius Klinkhardt.

Berger, C. (2017): Dicke Kinder sterben früher. O.O.: JoelNoah S.A./Nova MD.

Börsenverein des Deutschen Buchhandels (2018): Umsatzanteile der einzelnen Warengruppen im Buchhandel in Deutschland in den Jahren 2015 und 2016. Verfügbar unter https://de.statista.com/statistik/daten/studie/71155/umfrage/umsatzanteile-im-buchhandel-im-jahr-2008-nach-genre (Zugriff am 29.06.2018).

Dumesnil, J.G./Turgeon, J./Tremblay, A./Poirier, P./Gilbert, M./Gagnon, L./St-Pierre, S./Garneau, C./Lemieux, I./Pascot, A./Bergeron, J./Després, J.P. (2001): Effect of a low-glycaemic index – low-fat – high protein diet on the atherogenic metabolic risk profile of abdominally obese men. In: British Journal of Nutrition 86 (5), 557-568.

Elias, N. (2001): Über den Prozeß der Zivilisation. Bd. 1: Wandlungen des Verhaltens in den weltlichen Oberschichten des Abendlandes. Frankfurt am Main: Suhrkamp.

Eugster, G. (2012): Kinderernährung gesund & richtig. Expertenwissen und Tipps für den Essalltag. München: Elsevier/Urban & Fischer.

Fuhrman, J. (2017): Gesunde Kids durch Powerfood. Kandern: Unimedica/Narayana Verlag.

Gärtner, J. (2010): Elternratgeber im Wandel der Zeit. Deskriptive Ratgeberanalyse am Beispiel der sogenannten klassischen Kinderkrankheiten unter Berücksichtigung der Impfdebatte. Berlin: Wissenschaftlicher Verlag.

Gola, U. (2011): Das große GU Familienernährungsbuch: Das Handbuch zur ausgewogenen und gesunden Ernährung. München: Gräfe und Unzer.

Haffner, A. (2013): Institutionenübergreifende Integration von Normdaten (IN2N). In: Dialog mit Bibliotheken 25 (2), 42-45.

Heimerdinger, T. (2015): Zwangloser Zwang? – Lebensratgeber-Literatur, Selbstformung und Alltagspragmatik. In: R. Conrad/R. Kipke (Hrsg.): Selbstformung. Beiträge zur Aufklärung einer menschlichen Praxis. Münster: Mentis, 97-113.

Helsper, W. (2006): Pädagogisches Handeln in den Antinomien der Moderne. In: H.-H. Krüger/W. Helsper (Hrsg.): Einführung in Grundbegriffe und Grundfragen der Erziehungswissenschaft. Opladen u.a.: Budrich, 15-33.

Höffer-Mehlmer, M. (2003): Elternratgeber. Zur Geschichte eines Genres. Baltmannsweiler: Schneider Verlag Hohengehren.

Hoffmann, N. (2018): Dokumentenanalyse in der Bildungs- und Sozialforschung. Überblick und Einführung. Weinheim: Beltz Juventa.

Hungerland, B. (2003): „Und so gedeiht das Baby!" Altersgerechte Entwicklung und Gesundheit als gesellschaftliche Norm und Leistung. In: H. Hengst/H. Kelle (Hrsg.): Kinder – Körper – Identitäten. Theoretische und empirische Annäherungen an kulturelle Praxis und sozialen Wandel. Weinheim u.a.: Juventa, 139-160.

Hunter, W.M./Helou, S./Saluja, G./Runyan C.W./Coyne-Beasley, T. (2005): Injury prevention advice in top-selling parenting books. In: Pediatrics 116 (5), 1080-1088.

Kanis, J./Link, V./Dippon, C./Becker, N./Kübler, A. (2016): Schlaf, Kindlein, schlaf? Eine Inhaltsanalyse von Elternratgebern zu Schlafproblemen bei Babys. In: Somnologie 20 (4), 261-274.

Kennedy, H.P./Nardini, K./McLeod-Waldo, R./Ennis, L. (2009): Top-Selling Childbirth Advice Books: A Discourse Analysis. In: Birth 36 (4), 318-324.

Krinninger, D. (2016): How to do education while eating. Die Familienmahlzeit als praktisch-pädagogisches Arrangement. In: V. Täubig (Hrsg.): Essen im Erziehungs- und Bildungsalltag. Weinheim u.a.: Beltz Juventa, 91-108.

Krüger, J.O. (2017): Wissen, was gut ist? Zur Adressierungsproblematik in Erziehungsratgebern für Eltern. In: J.O. Krüger/K. Jergus/A. Roch (Hrsg.): Elternschaft zwischen Projekt und Projektion. Aktuelle Perspektiven der Elternforschung. Wiesbaden: Springer VS, 201-213.

Kuckartz, U. (2016): Qualitative Inhaltsanalyse. Weinheim u.a.: Beltz Juventa.

Lüders, C. (1994): Pädagogisches Wissen für Eltern. Erziehungswissenschaftliche Gehversuche in einem unwegsamen Gelände. In: H.H. Krüger/T. Rauschenbach (Hrsg.): Erziehungswissenschaft. Die Disziplin am Beginn einer neuen Epoche. Weinheim u.a.: Juventa, 163-183.

Marré, B. (1986): Bücher für Mütter als pädagogische Literaturgattung und ihre Aussagen über Erziehung (1762-1851). Ein Beitrag zur Geschichte der Familienerziehung. Weinheim u.a.: Beltz.

Methfessel, B. (2014): Essen geben und Essen lehren: Von der Ernährungserziehung zur Esskultur-Bildung. In: B. Althans/F. Schmidt/C. Wulf (Hrsg.): Nahrung als Bildung. Interdisziplinäre Perspektiven auf einen anthropologischen Zusammenhang. Weinheim u.a.: Beltz Juventa, 190-204.

Montignac, M. (2006): Montignac macht Kinder schlank. Offenburg: Artulen.

Oels, D./Vogel, A. (2012): Wie und warum man Kochbücher verwendet. Eine empirische Studie. In: Non Fiktion. Arsenal der anderen Gattungen 7(1/2), 127-142.

Prange, K. (2012): Die Zeigestruktur der Erziehung. Grundriss der operativen Pädagogik. Paderborn u.a.: Schöningh.

Prange, K./Strobel-Eisele, G. (2015): Die Formen des pädagogischen Handelns. Eine Einführung. Stuttgart: Kohlhammer.

Ramos, K./Youngclarke, D. (2006): Parenting advice books about child sleep: cosleeping and crying it out. In: Sleep 29 (12), 1616-1623.

Sauerbrey, U./Petruschke, I./Schulz, S./Herklotz, K./Vollmar, H.C. (2018): Elternratgeber zur Kindergesundheit. Ein Überblick über populärmedizinische Themen auf dem deutschen Buchmarkt. In: Zeitschrift für Allgemeinmedizin 94 (6), 269-275.

Seehaus, R. (2014): Die Sorge um das Kind. Eine Studie zu Elternverantwortung und Geschlecht. Opladen u.a.: Verlag Barbara Budrich.

Steinke, I. (2017): Gütekriterien qualitativer Forschung. In: E. v. Kardorff/I. Steinke/U. Flick (Hrsg.): Qualitative Forschung. Ein Handbuch. Reinbek bei Hamburg: Rowohlt, 319-331.

Walleczek, S. (2011): Die Walleczek-Methode für Ihr Kind. Richtig essen leicht gemacht. München: Goldmann.

Wolff, S. (2017): Dokumenten- und Aktenanalyse. In: E. v. Kardorff/I. Steinke/U. Flick (Hrsg.): Qualitative Forschung. Ein Handbuch. Reinbek bei Hamburg: Rowohlt, 502-513.

Wulf, C. (1997): Ritual. In: C. Wulf (Hrsg.): Vom Menschen. Handbuch Historische Anthropologie. Weinheim u.a.: Beltz, 1029-1037.

III
Wissenschaftstheoretische und historische Perspektiven

Steffen Großkopf

Ratsuchende, orientierungslose Eltern oder Schwierigkeiten mit Autonomie? Anmerkungen aus einer existentialistisch inspirierten Perspektive

Hopfner bestimmte das Verhältnis der Erziehungswissenschaft zum Thema Erziehungsratgeber als lange „eher angespannt und prekär" (Hopfner 2001, 74) bzw. als „unversöhnlich, abgrenzend und beinahe ignorant" (Hopfner in diesem Band). In den letzten Jahren ist zwar einiges an Forschung hinzugekommen, dennoch kann gesagt werden, dass es sich noch immer um „erziehungswissenschaftliche Gehversuche in einem unwegsamen Gelände" (Lüders 1994) handelt, insbesondere mit Blick auf die Rezeptionsforschung. Bis heute liegen – trotz starker empirischer Orientierung in der Disziplin – nur zwei empirische Studien zur Rezeption von Erziehungsratgebern in Buchform vor.[1] Darüber hinaus gibt es einiges an Spekulationen über Rezeption und Wirkung von Erziehungsratgebern, was einerseits der Forschungslage geschuldet sein kann, andererseits kann diese umgekehrt eine bis heute sichtbare Folge des beschriebenen Verhältnisses sein.

Ich werde mich im ersten Teil des Textes mit wissenschaftlicher Normativität und dem disziplinären Selbstverständnis sowie den unreflektierten Folgen für die Forschung auseinandersetzen (1). Anschließend werden die beiden Rezeptionsstudien umrissen (2). Im dritten Teil wird eine Rezeptionstheorie auf Basis des Sartreschen Existenzialismus skizziert und mit den vorliegenden Befunden untermauert. Diese Perspektive war Grundlage für die in Teil 1 entfaltete Perspektive. Abschließend wird eine Möglichkeit zur empirischen Prüfung der Theorie entwickelt.

1 Reflexive Effekte

Lüders bezog sich im Kontext der Erziehungsratgeberforschung auf das Konzept des Wissenssystems:

> „Im Kern zielt es darauf ab, die verschiedenen Instanzen der Produktion, Verbreitung und Vermittlung, der Aneignung, Verwendung und Nutzung wissenschaftlichen Wissens in einen konzeptionellen Zusammenhang zu stellen, um so die gegenseitigen Ab-

---

1 Das betrifft jedoch nicht nur die Erziehungswissenschaft (Heimerdinger 2012; Oels/Schikowski 2012).

hängigkeiten, die Machtverhältnisse, Funktionen, die institutionellen und medialen Hindernisse und Sperren aufzuspüren, gegebenenfalls zu beseitigen und den Austausch zu verbessern." (Lüders 1994, 164f)

Er distanziert sich jedoch vom Optimierungsaspekt zugunsten einer Deskription. Zu ergänzen wäre, dass es eben nicht nur, sondern *auch* um wissenschaftliches Wissen geht. Konkret hat die Erziehungswissenschaft „mit reflexiven Effekten ihrer Forschungs- und Theoriearbeit zu rechnen. Vor allem kann sie nicht leugnen, daß jene Formen familialer Erziehung, die sie heute empirisch analysiert, von ihr, vermittelt über zahlreiche Medien, mithervorgebracht wurden" (Lüders 1994, 180) und weiterhin hervorgebracht oder zumindest beeinflusst werden und – so einige Positionen – beeinflusst werden sollen.

Zu bedenken ist dabei einerseits, dass Wissenschaftler und Wissenschaftlerinnen selbst Ratgeber verfassen und andererseits, dass das Lesen und seine koordinierte Verbreitung durch eine professionelle Pädagogik, die Möglichkeit individuell Rat einzuholen über „stumme Ratgeber" (Wandhoff 2016) erst massenhaft ermöglicht. Damit verbunden sind zugleich Unsicherheit in der Steuerung der Rezeption des Wissens oder – es sind zwei Seiten einer Medaille – Autonomiegewinne der Individuen im Hinblick darauf, ob und auf das, was sie lesen und wie sie es verwenden.

Damit korreliert die mit der Aufklärung sich ausbreitende bürgerliche Belehrungs- und Optimierungskultur zu der auch das Ratgeben gezählt werden kann (Beiträge von Hopfner und Oelkers in diesem Band; Renner 2012).

‚Eingangsnormativität': Von Krisen(-behauptungen), Orientierungslosigkeit und Unfähigkeit

Ausdruck dieser Kultur ist eine Defizitannahme, die sich bis heute in der Bedarfsbehauptung aufgrund von Krisen oder grundlegender von Orientierungslosigkeit äußert, wenn es um Produktion und Rezeption von Ratgebern im Allgemeinen und Erziehungsratgebern im Besonderen geht:

> „Immer dann, wenn die Selbstverständlichkeit der alltäglichen Erziehungsprozesse ihre Fraglosigkeit verliert, wenn – krisenbewußt – die Ursachen gesellschaftlicher Probleme in der Erziehung gesucht werden, wenn Verhaltenserwartungen keine sichere Einlösung zu finden drohen, wenn das gelebte Leben sich nicht mehr von selbst verstehen läßt, erscheinen offenbar Erziehungsratgeber in gesteigerter Zahl." (Berg 1991, 710; vgl. auch Heimerdinger 2006; erneut Hopfner in diesem Band)

Diese Annahme wird hier als vorschnell in Frage gestellt und vielmehr als Folge einer ‚Eingangsnormativität' betrachtet (vgl. auch Krüger 2017). Um diesbezüglich Sicherheit zu gewinnen müsste erhoben werden, ob Konjunkturen in der Menge (nicht der Themen) zu erkennen sind, wobei auch die exponentielle Vermehrung sowie die Veränderungen der Kommunikationswege flankierend bedacht werden müssen (vgl. Oels/Schikowski 2012, 10).

Schmid geht noch einen Schritt weiter und konstatiert grundlegender, dass Erziehung erlernt werden müsse (Schmid 2012, 393f), was für eine relative Kontinuität und einen Dauerbedarf an Ratgebern sprechen würde gerade mit Blick auf anthropologische Konstanten (Schlafen, Ernährung), die jede Elterngeneration erneut beschäftigen dürften. Das berücksichtigt jedoch nicht sozialen Wandel, wie Messerli an der dazu passenden Argumentation Heimerdingers kritisiert. Heimerdinger geht davon aus, dass Ratgeber im Allgemeinen eine Reaktion auf „Mangelsituationen" sind, deren Vorgeschichte der Verlust „an Vorbildern, Ansprechpartner und Institutionen zur Vermittlung von Verhaltenssicherheit – sei es nun die Oma, die Mama, die Kirche oder das unhinterfragte und gerade deshalb alltagstaugliche Praxiswissen, wie und wann ‚man' einen Wadenwickel macht" (Heimerdinger 2008, zit. nach Messerli 2012, 51) sind. Da aber die Frage, weshalb diese Ansprechpartner verloren gegangen sind, unbeantwortet bleibt, argumentiert Messerli: „Es ist die neue Unübersichtlichkeit (Jürgen Habermas), die den einzelnen einen Ratgeber lesen lässt." (Messerli 2012, 25) Dem kann grundlegender hinzugefügt werden, dass es sich um die Folge einer Ausdifferenzierung von Zuständigkeiten handelt, die die alten Ansprechpartner nach Heimerdinger in ihrer Expertise in Frage stellt und die durch die neue „Unübersichtlichkeit" noch potenziert wird.

Zu denken ist in diesem Kontext ebenso an die Logik kapitalistischer Gesellschaften, in denen Bedürfnisse auch generiert werden können und das ‚publizierende Ratgeben' zum existenzsichernden Geschäft wird, so dass von einer kontinuierlich zunehmenden Wissensproduktion ausgegangen werden darf oder zumindest eine Abnahme gerade in Nicht-Krisenzeiten – wenn es solche überhaupt noch gibt – unwahrscheinlich ist. Eher werden von den Produzenten Krisen inszeniert und die Beobachter verkennen den Zusammenhang. Hinzu kommt die Selbstgenerierung des Geschäftsfeldes, auf die immer wieder verwiesen wird, wenn konstatiert wird, dass Ratgeber auf selbstgeschaffene Problemlagen reagieren und „neue Ratlosigkeit" erzeugen, wodurch sie letztlich ihren eigenen Absatz sichern (vgl. Hopfner 2001, 76; Renner 2012; Oelkers 1995). Dass das zu kurz gedacht ist, darauf hatte bereits Lüders (1994) unter Verweis auf das Konzept der reflexiven Modernisierung hingewiesen. Dass es aber so diskutiert wird, verweist noch auf eine immunisierende Grenzziehung der Wissenschaft. Denn mit Blick auf die Themen der Ratgeber ist festzuhalten, dass diese erst in Folge von Differenzierungsprozessen und dem damit entstehenden Wissen zunehmen können. Wissenschaft ist daran überhaupt nicht unschuldig und spiegelt nicht nur die Ausdifferenzierung der Wissensproduktion wieder, sondern befeuert sie inklusive deren ‚realen' Folgen. Und zwar auch durch die Produktion von Expertise und Gegenexpertise sowie den dazugehörigen Experten, die dann wiederum Rat geben (Stehr/Grundmann 2010).[2] Lüders resümierte bereits 1994:

> „[W]enn die These von der gesellschaftlichen Konstruktion der Wirklichkeit auch nur annähernd zutrifft, gewinnt die Frage, mit Hilfe welcher Wissensformen der elterliche Umgang mit Kindern beschrieben wird, neue Brisanz. Es geht verkürzt gesagt – um die gesellschaftliche Konstruktion familialer Erziehung und der Eltern als verantwortlich Erziehende (…) – und dies auch im Sinne eines Gegenstandes erziehungswissenschaftlicher Forschung und Theoriebildung." (Lüders 1994, 180)

Insofern geht es auch um Deutungsmacht im Feld Familie, Elternschaft, Kindheit. Rezipiert wurde dieser Gedanke am ehesten von Hopfner (in diesem Band), dominant ist in der Wissenschaft aber noch immer die ‚unschuldige Beobachterideologie' – auch bei denen, die dann die praktische Wirkung fordern – gepaart mit einem Selbstverständnis, Orientierungsgröße in der Moderne zu sein. Damit verbunden ist im Fall der Disziplin ein spezifisches Problem mit der Autonomie der Menschen, welches sich noch in Theoriebildung und Forschung niederschlägt.

Disziplinäres Selbstbewusstsein und Erziehungsratgeberforschung

Christa Berg rückte erstmals 1991 in der Zeitschrift für Pädagogik das Thema Erziehungsratgeber in den Fokus der Disziplin. Sie konstatiert mit Blick auf die Sicherheit der Ratgeberliteratur in Sachen „Ist und Soll Zustand": „Da regt sich der Neid, aber auch der Verdacht, daß hier etwas für leicht gehalten wird, was doch schwer ist." (Berg 1991, 709) Der Neid und die Zurückhaltung in der Forschung liegt vermutlich in Geschichte und „Selbstbewusstsein" (Kraft 2009) der „Pädagogik". Die Disziplin hat keine einheitliche Vorstellung von sich und dem, was sie leisten soll, obschon faktisch und organisatorisch ausreichend Indikatoren für ihre Normalität vorliegen (Horn 2014; Keiner/Tenorth 2007). Der wissenschaftliche Status der Erziehungswissenschaft respektive Pädagogik wird bis heute kontrovers diskutiert. Resultat dessen sind unter anderem die Unterscheidung von Erziehungswissenschaft und Pädagogik, seit ein paar Jahren hat sich der Begriff Bildungswissenschaft hinzugesellt. Kernfrage ist noch immer, ob es sich um eine deskriptive Wissenschaft oder eine normativ-praktische Disziplin handelt (Fatke/Oelkers 2014; Böhm/Wenger-Hadwig 1998; Heid/Pollak 1994). Die einen sind von der Option der Wertfreiheit überzeugt und bemerken nicht, wie normativ sie sind, die anderen laufen Gefahr, das Bekenntnis zur Normativität nicht mehr zu reflektieren. Daraus folgt, dass auf diesen Aspekt – und nicht die methodische Datenerzeugung – besondere Aufmerksamkeit zu legen ist. Die Schwierigkeit sich zu

---

2 Beispielsweise wird mit Unterstützung der Erziehungswissenschaft, die professionelle Pädagogik massiv ausgebaut und trägt so zum Geschäft der Ratgeber bei, denn in Folge dessen wird erst ein entsprechend großes Publikum geschaffen, dass sich fragt, ob z.B. die KiTa das Richtige für das eigene Kind ist (Biddulph 2007).

vergewissern und ein Grund, warum mehr Wissen nicht zu mehr Sicherheit führt, liegt wesentlich darin begründet, dass Herstellung und Ergebnisse empirischer Forschung der Interpretation bedürfen, also auf Hermeneutik verwiesen sind (vgl. Koerrenz 2014) und darum eher von einer „theoretischen Empirie" gesprochen werden sollte (vgl. Kalthoff/Hirschauer/Lindemann 2008).

Berg konstatierte, dass „professionelle Pädagogen (…) an diesem ,pädagogischen Markt' [der Ratgeber] gerne achtlos" (Berg 1991, 710) vorübergehen würden. Das wäre aber erst noch zu erforschen, aber es spricht erfahrungsgemäß einiges – bereits bei den Studierenden dagegen (vgl. z.B. Horn 1991). Empirisch wäre es einfach zu überprüfen und erste Studien verweisen auf das Gegenteil (Vidal in diesem Band). Insofern war es eher ein wissenschaftliches Selbstbild, welches Berg die Profession näher an ,ihre' vermutete Bezugswissenschaft und ihre Sicht rücken ließ. Skepsis diesbezüglich ist schon allein darum angebracht und hier ist Berg zuzustimmen, dass „Eigenleistungen der Wissenschaft von der Erziehung i[m] (…) Feld der Erziehungspraxis Raritäten [sind]" (ebd., 710; Göppel 2010, 269).

Das nun wieder liegt daran, dass sich die Disziplin kaum für nicht-professionelle Erziehung interessiert (Winkler 2012). Dazu kommt es erst dann, wenn diese professionalisierbar durch ,Eltern-Führerscheine' und Elternbildung (Schmid 2012) erscheint oder ihr Einfluss – zugunsten professioneller Pädagogik – minimierbar ist (Bütow et al. 2014).

Trotz dieses Desinteresses ist es offenbar, und das liegt nicht zuletzt an einer Schizophrenie der Disziplin, die über den Begriff der Pädagogik formuliert wird, eine Beleidigung, dass „[u]nterhalb der Ebene pädagogischer Theoriebildung (…) eine pädagogische Praxis [lebt], die von Erziehungsratgebern beeinflußt, ja *gesteuert* wird; sie sind für pädagogisches Alltagshandeln maßgeblicher als klassische Bildungstheorien" (Berg 1991, 711; Hervorhebung S.G.; Oelkers 1995, VIII).

Damit ist schwer umzugehen, ist doch die Erziehungswissenschaft in der Sache die höchste Form über Erziehung nachzudenken und als Wissenschaft die anerkannteste gesellschaftliche Wissensproduktion. Offenbar wird sie von Laien oder gar allgemeiner der Praxis dann doch ignoriert und zwar selbst dann, wenn Wissenschaft gefragt ist – so zumindest Volker Kraft mit Blick auf die Dominanz der Psychologie in der Erziehungsberatung (vgl. Kraft 2009, 195).

Von Theorie und Praxis, Arroganz und beleidigter Missachtung

Berg kritisiert, dass neben den rezeptförmigen Vereinfachungen „Ratgeberliteraturen (…) zwar auf Probleme der Erziehungswirklichkeit [verweisen; S.G.], [aber; S.G.] häufig (…) auch nur Wunschbilder der Erziehung" (Berg 1991, 711) spiegeln. Im Ergebnis komme es in den Ratgebern zur „Abkoppelung der Erziehungspraxis von der Anstrengung reflektierter Theorie" (ebd.), so dass „das Erziehungshandeln der Gemeinplätzigkeit, der Marktgängigkeit, den Trends und Moden" (ebd.) ausgeliefert werde, wobei übergangen wird, „daß die je danach Erzogenen nur ein einziges unumkehrbares Leben haben, in dem die Erziehung (…) immerhin auch etwas Irreparables ,anrichten' kann." (ebd.; hierzu auch Hopfner in diesem Band)

Wiederum wird eine Unschuldsideologie sichtbar, die geradezu als Projektion erscheint. Insbesondere die Erziehungswissenschaft hat ihre Moden und reagiert auf politische und rechtliche Konjunkturen sowie Konjunkturen anderer Disziplinen bzw. nimmt sie diese gerne auf (z.B. Göppel 2010; Kraft 2009). Zudem gibt es ein empirisches Paradigma, welches – wenn auch nur probabilistische Zusammenhänge sucht – und insofern nicht entfernt von Reduktionen und Rezeptdenken ist (Keiner 2011).

Vielleicht ist das prekäre und angespannte Verhältnis zum Themenfeld der Erziehungsratgeber Folge der von Kraft beschriebenen Problematik der Binnen- und Außenlegitimität: Die Disziplin bewegt sich, weil sie nicht nicht populär sein kann, gezwungener Maßen zwischen diesen beiden Polen:

> „Zielt die Erziehungswissenschaft also auf Popularpädagogik, oder kommt sie über populäre Pädagogik nicht hinaus? Richtet sie ihre Anstrengungen auf Geltung (Binnenlegitimität), oder sucht sie nach Zustimmung (Außenlegitimität)? Oder hilft sie sich dadurch, dass sie Defizite auf der Ebene der Binnenlegitimität auf der Ebene der Außenlegitimität zu kompensieren versucht, ist sie also in besonderem Maße zustimmungsabhängig, weil geltungsschwach?" (Kraft 2009, 236f)[3]

Kurz: Die hart erkämpfte oder auch bis heute nicht umfassend existente Anerkennung als Wissenschaft ist in Gefahr, rückt man zu nah an die Praxis und damit an das Populäre, das Areal der Ratgeber, denn diese „wenden sich an den im Erziehungsprozeß stehenden Laien" (Berg 1991, 730). Umgekehrt geht die Legitimität und Zuständigkeit der Wissenschaft verloren, wenn sich die Disziplin zu weit von der Praxis entfernt und ihre Wissenschaftlichkeit über diese Distanz konstituiert. Dann erscheint sie für Praktiker irrelevant und wird auch nicht gefragt. Gerade als ausbildende Disziplin mit eigener Profession wird das zum Problem (Vogel 2010).

Die Folge ist eine „Verachtung der Pädagogik" (Ricken 2007; Heid 2011; Kraft 2009) sowohl im politischen Zusammenhang als auch auf der Ebene des Erziehungsrates für den Alltag (vgl. Heid 2011; Kraft 2009; kritisch Tenorth 2014). Damit verbunden ist eine in der Disziplin ebenso anzutreffende Haltung, die sich des Verlustes des Gegenstandes und des Sinns der Pädagogik bewusst ist und daher bewusst von „Pädagogik" spricht und diese als praktische Disziplin begreift (z.B. Schmid 2011; Hopfner 2001, 85) – und das heißt dann eben doch allge-

---

3 Berg (1991, 712) spricht von einem Dilemma, welches sich noch darin zeigt, dass die Klassiker der Pädagogik durchaus als Ratgeber identifizierbar sind (vgl. Hopfner in diesem Band).

meine Zuständigkeit für Praxis beansprucht und gern gefragt werden möchte, wenn es um Erziehung geht (vgl. Keiner 1999, 56) bzw. auch jenseits dessen die Position vertritt, dass wissenschaftliches Wissen als wahre Erkenntnis auch seitens der Erziehungsratgeber adäquat aufgenommen werden müsse (vgl. Schmid 2012). Das führt zu Fragestellungen in der Forschung wie z.b., ob der aktuelle Stand der Forschung zu einem Thema umfassend berücksichtigt wird (Kanis 2016; Oelkers 1995). Wissenschaft wird zur Stiftung Warentest für Ratgeber und der Weg vom analysierten Rat zum Rat ist kurz.[4]

Die Erziehungswissenschaft bewegt sich damit zwischen wissenschaftsnotwendiger Distanz gepaart mit Desinteresse an konkreter Praxis, praxisbezogenen Machtansprüchen gepaart mit Arroganz und beleidigter Reaktion angesichts der Ignoranz ihres Wissens in Praxiszusammenhängen.

Verwischende Grenzen, Parallelprobleme und Selbstschutz

Mit der oben beschriebenen Wissensdiffusion und dem Konzept reflexiver Modernisierung wurde bereits auf unklare Grenzen und ‚Wirkungen' hingewiesen. Insofern kommt zum Aspekt der Projektion ein anderes Phänomen hinzu, welches wiederum zwischen Missachtung und Relevanz erziehungswissenschaftlichen Wissens zu verorten ist, also nicht einhellig in der Disziplin gesehen wird: Die Disziplin selbst erscheint als Ratgeber – vor allem im politischen Kontext in Sachen „Erziehung" bzw., so der Sprachgebrauch, „Bildung" (vgl. hierzu Oelkers 2015; Tenorth 2014; Keiner/Tenorth 2007). Auch dies könnte die Distanz zum banalen Erziehungsratgeber in der Disziplin verständlich machen, besteht doch die Gefahr, dass die Wissenschaft sich im Hinblick darauf selbst als schwerlich von Geschäft und Kunst des (Erziehungs-)Ratgebers zu unterscheidende herausstellt. Das mag daran liegen, dass sie mit der Moderne als zentrale Instanz der Rationalisierung und Verbesserung der Menschheit und ihrer Gesellschaft auf den Plan getreten ist. Die gegen Ratgeber geäußerte Kritik des Reduktionismus und der vereinfachenden technologischen Lösungen trifft auch sie und ist seit über einhundert Jahren zentrales Diskussionsthema sich wiederholender sozialwissenschaftlicher Debatten (vgl. Vogel 2015). Dabei fällt auf, dass der Kern wissenschaftlicher Wissensproduktion – wie an den Ratgebern kritisiert – darin besteht, sich keinesfalls überflüssig zu machen und ebenso weiteren Bedarf zu generieren. More Research is needed[5] – gilt nicht gerade für die sozialwissenschaft-

---

4 „In ihrer abschließenden kritischen Bewertung konnten die Autorinnen nur für einen der sechs analysierten Ratgeber eine Empfehlung aussprechen, von zwei raten sie ab. Die verbleibenden drei Ratgeber werden neutral bewertet." (Kanis et al. 2017, 263) Wissenschaftlicher Rat heißt nun „Empfehlung" (ebd., 273) bzw. „Fazit für die Praxis" (ebd.).

5 Wenn Hopfner darauf hinweist, dass in fast keinem Ratgeber der Hinweis fehlt: „Rezepte für korrektes erzieherisches Verhalten gibt es nicht" (Hopfner 2001, 79) oder: „Leider muß gesagt werden: Ein garantiert erfolgreiches Mittel gibt es nicht" (ebd.) und konstatiert, dass damit „Ratgeber aber

lichen Erkenntnisse auch, was Oelkers für Ratgeber konstatiert: „sie sind flüchtig und persistent" (Oelkers 1995, 7) und das selbstreferentielle Moment ist bei der Wissenschaft viel ausgeprägter, als bei den Ratgebern, welche auf eine Nachfrage letztlich angewiesen sind (vgl. Hopfner 2001, 76).

Tenorth gibt am Ende seines Aufsatzes „Politikberatung und Wandel der Expertenrolle oder: Die Expertise der Erziehungswissenschaft" folgenden Rat:

> „Wer zur Perspektivenübernahme nicht fähig ist, sondern seinen Interaktionspartner zuerst über dessen politisch, moralisch oder bildungstheoretisch falschen Standpunkt belehrt, der wird wenig Freude wecken und wohl kaum ein zweites Mal eingeladen werden. Weniger als Indiz für politisch erzeugte Exklusion unliebsamer Positionen und Personen ist das ein Signal für eine nicht mehr überzeugende, traditionalistische, sich kritisch dünkende Position der Wissenschaft, dass nämlich allein sie über den richtigen Standpunkt verfügt und die Wirklichkeit mit der legitimen besseren Alternative konfrontieren kann (…). Vor solchem Dünkel können die Erfahrungen mit der Kooperation von Erziehungswissenschaft und Politik schützen, wenn man aus Geschichte lernen will." (Tenorth 2014, 167)

Dieser Anspruch scheint mir nicht weit entfernt von dem, was Oelkers für die Kunst der Erziehungsratgeber konstatiert: „Jede Antwort muß Präzision, Wahrheit und Praktikabilität gleichermaßen suggerieren, und dies situationsgerecht und individuell angemessen." (Oelkers 1995, 109)

Die von Tenorth geforderte „Kundenorientierung" bzw. ein gewisser Pragmatismus zeichnet sich auch im Kontext der Erziehungsratgeber ab, wenn Berg recht hat mit ihrem Hinweis, dass am Ende des 20. Jahrhunderts sich eine Verschiebung in den Erziehungsratgebern von einer autoritären Logik zur kundenorientierten Entscheidungshilfe abzeichnet.

So gesehen ist die Vernachlässigung oder Vermeidung des Erziehungsratgebers vielleicht Ausdruck disziplinären Selbstschutzes. Keiner und Tenorth (2007) haben einmal darauf hingewiesen, dass Macht auch die Kontrolle über Ungewissheit ist, d.h. im Erhalt dieser liegt.

Wissenschaftliche Vermessenheit und Schwierigkeiten mit Autonomie

Auffällig ist, dass im Kontext der Politikberatung auf das Phänomen des Misserfolgs der Beratung hingewiesen wird, bei Menschen in verschiedensten Zusammenhängen Beratungsresistenz bekannt ist und mit Schmid in diesem Band betrachtet und stetig gegen Erziehungsratgeber in Stellung gebracht, Erziehung (als Beratung) ergebnisoffen ist. Die Diskussion um Erziehungsratgeber steht dazu in

---

keineswegs Abstand von kausalen oder linear gedachten Wirkungen [nehmen; S.G.], sondern sie warnen genau genommen vor sich selbst, mahnen zur Bescheidenheit angesichts immer wieder neu erzeugter und genährter Machbarkeitsillusionen." (ebd., 80) So stellt sich dem Autor die Frage, inwiefern nicht auch hier noch eine Analogie zur sozialwissenschaftlichen Forschung vorliegt.

seltsamem Widerspruch, insofern die Angst vor kausalem Erziehungsdenken und Verbreitung von unterkomplexem Wissen geschürt wird, welches die Erziehungsratgeber kausal in die Hirne der orientierungslosen Erziehenden transferieren mit all den Folgen für die Zöglinge, um die sich offenbar nur noch die Disziplin sorgt. Wo ist das Problem, wenn es sich meist um „Alltagswissen mit Tipps, die nur wenig über mütterliche Allerweltsermahnungen hinausgehen" (Oels/Schikowski 2012, 8) oder „Leerformeln" (Oelkers 1995, 109) handelt? Die beiden bisher vorliegenden empirischen Studien unterstützen diese „Ängste" nicht, sondern verweisen auf autonome Verwendung (s.u.). Das ist etwas überspitzt und dennoch bleibt in den Reflexionen, die sich mit dem Verhältnis Disziplin und Ratgeber befassen, ein Dünkel und der Konnex von Aufklärung, Optimierung und Belehrung durch die alleinzuständige Disziplin sichtbar, ebenso wie man sich die vermeintliche Macht der Ratgeber dann doch zu nutzen machen möchte, um aufzuklären.

Hopfner konstatiert dazu, dass Praxis „offen für und angewiesen auf wissenschaftlich fundierte Klärungen und Argumentationen" sei (Hopfner in diesem Band) und kritisiert, dass das „Verhältnis zwischen pädagogischer Ratgeberliteratur und erziehungswissenschaftlicher Reflexion (…) bis heute nicht etwa arbeitsteilig und ergänzend" ist (Hopfner 2001, 74). Schmid nimmt diesen Gedanken auf und fordert

„Erziehungsratgeber können – ja müssen m.E. unbedingt erziehungswissenschaftliches Grundlagenwissen vermitteln und zur Reflexion auffordern. Die Lösung liegt keineswegs in einer ablehnenden Haltung seitens der Erziehungswissenschaft und einer damit einhergehenden pädagogischen Theorieabstinenz, mit der Begründung, jene sei für den Laien ohnehin zu abstrakt. Die Herausforderung besteht vielmehr in ihrer ‚Nutzbarmachung' für den Laien bzw. – und damit wird Rat geben (wieder) zu einem genuin pädagogischen Feld – mit der Frage, wie theoretisches Wissen in Ratgebern aufbereitet und elementarisiert werden muss, damit es in einer Einwegkommunikation für den Leser ‚aneigenbar' gemacht werden kann." (Schmid 2012, 401)

Das aber würde beispielsweise einen Konsens der Disziplin über das entsprechende Wissen voraussetzen, was angesichts des unklaren Selbstverständnisses der Disziplin illusorisch ist. Dieses Problem hat auch der von Schmid vertretene Alleinzuständigkeitsanspruch der Disziplin. Schmid sieht das Wissen anderer, nicht zuständiger, Disziplinen entsprechend kritisch: „Die Trivialisierung und Vernachlässigung der pädagogischen Theorie in Erziehungsratgebern liegt weniger an der Möglichkeit einer Verständlichmachung, sondern an der zunehmenden Psychologisierung und Ökonomisierung der ratgeberimmanenten Theorie(n), die so eine Rezeptologisierung von Ratgebern vorantreiben." (ebd., 401) Das insbesondere die Psychologie dieselbe Denkweise entwickeln könnte, wäre mitzudenken. Dann würden Ratgeber zum Feld interdisziplinärer Deutungsmachtkämpfe werden, die im Falle von Autoren aus der Wissenschaft bereits ausgefochten sein dürften, während Autoren anderer Provinienz das Ziel von entsprechend konkurrierenden

Weiterbildungsmaßnahmen der Disziplinen werden würden?[6] Hopfner verweist gemäßigter auf inhaltliche Korrekturen, diese setzten jedoch „auf beiden Seiten ein hohes Maß an Dialogbereitschaft voraus" (Hopfner 2001, 85), die aber weder existiert noch zu erwarten ist.

Zudem werden im Zuge dieser weitgreifenden Steuerungsphantasien die sozio-ökonomischen Rahmenbedingungen, ob nun als freiheitlich-demokratische oder kapitalistische ausgeblendet, wenn bspw. konstatiert wird „dass die Ratgeber-Autoren sich keineswegs an wissenschaftliche Vorgaben [sic!] bei der Typisierung ihres propagierten elterlichen Erziehungsstils halten. Häufig gibt es keinerlei Klassifizierung, zur Irritation jedoch trägt vor allem die konfuse Verwendung der Terminologie bei." (Eschner 2017, 34) Ein Phänomen, dass sich kaum ändern dürfte, wenn sich die Erziehungswissenschaft ‚einschaltet'.

Schmid vermutet darüber hinaus

> „Vielleicht wären (…) weder die Qualität noch der quantitative Wildwuchs an pädagogischer Ratgeberliteratur heute vorzufinden, wenn die Erziehungswissenschaft in der Vergangenheit nicht in ihrer Abgegrenztheit verharrt, sondern mehr ‚in der Welt' gestanden hätte und vor allem ihre Unverzichtbarkeit als Wissenschaft für die Praxis (und somit auch für Erziehungsratgeber hinsichtlich der Frage nach Elementarisierung wissenschaftlicher Theorien für diese) hätte deutlich machen können." (Schmid 2012, 401)

Diese Überlegungen implizieren nicht nur erstaunliches Vertrauen in Wissenschaft, ihre Unabhängigkeit und Möglichkeiten, sondern auch Optimismus hinsichtlich der Bereitschaft Freiheiten und kapitalistisches Wirtschaften zu begrenzen für das Gut ‚Erziehungsratgeber'. Solche Optionen bestehen vielleicht in autoritären Staaten, in denen (hergestellte) Einigkeit herrscht z.B. über Familienerziehung (Mannschatz 1970), die dann von den auch unter diesen Bedingungen sich noch als autonom erweisenden Individuen offensichtlich unterlaufen werden können. Was sich abzeichnet sind Schwierigkeiten mit Autonomie. Das zeigt sich noch in der Konstruktion der Rezipienten. Hopfner ist diesbezüglich unentschieden und spricht Ratgebern im Rahmen reflexiver Prozesse und der Dissemination des Wissens bereits wesentliche Effekte für eine bewusste Elternschaft zu (Hopfner 2001, 76f) – insofern haben sie vielleicht sogar mehr für das erzieherische Bewusstsein geleistet, als professionelle Pädagogik und Erziehungswissenschaft? Dennoch wird festgestellt, dass Ratgeber kontraintentional neue Ratlosigkeit erzeugen, „weil sie hilflosen Erziehern eine scheinbare Sicherheit pädagogischen Erfolgs vorspiegeln" (Hopfner 2001, 74) oder Ratgeberliteratur „die mitunter notgedrungene Reflexi-

---

6 Hier zeichnet sich die Ideologie der politischen Ökonomie der Erziehungswissenschaft und ihrer Landnahmeprozesse ab: „Elterliche Erziehungskompetenz als intuitives Wissen zu deklarieren, überfordert Eltern und verunsichert Eltern zusätzlich – entlastet lediglich Staat und pädagogische Disziplin von der Verantwortlichkeit für diesen Praxisbereich." (Schmid 2012, 394; vgl. dazu auch Großkopf/Winkler 2015)

onsbereitschaft Rat suchender Erzieher zwar aufgreift, aber in einem Gemisch von mehr oder weniger verständnisvollen Schuldzuweisungen und praktischen Anleitungen zur Problemlösung wieder erstickt" (ebd., 77) – obschon an anderer Stelle auch Skepsis spürbar ist, wenn von „vermeintlich[er]" Ratlosigkeit gesprochen wird (ebd., 75). Berg sprach hingegen klar von ‚Steuerung durch Erziehungsratgeber' und Schmid ist sich sicher, dass elterliche Erziehungsfähigkeit von professioneller Stelle bzw. mit erziehungswissenschaftlichem Wissen vermittelt werden sollte (ebenso Jahn 2012, 235) und nicht unkontrolliert den Ratgebern überlassen werden dürfe. ‚Erziehungsunsicherheit' ist Fakt, wissenschaftliche Pädagogik und professionelle Pädagogik die Lösung.

Obschon vielfach auf Lüders verwiesen wird, wurden dessen Überlegungen zur reflexiven Moderne und der Hinweis auf die Verwendungsforschung bisher kaum aufgenommen.[7] Bevorzugt wurde sich mit den Texten selbst befasst. Rezeptions- und Verwendungsforschung gibt es bis auf zwei Studien nicht (s.u.), dafür aber die genannten Wirkungsvermutungen, die den Gedanken an die Autonomie der schon Erzogenen systematisch ausblenden. Mit Lüders Überlegungen zur reflexiven Modernisierung

> „würden Effekte der gegenseitigen Relativierung pädagogischer Angebote sowie wachsende Handlungs- und Entscheidungsspielräume der Eltern sichtbar werden. Nicht mehr die Pädagogik würde dann auf die Eltern einhämmern, sondern Eltern könnten zwischen zahlreichen Alternativen wählen, mit allen anderenorts bereits bekannten Vor- und Nachteilen." (Lüders 1994, 180)

Dann sind Ratgeber bestenfalls Entscheidungshilfen, wodurch diese sich auf ein „neues Gleis begeben. Beratung würde dann als ‚aufklärendes Verfahren'" (Berg 1991, 729) versuchen, die Faktoren auszuschalten, die in den alltäglich-sozialen Erziehungsverhältnissen die pädagogischen Möglichkeiten limitieren. „Beratung würde selbst Kritik der pädagogischen ‚Autorität'" (ebd.). Dies kann geschehen, ist aber noch immer von der Eingangsnorm des pädagogischen Optimismus geprägt. Nüchterner betrachtet bedeutet auch die Zunahme des Erziehungswissens keinen Rationalitätsgewinn oder die Verminderung von Unsicherheit (vgl. Winkler 2006), eher einen Machtverlust bzw. einen Kampf um das Geschäftsfeld Erziehungswissen.

> „Der Weg zu den vormals nur Experten zugänglichen Daten und Fakten ist kürzer geworden und der oft beschworene interessierte Laie weniger auf professionelle Vermittlung angewiesen als auf Durchhaltevermögen, den kritischen Vergleich angebotener Informationen und ein eigenes Urteil – etwas das vormals nur den dazu Berufenen zukam." (Oels/Schikowski 2012, 20f)

---

7 Die Historikerin Gebhardt (2009) hat eine Studie vorgelegt, die die Wissensdiffusion von Ratgeberwissen in die Tagebücher von Eltern verfolgt.

Nicht zuletzt bestimmt in diesem Bereich der Auftraggeber, wer Experte ist (Stehr/Grundmann 2010, 36f). Mit solcher besonders von „stummen Ratgebern" (Wandhoff in diesem Band) ermöglichten Autonomie umzugehen, fällt der Disziplin offenbar nicht leicht, auch dann nicht, wenn empirische Ergebnisse vorliegen, weil diese der Interpretation bedürfen. Vielleicht tappt man auch in eine semantische Falle insofern der Beratungsbedarf eine Überinterpretation eines Informationsbedarfs ist, worauf oben mit Messerli hingewiesen wurde und worauf auch die nun zu betrachtenden Studien verweisen. Das könnte Folge dessen sein, dass diejenigen, die öffentlich wirksame Deutungsmacht haben, der Seite der Experten und Berater näher stehen.

2 Dürftige Empirie oder Datensammelei

Empirisch haben bisher nur Keller (2008) und Jahn (2012) die Rezeption von Erziehungsratgebern in Buchform und deren Motive untersucht.[8] Beide Studien sind als quantitativ einzustufen, obschon Keller auch Interviews führte, diese letztlich jedoch mit Mayring quantitativ auswertete.[9] Explizit theoriegeleitete Forschung liegt ebenso wenig vor, wie qualitative Forschung.[10]

Keller konstatiert, dass 94% der Teilnehmenden Frauen mit hoher Buchaffinität waren. Ihre Partner lesen nach deren Auskunft seltener oder nie Erziehungsratgeber. Die zentralen Ergebnisse der Studie lassen sich in zwei Kategorien pointiert fassen: Einerseits haben Ratgeber eine informative Bedeutung, d.h. es geht um Anregungen zur Erziehung im Allgemeinen sowie zu speziellen Themen, andererseits haben sie eine emotionale Bedeutung bei Verunsicherung und in diesem Kontext wird nach Unterstützung und Bestätigung der eigenen Erziehungsarbeit gesucht. Mit Blick auf die praktische Wirkung des angebotenen Wissens zeigt sich Pragmatismus insofern es sowohl übernommen als auch situationsspezifisch angeglichen wird.

Jahns Untersuchung sichert Geahntes ab, indem sie Rezeption und Verwendung von Rat in Abhängigkeit vom Bildungsniveau differenziert abbildet. Die Nutzung schriftlicher Ratgebermedien wächst mit dem Bildungsabschluss (ohne Abschluss

---

8 Zu Elternzeitschriften und Elternbriefen liegen ältere Studien vor (Pöggeler 1976; Lüscher/Koebbel/Fisch 1984; Kingma 1996).

9 Die Untersuchung Kellers war zweistufig angelegt. Es wurden 488 Fragebögen in schweizer Buchhandlungen ausgelegt mit einem Rücklauf von 47. 26 der Antwortenden erklärten sich zur Teilnahme an einem Leitfadeninterview bereit. Jahn schloss 2012 mit einer quantitativen Studie auf deutlich verbesserter Datenbasis an. Von 1258 Fragebögen liefen 366 zurück. Die Fragebogen boten neben geschlossenen Fragen auch die Option freitextlicher Anmerkungen und wurden in bewusst gewählten Städten mit verschiedener Einwohnerzahl in Kindergärten ausgelegt. Mit Blick auf die Thematik Erziehungsratgeber in Buchform ergab sich eine Reduktion der Stichprobe auf 149, da nicht alle Teilnehmer Ratgeber gelesen hatten.

10 Mit der zu Redaktionsschluss erschienenen qualitativen Studie von Zeller (2018) wird letztere Forschungslücke geschlossen. Sie konnte jedoch hier nicht mehr berücksichtigt werden.

36,8%; mittlerer Bildungsabschluss 62,8%; mit Hochschulzugangsberechtigung 79,0%), fällt allerdings bei denjenigen mit Hochschulabschluss wiederum auf 71,1% ab. „Auch ein Unterschied in der Wahl des schriftlichen Mediums ist zu erkennen: Teilnehmende mit mittlerem Abschluss ziehen Zeitschriften den Büchern vor, während sich Teilnehmende mit Hochschulzugangsberechtigung oder Studium am liebsten über Bücher und Zeitschriften informieren." (Jahn 2012, 102)
Jahn fragte auch nach Gründen, warum keine Ratgeber in Schriftform rezipiert werden (vgl. Tab. 1). Dabei zeigt sich, dass die Kostenfrage marginal ist. Einen signifikanten Zusammenhang gab es zwischen Rezeptionsschwierigkeit und Bildungsniveau. Allerdings ist auffällig, dass diejenigen mit Studienabschluss offenbar eine gewisse Skepsis gegenüber der Rezeption entwickeln. Hier wäre es spannend zu erfahren, ob dies allgemein gilt oder von der Art des Studiums abhängig ist.

Tab. 1: Gründe warum keine Ratgeber in Schriftform rezipiert werden (Quelle: Jahn 2012, 103)

Bildungsniveau	keine Zeit	kein Interesse	bringt nichts	zu teuer	zu schwierig	sonstiges	Anzahl
Mittlerer Abschluss	27,7%	13,3%	16,9%	8,4%	3,6%	30,1%	83
HZB	27,8%	11,1%	11,1%	5,6%	0,0%	44,4%	18
Studium	27,1%	22,9%	25,0%	2,1%	0,0%	22,9%	48
Ohne Abschluss	50,0%	8,3%	16,7%	0,0%	16,7%	8,3%	12
Gesamt	29,2%	15,5%	18,6%	5,6%	3,1%	28,0%	161

Es wurde zudem versucht, unterschiedliches Erziehungsverhalten bei Lesenden im Gegensatz zu Nichtlesenden zu erheben. Lesende setzen demnach eher Grenzen und kontrollieren deren Einhaltung. „Daraus lässt sich schließen, dass das Erziehungsverhalten der Leser zielgerichteter und eindeutiger als das der Nicht-Leser ist. Die Leser sind auch im Erziehungsverhalten konsequenter als die Nichtleser" (Jahn 2012, 106). Sie lehnen körperliche Strafen deutlicher ab, aber ebenso Gespräche mit den Kindern über Erziehungsmaßnahmen (vgl. ebd., 107). Allerdings ist anzumerken, dass offen bleiben muss, inwiefern das Folge der Rezeption ist oder dem Interesse vorausgeht.[11]

---

11 Dies würde auch zum Befund passen, dass „für die Printmedien bestätigt werden [kann; S.G.], dass die Häufigkeit, mit der Eltern Erziehungsratgeber in Schriftform lesen, signifikant von der Häufigkeit abhängt, wie oft sie über Erziehung nachdenken. Eltern, die häufig (,sehr oft'/,oft') über Erziehung nachdenken, greifen zwar nicht täglich oder mehrmals in der Woche, sondern nur 1-2 mal im Monat oder seltener als 1 mal im Monat, zu Erziehungsratgebern. Im Unterschied dazu beschäftigen sich Eltern, die ,selten' oder ,sehr selten' über Erziehung nachdenken, nie oder seltener als einmal im Monat mit pädagogischen Publikationen." (Jahn 2012, 109)

Die Korrelation der Aussagen mit dem Inhalt der gelesenen Schriften wäre interessant, dafür sind jedoch die Fallzahlen zu gering (vgl. ebd., 172). Denn auch hier gilt, dass verschiedene Ratgeber Unterschiedliches oder auch Widersprüchliches empfehlen (vgl. ebd., 137; Krüger 2017), was die Kategorisierung ‚Leser' völlig ausblendet. Entsprechend konstatiert Jahn auch eine

> „Ambivalenz (...) bei den Items ‚Reden vs. Verbieten' (wenn das Kind ungezogen ist) und ‚Entschuldigen für Erziehungsmaßnahmen', da sich in diesen Aspekten die Erziehungsschriften nicht eindeutig positionieren: Die Ratgeber, die eher die autoritäre Erziehung empfehlen, lehnen Kommunikation mit dem Kind als ‚Zerreden', ‚Diskussion' oder ‚Weitschweifigkeit' (...) ab, wogegen Autoren, die einen partnerschaftlichen Umgang mit dem Kind fördern, betonen, dass Kommunikation zum Aufbau von Beziehungen und Bindungen wesentlich ist (...). Diese Divergenz zeigt sich auch im Antwortverhalten der befragten Eltern." (Jahn 2012, 126)

Wie bei Keller zeigt sich primär ein Interesse an der kindlichen Entwicklung, sowie ein allgemeines Informationsbedürfnis zum Thema Erziehung als Rezeptionsgrund. Hinzu kommt insbesondere bei Eltern mit Hochschulzugangsberechtigung oder Studium das Motiv, „ihr Erziehungsverhalten durch die Lektüre vergleichen zu können." (Jahn 2012, 112) Diese drei Begründungen sind signifikant abhängig vom Bildungsniveau (vgl. auch Tab. 2).

Tab. 2: Motive Elternratgeber und Zeitschriften zu lesen (Quelle: Jahn 2012, 112)

Bildungs-niveau	Allge-meine Infor-mation	Interesse an kind-licher Entwick-lung	Unter-haltung	Vergleich von eigenem Verhalten	Konkrete Probleme	Bestäti-gung der eigenen Erziehung	Anregung zum Weiter-diskutieren
Mittlerer Abschluss	29,2%	29,6%	3,2%	16,7%	2,8%	10,6%	7,9%
HZB	23,8%	28,6%	2,4%	23,8%	5,6%	7,1%	8,7%
Studium	21,1%	28,7%	5,7%	24,9%	3,8%	10,0%	5,7%
Ohne Abschluss	16,7%	33,3%	16,7%	8,3%	0,0%	16,7%	8,3%
Gesamt	24,7%	29,1%	4,3%	21,1%	3,7%	9,8%	7,3%

Mit Blick auf die Frage nach der Umsetzung des gelesenen Rates ergibt sich ein signifikanter Zusammenhang insofern, „dass Eltern mit einem höheren Bildungsniveau die Erziehungstipps eher umsetzen als Eltern auf einem mittleren Bildungsniveau oder ohne Abschluss [vgl. hierzu Tab. 3; S.G.]. Der Zusammenhang mit

dem Bildungsniveau weist auf das Leseverständnis und auf die Abstraktionsfähigkeit der Leser hin." (Jahn 2012, 116)
Diese Interpretation wirft jedoch die Frage auf, was Abstraktionsfähigkeit bedeutet. Sind diese Leser eher in der Lage den Rat an die Erziehungssituation anzupassen, ihn also zu verwenden oder glauben sie stärker an den Rat der Experten oder wählen sie Ratgeber gezielter bzw. souveräner nach ihren Bedürfnissen aus, so dass es wahrscheinlicher ist, dass der Rat umgesetzt wird?

Tab. 3: Umgang mit Ratgebern nach Bildungsniveau (Quelle: Jahn 2012, 115)

Bildungs-niveau	Lesen keine Erziehungs-ratgeber	Frage Erziehungs-tipp nicht ausgefüllt	Erziehungs-tipp nicht angewandt	Erziehungs-tipp angewandt, ohne Angabe	Erziehungs-tipp angewandt
Mittlerer Abschluss	37,3%	6,5%	20,1%	8,9%	27,2%
HZB	21,1%	3,5%	8,8%	7,0%	59,6%
Studium	28,9%	3,3%	14,0%	3,3%	50,4%
Ohne Abschluss	63,2%	15,8%	5,3%	5,3%	10,5%
Gesamt	33,3%	5,5%	15,6%	6,6%	39,1%

Ein signifikanter Zusammenhang zwischen Erfolg des Rats und Bildungsniveau liegt nicht vor. Hier wird die Situation etwas unübersichtlich mit Blick auf die Daten.[12] Jahn interpretiert:

„Beim kurzfristigen Erfolg sind die Angaben zum Rat, der entweder schwierig umzusetzen war, nicht zum Erziehungsverhalten passte oder offene Fragen hinterließ, gleich verteilt (jeweils 13,1%, insg. 45,9%). Falls sich kein Erfolg einstellte (insg. 24,6%), lag es jedoch vor allem daran, dass der Rat nicht zum Erziehungsverhalten passte (11,5%)." (Jahn 2012, 117; vgl. Tab. 4 und 5)

---

12 So wurden auch von Teilnehmenden, die keine Angaben zum Erfolg des Erziehungstipps machten, Gründe angegeben, warum Erziehungstipps keinen langfristigen Erfolg hatten, ebenso kreuzten Personen, die angaben, dass sie einen langfristigen Erfolg hatten, Begründungen für mangelnden Erfolg an (Jahn 2012, 117). Hinzu kommt auch hier die Definitionsproblematik, was überhaupt ein relevantes Medium darstellt. Entsprechend wurde auch von Befragten angemerkt, dass viele Erziehungsratgeber keine Tipps geben, sondern vielmehr Erziehungsstile darstellen (vgl. ebd., 121). Jahn konstatiert, dass in der Untersuchung 74 Titel von Erziehungsratgebern bei den Büchern genannt wurden, u.a. auch die Bibel und der Koran. Zudem wurden in 19 bzw. 14 Fällen nicht die Titel, sondern der Autor bzw. die Themen genannt – was mit Blick auf das Erinnerungsvermögen durchaus verständlich ist. 12 Befragte verwiesen auf Fachbücher ohne Titel zu nennen. 36 Befragte gaben an, nur Erziehungsratgeber zu lesen (vgl. ebd., 123f).

Tab. 4: Gründe für Misserfolg nach Erfolgsniveau (Quelle: Jahn 2012, 117)

Erfolg	Rat war schwierig umzusetzen	Rat passte nicht zum Erziehungs-verhalten	Rat hin-terlässt offene Fragen	Sonstiges	Gesamt	Anzahl N
Ohne Angabe	0,0%	1,6%	1,6%	4,9%	8,2%	5
Langfr. Erfolg	1,6%	0,0%	6,6%	13,1%	21,3%	13
Kurzfr. Erfolg	13,1%	13,1%	13,1%	6,6%	45,9%	28
Kein Erfolg	3,3%	11,5%	3,3%	6,6%	24,6%	15
Gesamt	18,8%	26,2%	24,6%	31,1%	100,0%	61

Für die im Folgenden skizzierte Theorie ist wesentlich, dass „[d]er Hauptgrund für die Erfolglosigkeit der Erziehungstipps für die meisten Anwender darin [liegt; S.G.], dass der Rat nicht zum eigenen Erziehungsverhalten passte." (Jahn 2012, 117) Ebenso wichtig ist die Frage, ob es primär „daran liegt, dass die Erziehungs-ansichten des Autors mit den eigenen nicht übereinstimmen, wenn Eltern die Erziehungstipps nicht umsetzen wollen?" (Jahn 2012, 120; vgl. hierzu Tab. 5)

Tab. 5: Gründe für nicht angewandte Erziehungstipps und Bildungsniveau (Quelle: Jahn 2012, 120)

Bildungs-niveau	Rat-geber brachte nichts Neues	Rat war schwierig umzuset-zen	Autor hat andere Erzie-hungsan-sichten	Rat war nicht aktuell	Rat hin-terlässt offene Fragen	Sonstiges	Gesamt
Mittlerer Abschluss	37,1%	5,7%	22,9%	8,6%	20,0%	5,7%	35
HZB	80,0%	0,0%	20,0%	0,0%	0,0%	0,0%	5
Studium	50,0%	0,0%	15,0%	5,0%	5,0%	25,0%	20
Ohne Abschluss	100,0%	0,0%	0,0%	0,0%	0,0%	0,0%	1
Gesamt	45,9%	3,3%	19,7%	6,6%	13,1%	11,5%	61

Der Hauptgrund, warum Tipps nicht umgesetzt wurden, bestand darin, dass sie nichts Neues empfahlen (45,9%), gefolgt von der Divergenz der Erziehungsan-sichten zwischen Eltern und AutorIn (19,7%). Insbesondere im Falle des mittleren Abschlusses hinterließ der Rat eher Fragen bzw. erschien schwer umsetzbar. Anders formuliert: er war nicht verwendbar.

Festzuhalten ist, dass „[d]er soziale Vergleich vom elterlichen, aber auch vom kindlichen Verhalten, das vor allem in den Erziehungssituationen reflektiert wird, (…) ein wesentlicher Grund [ist,] die Ratgeberbücher zu lesen; hierbei steht nach Aussagen der Eltern der Normbegriff im Vordergrund." (Jahn 2012, 125) Jahn resümiert – das steht diametral zu Kellers Befund –, dass eher selten konkrete Erziehungsprobleme vorliegen, die mit der Lektüre gelöst werden sollen. „Die meisten der befragten Eltern unterhalten sich über die Erziehungsratschläge nicht weiter mit anderen Personen; dies bedeutet, dass sie die Bücher für sich selbst reflektieren, nicht aber, dass sie diese Erziehungstipps zum Anlass nehmen, sich darüber auszutauschen." (ebd., 126)
Beide Studien haben bisher nicht zur Neuformulierung von Überlegungen zur Rezeption geführt bzw. irritierende Wirkung entfaltet (Ausnahme ohne Studienbezug: Cleppien 2017), obschon sie das Reflexive im Umgang mit Ratgebern belegen, erwartungsgemäß auf Rezeptionsunterschiede in Abhängigkeit vom Bildungsniveau verweisen und „die Einschätzung realistisch [ist; S.G.], dass die Ratgeberliteratur auf das individuelle Erziehungshandeln wenig Einfluss hat" (Jahn 2012, 231). Keller und Jahn nahmen keinen expliziten Bezug auf die Vermutungen zur Rezeption vor dem Hintergrund ihrer Daten bzw. plädiert Jahn im Fazit und im Gegensatz zu Schmied (2012) für eine rein professionelle Einflussnahme auf Eltern und endet in pädagogischer Programmatik bzw. gibt Rat, was nun zu tun sei.[13] Die empirische Studie wäre dazu nicht notwendig gewesen. Es bleibt der Eindruck, dass *Pädagogik* sich nicht von Empirie irritieren lässt.

---

13 „Die positiven Wirkfaktoren auf die Kindererziehung sind heutzutage erforscht; es ist wissenschaftlich erwiesen, dass der demokratische Erziehungsstil den größten Erziehungserfolg bringt (…). Der demokratische Erziehungsstil fordert vom Erwachsenen Empathie, sprachliches Ausdrucksvermögen und Freude an der Beschäftigung mit dem Kind; diese Fähigkeiten wurden eher bei Eltern aus der Mittel- oder Oberschicht festgestellt (…)." (Jahn 2012, 235) Während eine Buchseite zuvor der Vorwurf der Mittelschichtorientierung an die Ratgeberautoren adressiert wurde, ist das Bewusstsein dafür im eigenen Zusammenhang völlig verschwunden. Es folgen unabhängig von den empirischen Erkenntnissen programmatische Forderungen „Die Eltern sollen sich individuell weiterbilden, damit sie in der Lage sind ihre Erziehungsaufgaben beim Kind wahrzunehmen, denn es können nicht alle Erziehungsaufgaben an Institutionen abgegeben werden. (…) Daraus folgt die Notwendigkeit, dass sich die Eltern Grundkenntnisse der Entwicklungspsychologie und der Kleinkindpädagogik aneignen, damit sie das Kind vor allem in den ersten Lebensjahren in seiner Persönlichkeit bestärken (…) können. Pädagogik ist die Wissenschaft zur Erforschung, Interpretation und Kommunikation von erzieherischen Prozessen; diese Funktionen könnten durch Wissenschaftler in der breiten Öffentlichkeit etabliert werden und so ihren Nutzen für die alltägliche Erziehungspraxis bringen. Eltern, die über die Bedeutsamkeit der Erst- und Frühförderung von Kindern nachhaltig aufgeklärt werden, können ihre Kinder nicht nur erziehen, sondern auch auf die schulische Bildung vorbereiten. Die wissenschaftliche Aufarbeitung der Erziehungspraxis mit dem Ziel einer Verbesserung von konkreten Sozialisationseffekten in Familien und Institutionen orientiert sich

Aus einer *erziehungswissenschaftlichen* Perspektive ist eine Theorie der Rezeption mit den Daten zu entwickeln. Damit verbunden ist auch mehr ‚kriminalistische' Fantasie zu fordern. Gerade mit Blick auf Erziehung und dem damit vermutlich nicht irrelevanten Selbstbild der Erziehenden ist gegenüber deren Selbstauskünften auch eine skeptische Position zu beziehen. Dagegen kann eingewandt werden, dass dies schlicht die Selbst- zur Fremddeutungsmacht verschiebt. Wird aber – in guter wissenschaftlicher Tradition – explizit theoriegeleitet geforscht, könnte das limitiert werden. Zumal auch im Fall der Datensammelei, die auch eine gewisse Unvoreingenommenheit für sich reklamieren könnte, die letztlich immer vorhandenen theoretischen Grundannahmen implizit bleiben. Das fällt insofern kaum auf, weil sie in der herkömmlichen Wissensordnung verbleibt und darum nicht irritiert. Abschließend soll nun eine, die Daten aufnehmende, erziehungswissenschaftliche Theorie zur Rezeption von Erziehungsratgebern skizziert werden.

3 Theorie der Beratungsresistenz

Nutzen und Funktionen von Ratgebern sind verschieden (vgl. Heimerdinger 2012, 44) – sie können auch nur Forschungsobjekt sein. Wird davon ausgegangen, dass Erwachsene als erzogene Menschen autonom sind – was nach Kraft auch die Voraussetzung dafür ist, sich einen Rat einzuholen –, dann muss einerseits akzeptiert werden, dass Rezepte gesucht werden und andererseits darf davon ausgegangen werden, dass sie autonom und reflexiv mit diesem Wissen umgehen, also das tun, was die erziehungswissenschaftliche Diskussion ihnen tendenziell abspricht. Die empirischen Studien haben dafür deutliche Hinweise geliefert. Auf die Unsicherheit, wie das pädagogische Wissen letztlich verwendet wird, wies Lüders hin. Er konstatierte mit Blick auf die Informationsquellen für das eigene Erziehungshandeln, „dass [bei; S.G.] Eltern gegenüber den verschiedenen Experten (…) eine eher skeptische Haltung, die mitunter von *strategischen Inanspruchnahmen* überdeckt wurde, anzutreffen" (Lüders 1994, 179; Hervorhebung S.G.) war. Es geht um selektive und strategische Rezeption: Man liest eben nur das, was man auch lesen will, oder die Ratschläge sind erst gar nicht überzeugend (Heimerdinger 2012, 44f).[14] Das ist banal und offenbar auch unangenehm

---

dabei an der Implementierung von neuen Handlungsmustern. Die Veranschaulichung der *Erziehung durch Beispiele ist wissenschaftlich neutral zu beschreiben*, dabei wird auf Dramatisierungseffekte verzichtet." (Jahn 2012, 235; Hervorhebung S.G.)

14 „Wenn Ratgeberautoren Behauptungen aufstellen und Empfehlungen aussprechen, ohne auf entsprechende Untersuchungen zu verweisen, haben Ratsuchende keine Möglichkeiten der Überprüfung etwaiger empirischer Grundlagen." (Kanis et al. 2017, 214) Das aber ist eine wissenschaftliche Sicht, der Ratgeber – darin besteht sein Erfolg – ist eben kein wissenschaftlicher, sondern ein lesbarer Text. Es ist nicht anzunehmen, dass Eltern die Absicht eines wissenschaftlichen Umgangs mit dem Text anstreben.

für einen belehrend-optimierenden Habitus. Die Verwendungsforschung (Beck/ Bonß 1989) versuchte dem nachzugehen – „natürlich nicht ohne die Hoffnung, dieses Wissen dann wiederum für einen vorteilhafteren Transfer einsetzen zu können." (Kaldewey 2016, 151) Eine jüngere Untersuchung zu den elterlichen Informationsquellen zur Früherziehung liefert neben den genannten Studien weitere Indizien, insofern bei „befragten Müttern zwar in der Anfangszeit mit einem Kleinstkind [Ratgeber; S.G.] als gern gesichtete Hintergrundlektüre, die bei der einen oder anderen Frage Sicherheit oder gar Wissen vermitteln konnte" (Sauerbrey/Hartz 2018, 37), bewertet wurden. „Mit der wachsenden Erfahrung im Umgang mit einem Kind scheint aber der Kauf von entsprechenden Printmedien eher überflüssig zu werden." (ebd., 37) „Print- und digitale Medien wiesen in den subjektiven Urteilen der interviewten Mütter zum Teil selektive und eher diffuse Bedeutungen auf." (ebd., 38)

Oben wurde gezeigt, wie stark Normativität auf die Forschung und Theoriebildung wirkt. Zudem fehlt der Erziehungswissenschaft bis heute eine Theorie der Beratung (vgl. Kraft 2009, 199; Schmid in diesem Band). Vor dem Hintergrund der Ausführungen wird im Folgenden unter Verwendung Sartres Existentialismus eine Theorie der Beratungsresistenz skizziert.

Mit Sartre betrachtet, darf davon ausgegangen werden, dass die Konsumtion und Rezeption von Erziehungsratgebern kein Ausdruck von Desorientierung, Erziehungsunfähigkeit und primärem Beratungsbedarf ist. Vielmehr sind Menschen orientiert und suchen Bestätigung dafür, dass sie ‚richtig' orientiert sind (Einstellungen, Überzeugungen, Selbstbild, Erziehungsstil) und im interessierenden Fall Hinweise darauf, wie ein demgemäßes erzieherisches Handeln möglich ist. Rezipienten werden demnach bereits mit Blick auf den Titel eines Ratgebers eine Entscheidung treffen, ob es sich lohnt, diesen zu lesen. Es wird also davon ausgegangen, dass Eltern bereits klare Vorstellungen und Erwartungen haben und diese bei der Auswahl der Ratgeber leitend sind. Das schließt nicht aus, dass Ratlosigkeit im Falle eines bestimmten – und für junge Eltern nicht selten auftretenden – neuartigen Problems wie bspw. Babypflege, Fragen des Schlafens usw. herrscht, aber auch hier gilt, dass die Entscheidung bzw. die Wahl eines Ratgebers im Rahmen der grundlegenden Einstellungen und Orientierungen erfolgt.

Die Hinweise aus den Studien auf pragmatische Selektion und Suche nach emotionaler Bestätigung für das eigene Erziehungshandeln sprechen für diese Perspektive.

Die These basiert auf bildungstheoretischen Überlegungen im Anschluss an J.P. Sartres ‚Transzendenz des Ego' sowie dessen Hauptwerk ‚Das Sein und das Nichts', die die Frage aufwerfen, ob Erziehung Selbstzweck ist in Folge einer Seinsbegründung über das eigene Kind (Großkopf 2011). Erziehung wäre dann die zu verantwortende Folge dieses Selbstzwecks. Im Rahmen der Theorie Sartres ist jede Erziehung Zwang, denn man trifft die „Wahl der Prinzipien und Werte, in deren Namen das Kind behandelt wird" (Sartre 1995, 714.).

> Die „Achtung vor der Freiheit des Andern [ist; S.G.] ein leeres Wort: selbst wenn wir uns vornehmen könnten, diese Freiheit zu achten, wäre jede Haltung, die wir dem andern gegenüber einnähmen, eine Vergewaltigung dieser Freiheit, die zu achten wir behaupten. Was man für die Freiheit des anderen auch tun will, es beschränkt sich auf seine Instrumentalisierung, wobei ich nur sein Objekt-sein erreiche" (Sartre 1995, 715).

Auf dieser existentialistischen Perspektive fußt die These, dass die Reflexion von Erziehungshandlungen primär der Rechtfertigung von getroffenen oder präferierten Erziehungsentscheidungen dient, also einer Substantialisierung, jenseits der Freiheit des Bewusstseins. Wir wissen um diese Vergewaltigung des Kindes und versuchen deshalb, eine Rechtfertigung für unsere Entscheidungen zu finden, z.B. in Ratgebern, wissenschaftlichen Theorien oder der eigenen Vergangenheit.

Der Erziehungsratgeber dient demnach der Rechtfertigung und Selbstbestätigung, die das Für sich (das Selbst) sucht. Zwar steht Sartre für die Freiheit der Entscheidung, bei genauerer Betrachtung zeigt sich jedoch über die Konstruktion des Urentwurfes das, was als Charakter oder Persönlichkeit betrachtet wird und eine gewisse Konstanz aufweist. Durch den Versuch, sich ein Bild von sich zu machen, welches die Freiheit der Entscheidung verbirgt und stattdessen über die Persönlichkeit (Ego) die Handlung begründet, verbirgt sich der Mensch die Freiheit bzw. rechtfertigt er Entscheidungen als zwangsläufige – was ihn zugleich sozial berechenbar macht. Zentral ist die Intimität des Egos (Selbstbild) und das enorme Bedürfnis, es möglichst unbeschädigt zu erhalten. An diese Konzeption lässt sich die Theorie der kognitiven Dissonanz Festingers (1957) – eine aus Gestaltpsychologie hervorgegangene Konsistenztheorie – anschließen. Kognitive Dissonanz meint einen Spannungszustand, der entsteht, wenn Handeln oder auch Erkenntnisse im Konflikt mit Überzeugungen, Meinungen, Ansichten usw. stehen. Entscheidungen sollen mit unserem Denken übereinstimmen, sofern es keine triftigen Gründe gibt, die für eine Nichtübereinstimmung verantwortlich gemacht werden können. Folglich meiden Menschen einstellungsdiskrepante Informationen und suchen stattdessen gezielt konsistente Informationen oder – da diskrepante Informationen nicht immer vermeidbar ist – erfahren diese Umdeutungen, Vermeidung oder selektive Rezeption.

Die Studien liefern für diese Perspektive starke Indizien. Bei den positiv bewerteten Ratgebern stellte sich heraus, dass neben den erfüllten Erwartungen im Hinblick auf das Erziehungshandeln die Ratgeber auch eine emotionale Zufriedenheit auslösten (vgl. Keller 2008, 235). Im Falle der negativen Bewertungen wurde der emotionale Aspekt kaum angesprochen, hier standen nicht erfüllte Erwartungen im Fokus sowie fehlende Zustimmung bezüglich der Ansichten des Ratgeberautors bzw. der Ratgeberautorin (vgl. ebd., 242). Jahn verwies auf die Funktion des Vergleichs und der Übereinstimmung mit der eigenen Perspektive. Noch deutlicher heißt es: „Indem die Autoren [gemeint: die Ratgebenden; S.G.] die Schuld beim Kind verorten, entlasten sie den Erwachsenen vom Vorwurf, ‚falsch‘ zu erziehen. Erziehungsratgeber werden abgelehnt, wenn sie die subjektiv empfundene Schuld der Eltern durch Forderungen nach umfassenden Verhaltensänderungen verstärken" (Jahn 2012, 232). Selektive Verwendung wird von allen Studien bescheinigt. Kaufen Mütter die Ratgeber im Hinblick auf die eigenen Kinder,

> „werden diese meistens aufgrund konkreter Erziehungssituationen oder -probleme erworben, um diese zu bewältigen. Diesen Situationen stehen Mütter oft verunsichert gegenüber und hinterfragen ihr eigenes Erziehungshandeln. Häufig stoßen die Mütter an ihre Grenzen oder es fehlt ihnen die Erfahrung, wie sie die Situation lösen können. Pädagogische Ratgeber haben aus diesem Grund einen hohen emotionalen Wert für die Leserinnen, da er Ihnen ihr Erziehungshandeln *zu bestätigen vermag* und so ihren Unsicherheiten entgegenwirken kann oder aber da er aufzeigen kann, wie die Situation bewältigt werden kann." (Keller 2008, 2; Hervorhebung S.G.)

Um die Erziehungsziele zu erreichen, wählen Leserinnen, „dasjenige pädagogische Wissen aus den Ratgebern aus, dass sie als vielversprechend für die Lösung ihrer erzieherischen Situation einschätzen" (ebd., 302). Dabei erfolgen Anpassung oder Übernahme von Wissen. Haben Ratgeber diesen Effekt, werden sie positiv bewertet. Mit Blick auf die Suche nach Informationen über und zur Entwicklung des eigenen Kindes gilt: „Der Ratgeber besitzt aber auch für diese Gruppe einen emotionalen Wert, da die Befragten mehrheitlich eine *Bestätigung in Erziehungsangelegenheiten,* wie vor allem die Bestätigung erhoffen, dass ihr Kind in der Entwicklung dem Durchschnitt entsprechend voranschreitet." (Keller 2008, 303; Hervorhebung S.G.)

Zugleich zeigt sich die Abhängigkeit von der Fähigkeit zur Reflexivität und dem Abstraktionsvermögen, wenn diese mit dem Bildungsniveau korrelieren und es ist anzunehmen, dass derjenige, der weniger über Erziehung nachdenkt, weniger Bestätigung benötigt (vgl. hierzu Fußnote 11).

Eine systematische Prüfung der Theorie ist anspruchsvoll und müsste experimentell erfolgen über eine für Probanden nicht in Verbindung zu bringende Messung von Persönlichkeitsmerkmalen und Einstellungen einerseits und andererseits einer Befragung zur Rezeption von Ratgebern, die inhaltlich zu analysieren und dann mit den erhobenen Einstellungen und Persönlichkeitsmerkmalen zu korrelieren sind. Ein solches Forschungsprojekt soll perspektivisch konzipiert werden, könnte aber am Anspruch scheitern.

Wesentlich ist jedoch, da Normativität kaum zu umgehen ist, dass eine zukünftige empirische Forschung stärker theorieorientiert bzw. theoriegeleitet erfolgt und das sonst eher implizite leitende Wissen expliziert wird.

Die vorliegenden Befunde passen nur bedingt zur bisherigen Diskussion der Erziehungsratgeber in der Disziplin. Das wäre in Zukunft aufzunehmen und fordert zugleich die eigene Disziplin und wissenschaftliche Position noch stärker zu hinterfragen (Winkler 2006). Nicht nur weil der Gegenstand Geschichte hat und das Wissen der Ratgeber nicht nur von ihnen hervorgebracht und aufgenommen wird, sondern auch weil die Disziplin vielfach einer Verbesserungsnorm folgt und nicht frei von Interessen ist. Es geht darum, die theoretische Empirie zu bemerken – auch wenn man ihrer nicht Herr werden kann.

Literatur

Beck, U./Bonß, W. (Hrsg.) (1989): Weder Sozialtechnologie noch Aufklärung? Analysen zur Verwendung sozialwissenschaftlichen Wissens. Frankfurt am Main: Suhrkamp.

Berg, C. (1991): Pädagogisch Rat geben. Ein Dilemma pädagogischer Praxis und Wirkungsgeschichte. In: Zeitschrift für Pädagogik 37 (5), 710-734.

Biddulph, S. (2007): Das Geheimnis glücklicher Kinder. München: Wilhelm Heyne Verlag.

Böhm, W./Wenger-Hadwig, A. (1998): Erziehungswissenschaft oder Pädagogik? Festschrift für Marian Heitger. Würzburg: Ergon.

Bütow, B./Pomey, M./Rutschmann, M./Schär, C./Studer, T. (Hrsg.) (2012): Sozialpädagogik zwischen Staat und Familie. Alte und neue Politiken des Eingreifens. Wiesbaden: Springer VS.

Cleppien, G. (2017): Elternratgeber. In: P. Bauer/C. Wiezorek (Hrsg.): Familienbilder zwischen Kontinuität und Wandel. Weinheim u.a.: Beltz, 113-129.

Eschner, C. (2017): Erziehungskonzepte im Wandel. Eine qualitative Inhaltsanalyse von Elternratgebern 1945 bis 2015. Wiesbaden: VS.

Fatke, R./Oelkers, J. (Hrsg.) (2014): Das Selbstverständnis der Erziehungswissenschaft: Geschichte und Gegenwart. Zeitschrift für Pädagogik, 60. Beiheft. Weinheim u.a: Beltz Verlag, 7-13.

Festinger, L. (1957): A theory of cognitive dissonance. Evanston u.a.: Row, Peterson.

Gebhardt, M. (2009): Die Angst vor dem kindlichen Tyrannen: Eine Geschichte der Erziehung im 20. Jahrhundert. München: DVA.

Göppel, R. (2010): Pädagogik und Zeitgeist. Erziehungsmentalitäten und Erziehungsdiskurse im Wandel. Stuttgart: Kohlhammer.

Großkopf, S. (2011): Die Fiktion der Identität. Bildungstheoretisch Aspekte der Existenzphilosophie Jean-Paul Sartes. Jena: Edition Paideia.

Großkopf, S./Winkler, M. (Hrsg.) (2015): Das neue Misstrauen gegenüber der Familie. Kritische Reflexionen. Würzburg: Ergon.

Heid, H./Pollak, G. (Hrsg.) (1994): Von der Erziehungswissenschaft zur Pädagogik? Weinheim: Deutscher Studienverlag.

Heimerdinger, T. (2006): Alltagsanleitungen? – Ratgeberliteratur als Quelle für die volkskundliche Forschung. In: Rheinisch-westfälische Zeitschrift für Volkskunde 51 (2006), 57-72.

Heimerdinger, T. (2012): Wem nützen Ratgeber? Zur alltagskulturellen Dimension einer populären Buchgattung. In: D. Oels/M. Schikowski (Hrsg.): Non Fiction: Ratgeber. Hannover: Wehrhahn, 37-48.

Hopfner, J. (2001): Wie populär ist pädagogisches Wissen? Zum Verhältnis von Ratgebern und Wissenschaft. In: Neue Sammlung 41 (1), 73-88.

Horn, K.-P. (1991): „Schöngeistiges Zusatzwissen" oder „Empathie"? Stichworte zum studentischen Umgang mit pädagogischem und erziehungswissenschaftlichem Wissen. In: Zeitschrift für Pädagogik, 27. Beiheft, 193-209.

Horn, K.-P. (2014): Pädagogik/Erziehungswissenschaft der Gegenwart. Zur Entwicklung der deutschen Erziehungswissenschaft im Spiegel ihrer disziplinären Selbstreflexion (1910-2010). In: Zeitschrift für Pädagogik, 60. Beiheft. Weinheim u.a: Beltz Verlag, 14-32.

Jahn, S. (2012): Reflexionen über Erziehung in popularwissenschaftlichen Ratgebern. Eine Analyse der elterlichen Implementierung von pädagogischen Argumentationen in den Erziehungsalltag. Dissertation. Pädagogische Hochschule Weingarten. Verfügbar unter http://hsbwgt.bsz-bw.de/frontdoor/index/index/docId/54 (Zugriff am 17.10.18).

Kaldewey, D. (2016): Die Sehnsucht nach der Praxis: Beobachtungen zur Identitätsarbeit der Sozialwissenschaften. In: A. Froese/D. Simon/J. Böttcher (Hrsg.): Sozialwissenschaften und Gesellschaft. Neue Verortungen von Wissenstransfer. Bielefeld: transcript, 129-157.

Kalthoff, H./Hirschauer, S./Lindemann, G. (Hrsg.) (2008): Theoretische Empirie. Zur Relevanz qualitativer Forschung. Frankfurt am Main: Suhrkamp.

Kanis, J./Link, V./Dippon, C./Becker, N./Kübler, A. (2016): Schlaf, Kindlein, schlaf? Eine Inhaltsanalyse von Elternratgebern zu Schlafproblemen bei Babys. In: Somnologie 20 (4), 261-274.

Keiner, E. (2011): Evidenzbasierte Pädagogik ohne historische und vergleichende Kontexte? Fragen und Befunde der Wissenschaftsforschung der Erziehungswissenschaft. In: J. Bellmann/T. Müller (Hrsg.): Wissen, was wirkt. Kritik evidenzbasierter Pädagogik. Wiesbaden: Springer VS, 217-234.

Keiner, E./Tenorth, H.-E. (2007): Die Macht der Disziplin. In: V. Kraft (Hrsg.): Zwischen Reflexion, Funktion und Leistung: Facetten der Erziehungswissenschaft. Beiträge zur Theorie und Geschichte der Erziehungswissenschaft. Bd. 27. Bad Heilbrunn: Verlag Julius Klinkhardt, 155-173.

Keller, N. (2008): Pädagogische Ratgeber in Buchform – Leserschaft eines Erziehungsmediums. Bern: Peter Lang.

Kingma, R. (1996): Elternbildung in Medien. Eine Inhaltsanalyse der Zeitschrift ELTERN 1967-1992. Frankfurt am Main u.a.: Lang.

Koerrenz, R. (2014): Bildung als Reflexion und Gestaltung von Vorurteilen. Globale Bildung und die Welt im Kopf. In: A. Blichmann/R. Koerrenz (Hrsg.): Pädagogische Reform im Horizont der Globalisierung. Paderborn: Schöningh, 13-28.

Kraft, V. (2009): Pädagogisches Selbstbewusstsein. Studien zum Konzept des Pädagogischen Selbst. Paderborn: Schöningh.

Krüger, J.O. (2017): Wissen, was gut ist? Zur Adressierungsproblematik in Erziehungsratgebern für Eltern. In: K. Jergus/J.O. Krüger/A. Roch (Hrsg.): Elternschaft zwischen Projekt und Projektion. Aktuelle Perspektiven der Elternforschung. Wiesbaden: Springer VS, 201-214.

Lüders, C. (1994): Pädagogisches Wissen für Eltern. Erziehungswissenschaftliche Gehversuche in einem unwegsamen Gelände. In: H.-H. Krüger/T. Rauschenbach (Hrsg.): Erziehungswissenschaft. Die Disziplin am Beginn einer neuen Epoche. Weinheim u.a.: Juventa, 163-183.

Lüscher, K./Koebbel, I./Fisch, R. (1982): Elternbriefe und Elternbildung. Eine familienpolitische Maßnahme im Urteil der Eltern. In: Zeitschrift für Pädagogik 28 (5), 763-774.

Mannschatz, E. (1970): Einführung in die sozialistische Familienerziehung. Berlin: Volk und Wissen.

Messerli, A. (2012): Eine Entwicklungsgeschichte der Medien und der Rhetorik des Rates. In: D. Oels/M. Schikowski (Hrsg.): Non Fiction: Ratgeber. Hannover: Wehrhahn, 13-26.

Oelkers, J. (1995): Pädagogische Ratgeber. Erziehungswissen in populären Medien. Frankfurt am Main: Diesterweg.

Oelkers, J. (2015): Ist die Erziehungswissenschaft politisch? In: Erziehungswissenschaft 50 (26), 37-44.

Oels, D./Schikowski, M. (Hrsg.) (2012). Non Fiction: Ratgeber. Hannover: Wehrhahn.

Pöggeler, F. (Hrsg.) (1976): Wirklichkeit und Wirksamkeit von Elternbildung. Materialien zum Zweiten Familienbericht der Bundesregierung. München: DJI.

Renner, K.N. (2012): Massenmediales Ratgeben unter den Bedingungen der Medienkonvergenz. In: D. Oels/M. Schikowski (Hrsg.): Non Fiction: Ratgeber. Hannover: Wehrhahn, 27-36.

Ricken, N. (Hrsg.) (2007): Über die Verachtung der Pädagogik. Analysen – Materialien – Perspektiven. Wiesbaden: Springer VS.

Sartre, J.-P. (1995): Das Sein und das Nichts. Reinbek bei Hamburg: Rowohlt.

Sauerbrey, U./Hartz, S. (2018): Woher wissen, wie es geht? Eine inhaltsanalytische Exploration zur Herkunft und Aneignung frühpädagogischen Wissens in Familien. In: Frühe Bildung 7 (1), 32-39.

Schmid, M. (2012): Elternbildung in der Moderne – Warum Eltern Rat suchen. In: Bildung und Erziehung 65 (4), 391-408.

Stehr, N./Grundmann, R. (2010): Expertenwissen. Die Kultur und die Macht von Experten, Beratern und Ratgebern. Weilerswist: Velbrück Wissenschaft.

Tenorth, H.-E. (2014): Politikberatung und Wandel der Expertenrolle oder: Die Expertise der Erziehungswissenschaft. In: Zeitschrift für Pädagogik, 60. Beiheft, 139-171.

Vogel, P. (2010): Erziehungswissenschaft und Soziologie. Grenzen und Grenzübergänge. In: A. Honer/ M. Meuser/M. Pfadenhauer (Hrsg.): Fragile Sozialität. Inszenierungen, Sinnwelten, Existenzbastler. Wiesbaden: Springer VS, 481-493.

Wandhoff, H. (2016): Was soll ich tun? Eine Geschichte der Beratung. Hamburg: Corlin Verlag UG.

Winkler, M. (2006): Kritik der Pädagogik. Stuttgart: Kohlhammer.

Winkler, M. (2012): Erziehung in der Familie. Stuttgart: Kohlhammer.

Zeller, C. (2018): Warum Eltern Ratgeber lesen Eine soziologische Studie. Frankfurt am Main: Campus.

Johanna Hopfner

Wissenschaft und Erziehungsratgeber –
Brüche und Widersprüche

„Eltern sind die erfahrensten Laien der Welt, so wie die Liebenden in der Liebe"
Martinus Langeveld 1971

Ruft man sich in Erinnerung, dass 1780 in Erfurt erstmals im Verlag von Georg Kayser ein Büchlein erschien, welches den Titel trug: „Anweisung zu einer zwar nicht vernünftigen, doch modischen Erziehung der Kinder" (Salzmann 1780)[1], dann ist damit bereits das Spannungsfeld angegeben, in dem sich die Diskurse seither bewegen. Die Erziehungspraktiken der Eltern sind offenbar nicht immer „vernünftig", also wissenschaftlich fundiert und begründet. Sie sollten es aber idealiter sein und keineswegs eine bloße Modeerscheinung. Zumindest wünsch(t)en sich das manche erfahrenen oder selbst ernannten Spezialisten in Sachen Erziehung und fühlen sich deshalb berufen oder tatsächlich im Stande, entsprechende „Anweisungen" für das Handlungsfeld zu geben, das wir bis heute mehr oder weniger ausgedehnt unter dem Begriff der Erziehung fassen. Erziehung folgte schon damals und folgt noch immer gewissen Moden, die sich zwar wieder verlieren, aber eine Zeitlang mächtige Anziehungskraft besitzen, obwohl sie alles andere als vernünftig sind, bis schließlich neue „Direktiven" erlassen werden, die vollkommen andere Erziehungsmaßnahmen oder das glatte Gegenteil bisheriger Praktiken in Mode bringen und dabei gründlich mit dem Vorangegangenen brechen oder aufräumen. Allzu oft verwickeln sich „Ratgeber" selbst nichtsahnend in Widersprüche. Dabei macht sich schon im Ausgangspunkt und auch im weiteren Verlauf die grundlegende Schwierigkeit des ganzen Unterfangens permanent geltend: Zu einem vernünftigen Gebrauch der Vernunft raten zu wollen, kann deren selbstständigen Gebrauch nicht ersetzen. Die Praxis war und ist zeitgebunden, absichtsvoll zielgerichtet und zugleich widersprüchlich, damit aber zugleich offen für und angewiesen auf wissenschaftlich fundierte Klärungen und Argumentationen. Dennoch pflegte insbesondere die pädagogische Wissenschaft sehr lange Zeit selbst ein eher distanziertes Verhältnis zu den Ratgebern und damit zu den Bedürfnissen der Praxis, die sich in ihnen widerspiegeln. Seit einigen Jah-

---

1 So lautete ursprünglich der Titel der ersten und auch der 1788 erschienenen zweiten Auflage. Als 1792 die dritte Auflage erschien, trug sie den bis heute bekannten Titel „Krebsbüchlein oder Anweisung zu einer unvernünftigen Erziehung der Kinder" (vgl. Schreck 1894, 4).

ren ist jedoch ein gewisser Trend zu beobachten, das Verhältnis erneut gründlich zu reflektieren und es zum Kernthema oder besser zum Knotenpunkt eines Forschungsnetzwerkes zu machen. Michaela Schmid (2008 und 2011) trug mit ihren Studien bereits im Vorfeld initiierend und maßgebend zu diesem Netzwerk bei. Eine hochkarätige Expertise rückt inzwischen, gestützt durch die Deutsche Forschungsgemeinschaft, jenes zwiespältige und vertrackte Verhältnis von Wissenschaft und Ratgebern erneut ins Zentrum und sucht explizit „Annäherung an eine Theorie des Erziehungsratgebers" (www.philso.uni-augsburg.de/lehrstuehle/ paedagogik/paed1).

Vor diesem Hintergrund soll es hier genügen, den *historischen* Punkt klar zu markieren, an dem die Theorie der Erziehung und Erziehungsratgeber m.E. in einer noch weitaus engeren und durchaus fruchtbaren Verbindung gestanden haben, bevor beide in einen nahezu unversöhnlichen Gegensatz rückten (1). Wie immer man diese Verbindung im Nachhinein einschätzen mag, bei aller möglichen und notwendigen Kritik an der Aufklärungspädagogik (vgl. Luhmann 2002, 168-181), bleibt zumindest ein Zusammenhang, den es *systematisch* zu beleuchten gilt, um gegebenenfalls Positionen und Überlegungen aufgreifen zu können, die gegenwärtig anregend und hilfreich sein könnten (2). Der *pragmatischen* Dimension ist der letzte Abschnitt gewidmet, der Argumentationsmuster genauer analysieren will, die aufklärend und ermutigend wirken. Es werden Verbindungslinien zu einer Theorieform deutlich, die vermutlich zu Unrecht in Vergessenheit geriet – die narrative Pädagogik (3).

1 Erziehung und ihr immanenter Reformbedarf oder der Verzicht auf Schuldzuweisungen

Gesellschaftliche Veränderungen finden, unterschieden nach Ausmaß und Intensität beständig statt. Das geschieht in der Regel unabhängig vom Erziehungsgeschehen und aus Gründen, die mit den Bereichen Bildung und Erziehung (zunächst) nur am Rande zu tun haben. Politische, soziale und ökonomische Umwälzungen lassen die pädagogischen Bereiche aber nicht nur nicht unberührt. Sie stellen vielmehr Anforderungen an die Erziehung, um jenen angestrebten Veränderungen Nachdruck zu verleihen und für die konkreten Voraussetzungen zu sorgen, die vom „Faktor Mensch" abhängen. Nicht zufällig geht die erste große reformpädagogische Bewegung mit den gesellschaftlichen Veränderungen einher, die im Zuge der Ablösung der ständischen Ordnung durch eine bürgerliche Gesellschaftsordnung erst einmal Bedürfnisse und auch Räume für pädagogische Neuerungen und Experimente schufen. Die Pädagogik der Aufklärung kann als der Punkt markiert werden, an dem ein auffälliger Gleichklang herrscht – zwischen den Autonomiebestrebungen der Subjekte, der Pädagogik als eigenständiger wissenschaftlicher

Disziplin und den systematischen Versuchen einer Popularisierung im Rahmen der Volksaufklärung. Letztere findet in einer ausdifferenzierten Form von medizinischer, diätetischer, agrarwissenschaftlicher, theologischer, philosophischer, ethischer und eben auch pädagogischer Ratgeberliteratur statt, zu welcher die unterschiedlichen Disziplinen maßgeblich beitrugen.

Die „Allgemeine Revision des gesamten Schul- und Erziehungswesens von einer Gesellschaft praktischer Erzieher" (AR), die ab 1785 von Joachim Heinrich Campe herausgegeben in beachtlichen 16 Bänden erschien, dokumentiert nicht nur den diskursiven Charakter der wissenschaftlichen Auseinandersetzung zwischen den bedeutenden Philanthropen, sie legt zugleich den Grundstein für eine sinnvolle Verbindung von Theorie, Empirie und Pragmatik in der Erziehung. Christa Kersting (1992) arbeitete diese Zusammenhänge in ihrer wegweisenden Studie bereits solide heraus. Neuerdings knüpft Simone Austermann (2010) mit zahlreichen Beispielen aus der AR daran an, die sowohl den theoretischen Rahmen als auch die ersten Impulse für Empirie freilegen. In beiden Studien wird zweierlei deutlich: Erstens wollen die Autoren zur Verbesserung und Optimierung der praktischen Erziehung beitragen, also durchaus Ratschläge erteilen und aufklären. Zweitens stand die entschiedene Handlungsorientierung jedoch offenkundig nicht im Gegensatz oder in Konkurrenz zur Theorieentwicklung. Im Gegenteil: Die diskursive Form vieler philanthropischer Schriften entspricht dem Anliegen einer aufgeklärten und aufklärenden Praxis, die auf eigenständigen theoretischen Einsichten beruht. Von missachtender Geringschätzung oder gar Feindschaft gegenüber der Theorie war damals nichts zu spüren. Ganz im Unterschied zu heutigen Debatten, die unter dem „Dogma der ‚Praxisrelevanz'" (Sünkel 2011, 39) stehen, das explizit als Einwand gegen das theoretische Treiben vorgebracht wird und fungiert.

Wie in den expliziten Ratgebern regen auch die Kommentare zu wiederabgedruckten Werken (Rousseaus Emile) oder zu neuen pädagogischen Abhandlungen dank ihrer Gesprächsform zum Nachdenken an und leisten gedankliche Überzeugungsarbeit. Das sind keine bloßen Stilmittel, sondern eine Art von Foren – wenn man so will – frühen Formen des Chats, die den wissenschaftlichen Fortschritt ebenso befördern sollten, wie die Einsichten der praktisch tätigen Eltern, Lehrenden und Erziehenden. Auf mögliche oder gängige Einwände rekurrieren die Reformer explizit, um sie entweder argumentativ und möglichst plausibel zu entkräften oder um sich selbst ebenfalls zu vergewissern und zu überzeugen.

Die Normativität ist in den Texten freilich immer wieder zu spüren und nicht zu leugnen. Aber das bedeutet keineswegs, dass sie sich darin erschöpfen, die AR bietet ein facettenreiches Bild einer Pädagogik der Moderne. Die Pädagogik empfiehlt sich zwar, das gilt auch für die philanthropische Richtung, im Laufe der Geschichte immer wieder als Erfüllungsgehilfe fremder Zwecke – Stichwort: Policeywissenschaft. Aber das Interesse an der Verbesserung von Erziehung wird keineswegs nur von außen an sie herangetragen. Vielmehr erzeugt die Disziplin auch getrennt davon, aus sich selbst einen Reformierungs- und Verbesserungsdrang, der ebenfalls bei den Philanthropen und durch die ganze „uns bekannte Erziehungsgeschichte deutlich [wird; J.H.], wenngleich die Erziehung selber an ihre jeweiligen geschichtlichen Bedingungen gebunden bleibt" (Sünkel 2011, 27). Das ist so, weil es aus der theoretischen Perspektive nach Sünkel immer dann einen Reformbedarf gibt, wenn ein Auseinanderfallen der besonderen Erscheinungsformen von Erziehung mit *ihrem Wesen* konstatiert werden muss.

Ein feststellbarer Mangel, der nicht vorübergehend und zufällig, sondern anhaltend und notwendig erscheint, ist der Ausgangspunkt und zugleich der erste Schritt zu einer theoretischen Analyse. Theorie wird also angeregt, provoziert und eingefordert, wenn und weil sich auf dem Feld der Erziehung Unsicherheiten und Handlungsprobleme bemerkbar machen. So stimmt zwar einerseits, die „Reflexion kann es nicht einfach ignorieren, wenn die Praxis stöhnt" (Luhmann 2002, 178). Andererseits stöhnt die Praxis nicht nur, wie Luhmann meint, unter dem „Establishment" der wissenschaftlichen Disziplin, die nicht selbst unterrichtet und dennoch im öffentlichen Interesse eingerichtet wurde und die „Ambitionen und Interessen an besserer Erziehung vertritt" (ebd.). Genau genommen entstehen eine Reihe von Handlungsproblemen überhaupt nicht aus der Erziehungspraxis und Erziehungswissenschaft, sondern aus widersprüchlichen sozialen Anforderungen und denkbar ungeklärten sozialen Zuständigkeiten. Pädagogik wird verantwortlich gemacht für Probleme, die sich mitnichten (nur) auf pädagogischem Weg beheben lassen. Umgekehrt gilt: Selbst wenn sie hauptsächlich oder gar ausschließlich durch das wissenschaftliche „Establishment" geklärt werden können oder längst geklärt sind, wägt das staatliche Interesse unter eigenen, nicht zuletzt pekuniären Gesichtspunkten pragmatisch ab und folgt aus anderen, sachfremden Gründen nicht den erziehungswissenschaftlich begründeten Analysen. Deshalb lassen sich mitunter selbst Handlungsprobleme, die eindeutig in die pädagogische Zuständigkeit fallen, nicht lösen. Solche Probleme widersprechen der Erziehung selbst – ihrem Wesen nach – und sind definitiv kein einmaliges, zufälliges, harmloses Ergebnis irgendeiner besonderen Spielart von Erziehung, sondern sie verfehlen „ihre Struktur" (Sünkel 2011, 32).

Es ist sicher nicht immer einfach, den Unterschied zwischen einem von außen heran getragenen, normativ beanspruchten und eingeforderten Handlungsbedarf für die Bereiche Erziehung, Unterricht und Wissenschaft einerseits und einem, sozusagen selbstgestrickten, selbstkritisch entdeckten, theoretisch begründeten und begründbaren Reformbedarf andererseits zu erkennen. Aber deswegen „arbeitet [das; J.H.] System" noch lange nicht „wie eine Turing-Maschine durch ständige Transformation des eigenen Output in Input für weiteres Operieren", was schließlich dazu führe, dass „die Einheit des Systems für die Operationen des Systems unerreichbar" werde (vgl. Luhmann 2002, 174). Gegen diese Vorstellung eines „selbstreferenziell" (Luhmann) abgehobenen Erziehungssystems spricht einerseits seine öffentliche Funktionalisierung. Andererseits existieren Mittel dafür, festzustellen, woher der „Input" tatsächlich kommt bzw. wo die gesellschaftlichen Zuständigkeiten wirklich liegen. Die Philanthropen hatten davon – zumindest zum Teil – bereits einigermaßen klare Vorstellungen und fragten nach den Gründen der beklagten Erziehungsnotstände bzw. Missstände. Ihre Vorstellungen erschöpften sich beispielsweise nach Salzmann keineswegs darin, für eine Problemlage lediglich Schuldige aus- und dingfest zu machen oder negativ (idealistische) Gründe, wie das Versagen oder Unterlassen von pädagogischen Maßnahmen, als Antwort auf die Frage zu akzeptieren. Das Symbolum – das Glaubensbekenntnis – der Pädagogen „ist kurz und lautet folgendermaßen: Von allen Fehlern und Untugenden seiner Zöglinge muss der Erzieher den Grund in sich selbst *suchen*" (vgl. Salzmann 1806, 11; Hervorhebung J.H.). Den Grund zu suchen, ist nicht gleichbedeutend mit einer moralischen Verurteilung und es bedeutet auch nicht, die Erziehenden seien jederzeit automatisch zuständig und schuld. Es bedarf jedoch der genauen Analyse der möglichen Gründe. Diese reichen von Unkenntnis der Möglichkeiten und Mittel, Kinder zu stärken – sie zum Nachdenken zu bringen, ihnen Sicherheit und Gelassenheit zu geben – über den Tonfall der Erziehenden und dessen Diskrepanz zum jeweiligen Inhalt, die Vorbildwirkung und unangemessene oder dem Entwicklungsstand des Kindes widerstrebende Beschäftigungen bis hin zu angedichteten Fehlern, die zu Charaktereigenschaften der Kinder erklärt werden. Eltern und Erziehende machen es den Kindern oftmals „zum Verbrechen, wenn sie so handeln, wie die kindische Natur zu handeln pflegt und handeln muß, und fordern von ihnen ein Betragen, das nur die Wirkung der gebildeten Vernunft (...) sein kann" (Salzmann 1806, 19f). Dafür verwendet Salzmann die eindrückliche Metapher: „sie suchen Früchte zur Zeit der Baumblüte" (ebd.), erwarten eine fertige Vernunft, obwohl diese sich überhaupt nur im Austausch mit der sozialen und dinglichen Umwelt entwickelt. Solche grundlegenden pädagogischen Irrtümer, die in überzogenen, sachlich unangemessenen, dem Wesen der Erziehung widersprechenden praktischen Maßnahmen münden, stehen allerdings nicht isoliert. Sie sind eingebettet in ein gesellschaftliches Umfeld und in eine gesellschaftliche Praxis, die selbst Anforderungen an Eltern, Erziehende, Lehrende und das Erziehungssystem stellt und – in glattem Missverständnis des Symbolum – glaubt, den Grund oder besser die Schuld von „allen Untugenden und Fehlern der Zöglinge dem Erzieher *beimessen*" (Salzmann 1806, 28; Hervorhebung im Original) zu müssen. Dies markiert systematisch den Punkt, an dem viele Unsicherheiten und Bedürfnisse nach Ratgebern entstanden und bis heute entstehen.

Negative Argumentationsmuster sind gegenwärtig ebenfalls stark in Mode: Das (vermeintliche) Versagen Einzelner oder gar des ganzen Schul- und Erziehungssystems auszumachen, dafür auf den beklagenswerten „Missstand" hinzuweisen, der das eingangs konstatierte Versagen dokumentiert, wurde zu einem beliebten Verfahren, Schuld zuzuweisen und andere gesellschaftlich relevante Gründe erst gar nicht in Erwägung zu ziehen. Ein zirkuläres Verfahren, das schon deshalb immer „funktioniert", weil es auf dieses Resultat angelegt ist. Sachlich und inhaltlich spricht nichts dafür, die Argumentationen sind weder aufschlussreich noch aufklärend. Aber der belehrende und moralisierende Rundumschlag gegen das Erziehungssystem verfehlt trotzdem selten seine Wirkung. Ein Beispiel: „Erziehung ist nur erfolgreich" – schreibt Bueb in seinem Lob der Disziplin – „wenn sie die zum Egoismus neigende menschliche Natur gegen den Strich bürstet. Das leistet unser derzeitiges deutsches Erziehungssystem nicht" (Bueb 2006, 88). Solche Diagnosen sind leicht erstellt. Das System hat ganz grundsätzlich versagt. Das sieht man schon daran, dass Disziplinlosigkeit und Egoismus ungebrochen herrschen. Also sind diejenigen an dem Zustand schuld, die „den egoistischen Neigungen der Natur" keinen Einhalt boten. Damit sind alle Fragen geklärt. Es lohnt sich gar nicht mehr, danach zu fragen, woher der Egoismus kommt und was er ist, oder darüber nachzudenken, ob und wie er sich überhaupt „bürsten" lässt, wenn er – wie Bueb behauptet – „natürlich" ist. Zum „Lob der Disziplin" liegt bereits eine Reihe von beachtlichen Analysen und Auseinandersetzungen vor (vgl. z.B. Arnold 2007; Brumlik et al. 2007; Schmid 2011). Es geht hier lediglich um den Unterschied zwischen moralisierenden Argumentationen und normativen Aussagen der Aufklärungspädagogik. Der Grund der angeblichen Disziplinlosigkeit rührt daher, dass versäumt wurde, darauf zu achten oder man selbst zu lange disziplinlos war, der Grund für die Disziplinlosigkeit ist die Disziplinlosigkeit der Elterngeneration. Zirkuläre Begründungen sind gefragt und geradezu geboten: Wenn es auf geistige Unterordnung ankommt, zählen Argumente naturgemäß wenig. Die Art der „Begründung" ist nicht nur passend, sie dient zugleich der Immunisierung gegen Kritik. Als scheinbar plausibler „Beweis" genügt der Hinweis, das angeblich Versäumte – in Buebs Fall die Disziplinierung – sei andernorts (etwa in englischen Internaten) erfolgreich eingesetzt worden.

Die vernunftmäßige Überzeugung wird in der Tat nebensächlich, will man diszipliniertes Verhalten erzeugen oder besser erpressen. Solche Erzieher, die gesellschaftliche Ansprüche unreflektiert durchreichen, den Heranwachsenden grundsätzlich die Schuld zuweisen, hatte Salzmann klar vor Augen: Sie verhalten sich wie Offiziere ihrer Kompanie „und jede Ermahnung, jede Erinnerung hat die Form eines despotischen Befehls" (Salzmann 1806, 16). Die Wirkung, die sie damit erzielen, liegt auf der Hand – „Abneigung und Widerspenstigkeit" – also das Gegenteil des Intendierten. Da der „zur Freiheit bestimmte Mensch eine natürliche Abneigung gegen jede harte, willkürliche Behandlung" fühlt, könne man „es ihm nicht zur Last legen, wenn er sie gegen seinen despotischen Erzieher äußert".

Salzmann selbst rät solchen Erziehern, sich besser um „eine Korporalstelle oder die Stelle eines Zuchtmeisters" zu bemühen (vgl. ebd.).

Campe thematisiert das Problem der Disziplinierung ebenfalls in seiner Abhandlung „Über das Zweckmäßige und Unzweckmäßige in den Belohnungen und Strafen" (1788) ausführlich. Er führt eine durchaus selbstkritische Analyse der eigenen pädagogischen Maßnahmen durch und zeigt exemplarisch an den Meritentafeln, wie pädagogische Maßnahmen das Gegenteil dessen bewirken können, was sie beabsichtigen mögen. Das geht sogar so weit, dass sie sich selbst ad absurdum führen, indem sie nur neue Gründe für Disziplinierung schaffen – übertriebene Eitelkeiten oder besonders ausgefuchste Verschlagenheit oder beides befördern (vgl. Campe 1788, 57f). In diesem Zusammenhang verweist Campe explizit auf die Bedeutung der Beobachtung. Für die Philanthropen gilt grundsätzlich: Die Verbindung zwischen Theorie, Empirie und Pragmatik ist in den Erziehungslehren und Schriften der Aufklärungspädagogik durchgängig gegeben, die Rolle der Wissenschaft und Vernunft war in der Gründungs- und Konsolidierungsphase der bürgerlichen Gesellschaft konstitutiv und wertgeschätzt.

2 Zum Verhältnis von Wissenschaft und Ratgebern – Rekapitulation und Ergänzung ausgewählter Positionen und Argumentationen

Über lange Zeit gestaltete sich das Verhältnis zwischen Erziehungswissenschaft und Erziehungsratgebern eher prekär, unversöhnlich, abgrenzend und beinahe ignorant. Das ist spätestens seit der Jahrtausendwende nicht mehr in der Weise der Fall, zumindest nicht mehr durchgehend. Dazu trugen nicht zuletzt jene Wissenschaftler bei, die sich an dem Forschungsnetzwerk beteiligen.

Die Konfliktline verläuft zwar noch immer zwischen dem, was erziehungswissenschaftlich anerkanntes Vorgehen in der Aufklärung über Erziehungstatsachen ist, und dem – wie Oelkers es nannte – populären „Erziehungswissen", das „authentisch wirken, aber sich zugleich zur moralischen Inszenierung eignen [muss; J.H.], ohne dabei die eigenen Paradoxien durchscheinen zu lassen" (Oelkers 1995, 17). Erziehungswissen gewinnt seine Autorität „*in* bzw. *für* Erziehungswelten" (ebd.; Hervorhebung im Original) nicht durch überzeugende Argumentationen, sondern „in Verbindung mit Formen des Common sense" (ebd.). Allerdings stellte sich schon damals die Frage, in welcher Form die Wissenschaft an der Entstehung diese „Common sense" beteiligt war. Mittlerweile sind theoretische Surrogate, Mythenbildungen, Trivialisierung, simple Kausalitäten, Rezepte und Handlungsanweisungen als „Strategien der Verdummung" (Wertheimer/Zima 2002) selbst in die Studiengänge an den Universitäten eingekehrt und längst nicht nur im Bereich der Ratgeberliteratur anzutreffen.

Inzwischen ist auf Seiten der Erziehungswissenschaft einiges geschehen, die überheblichen und ignoranten Haltungen sind längst gründlichen Analysen gewichen, die sowohl die Ratsuchenden als auch die theoretischen Konzepte der Ratgeberliteratur selbst differenzierter in den Blick nehmen (vgl. z.B. Becker 2006, 2014; Höffer-Mehlmer 2003; Jahn 2012; Keller 2008; Schmid 2008, 2011). Im Anschluss daran lassen sich einige grundlegende systematische Einsichten fixieren, die die Wünsche der Abnehmer von Erziehungsratgebern ebenso charakterisieren wie die Ratgeber selbst – gleichviel in welcher Form sie vorliegen mögen. Ohne Anspruch auf Vollständigkeit und in loser Folge greife ich einige Argumente auf, die gegenwärtig beachtenswert erscheinen.

Grundsätzlich gilt noch immer: Ratgeber sind Indikatoren oder „Seismographen" für Unsicherheit und Verunsicherung, vornehmlich „wenn – krisenbewußt – die Ursachen gesellschaftlicher Probleme in der Erziehung gesucht werden, wenn Verhaltenserwartungen keine sichere Einlösung zu finden drohen, wenn das gelebte Leben sich nicht mehr von selbst verstehen läßt", dann wollen Ratgeber die „Ratlosigkeit mit Ratschlägen steuern helfen" (Berg 1991, 710). Daraus beziehen Ratgeber in allen Variationen ihre bleibende Grundlage und sind damit zugleich Konjunkturen und Moden unterworfen. Das lässt sich an den Auflagezahlen und -stärken studieren. Selbst die erfolgreichsten, zeitgeschichtlich gebundenen, inhaltlich jedoch wenig veralteten Ratgeber kommen irgendwann aus der Mode, stellvertretend für viele mag Spock (1962) stehen. Umgekehrt erscheinen etwa zu ADHS, Autismus etc. laufend neue Ratgeber, die eher darauf hinweisen, dass sie Teil des Problems und weniger dessen Lösung sind (vgl. Becker 2014; Frenkel/ Randerrath 2015). Ganz klar geht aus den Studien die zeitgeschichtliche Abhängigkeit der Ratgeber von politischen Konjunkturen hervor. Sie spiegeln den pädagogischen Zeitgeist jedoch nicht nur – sie sind maßgeblich mit beteiligt, den pädagogischen Geist der Zeit zu erzeugen.

Der instrumentelle Charakter, von dem Christa Berg (1991) sprach, bleibt erhalten. Kausalität wird reduktionistisch als Ursache-Wirkungs-Mechanismus wahrgenommen. Ratgeber nähren mit dem Glauben an die Beherrschbarkeit der Erziehungssituationen oder Machbarkeitsillusionen zugleich Schuldgefühle und Versagensängste der Eltern und Erziehenden. Deshalb erwarten sie von Ratgebern einerseits Information und gehen dabei in gewisser Weise recht selektiv vor. Andererseits bevorzugen sie in speziellen (Härte-)Fällen doch den persönlichen Kontakt mit erfahrenen Eltern oder professionellen Beratungsstellen. Wie Keller ermittelte, wünschen oder beanspruchen Eltern und Erziehende von Ratgebern Bestätigung, sie legen im Grunde Wert auf beruhigende Rückmeldungen sowie auf Verständnis, Trost und emotionale Gewissheit (vgl. Keller 2008, 302-304).

Zwei Punkte sollen als ergänzende Hinweise dienen und helfen, das Verhältnis zwischen Ratgebern und Wissenschaft noch weiter zu klären:

Erstens sind die Ratgeber wegen ihrer historisch-sozialen Gebundenheit und gesellschaftlichen Funktionalität ideologiekritisch zu untersuchen. Hier sind insbesondere genauere Aufschlüsse für die Rolle der wissenschaftlichen Pädagogik zu erwarten. Sie stand – schon vor ihrer Etablierungsphase im Zuge der Aufklärungsepoche – und sie steht bis heute gesellschaftspolitischen und ökonomischen Anforderungen nicht nur als „Anwalt des Kindes" (Nohl) oder neutral gegenüber, sondern lieferte und liefert noch immer ideologische Rechtfertigungen veränderter sozialer Praxen. Ein bewusstes Anknüpfen an die Tradition Kritischer Theorie empfiehlt sich m.E., weil Erziehungswissenschaft – gerade in den empirischen Spielarten und speziell in der Diagnostik – deutlich dem Selbstmissverständnis einer objektiven Unparteilichkeit unterliegt. Sie konzentriert sich in der qualitativen Sozialforschung speziell in der Biographieforschung verstärkt auf die persönliche Ebene. Damit begibt sie sich in ihren Reflexionen „in die Abhängigkeit individueller ‚Entwürfe' (...) und das eigene Erleben" gilt „ihr als erstes und letztes Argument" der Rechtfertigung (vgl. Prange 2000, 79). Gesellschaftstheoretische Analysen bleiben gezielt ausgespart, obwohl aus diesem sozio-ökonomischen Bereich die umfangreichsten Einwirkungen auf die Aneignungstätigkeit der Heranwachsenden hervorgehen, „die der Erzieher hinzunehmen hat" (Sünkel 2011, 97). Das alltägliche, widersprüchliche gesellschaftliche Leben der Erwachsenen entfaltet dennoch auf „protopädischem" (Sünkel 2011, 78) Weg seine Wirkung und damit besteht in der Erziehungspraxis die Gefahr, die „Unvollkommenheiten der Zeit" (Schleiermacher 1820/21, 79) auf Dauer zu stellen.

Zweitens decken Ratgeber selbst, wie Schmid (2011, 37-79 und 373-380) in Anschluss an Weniger und Böhm überzeugend und ausführlich darlegt, ein gewisses Spektrum von theoretischem Wissen ab. Darüber hinaus könnte ein positiver Bezug auf das Nicht-Wissen für die Ausgestaltung des Verhältnisses hilfreich sein und vermutlich nicht nur die Kluft zwischen Ratgebern und Wissenschaft schmälern, sondern Erziehungswissenschaft an ihren eigenen Ausgangspunkt erinnern, weil dies ein genuin pädagogisches Thema ist und die Lebensalter verbindet (diejenigen, die noch nicht und die, die nicht mehr wissen). Die Altersforschung bietet hier wichtige systematische Anknüpfungspunkte. Aus den Diskursen über (Nicht-)Wissen in der Wissensgesellschaft resultiert ein Verständnis von Wissen, das die „Lebenszusammenhänge und -notwendigkeiten der Menschen" auf der einen Seite berücksichtigt und die Dynamik von „Begriff, Handlung und Erfahrung" produktiv einfängt (Kicker-Frisinghelli 2017, 69). Auf der anderen Seite „potenziert" sich in der „Zuschreibung von Nicht-Wissen" ein „Entzug der grundsätzlichen Anerkennung", welcher als Quelle von Verunsicherung „eine Negativ-Spirale in Bewegung" setzt, die den einzelnen in die Pflicht nimmt und ihm getrennt von den konkreten Möglichkeiten oder Hindernissen zumutet, selbst für den Ausgleich des Nicht-Wissens zu sorgen (vgl. Stöckl 2017, 89). Und schließlich bringt uns der Diskurs über Nicht-Wissen mit der Dimension der „Ungewissheit der Zukunft" eine „Facette" zu Bewusstsein, die als eine existenzielle Erfahrung unhintergehbar bleibt (vgl. ebd., 82).

3 Aufklärung der Aufklärenden – pragmatische Perspektiven

Vor diesem Hintergrund der Ungewissheit fällt ein anderes Licht auf die pragmatische Perspektive, die von Ratgebern nur scheinbar besser bedient wird und dennoch der grundlegenden Paradoxie nicht entgeht, die mit Aufklärungsversuchen stets verbunden bleibt. Insbesondere bei Salzmann finden sich zahlreiche anschauliche Beispiele für dieses Paradox, sowohl im „Krebsbüchlein" als auch im „Ameisenbüchlein". Die geschilderten Szenen spielen zeitgleich auf zwei verschiedenen Ebenen, die allerdings zusammenwirken: Zum einen geht es um die Aufklärung über das konkrete pädagogische Fehlverhalten, und zum andern zeigt Salzmann auf der Metaebene, wie die Aufklärung der Erwachsenen ablaufen könnte. Wohlverstandene *Ironie* ist schon etwas mehr als ein Fingerzeig – ein „mit der Nase darauf stoßen", eine Aufklärung über den eigenen Beitrag zu dem, wogegen man anschließend wirken will. Ironie überlässt es dem Gegenüber, sich selbst in den Episoden wiederzuerkennen. Sie will zwar aufklären, aber dabei nicht penetrant aufdringlich oder gar missionarisch wirken. Deshalb findet es Salzmann in der Tat selbst amüsant und zugleich überraschend, wenn es ihm gelingt, einen Punkt beim Gegenüber zu treffen, der dessen Vernunfttätigkeit anregt und bei ihm gegebenenfalls auch unbequeme oder schmerzhafte (Selbst-) Erkenntnisse und Einsichten hervorbringt. „Dieser Gedanke wird sie niederschlagen, sie werden die Sache weiter überlegen und gar bald sich überzeugen, daß ich die Wahrheit geredet habe (…)" (Salzmann, 1780, 17) – heißt es an einer Stelle. Die Aufklärungsabsicht mag der Antrieb sein, doch sie bleibt ohne Wirkung, sobald sie sich naseweis, belehrend und überheblich vorträgt und nicht mit der Ungewissheit rechnet, die in der Überzeugungsarbeit selbst liegt. Vieles mag gar nicht beabsichtigt oder das glatte Gegenteil dessen, was tatsächlich erreicht wurde, mochte ursprünglich intendiert sein – mittels Ironie versucht Salzmann die Augen dafür zu öffnen, wie sich in Erziehungssituationen die beste Absicht in ihr Gegenteil verkehrt. Wovon sich die Kinder und Heranwachsenden überzeugen und welche Lehren sie ziehen, ist für Eltern und Erziehende manchmal überraschend. Bei genauerer Betrachtung entdecken sie, was oder wie sie selbst vielleicht dazu beigetragen haben, „sich bei den Kindern verhaßt zu machen", sie „mißtrauisch", „verächtlich", „rachgierig", „neidisch", „trotzig", „verdrießlich" etc. zu machen, sie Lügen, Verleumden, Grausamkeit, Schadenfreude, Tierphobien, Geiz, Unordnung zu lehren. Das verbindende und konstitutive Element von Ironie und

Pädagogik ist letztlich die Ungewissheit; das war Salzmann vermutlich bewusst und wurde neuerdings systematisch in den Beiträgen zu dem von Aßmann und Krüger herausgegebenen Band „Ironie in der Pädagogik" (2011) bearbeitet. Die Analyse von einschlägigen Theorien und paradoxen Situationen aus dem Alltag von Schule und Erziehung macht den Umgang mit Ungewissheit an vielen Stellen deutlich.

Die passende Theorieform dazu ist im Anschluss an Salzmann die *narrative Pädagogik*. Ihr gelingt es am anschaulichsten, ausgehend von konkreten Situationen „etwas Allgemeines zur Geltung" zu bringen. „Erziehung will das Objektive mit dem schlechthin Unwiederholbar-Individuellen vermitteln" (Prange 2000, 80) – eine Gratwanderung, die Pestalozzi, Korczak, Makarenko, Tolstoi in zahlreichen Erzählungen vorbildlich bewältigten. Die reflektierte Narration bietet für die Rezipienten den Vorzug, sich von der geschilderten Situation distanzieren, verunsichern, anregen und überzeugen lassen zu können. Stets bleibt das Moment der Freiheit auf Seiten derjenigen, die sich im Nachhinein gedanklich als Handelnde in die Problemstrukturen der Situation und die Überlegungen der Erzählenden versetzen und so zu eigenen Urteilen provoziert werden.

Ratgeber arbeiten zwar auch mit Erzählungen, aber sie lenken dabei das Denken häufig gezielt in die Richtung von Schuld und Versagen. Die Ungewissheit pädagogischen Handelns wird in scheinbare Gewissheit verkehrt und in die persönliche Verantwortung der Handelnden gestellt, obwohl vieles gar nicht in die Macht der Erziehenden fällt. Narrative Pädagogik setzt dagegen ein Angebot, zu vernehmen was ist bzw. was war, schärft Beobachtungsgabe und Urteilsfähigkeit, stellt eigenes Denken und Handeln zur Disposition und beansprucht für sich gerade nicht, mit felsenfester Gewissheit pädagogisch richtig zu handeln.

Die Ungewissheit bleibt keineswegs nur von den Ratgebern unbeachtet. Martinus Langeveld erkannte bereits eine Entwicklung, die in der gegenwärtig hauptsächlich empirisch ausgerichteten Erziehungswissenschaft deutlich zu Tage tritt, wenn sie mit Tests, Diagnosen und Entwicklungsprognosen Objektivität erzeugt:

> „Derjenige, der ein absolutes Wunder im Testen ist (…) alles über die Möglichkeiten einer Laufbahn für das zu beurteilende Kind kennt, für es die richtige Schule zu wählen weiß und angeben kann, wie die Eltern ihr Verhalten ihm gegenüber ändern müßten, könnte sehr wohl auf dem besten Wege sein, ein Despot zu werden, ein liberaler Exponent jener autoritären Geisteshaltung, die besagt: ‚Du sollst glücklich sein' – liberal, weil es keine Geheimpolizei oder kein KZ gibt, um den Menschen einer sozialen Zukunft zu berauben" (Langeveld 1971, 67).

Nicht-Wissen und Ungewissheit haben durchaus etwas Befreiendes.

Literatur

Arnold, R. (2007): Aberglaube Disziplin. Antworten auf das „Lob der Disziplin". Heidelberg: Carl Auer.

Aßmann, A./Krüger, J.O. (2011): Ironie in der Pädagogik. Theoretische und empirische Studien zur pädagogischen Bedeutsamkeit der Ironie. Weinheim: Juventa.

Austermann, S. (2010): Die ‚Allgemeine Revision'. Pädagogische Theorieentwicklung im 18. Jahrhundert. Bad Heilbrunn: Verlag Julius Klinkhardt.

Becker, N. (2006): Die neurowissenschaftliche Herausforderung der Pädagogik. Bad Heilbrunn: Verlag Julius Klinkhardt.

Becker, N. (2014): Schwierig oder krank? ADHS zwischen Pädagogik und Psychiatrie. Bad Heilbrunn: Verlag Julius Klinkhardt.

Berg, C. (1991): ‚Rat geben'. Ein Dilemma pädagogischer Praxis und Wirkungsgeschichte. In: Zeitschrift für Pädagogik 37 (5), 709-734.

Brumlik, M. (Hrsg.) (2007): Vom Missbrauch der Disziplin. Antworten der Wissenschaft auf Bernhard Bueb. Weinheim u.a.: Beltz.

Bueb, B. (2006): Lob der Disziplin. Eine Streitschrift. Berlin: List.

Campe, J.H. (1788/1998): Über das Zweckmäßige und Unzweckmäßige in den Belohnungen und Strafen. Hrsg. und mit einem Nachwort und Anmerkungen versehen von Birgit Ofenbach. Heinsberg: Dieck.

Frenkel, B./Randerath, A. (2015): Die Kinder-Krankmacher. Zwischen Leistungsdruck und Perfektion – Das Geschäft mit unseren Kindern. Freiburg i. Breisgau: Herder.

Höffer-Mehlmer, M. (2003): Elternratgeber. Zur Geschichte eines Genres. Baltmannsweiler: Schneider Verlag Hohengehren.

Jahn, S. (2012): Reflexionen über Erziehung in populärwissenschaftlichen Ratgebern. Eine Analyse der elterlichen Implementierung von pädagogischen Argumentationen in den Erziehungsalltag. Verfügbar unter https://hsbwgt.bsz-bw.de/files/54/Endfassung_25012013.pdf (Zugriff am 18.09.2018).

Keller, N. (2008): Pädagogische Ratgeber in Buchform – Leserschaft eines Erziehungsmediums. Bern: Lang.

Kersting, C. (1992): Die Genese der Pädagogik im 18. Jahrhundert. Campes ‚Allgemeine Revision' im Kontext der neuzeitlichen Wissenschaft. Weinheim: Deutscher Studienverlag.

Kicker-Frisinghelli, K. (2017): Die Verschränkung von Wissen und Handeln im sozialen Raum – pädagogische Perspektiven. In: C. Stöckl (Hrsg.): Ältere Menschen in der Wissensgesellschaft. Die Bedeutung von Nicht-Wissen. Graz: Leykam, 65-75.

Langeveld, M.J. (1971): Erziehungskunde und Wirklichkeit. Studien und Gedanken zur Theorie und Praxis der Erziehung. Braunschweig: Westermann.

Luhmann, N. (2002): Das Erziehungssystem der Gesellschaft. Hrsg. v. D. Lenzen. Frankfurt am Main: Suhrkamp.

Makarenko, A.S. (1954): Ein Buch für Eltern. Berlin: Aufbau-Verlag.

Oelkers, J. (1995): Pädagogische Ratgeber. Erziehungswissen in populären Medien. Frankfurt am Main: Moritz Diesterweg.

Prange, K. (2000): Plädoyer für Erziehung. Baltmannsweiler: Schneider Verlag Hohengehren.

Salzmann, C.G. (1780/1894): Krebsbüchlein oder Anweisung zu einer unvernünftigen Erziehung der Kinder von Christian Gotthilf Salzmann. Mit Einleitung und Anmerkungen versehen von Ernst Schreck. Leipzig: Reclam.

Salzmann, C.G. (1806/1916): Ameisenbüchlein. Zum Gebrauch in Seminarien mit einer Einleitung und Beifügung einiger kleinen Schriften E. v. Rochows. Hrsg. v. Fritz Jonas. Bielefeld: Velhagen & Klasing.

Schleiermacher, F. (1820/21/2008): Pädagogik. Die Theorie der Erziehung von 1820/21 in einer Nachschrift. Hrsg. von Christiane Ehrhart und Wolfgang Virmond. Berlin u.a.: de Gruyter.

Schmid, M. (2008): Erziehungsratgeber in der ersten Hälfte des 20. Jahrhunderts – eine vergleichende Analyse. Kontinuität und Diskontinuität im Mutterbild sowie der (früh-)kindlichen Pflege und Erziehung in ausgewählten Erziehungsratgebern der Weimarer Republik und der NS-Zeit. Berlin: Weißensee.

Schmid, M. (2011): Erziehungsratgeber und Erziehungswissenschaft. Zur Theorie-Praxis-Problematik populärpädagogischer Schriften. Bad Heilbrunn: Verlag Julius Klinkhardt.

Spock, B. (1962): Sprechstunde für Eltern. 1000 Ratschläge zur Erziehung. Berlin u.a.: Ullstein.

Stöckl, C. (2017): Zwischen Erlebnis und Zuschreibung: Nicht-Wissen in der Wissensgesellschaft. In: C. Stöckl (Hrsg.): Ältere Menschen in der Wissensgesellschaft. Die Bedeutung von Nicht-Wissen. Graz: Leykam, 77-91.

Sünkel, W. (2011): Erziehungsbegriff und Erziehungsverhältnis. Allgemeine Theorie der Erziehung. Bd. 1. Weinheim u.a.: Juventa.

Wertheimer, J./Zima, P.V. (2002): Strategien der Verdummung. Infantilisierung in der Fun-Gesellschaft. München: C.H. Beck.

Jürgen Oelkers

Ratgeber als Wissensform und die Erziehungswissenschaft

1 Ratgeber als Wissensform

Ratgeber sind eine der am meisten verbreiteten Buchgattungen. Es gibt für nahezu alle Themen oder Problemlagen des Lebens Ratgeber in Buchform. Auffällig ist die sehr unterschiedliche Qualität, je nachdem welches Themenfeld bearbeitet wird. Ratgeber für die Anlage eines Gartens sind ähnlich verlässlich wie Kochbücher, während Erziehungsratgeber eher unzuverlässig oder trivial sind, trotzdem aber Käufer finden. Das hat Folgen: Ratgeber für Steuertricks werden sehr genau gelesen, Ratgeber zum Stressabbau in der Erziehung sehr punktuell und oft nur zur Selbstbestätigung.

Qualitätsstandards für Ratgeber gibt es nicht, hier entscheidet allein der Markt. Die Auflagenhöhe ist unterschiedlich und meistens werden Taschenbücher produziert. Oft erscheint auch nur eine Auflage, Bestseller sind eher selten, dafür werden vergleichsweise viele Titel zu ähnlichen Fragestellungen produziert. Es gibt Randthemen an der Peripherie und Top-Themen im Zentrum, der Themenmarkt selbst ist vielfach teilbar und zugleich enorm kreativ. Allgemeine Erziehungsratgeber gibt es als etablierte Gattung seit dem 18. Jahrhundert, medizinische und moralische Ratgeber für Erziehung sind noch älter, sie sind bereits seit der Antike überliefert. Schon in der ägyptischen Hochkultur sind Schriften nachgewiesen, die sich mit Fragen der Kindererziehung befasst haben. In der Antike waren Erziehungsratgeber Teil der Moralliteratur, im christlichen Mittelalter entstanden spezielle Manuale für Mütter und mit dem Buchdruck erschienen pädiatrische Werke zur Pflege, Ernährung und Unterweisung der Kinder.

Diese Mischung ist bis heute erkennbar: Erziehungsratgeber betreffen

- Gesundheit und Ernährung.
- Pflege und Hygiene.
- Moral und Haltung.

- Verhalten und Benimm.
- Beziehung zwischen Eltern und Kindern.
- Schule und Unterricht.
- die beste denkbare Erziehung.

Unterstellt wird jeweils *eine* richtige Lösung. Die Kernform des Wissens ist daher das entschiedene „wie". Ratgeber mit mehreren Varianten, welche die Entscheidung offen lassen, sind ausgesprochen selten. Das liegt in der Natur der Sache: Von Ratgebern wird definitiv eine Antwort auf die Frage erwartet, was „richtig" ist und was „falsch." Die Erwartung gilt auch in praktischer Hinsicht, was als *richtig* hingestellt wird, soll die damit verbundenen Wirkungen haben.

Das Leserverhalten ist auf die Wirksamkeit hin ausgerichtet. Genutzt werden Erziehungsratgeber bezogen auf umsetzbare Hinweise, ideologische Aussagen werden nicht wahrgenommen oder nur dort, wo bereits Zustimmung besteht. Gelöst werden sollen konkrete Probleme im unmittelbaren Erfahrungsfeld des Lesers oder der Leserin. Meistens animiert dazu der Titel des Buchs oder der Klappentext. Beides zusammen muss eine Problemlösung verheißen.

Die Ratgeber ihrerseits reagieren auf Problemlagen, vor allem solche, die in den Medien kommuniziert werden und so als verbreitet gelten. Die Grundregel ist: Es gibt auf alles eine Antwort, und mehr als das, die Antwort führt auch zu den richtigen Effekten. Kein Problem ist unlösbar, sofern nur der Rat befolgt wird. Die Wissensform ist also auf Lösung angelegt, so weder auf Theorie noch auf Kritik und sie kann sich inzwischen vom Buch auch lösen.

Mittlerweile sind im Internet zahlreiche Ratgeber-Foren anzutreffen, die zum Beispiel *gutefrage.net*[1] heißen und sich als „Ratgeber-Community" verstehen. Hier kann direkt und interaktiv Rat gesucht und gegeben werden, mit zum Teil verblüffenden Resultaten. Aber auch hier gilt, dass nur gut ist, was unmittelbar einleuchtet und sich als nützlich erweist. Man erspart sich so lange Umwege und auch Interpretationsarbeit. Das Internet verändert die Wissensform also nicht.

Erziehung ist voller Risiken, der Prozess verläuft nicht linear und die Wirkungen von Entscheidungen sind umso weniger abzusehen, je höher die Ziele angesetzt sind und je mehr Zeit in sie investiert wird. Deswegen besteht Bedürfnis nach Rat und Beratung, was unter Eltern eigentlich ganz selbstverständlich ist. Sie beraten sich mit anderen Eltern, fragen auch ihre eigenen Eltern, nutzen professionelle Angebote oder vernetzen sich unter bestimmten Fragestellungen im Internet.

- Aber brauchen sie dann noch Ratgeber, also Bücher oder andere Medien, die sie kaufen und lesen müssen?
- Wenn nein, warum gibt es dann Unmengen von Erziehungsratgebern?
- Und wenn ja, was lernt man damit?

---

1 https://www.gutefrage.net/ (Zugriff am 06.10.18).

Ratgeber sind keine pädagogische Domäne, es gibt sie für alle Lebenslagen und für jeden praktischen Zweck, sei es die Gesundheit, das Zusammenleben, die Gestaltung der Umwelt, die Steuererklärung oder die Tierpflege. Die Ratgeber sind Helfer im Alltag und so weitgehend unpolitisch.

Erziehungsratgeber unterscheiden sich von anderen Ratgebern für nicht-pädagogische Themenbereiche in verschiedener Hinsicht: Sie sind meist defizitorientiert, auch da, wo sie vorgeben, Potentiale zu erschließen. Sie versprechen Problemlösungen, oft Abhilfe von Notlagen. Sie sagen, was die richtige und was die falsche Erziehung ist, geben dafür Hinweise, die praktikabel sein sollen, liefern aber in aller Regel nur Beispiele, sowie Moral und Sprache.

Dabei unterstellen sie Situationen, die beherrscht werden können, wenn man es nur richtig macht. Sie versprechen daher primär Sicherheit und Zutrauen in die eigenen Kräfte für den Alltag, über den doch kein Ratgeber konkret etwas weiß. Das ist bei Ratgebern für den Garten, bei Tipps für das Hundetraining oder bei Vorschlägen für eine gesunde Ernährung anders. Die Wirkung ist mehr oder weniger direkt prüfbar, während bei Erziehungsratgebern die Wirkung letztlich offen bleibt.

Ein heutiges Ratgeberthema mit hoher Nachfrage ist die Pubertät und wie man sie übersteht. Das zeigt etwa der Erfolg von „Das Pubertier" (Weiler 2014), eine Sammlung von Geschichten, die Trost versprechen, weil irgendwann auch chaotische Situationen überstanden werden und ein gutes Ende in Sicht ist. Über die unliebsamen und unvermeidlichen Härten der Erfahrung sagt das Buch nichts aus, aber es ist auch kein Ratgeber im engeren Sinne, der davon ausgehen würde, dass angesichts von Bedrohungen wie Kontrollverlust unmittelbar Hilfe gefragt ist, welche dann auch geboten werden kann.

Die Probleme scheinen sich zu häufen, die Jugendlichen verhalten sich irritierend, in der Folge brechen die Sicherheiten der Eltern ein und dann ist guter Rat teuer. Ratgeber versprechen Abhilfe, also die gute Lösung eines vertrackten Problems, das anscheinend nicht von selbst wieder verschwindet. Wäre das anders, bräuchte man wohl Geduld, aber keine Ratgeber.

Aber statt einfach auf gute Nerven zu setzen, werden für die Pubertät Dialoge empfohlen, die Kunst des Zuhörens oder gemeinsame Unternehmungen abseits vom Alltag, als sei Pubertät für die Jugendlichen nicht genau die Erfahrung, endlich einmal wegzuhören oder sich von wohlmeinender Betreuung abzugrenzen. Man liest dann auch, dass Erziehung nicht mehr hilft und trotzdem gemeinsame Werte vorhanden sind, die zu befolgen zu einem guten Ende führt, nämlich Glaubwürdigkeit, Integrität, Authentizität und Verantwortung (Juul 2015).

Aber warum ist dann ständig von Notlagen der Erziehung die Rede? Und wieso vertraut man nicht einfach auf die bewährten Institutionen wie Schule und Familie, die im Gegenteil häufig als besonders defizitär wahrgenommen werden können? Das mag für die Chancen der Ratgeber gut sein, aber kann nicht einfach für sich stehen bleiben.

2 Schul- und Erziehungskritik als Treiber

Meine These geht dahin, dass ohne ständige Schul- und Erziehungskritik kein Treiber vorhanden wäre, der die Defizite plausibel macht, die dann Ratgeber auf den Plan rufen. Alltagsprobleme sind das nicht von sich aus. Sie müssen aufgeladen und die Unsicherheit muss verstärkt werden, bevor ein Defizit alarmierend aussehen kann. Ohne ein Drama vor Augen würde niemand das „Pubertier" lesen und niemand würde dann nach der Lektüre in einen Zustand der Entspannung gelangen. Aber der muss auch trügerisch sein, wenn Ratgeber ihre Chance behalten sollen.

Wissen erneuert sich ständig, Kompetenzen muss man fortwährend anwenden, wenn man sie nicht verlieren will und von der Schulerfahrung bleibt vor allem die soziale Seite. Kognitiv ist die Schule dann erfolgreich, wenn sie stabile Lernniveaus vermittelt, die die Höhe der Lernanschlüsse bestimmen. Auch ein gymnasialer Kanon hat letztlich keinen anderen Zweck. Die Schule verfügt nicht darüber, wie das von ihr vermittelte Wissen und Können anschließend genutzt wird. Wie lebensdienlich die Schule sein kann, entscheidet sich im anschließenden Bildungsgang, den sie nicht mehr beeinflusst.

Daraus würde folgen, dass die Zielerwartungen an die allgemeinbildende Schule auf das begrenzt werden sollten, was mit ihr tatsächlich erreicht werden kann, während heute Erwartungen bestimmend sind, die Ziele im Leben, also nach der Schule, verfolgen und mit linearem Zuwachs rechnen. Gemäß diesen Erwartungen muss man nicht mit einem Abflachen der Lernkurven rechnen und man kann so tun, als ob die Abnutzung der Lernmotivation ein Angriff auf die Schulordnung darstellt.

- Erreichbare Ziele müssen die Lerndauer beschränken,
- Stufungen der Zielerreichung zulassen,
- Aussagen über die notwendigen Ressourcen enthalten
- und auf transparente und faire Leistungsbewertungen bezogen sein.

Wenn es keine klaren und erreichbaren Ziele gibt, hinkt die Wirklichkeit immer den Idealen hinterher. Deshalb hat auch Schulkritik immer eine Chance, von der Öffentlichkeit aufgegriffen und ernst genommen zu werden, einfach, weil die Schulen nie die Erwartungen erfüllen, die ihnen entgegengebracht werden. Die Erwartungen lassen sich nicht auflösen und können auch nicht einfach ignoriert werden.

In der Folge lassen sich Defizite der Schule oder überhaupt der Erziehung fast beliebig konstatieren und finden auch immer Aufmerksamkeit. Und meistens sorgt das für mediale Aufregungen, wie sich an deutschen Beispielen aus den letzten sechs Jahren zeigen lässt. Es handelt sich dabei zumeist um Ratgeber im Bestsellerstatus. Keines der Bücher ist nur kritisch und alle haben eine positive Botschaft, wie die Erziehung verbessert werden kann. Aber sie brauchen eine alarmistische Botschaft, denn erst die sichert den Verkaufserfolg:

- Zu viel und zu früher Medienkonsum führt zu „digitaler Demenz", gegen die die Schule nichts unternimmt (vgl. Spitzer 2012)[2],
- die „Generation Smartphone" verlernt das „look up"[3],
- doch alle Kinder sind hochbegabt, nur die Schule merkt das nicht (vgl. Hüther/ Hauser 2012),
- Kinder werden auf sich gestellt in der Konsumgesellschaft zu „kleinen Tyrannen" (vgl. Winterhoff 2008 und 2013),
- „Burnout-Kids": das Prinzip Leistung überfordert die Kinder (vgl. Schulte-Markwort 2015) –
- schon deswegen sollte man die Schule als konkrete Utopie und vor dem Hintergrund der digitalen Bildungsrevolution komplett neu denken (vgl. Precht 2013).
- Schulbildung generell ist eine Verschwendung von Zeit und Geld (vgl. Caplan 2018).

Schule und Erziehung „neu denken", geschieht ständig und unabhängig von dem bekannten Fernsehphilosophen. Die neuen interaktiven Medien spielen dabei tatsächlich eine wichtige Rolle. Sie machen, so der amerikanische Kritiker David Gelernter oder auch der deutsche Ingenieur Sebastian Thrun im Silicon Valley[4], die Schule als Institution überflüssig und führen dazu, dass Lernen ohne das Prokrustesbett der Schulorganisation möglich wird. Bildung ist Nutzung von Information und die Google-Brille (google glass) ersetzt das Schulbuch.

Alles ist direkt und unmittelbar zugänglich, jeder erreicht jeden und die Zeit von Kindern muss nicht mehr mit Schule vergeudet werden. Die Individualisierung des Lernens macht die Lehrpersonen überflüssig, weil mit Programmen gelernt wird, die das Lernen selbst korrigieren können. Und der Klassenverband als hauptsächlicher Lernort wird verschwinden (vgl. Breithaupt 2016).[5]

Auf der anderen Seite der Kritik steht der Zerfall der Sitten. Nimmt man die Mahnrufe ernst, dann sieht man nur noch egozentrische Kinder vor sich, die

---

2 So auch Manfred Spitzer in der Sendung „Hart aber fair" (ARD am 10. September 2018).
3 Vergleiche hierzu Gary Turk: https://www.google.ch/?gws_rd=ssl#q=gary+turk+look+up (Zugriff am 21.10.18) – mit 60.390.171 Aufrufen bei YouTube am 27. 08.2017.
4 Thrun betreibt „Udacity", ein Bildungsunternehmen, das 1000 Absolventen pro Tag anstrebt (vgl. Der Spiegel Nr. 10 vom 28.02.2015, S. 25).
5 Fritz Breithaupt ist Professor am Department for Germanic Studies der Indiana University in Bloomington.

einzig gelernt haben, wie sie ihren Eltern und Lehrern das Leben schwer machen. Weiter hat man es mit einer neuen und bislang unbekannten Seuche zu tun, die die Altersdemenz in die Kindheit verlegt. An sich ist jedes Kind begabt, wenn es nur ohne Medien aufwachsen würde und der Schule entkommen könnte. Schulische Leistungsforderungen fördern Burnout bei Kindern und dann ist es nur naheliegend, dass man sich auf Facebook in die Gemeinschaft „Die Schulhasser" eintragen kann.[6]

Allerdings, wenn die Forderung im Raum steht, man müsse über etwas „neu denken", dann ist Vorsicht geboten. Das neue Denken ist nämlich schnell einmal das alte, nur dass inzwischen vergessen wurde, was früher zum gleichen Thema „neu gedacht" wurde. In der Erziehung ist das notorisch der Fall, das „Lob der Disziplin" (Bueb 2006) findet man in der Lehrer- und Erziehungsliteratur im ganzen 19. Jahrhundert, was darauf hindeutet, dass das Problem ungelöst bleibt oder der Wandel zum Besseren nicht wahrgenommen wird. „Disziplin" als Postulat und gleichzeitig als Klage bleibt bestehen.

Das gilt ähnlich für die bange Frage, ob unsere Kinder alle zu „Tyrannen" werden, was merkwürdigerweise Angst macht und nicht als Beleidigung der Kinder empfunden wird. Die Ratgeberliteratur des 18. Jahrhunderts ist voll von „tyrannischen Kindern" und man sollte darüber nachdenken, warum sie nicht verschwinden, obwohl sich die Erziehungsverhältnisse grundlegend geändert haben und dies nicht zum Schlechteren.

Heute lernen Kinder und Jugendliche vieles, was für sie bedeutsam ist, nicht innerhalb, sondern außerhalb der Schule und nicht durch Unterricht, sondern durch informelle Kontakte, die keine formale Lernsituation benötigen, aber wesentlich zur Erfahrung beitragen. Dazu gehört zunehmend auch medialer Austausch und nicht nur die soziale Interaktion (vgl. Lemke/Lecusay/Cole/Michalchik 2015). Und man lernt auch ohne Austausch, nämlich rein für sich, intuitiv und ohne große Ziele.

„Leben" ist *Lernen*, aber nicht einfach nach Maßgabe der Schule. Weil das so ist, kann der Begriff „lebenslanges Lernen" leicht missverstanden werden und ist eigentlich ein „weißer Schimmel", also ein Pleonasmus. Aber allein gelassen werden darf man damit nicht, die Aufgabe ist zu wichtig, um auf Ratgeber verzichten zu können, die es denn auch seit langem gibt, etwa zum Thema „self-directedness" (so etwa bereits Candy 1991). Bei der selbstgewählten Richtung des Lernens soll man keine Fehler machen.

„Lebenslanges Lernen" darf nicht verschult erscheinen, es ist nicht eine Erweiterung des Berechtigungswesens hin auf alle Lebensabschnitte, aber genau deswegen gibt es zusehends die Tendenz, informelles Lernen zu beraten und zu formalisieren. Das ist kein Widerspruch in sich, informelles Lernens findet außerhalb

---

6 Vergleiche https://www.facebook.com/Die-Schul-Hasser-281101711987512/ (Zugriff am 13.10.18).

eines formalen Curriculums statt und scheint dann umso mehr Information und Beratung zu benötigen. Deswegen existiert eine *Encyclopedia of Informal Learning*[7] und auch Qualitätsstandards der Europäischen Kommission liegen bereits seit längerem vor.[8]

Es ist ein Irrtum, wenn im Zuge des PISA-Rankings immer wieder behauptet wurde, dass alleine die Schulqualität, gemessen am Lernstand von wenigen Fächern, über den Bildungsstand entscheidet. Für die Bevölkerung ist „Bildung" eine Gesamterfahrung quer zu den Generationen, bei der Erneuerung und Anschlussfähigkeit die entscheidenden Größen sind. Schulen sorgen für die Erstausstattung, und dies nicht im Sinne eines lebenslangen Vorrates, der sich speichern ließe, sondern als stete Beförderung und Herausforderung der Lernfähigkeit.

Warum entsteht dann aber immer wieder der Tunnelblick auf die Schule, der ja nicht nur dazu führt, sie für jedes denkbare Übel der Gesellschaft verantwortlich zu machen, sondern ihr – schlimmer noch – die Lösung aller möglichen Probleme zuzutrauen? Die Frage ist nicht ganz leicht zu beantworten und hat wohl politisch damit zu tun, dass vom Erfolg der Schule die Zukunftsfähigkeit der Gesellschaft abhängig gemacht wird, wie sich am PISA-Ranking zeigen soll.

Aber die Schule ist eine endliche Erfahrung, Lernen dagegen nicht. Daher setzen viele Ratgeber auf Lernen und nicht oder nur sehr kritisch auf Schule. Vor zwei Jahren erschien Susan Blums Streitschrift „I Love Learning; I Hate School", in der die Verengung des Lernens durch die didaktischen Formen der Schule angeklagt wird (Blum 2016).[9] Außerhalb der Schule finde man kreative und für das Selbst bedeutungsvolle Lernprozesse, die in der Schule, wo es um Abschlüsse geht, weitgehend unmöglich sind.

Ein deutscher Ratgeber dagegen konstatiert, dass Schule vor allem für die Eltern Stress bedeute und die Kinder sich darin so bewegen können, dass sie mit einem minimalen Aufwand einen maximalen Ertrag erzielten (vgl. Kloepfer/Kloepfer 2012). Die beiden Sichtweisen erklären sich auch durch kulturelle Unterschiede, ein amerikanisches College ist kein deutsches Gymnasium, einfach weil hier mehr Zeit zur Verfügung steht und niemand zuvor eine High School absolviert hat, sondern direkt für das Studium qualifiziert wird. Der Slogan von Susan Blum kann dennoch direkt übernommen werden.

Die Kommunikation im Internet scheint die kulturellen Unterschiede einzuebnen. Jedenfalls ist auffällig, dass dort über Schule, Erziehung und Bildung selten

---

7 Vergleiche http://www.infed.org/encyclopaedia.htm (Zugriff am 21.10.18).
8 Quality Guide to the Non-Formal and Informal Learning Processes, October 2004: http://www.menon. org/wp-content/uploads/2012/11/SEEQUEL-TQM-Guide-for-informal-learning.pdf (Zugriff am 21.10.18).
9 Susan D. Blum ist Professor für Anthropologie an der katholischen University of Notre Dame im Bundesstaat Indiana.

positiv und wenn, dann von mehr oder weniger plausiblen Alternativen her geredet wird. Vielfach werden dramatische Bilder und drastische Ausdrücke benutzt, so dass man sich eine sofortige Abhilfe wünscht, die meistens aber blass bleibt, sodass die Verunsicherung eher noch größer wird.

Die Vorwürfe klingen gewaltig, die Kritik scheint irgendwie einzuleuchten, auch radikale Forderungen finden Beachtung, doch die praktischen Konsequenzen hängen in der Luft. Und noch etwas ist auffällig: Man weiß selten, worüber genau geredet wird und was konkret gemeint ist.

Mit Vorliebe werden auch immer neue Metaphern erfunden. Als Schrecken der Lehrerschaft gelten heute die „Helikoptereltern"[10], also die Eltern, die es mit der Behütung so übertreiben, dass sie eigentlich sich selbst behüten wollen. Auch das war einen Ratgeber wert, den Josef Kraus (2013) geschrieben hat, Schulleiter in Bayern und einer der Sprecher der deutschen Gymnasiallehrerschaft. Er geht davon aus, dass die Eltern ihre Kinder überfordern, weil sie eigensinnig das Beste für sie wollen und daraus eine Rundumbetreuung machen, die in Förderwahn und Verwöhnung enden.

Wer dem Thema Glauben schenkt, schließt sich einer ebenso aufgeregten wie weitgehend datenfreien amerikanischen Diskussion an, die so überflüssig ist wie die Drohung mit asiatischen Müttern, die als „Tigermoms" (Chua 2011) bezeichnet werden und so besonders tough erscheinen sollen. Die Drohung hat außer Aufregung nichts bewirkt, wie auch? Wenn bei zwei Töchtern die Ältere tut, was die Professorenmutter will und die Jüngere sich dem entzieht, hat man keine hohe Erfolgsquote.[11]

Die Medien wollen, dass man aufmerksam wird, Aufmerksamkeit ist ein knappes Gut, das nach Zuspitzung verlangt und so immer das stark machen muss, was von der Mehrheit der Medien ausgeschlossen wird. Die Schweizer Weltwoche funktioniert so, aber auch der Provokateur Michel Houellebecq.

Unterhalb dieser Schwelle: Wer weiterhin „tyrannische" Kinder für keine generelle Erscheinung hält und auch nicht von einem ARD-Tatort[12] auf die Jugendgewalt *insgesamt* schließt, sondern sich der realen Schulentwicklung zuwendet, der sieht ein System, das keineswegs in der Beharrung erstarrt, sondern sich bewegt, und dies schneller als zuvor, ohne sich dabei aufzulösen.

In demoskopischen Umfragen teilen viele Eltern die Schlagworte der Kritik, also beklagen die bloße Schulförmigkeit des Lernens und wünschen sich für ihre

---

10 „Helicopter parenting" ist eine amerikanische Wortschöpfung und soll „überbehütende Eltern" bezeichnen. Dabei wird von mehr Betreuungsaufwand auf das Vermeiden von Fehlverhalten geschlossen.

11 Entscheidend für den Schulerfolg asiatischer Kinder in amerikanischen Schulen ist nicht die Mutter, sondern das kulturelle Umfeld sowie die familiäre Unterstützung, in dem Schulleistungen eine zentrale Rolle spielen. Aber das gilt auch für Kinder aller Ethnien.

12 Tatort „Ohnmacht" (WDR Köln), gesendet am 11.05.2014.

Kinder mehr praktische oder musische Tätigkeiten, sie kritisieren auch die Lebensferne des Unterrichts und besonders intensiv jenen Leerlauf des Tages, der „Stundenausfall" genannt wird. Das ist verwunderlich, weil viel wichtiger wäre zu fragen, was passiert, wenn Unterricht stattfindet. Aber der Fokus des Ärgers ist der Ausfall und der Ärger erklärt, warum schulkritische Bücher gekauft werden und wieso auch ganz radikale oder ziemlich aussichtslose Themen Anklang finden. Man stimmt der Kritik zu, aber nur auf eine sehr abstrakte Weise, die wenig mit der eigenen Praxis zu tun hat.

Lehrerinnen und Lehrer beklagen sich oft über etwas, was die nachlassende Erziehungsbereitschaft der Eltern genannt und auch wie eine Art Seuche kommuniziert wird. Eine Mengenangabe fehlt immer, wie viele Eltern also davon infiziert sind, wird nicht gesagt, auch nicht, was genau „Erziehungsbereitschaft" heißen soll und welche Erwartungen der Schule sich damit verbinden. Der Vorwurf bleibt im Ungefähren und wirkt trotzdem, weil den Eltern schnell ein schlechtes Gewissen gemacht werden kann.

Umgekehrt gilt das nicht. Wenn man den Spieß umdreht und den Lehrern vorhält, sie würden von den Eltern lediglich die Erziehung schulförmiger Kinder erwarten und es sich damit sehr einfach machen, wird man kaum sehr viel erreichen. Zudem: Wo sollte man das sagen? Kein Elternabend erlaubt so etwas, wenngleich man sich auch in Buchform als „Lehrer-Hasser" outen kann (vgl. Kühn 2005). Das Buch der Berliner Journalistin Gerlinde Unverzagt hat kurzzeitig für Aufregung gesorgt, nicht zuletzt, weil es die medial besonders geschützte Grundschule betraf[13], und ist heute vergessen.

Eltern sind auch in der medialen Öffentlichkeit in den Verdacht geraten, es mit ihrer Erziehungsverantwortung nicht mehr so genau zu nehmen und so für die Schulen eher eine Belastung als eine Bereicherung darzustellen. Meistens stehen dahinter Einzelfälle, die sehr schnell generalisiert werden und dann auch ebenso schnell den Mediendiskurs bestimmen.

Der Verdacht unterstellt abnehmende Erziehungsbereitschaft und so Bequemlichkeit und fehlende Verantwortung, also pädagogischen Horror, bei dem wiederum nicht gesagt werden muss, wie oft er vorkommt. Hier kann nicht schwarz genug gemalt werden. Der Effekt ist ein anderer, auf diesem Wege wird Bedürftigkeit produziert, denn hinnehmen kann man fehlende Verantwortung Kindern gegenüber nicht, also muss Abhilfe geschaffen werden. Elternkurse zählen dazu, alle möglichen Therapieformen und dann auch Erziehungsratgeber.

Vielleicht wurde noch nie so viel über die „richtige" oder die „falsche" Erziehung diskutiert wie heute, was auch mit der steten Vermehrung der Medien zu tun hat. Schlagzeilen sind aber nicht immer gute Informationen, zumal dann nicht, wenn

---

13 Spiegel Online Schulspiegel vom 30.01.2006.

sie fast ausschließlich negativ gefärbt sind. Am Ende glaubt man, dass die pädagogische Welt heute nur noch aus fettleibigen Kindern besteht, aus Eltern, die ihre Erziehungsverantwortung an der Schultür abgeben und aus Schulen, die hinter den geschlossenen Türen chaotisch sind.

Nicht selten werden Eltern so beschrieben, dass sie Teil des Problems sind und an der Lösung kaum beteiligt werden können. Ein Stichwort lautet „bildungsferne Schichten"; wer so genannt wird, ist beinahe schon abgeschrieben. Die Zuschreibung erklärt nichts und bietet alle Chancen zur Diskriminierung. Ähnlich wirkt die Bezeichnung „Eltern mit Migrationshintergrund" als Etikett, ohne mehr zu bieten als einen Verdacht. Gelöst wird damit nichts und auch meine Kinder haben in der Schweiz „Eltern mit Migrationshintergrund".

Es gibt keinen Zeitpunkt in der Geschichte, an dem der Zustand der Erziehung *nicht* beklagt worden wäre. Insofern ist auch der pädagogische Alarmismus heutiger Medien keine Anomalie, neu sind nur die Reichweite, die schnelle Zugänglichkeit aller Informationen und die Neigung, dem Alarm auch zu folgen. Außerdem müssen immer neue Defizite erfunden werden.

Doch bezieht man sich auf Indikatoren wie

- die rechtliche Stellung der Kinder,
- die soziale Sicherheit,
- die Verbreitung der Bildung,
- den Schulerfolg
- und nicht zuletzt das Verhältnis zu den Eltern,

dann ist der langfristige Wandel der Erziehungskulturen keiner zum Schlechteren, wie häufig angenommen wird. Nostalgie hilft nicht weiter und die Rede, dass früher in der Erziehung alles „besser" war, hat die Geschichte gegen sich, abgesehen davon, dass sich dieses „früher" beliebig verschieben lässt. Zur Bekämpfung der Nostalgie: Man muss sich nur vor Augen halten, was noch in den fünfziger Jahren die durchschnittliche Klassengröße war, wie real gelernt wurde und wie wenig die Eltern zu sagen hatten oder auch zu sagen wussten.

3 Eine kleine Geschichte der Ratgeberliteratur

Aber dieser Wandel trifft längst nicht auf alle Regionen zu. Global gesehen wachsen die Kinder keineswegs so auf, wie es in den westlichen Ländern heute überwiegend der Fall ist. Die westliche Pädagogik mag sich akademisch durchgesetzt haben, ihre vom Recht des Kindes geprägten Botschaften aber sind in vielen Erziehungskulturen immer noch umstritten oder dort nie angekommen.

Auf der anderen Seite hat sich das normative Postulat einer glücklichen Kindheit medial weitgehend durchgesetzt, auch was sie im Kern ausmacht. Das Gegenteil kann niemand öffentlich wollen und Eltern gehen davon aus, dass sie ihren Kindern eine glückliche Kindheit ermöglichen müssen. Die Bandbreite, was darunter verstanden wird, ist beträchtlich, gerade auch in der Ratgeberliteratur. Der Bezug auf Glück als Zielgröße ist historisch neu und die Geschichte der Kindheit verweist darauf nicht von sich aus, denn Glück als Erlebnisform war über lange Jahrhunderte *nicht* ihr Hauptmerkmal. Die bürgerliche Erziehung war auf Benimm ausgerichtet, nicht oder nun insoweit auf Glück, und genau das spiegelt sich in der Geschichte der Ratgeber (vgl. hierzu Berg 1991; Oelkers 1995). In der klassischen Ratgeberliteratur des 18. Jahrhunderts war das „glückliche" nicht das sich glücklich fühlende, sondern das *wohlerzogene* Kind, das sich gegenüber seinen Eltern als dankbar erweist und Ehrfurcht zeigt, zu unterscheiden von Kindern, die sich auch beim besten Willen nicht erziehen lassen und daher auch nicht glücklich sein können. Anders als heute, rechnete die Literatur mit solchen Kindern.

Sie werden, schrieb der Zittauer Arzt und Schriftsteller Christian August Pescheck (Liebe und Ehe, 1786)[14] zu „bösen" (Pescheck 1786, 147), weil „in der Erziehung verwahrlosten Weltbürgern" (ebd.) ohne wirkliches Zuhause. Nur wohlerzogene Kinder sind eine Zierde ihrer Eltern, heißt es in zahllosen Beiträgen, und nur sie sind ein „Segen des Himmels" (Tieck 1829, 71), wie der Romantiker Ludwig Tieck anmerkte[15].

1788 veröffentlicht der Jurist, Aufklärer und weimarische Kammerherr Adolph Freiherr Knigge[16] sein Buch *Über den Umgang mit Menschen*. Das Buch beschreibt nicht einfach Verhaltensregeln, sondern Umgangsformen, sich selbst und Anderen gegenüber. Ein Teil dieses Buches ist dem Umgang mit Kindern gewidmet. Der „Knigge" ist so gesehen ein in der Pädagogik wenig beachtetes Werk der deutschen Erziehungsliteratur des 18. Jahrhunderts.

Man erfährt in dem bis heute lesenswerten Buch etwas über den Eigenwert der Kindheit und die Schwierigkeiten der Erwachsenen, sich daran angemessen zu erinnern (vgl. Knigge 1977, 138f), über Strategien der absichtlichen Infantilisierung, mit denen sich Erwachsene lächerlich machen (vgl. ebd., 149), über Notwendigkeit und Grenzen der Ehrerbietung gegenüber dem Alter (vgl. ebd., 141)

---

14 Christian August Peschek (1760-1833) war von 1802 bis 1825 Stadtphysikus von Zittau. Er war ein bekannter Romanschriftsteller und verfasste daneben auch Ratgeber.

15 Die Quelle ist Ludwig Tiecks *Sehr wunderbare Historie von der Melusina* (1800).

16 Adolph Fran Friedrich Ludwig Freiherr Knigge (1752-1796) studierte Jura in Göttingen und wurde 1771 Hofjunker beim Landgrafen von Hessen in Kassel. Diese Stellung musste er wegen eines Konflikts mit seinem Dienstherrn aufgeben. 1777 wurde er in Hanau zum „weimarischen Kammerherrn" ernannt, danach war er als Schriftsteller tätig. Er veröffentlichte Schriften zur Aufklärung, etwa das *Allgemeine System für das Volk* (1778), zudem Satiren und Reiseberichte.

und auch über paradoxe Erscheinungen, etwa „alte Gecken und Schöpse"[17] oder „weise Jünglinge", die „schon geerntet haben, wo andre noch kaum ihr Handwerksgeräte zum Graben und Pflügen schleifen" (ebd., 142). Erziehung wird so keineswegs linear verstanden.

Generell wird der *Umgang* mit Kindern thematisiert, also die Art und Weise, wie sich Erwachsene auf Kinder einstellen und wie sie sich ihnen gegenüber verhalten sollen. Das Verhältnis zwischen Eltern und Kindern wird nicht geschönt. Wer den Umgang unter den Menschen thematisiert, darf sich nicht scheuen, auch die Schwächen zu benennen (vgl. ebd., 188). Das Studium der Kinder soll realistisch erfolgen, was voraussetzt, dass auch auf die Unarten und nicht nur auf die Ideale verwiesen wird.

Knigges Buch beginnt mit dem Satz: „Wir sehen die klügsten, verständigsten Menschen im gemeinen Leben Schritte tun, wozu wir den Kopf schütteln müssen" (ebd., 19). Das ändert keine Benimmerziehung, sondern ist einfach eine Lebenserfahrung. Das Buch soll Klugheit in der Praxis des Verhaltens nahelegen und Regeln der Lebenskunst vermitteln.

Theoretischer Unterricht für die Jugend ist dabei selten von Erfolg, weiß Knigge; Klugheit wird durch Erfahrung bestimmt, also durch die Lektionen des Lebens und nicht der Schule (vgl. ebd., 33). Gleichwohl lassen sich Regeln aufstellen, die zu beachten sind, wenn nicht lediglich Leichtsinn oder Überheblichkeit das Leben bestimmen sollen.

Generell ist Knigges Buch über dem Umgang also eine Studie über soziale Klugheit und die Regeln des angemessenen Umgangs, nicht lediglich über Etikette und formalen Anstand. Knigge sieht, dass soziale Beziehungen auf Wechselseitigkeit basieren, also nicht Regeln der Herrschaft, sondern des taktvollen Ausgleichs und der gegenseitigen Achtung zur Anwendung kommen müssen (ebd., 406f).

Der „Knigge" ist in diesem Sinne nicht das, was man bis heute unterstellt, also kein bloßes Benimmbuch und auch nicht einfach ein Ratgeber mit patenten Lösungen. Er bricht mit der Wissensform, ist theoriegeleitet und orientiert an den Risiken des Umgangs der Menschen, darin den französischen Moralisten ähnlich. Dass der „Knigge" für einen Ratgeber gehalten wurde und wird, ist mit der Rezeptionsgeschichte zu erklären (vgl. Schlott 1998). Im 19. Jahrhundert wurde es üblich, „Bildungsbücher" für den Umgang mit Menschen in „Knigge's Geist" abzufassen (vgl. Sydow 1830). Oft waren diese Traktate aber wenig mehr als Sammlungen von Anstandsregeln, die kaum Sinn für die Soziologie des Umgangs zeigten und einfach in der Erziehung angewendet werden sollten. In diesem Sinne waren es Ratgeber.

---

17 „Schöps" ist ein ostmitteldeutscher und südostdeutscher Ausdruck für Hammel. Gemeint sind also „alte Böcke."

Im ganzen 19. Jahrhundert erschienen zahllose Traktate für die Familienerziehung, die „christliche Wohlgezogenheit" (Galura 1841), „Lebensweisheit und Weltklugheit" (Sydow 1843) oder Grundregeln des Benimms (Wedell 1871) zum Thema hatten.[18] Auch dabei bestimmten Defizite die Wahrnehmung und wurde die Notwendigkeit des Handelns nahegelegt.

Handbücher der feinen Lebensart und guten Sitte (Kallmann 1891) wurden zu wahren Bestsellern[19] und Anstandsbücher für Kinder (Adelfels 1894) waren beliebte Ratgeber für die Eltern. „Anstand bei Tisch" (Brand 1895) wurde ebenso zum Thema wie der gute Ton in der Gesellschaft (Schramm 1902). Was „gutes Benehmen" ausmacht und was nicht, konnten interessierte Leser etwa auch bei einer Autorin namens Elsa Oelkers (1923) nachlesen.

Diese einflussreiche, in der modernen Form auf englische Quellen des 17. und 18. Jahrhunderts[20] zurückgehende Erziehungsliteratur ist in der Pädagogik kaum aufgearbeitet worden (z.b. Ichenhäuser 1982; Valtl 1986), während sie im Anschluss an Norbert Elias vor allem in der Soziologie und Kulturgeschichte Beachtung gefunden hat (zuletzt etwa Wolf 2015). Die Literatur zeigt, dass Erziehung im gesamten 19. und auch zu Beginn des 20. Jahrhunderts stark auf Benimm, Anstand und Formen des Umgangs bezogen war, also nicht etwa „kindzentriert" verstanden werden darf.

Parallel zur Reformpädagogik expandierte die Benimmliteratur, die mindestens in bürgerlichen Familien auch reale Erziehungsmacht entfaltet hat. Regeln, wie man bei Tisch zu sitzen hat und welche Haltung eingenommen werden muss, waren ebenso Erziehungsalltag wie Maximen der Ehrerbietung oder die Einübung in die Formen des Anstands.

Die Formel des „glücklichen Kindes" löste sich von der Fixierung auf Wohlerzogenheit und wurde in der Erziehungsliteratur des 19. Jahrhunderts allmählich zu einem Postulat, das den Kindern selbst galt. Der Ausgangspunkt war ihre reale Lage: Sie galten schon dann als „glücklich", wenn sie halbwegs gesund, ohne Tränen und frei von Angst aufwachsen konnten.

Von grausamen Eltern war im 19. Jahrhundert sowohl in der Literatur als auch in den Gerichtsakten häufig die Rede und dass Kinder körperlich bestraft werden müssen, um zur Einsicht zu gelangen, war ein Gemeinplatz nicht nur in vielen Ratgebern, sondern auch in der alltäglichen Kommunikation mit Sinnsprüchen und Sprichwörtern.

---

18 Eine neuere Bibliographie zählt zwischen 1800 und 2000 881 Titel im deutschen Sprachraum (vgl. Zillig 2000).

19 Emma Kallmanns Buch *Der gute Ton* erschien 1891 und stand 1926 in der 24. Auflage. Franz Vogts *Anstandsbüchlein für das Volk* erzielte zwischen 1894 und 1939 achtunddreißig Auflagen. 1982 erschein ein Nachdruck, der wiederum mehrere Auflagen erzielte.

20 Wie: Samuel Richardson: *The Apprentice's Vade Mecum, or: The Young Man's Pocket-Companion*. London 1733.

Radikale Forderungen der dreißiger Jahre wie Ethel Mannins[21] Slogan „*leave the child alone*" (Mannin 2006, 272) bezogen sich auf Kindheiten, von denen angenommen wurde, sie stünden immer mehr unter pädagogischer Überwachung, die keinerlei persönliche Freiheit zulasse (ebd., 273).

Tatsächlich sind heutige Kinder in vielen ihrer Entscheidungen autonom, sie erhalten eigene Rechte und partizipieren mehr oder weniger intensiv an der Konsumgesellschaft. Wie weit diese Freiheiten des Konsums gehen dürfen und ob sie zum Glück überhaupt etwas betragen, ist in der Ratgeberliteratur durchaus umstritten.

Die heutigen Ideale des glücklichen Lebens beziehen sich auf reale Kinder. Was die bürgerlichen Leserinnen und Leser im 19. Jahrhundert lediglich *als Lektüre* vor Augen hatten, betrifft die Kinder und Jugendlichen heute selbst, grandios erweitert durch die Menge des Angebots und die Leichtigkeit des Zugangs.

4 Das glückliche Kind der Ratgeber

Der Plausibilität der Formel des „glücklichen Kindes" tut das keinen Abbruch, sie kann sich auch schlecht abnutzen, weil sie auf immer neue Kinder angewendet wird. Mit „Glück" sind psychische Erlebnisse gemeint, die sich zu einer dauerhaften Disposition oder zu einem Zustand verdichten sollen. In einem deutschen Eltern-Blog heißt es etwa: „Glückliche Kinder lenken den Großteil ihrer Aufmerksamkeit auf schöne Erlebnisse"[22].

Aber die Bandbreite der Glücksempfehlungen ist wesentlich größer. Erziehungsratgeber beziehen sich auf Zielgruppen, die sich nach ihren pädagogischen Grundüberzeugungen unterscheiden, also eher liberale oder eher autoritäre Positionen vertreten und religiös mehr oder weniger gebunden sind. So gibt es für die Erziehung von „happy, healthy children" auch familienzentrierte Ratgeber, die den Eltern die „voice of authority" nahelegen und den großen Wert der glücklichen Frustration im Lernen der Kinder betonen (Rosemond 2006).

Das Gegenteil soll zum gleichen Effekt führen und Kinder ebenfalls glücklich machen,

nämlich „true listening", Raum geben zum ungehinderten Wachstum, Fehlertoleranz, Bekenntnis zu den eigenen Werten und unbedingte Liebe zu den Kindern (vgl. Loomans/Godoy 2005). Glück als Formel kann in Ratgebern also vielfältig verwendet und eingesetzt werden.

Die ständige mediale Aufforderung, Kinder glücklich zu machen, hat Folgen: Eltern oder Erzieherinnen und Erzieher, die sich darauf einlassen, müssen unabläs-

---

21 Die englische Schriftstellerin und Anarchistin Ethel Mannin (1900-1984) war mit Alexander Neill befreundet, von ihm stammt das Konzept der Freiheit in der Erziehung.
22 http://www.blog-elternzeit.de/ (Zugriff am 16.06.2009).

sig für das Glück ihrer Kinder tätig sein, nichts bleibt dann unversucht, das Glück der Kinder zu befördern, und je weniger Kinder es gibt, desto mehr scheint ihr Glück zur Maxime ihrer Erziehung zu werden, egal ob sie liberal oder autoritär ausgerichtet ist.

Dabei wird meistens vorausgesetzt, dass Kinder glücklich *sein* müssen, um so *werden* zu können. Glück ist also Zustand und Ziel zugleich. Wann das der Fall ist, also wann Kinder glücklich sind und wann nicht, ist empirisch kaum erfasst, zumal erst ältere Kinder mit dem abstrakten Begriff „Glück" etwas anfangen können. „Well-being" lässt sich faktorenanalytisch viel leichter bearbeiten.

„Glückliche Kinder" sollen heute auf sehr definitive Weise der Regelfall der Erziehung sein; die Ausnahme von der Regel ist entsprechend ein Objekt des Bedauerns, das Eltern- oder generell Erziehungsversagen mit einschließt.[23] Wer sich für den Kinderwunsch entscheidet, hat damit zugleich eine Option für das glückliche Kind getroffen, die leicht zur Last werden kann, weil nie klar ist, wann sie als erfüllt gilt und wann nicht. Der Erfolgsindikator muss mehr sein als das Lachen und das Weinen des Kindes; zugleich wird Glücklichsein in aller Regel auf Erlebnisse reduziert, die irgendwie emotionale Spuren hinterlassen sollen, also den Moment überdauern und so zu einem Zustand werden.

In einer so unklaren und zugleich hoch normierten Situation verwundert es nicht, dass schon 1975 „the myth of the happy child" entlarvt wurde (Klein 1975)[24], doch das hat die Fixierung der Erziehung ausgerechnet auf Glück nicht verändert; diese Fixierung ist ohne jede Risikoabwägung möglich und wird verstärkt durch den ständigen Hinweis auf die Schadensfälle der Erziehung, die Versagen nahelegen, aber zugleich und unvermeidlich auch den verpassten Idealfall der Erziehung.

Mit einer glücklichen Kindheit wäre der Schaden nicht passiert, wird öffentlich angenommen. Dabei haben Kinder, die von sich selbst sagen, sie seien „glücklich", nicht unbedingt einen Lern- oder Entwicklungsvorteil, wie heutige experimentelle Studien zeigen (vgl. Schnall/Jaswal/Rowe 2008).

Aber „Glück" ist eine zu mächtige Option, um pädagogisch unbeachtet zu bleiben. Es geht um einen Lebenswunsch, der kulturell tief verankert ist (vgl. McMahon 2006) und dem keine Erziehung im Wege stehen darf; ihr Ziel kann nicht das Unglück des Menschen sein. Wohl kann die Erziehung Schuld sein am Unglück, aber dann ist Versagen im Spiel, nicht etwa Schicksal.

---

23 Dass die „Schuld" bei den Eltern liegt, „wenn ihre Kinder Höllenbrände sind" (Der Gesellige 1749, 210), kann man allerdings auch schon im 18. Jahrhundert lesen. Die Wochenschrift *Der Gesellige* erschien zwischen 1748 und 1750 in Halle.

24 Carole Klein (1934-2001) lebte als freie Schriftstellerin in New York. *The Myth of the Happy Child* richtete sich gegen die Perfektionserwartungen der Eltern sich selbst und den Kindern gegenüber.

Kein Leben in westlichen Gesellschaften wird mehr als unberechenbare Fortuna erwartet; trotz der Kontingenzen des Lebens können am Unglück nur bestimmte Personen und Ereignisse schuld sein. Ein Erziehungsziel ist damit nicht verbunden. Anders gesagt: Paul Watzlawicks *Anleitung zum Unglücklichsein* gilt nicht für Kinder. Eltern investieren wie nie zuvor in die glückliche Kindheit von immer weniger Kindern, die Bandbreite in Mittelschichtfamilien reicht vom mehrfachen Urlaub über eigene Medien bis hin zur organisierten Freizeit. Die Beförderung von „Glück" wird auf diese Weise sehr unspezifisch, jedes positiv konnotierte Angebot kann dazu beitragen und die konkrete Auswahl setzt Verhandlungen voraus, an denen schon kleine Kinder beteiligt sind.

Oft wird das Ergebnis auch öffentlich kommuniziert, der Urlaub ist in der Nachbarschaft ebenso sichtbar wie die Freizeitaktivitäten oder der Schulerfolg. Die Kontrolle ist wegen der normativen Vorgaben durchaus heikel, zu einer glücklichen Kindheit gehört einfach keine Überdosis Medienkonsum. Kinder würden sich da ganz anders entscheiden.

Für die Erwachsenen muss das Gegenteil ausgeschlossen werden, mindestens dürfen die Folgen nicht dramatisch sein; eine unglückliche Kindheit darf nicht einfach lebenslangen Schaden anrichten, sondern muss korrigiert werden können, wenn das Leben nach der Kindheit noch einen Sinn machen soll. Das legen prompt Ratgeber nahe, die auch für den schlechtesten Fall noch Hoffnung machen (vgl. hierzu Schlessinger 2006). Für die *glückliche* Kindheit gibt es dagegen keinen Korrekturvorbehalt.

Kinder erleben Glück sehr verschieden, und dies unter der historischen Voraussetzung, dass materielle Knappheit in vielen Milieus westlicher Konsumgesellschaften kein Thema mehr ist. Die Erlebnisse sind nicht mehr verbunden mit Vorsorgeleistungen, die die Erfüllung von Wünschen in die Zukunft verlagern, und sie stellen auch keine Verzichtserfahrungen dar; Kinder sparen nicht für die eigene Zukunft und bauen Glückserwartungen auf, sondern sie erleben die Gegenwart und nennen oft nur das „glücklich", was sie konsumieren.

Auf der anderen Seite wird genau das massiv unter Anklage gestellt, wobei meistens die Kinder als Opfer der Konsumgesellschaft hingestellt werden. Glück und Konsum werden pädagogisch ähnlich betrachtet wie früher Erziehung und Luxus, nämlich als Weg in den Abgrund der Verführung.

Was Kinder demgegenüber wirklich glücklich macht, ist in der Erziehungsliteratur eine ungebrochene Größe, auf die nimmer wieder zurückgegriffen wird und die somit als historisch sehr langlebig angenommen werden muss.

- Ruhige Stunden des ungestörten Spiels,
- Begegnungen mit der Natur,
- Tiere, Freunde, Abenteuer,
- Reisen und nützliche Beschäftigungen

heißt es in einem religiös durchwirkten Ratgeber der englischen „Religious Tract Society", der überschrieben ist mit *Play Hours, or: The Happy Children* (1842). Diese Liste ist auch ohne die christliche Erziehungsabsicht sehr stabil und sie erklärt, warum andere Tätigkeiten, etwa Medienkonsum, in der pädagogischen Literatur *nicht* glücklich machen.

Dasselbe gilt für Aussehen, Kleidung oder Erfolg; wer in der Schule Erfolg hat, ist ein begabtes, nicht unbedingt jedoch ein glückliches Kind. Sie heißen „Streber" und werden eher bedauert als beneidet. Aber auch hier gibt es einen Ratgeber, der „Wege aus dem täglichen Elend des Schülermobbing[s]" aufzeigt, wozu auch die „Streber" gehören (Kasper 2001). Aber dann scheint sich umso mehr die Frage zu stellen, was genau man lernt, wenn man sich auf Erziehungsratgeber einlässt.

Studien über das Verhalten der Leserinnen und Leser von Erziehungsratgebern zeigen, dass auch die Nutzung flüchtig ist. Von den unzähligen Ratschlägen, die man lesen kann, wird nur das angenommen, was für ein akutes Problem brauchbar erscheint und handhabbar ist. Die oft peinlichen oder großspurigen pädagogischen Belehrungen werden nur flüchtig wahrgenommen und bleiben weitgehend unbeachtet (vgl. Keller 2008).

Schnelle Beweglichkeit, die flüchtige Folge von immer neuen Reizen, ist im klassischen Universum der Pädagogik nicht vorgesehen. Die Erziehungszeit soll möglichst ruhig gehalten werden, Kindern soll ihre Zeit zugestanden werden, aber nicht als flüchtige, sondern immer als strukturierte Zeit, die nicht wirklich schnell geplant ist. Anderseits ist die hauptsächliche Erfahrung heutiger Erziehung ihre Schnelligkeit und die nur noch schwach kalkulierbare Folgenhaftigkeit.

Es führt offenbar kein geordneter Weg zum Ziel, während in jeder Saison neue Lego-Sets erscheinen, neue Games auf mehrfachen Geräten, neue Ratgeber mit unübersichtlichen Aussagen und raschem Zerfall an Gültigkeit. Man muss geradezu aufpassen, den Jargon zu wechseln und nicht mit unpassenden Referenzen aufzufallen. Aber das ist eine eigene Welt, die mit der Erziehungswissenschaft nicht viel zu tun hat, was man auch als Schwäche und Defizit auslegen kann.

5 Schlussfolgerungen für die Erziehungswissenschaft

Wie kaum eine andere akademische Disziplin ist die Erziehungswissenschaft auf Öffentlichkeit bezogen, was gleichermaßen Theorieproduktion, Themengestaltung, Nachfrage und Kritik betrifft. Die Öffentlichkeit legt häufig nahe, welchen Themen Priorität zukommen soll und die so bevorzugt behandelt werden sollen. Theorien werden nicht einfach nur wissenschaftlich bearbeitet, sondern sind immer auch politisch kodiert, die Nachfrage bezieht sich auf Lösungen großer und dringlicher Probleme, weswegen die Erziehungswissenschaft immer auch mit öffentlicher Kritik rechnen muss.

Ein bekanntes Beispiel ist der Grundschullehrgang „Lesen durch Schreiben", der seit Mitte der achtziger Jahre über die Weiterbildung deutsche, österreichische und schweizer Schulen erreicht hat. In diesem Lehrgang ist der Erstlese- und Schreibunterricht zulasten des traditionellen Fibel-Unterrichts weitgehend umgestaltet worden. In der Elternschaft ist das früh auf massive Kritik gestoßen, während Grundschulpädagogen wie Hans Brügelmann den Lehrgang lange als große Innovation hingestellt haben.

Ohne die Kritik der Öffentlichkeit hätte eine genauere empirische Kontrolle von „Lesen durch Schreiben" nie stattgefunden, während heute feststeht, dass der traditionelle Fibel-Unterricht in fast allen Belangen dem Lehrgang überlegen ist. Das Beispiel zeigt, dass die Erziehungswissenschaft nicht einfach selbst über ihre Themen bestimmt, sondern immer auf öffentliche Resonanzräume reagiert.

Das betrifft nicht alle Themen, aber immer solche, die bildungspolitisch brisant sind. Die Erziehungswissenschaft muss sich dazu verhalten, auch wenn sie nicht sofort Lösungen anbieten kann. Das Forschungsaufkommen wird bei brisanten Themen verändert und die Ergebnisse erreichen dann auch die größere Öffentlichkeit.

Andere Themen, die bildungspolitisch besetzt sind, wären der Ausbau der Vorschulerziehung, die Übertritte zum Gymnasium, der Anstieg der Abiturientenquote, das duale System der Berufsbildung oder auch die Bestrebungen zur Inklusion, die wiederum bei bestimmten Elterngruppen umstritten sind. Auffällig ist, dass es für solche Themen so gut wie keine Ratgeber gibt. Ratgeber sollen Probleme lösen, die aus der Sicht von Akteuren bestehen, während die genannten Themen bildungspolitische Voraussetzungen haben und meistens auf die Struktur des Bildungssystems verweisen.

Auch gesellschaftliche Reizthemen wie die Nutzung von Lernstudios für den erfolgreichen Besuch der Gymnasien werden nicht mit Ratgebern bearbeitet, obwohl hier ein Elternmarkt bestehen würde. Eher findet man eine kritische Diskussion, die den Eltern nahelegt, Lernstudios besser nicht in Anspruch zu nehmen. Auch die Eigenwerbung der Lernstudios hat nichts von einem Ratgeber an sich, sondern entspricht einem normalen Verhalten der Selbstanpreisung.

Ratgeber sind nur dann glaubwürdig, wenn sie nicht als reine PR-Maßnahmen zu durchschauen sind. Es geht gerade nicht um Kundenwerbung, vielmehr müssen Leserinnen und Leser beeinflusst und überzeugt werden, dem jeweils gegebenen Rat auch zu folgen. Auffällig ist, dass Erziehungsratgeber sich oft auf private Erziehungsthemen wie das Glück der Kinder beschränken, die von der Erziehungswissenschaft so gut wie nicht bearbeitet werden.

Der Grund ist leicht erkennbar. Ratgeber versuchen Meinungen zu beeinflussen und Akteure in ihrem Handlungskreis zu unterstützen. So nahe an die Akteure kann keine erziehungswissenschaftliche Publikation herangehen. Wissenschaft heißt auch hier Abstraktion vom Einzelfall und der Versuch, zu einer allgemeinen Einschätzung von Problemen zu kommen. Ratgeber dagegen beziehen sich auf Einzelfälle und operieren mit einleuchtenden Beispielen. Themen wie der Umgang mit Neugeborenen kommen in der erziehungswissenschaftlichen Literatur nicht vor und sind ein Eldorado für Ratgeber. Das Gleiche gilt für Störungen des Erziehungsprozesses, die mit Ernährung zu tun haben. Bulimie-Ratgeber gibt es zahlreiche. Wenn, dann beziehen sie sich auf medizinische Befunde, auch auf solche der Lern- oder Entwicklungspsychologie, aber so gut wie nie auf Erziehungswissenschaft.

Zwar sind „Lernstörungen" ein Thema der pädagogischen Psychologie, aber selten entsteht daraus ein Ratgeber, der ja nicht nur Störungen feststellen kann, sondern auch mit Lösungen aufwarten muss, die sich nicht einfach aus empirischen Befunden ableiten lassen, wie immer solide die auch sein mögen. Aber gerade die pädagogische Psychologie muss mit ungelösten Kontroversen umgehen, die eindeutige Schlüsse bislang kaum zulassen (vgl. Abbeduto 2000).

Auffällig ist auch, dass in der Ratgeberliteratur Themen auftauchen, die von der Erziehungswissenschaft verabschiedet worden sind. Ein Beispiel ist der Begriff „Begabung", der aus der Theorie weitgehend verschwunden ist, nachdem Heinrich Roth ihn in seiner *Pädagogischen Anthropologie* verabschiedet hat. Wen er verwendet wird, dann in sehr komplexen und unhandlichen Definitionen, die sich der umgangssprachlichen Fassung entziehen (vgl. Subotnik/Olszewski/Kubilius/Worrell 2011, 7).

Aber daraus kann nicht geschlossen werden, dass „Begabung" in der Alltagskommunikation nicht mehr verwendet wird. Im Gegenteil werden Kinder nach wie vor als „begabt" oder „unbegabt" klassifiziert, ohne dass die erziehungswissenschaftliche Forschung daran etwas ändern könnte. Der Begriff ist nur aus der Theoriebildung verschwunden, während er im Alltagsverhalten von Eltern und Lehrern nach wie vor verwendet wird.

Ratgeber suchen sich allerdings das Segment mit der größten Nachfrage aus, nämlich *Hochbegabung* und wie man damit umgeht. Das Thema eignet sich auch vorzüglich zur Schulkritik, weil der Schule immer „Gleichmacherei" und so die Missachtung der individuellen Begabungen vorgeworfen werden kann. Inzwischen hat sich daraus ein ganzes Netzwerk gebildet, während „Hochbegabung" nur als eine ganz seltene genetische Größe verstanden werden kann. Aber das verhindert nicht, dass Eltern bei ihren Kindern genau diese Größe vermuten und von Ratgebern auch bestärkt, nicht jedoch von der Vermutung abgehalten werden.

Ratgeber reagieren also auf vorhandene Erwartungshorizonte. Wenn wissenschaftliche Theorien und Ergebnisse dazu passen, werden sie als Autorität zitiert, wenn sie Gegenteiliges aussagen, werden sie ignoriert. Über Pubertät zum Beispiel gibt es hochgradig widerstreitende Befunde, die sich je nachdem in der einen oder anderen Richtung für Ratgeber verwerten lassen. Anders als im Falle der Hochbegabung geht es hier eher darum, Eltern auf Ungemach vorzubereiten und Rat dort zu geben, wo zuvor ein Horror-Szenario aufgebaut wurde. Eine „normale Pubertät" gibt es da nicht, während die Strategie immer ratlose Eltern voraussetzt.

Davon zu unterscheiden sind Buchveröffentlichungen, die mit Schulprotest verbunden sind, etwa das Buch einer erfahrenen Frankfurter Lehrerin über die Zumutungen der Integration und die Unmöglichkeit, staatliche Zielvorgaben zu erfüllen (Freimuth 2018). Dabei handelt es sich nicht um einen Ratgeber, sondern um eine politische Anklage. Zwar sind solche Anklagen immer auch mit Vorschlägen verbunden, wie man es besser machen könnte, aber die Vorschläge sind zumeist so abstrakt, dass sie sich nicht mit einem bestimmten Rat verbinden können.

Im Falle der Integration und im weiteren auch Inklusion sind auch scharfe politische Gegensätze zu unterscheiden, die bei Ratgebern im Allgemeinen gar nicht zum Tragen kommen. Ratgeber vermeiden politische Zuspitzungen und lassen sich nur schwer in gegensätzliche Lager einordnen. Erziehung wird daher auch nicht bildungspolitisch verstanden, sondern vor dem Hintergrund einer besseren Problemlösung dargestellt, ohne damit in den meisten Fällen Systemkritik zu verbinden.

Ratgeber sind auch keine Methodenbücher, wie sie etwa in der Lehrerbildung zur Anwendung kommen. Diese Art Literatur bezieht sich auf die Gestaltung des Unterrichts, ohne dabei den künftigen Lehrerinnen und Lehrern Ratschläge zu erteilen. Im Gegenteil sind solche Ratschläge eher verpönt, weil sie nicht als „Rezepte" für den Unterricht verstanden werden sollen. Ein Ratgeber dagegen tut meistens nichts anderes, als Rezepte anzubieten.

Erziehungsratgeber enthalten etwa konkrete Vorschläge für einen strukturierten Arbeitstag, Instrumente der Zeitgestaltung, Stoppregeln für den Umgang miteinander, Auszeiten, Regeln der Verschriftlichung und letztlich immer Hinweise für die richtige Einstellung. Auch hier werden Konzepte verwendet, die die Erziehungswissenschaft theoretisch verabschiedet hat wie etwa „Haltung" und „Vorbild" oder auch „Pflicht" und Zurückstellung der eigenen Wünsche.

Allerdings gibt es auch das genaue Gegenteil, nämlich Distanzierung von der Erziehung, Freiräume gegenüber dem Kind, Emanzipation der Eltern oder auch die Entsagung von Dankbarkeitserwartungen. Kinder haben keine Pflicht zur Dankbarkeit gegenüber ihren Eltern, aber, wenn man den Aufwand der Eltern in Rechnung stellt, ist das auch nur philosophisch einleuchtend (vgl. hierzu Bleisch 2018).

In den meisten Fällen sind Erziehungsratgeber frei von Warnungen und ohne jede Thematisierung der eigenen Grenzen. Das Richtige soll getan werden, also muss das Falsche kategorisch ausgeschlossen werden. Erziehungsratgeber sind deswegen immer frei von Ironie und auch von Selbstdistanzierung. Das gilt auch, wenn sie die gängige Erziehung in Frage stellen. Gerade dann werden dogmatische Gegenentwürfe präsentiert, die Eltern auf eine bestimmte Seite ziehen wollen. So gehört denn „Mut" dazu, die Eltern zu enttäuschen und ein selbstbestimmtes Leben zu führen (vgl. hierzu Bordt 2017).

Ein ganz anderer Zugang ist die Esoterik. Dort ist seit längerem zu beobachten, wie mit spirituellen Konzepten Einfluss auf die Erziehung genommen werden soll. Zuvor waren esoterische Überzeugungen Angelegenheit von Erwachsenen, die nicht versucht haben, auch ihre Kinder danach zu erziehen, was unweigerlich einen Konflikt mit der staatlichen Schule aufgeworfen hätte. Heute wird „natürliches Lernen" als Alternative zur Staatsschule angeboten, aggressiv vermarktet und mit eigenen Ratgebern untermauert (vgl. hierzu Megre 2017).

Die entsprechende Szene ist gut vernetzt und im Internet mit professionellen Webseiten präsent. Die entsprechenden Kommunikationsräume sind Echokammern, die von außen nicht erreicht werden können und sollen. Daher ist Homeschooling ein erklärtes Anliegen dieser Gruppen, die öffentlich offenbar an Einfluss gewinnen.

Erkennbar ist auch die Vermarktung von Kindern und Jugendlichen, denen besondere spirituelle Fähigkeiten zugesprochen werden. Ein markantes Beispiel ist das Schweizer Medium Christina von Dreien. Dreien ist ein Ort im Toggenburg, wo Christina als Tochter einer Marathonläuferin aufgewachsen ist. Die Mutter will besondere spirituelle Fähigkeiten der Tochter entdeckt haben und hat darüber zwei Ratgeber geschrieben, die auf erhebliches Interesse gestoßen sind.

Der erste Band steht nach einem Jahr in der siebten Auflage (von Dreien 2018). Das Interesse spiegelt sich auch in den öffentlichen Präsentationen der Tochter, für die größere Säle angemietet werden. Die Botschaften sind abstrus und widerstreiten bewusst der Wissenschaftsorientierung der Gesellschaft. Damit wird eine Sinnsuche außerhalb der etablierten Religionen bedient.

Neu ist daran die Besetzung von Erziehungsthemen, die von keiner etablierten wissenschaftlichen Disziplin erreicht werden kann. Weder sind die entsprechenden Theorien zu widerlegen noch lassen sie sich über sich selbst aufklären. In der Wahrnehmung des Publikums spielt das keine Rolle, solange Wege zur Liebe und zum Glück versprochen werden.

Die Ratgeber sind mit klaren Theorien ausgestattet, die nicht den Protest des Publikums finden, sondern angenommen werden. Sogar neue Lernmethoden werden erfunden, die einhergehen mit populärer Schulkritik. Die zugrundeliegenden Theorien sind fantastischer Natur und für die Leser trotzdem attraktiv. Ratgeber dieser Art können Wirkungen versprechen, die nie eintreten und die trotzdem wohlwollend erwartet werden. Der Rat oder die Therapie können nicht scheitern, weil es nur innere Wirkungen geben kann.

Es ist in der Esoterikszene gelungen, eine Gegenbewegung zur rationalen Pädagogik aufzubauen, zu der heute alternative Schulen und neue Formen der Erwachsenenbildung zählen. Die Grenze zu den schulischen Lernmethoden ist offenbar gerade im Primarbereich porös und wird häufig unterlaufen. Der Praxisbezug dieser esoterischen Angebote ist unmittelbar gegeben, weil er keine anderen Voraussetzungen hat als die angeleitete Selbsterfahrung.

Der Unterschied zu esoterischen Gruppen ist klar. Normalerweise finden Erziehungsratgeber Interesse bei einzelnen Lesern und nicht bei organisierten Gruppen, in denen eine gemeinsame Meinungsbildung angestrebt und durchgesetzt wird. Von Interesse ist sicher auch die Koppelung von alternativen Formen des Lernens mit Schulkritik. Das ist kein neues Phänomen, aber die modernen Medien schaffen Möglichkeiten der ständigen Selbstbestätigung, die durch keine Kritik zu beeinträchtigen sind.

Ratgeber stehen häufig in einem Spannungsverhältnis zu den Wissenschaften. Oft vertrauen Leserinnen und Leser mehr den Ratgebern als den Wissenschaften, wie sich etwa auch am Beispiel der Alternativmedizin zeigen ließe. Es gibt auch Ratgeber ohne jeden Bezug auf eine Wissenschaft wie etwa Kochbücher zeigen. Anders Ratgeber für Recht, sie setzen juristische Fachkompetenz voraus und werden dann auch meistens von Juristen geschrieben. Das Gleiche gilt für Ratgeber, die bestimmte Technologien oder Fertigkeiten darstellen, etwa im Blick auf das Tuning von Autos oder auf die fachgerechte Gestaltung des Gartens.

Die Alternativmedizin hat dagegen kaum etwas mit medizinischer Forschung und Praxis zu tun, anders wäre sie nicht sehr weit wirklich „alternativ". Naturheilkunde, bestimmte Therapieangebote oder auch Selbsterfahrungskurse grenzen sich gerade von den Wissenschaften ab. Die sogenannte „Edelsteintherapie" ist erwiesenermaßen wirkungslos, sieht man von Placebo-Effekten ab, aber kann dennoch einen Ratgebermarkt bedienen und Nachfrage erzeugen.

Die Erziehungswissenschaft hat es ebenfalls mit Ratgebern zu tun, die bewusst Abstand zur Wissenschaft halten. Die Ratgeber benutzen eine gängige Alltagssprache und beziehen sich erklärtermaßen nicht auf Theorien. Dahinter steht die Idee, dass Praktikabilität ohne Theorie, Geschichte und Datensatz möglich ist, einfach weil direkt mit dem Leser kommuniziert wird und Beispiele überzeugen sollen. Die Beispiele sind jeweils zur Bestätigung der Idee des Ratgebers ausgewählt und legen so eine hohe Plausibilität nahe.

Die Erziehungswissenschaft legitimiert sich selbst als Wissenschaft *von der* und *für die* Praxis. Diese Formel dient nicht nur zur Unterscheidung von anderen Wissenschaften, sondern ist für die Legitimation zentral. Die Ergebnisse der Wissenschaft sollen praktischen Nutzen haben, deswegen ist auch gelegentlich von einer „Vermittlungswissenschaft" die Rede.

Der Transfer in praktische Felder wird nicht wirklich geprüft. Auf der anderen Seite ist die Erziehungswissenschaft in verschiedenen Ausbildungsgängen fest verankert und müsste dann umso mehr darstellen können, dass sie praktisch wirksam ist. Diese Frage lässt sich nur empirisch klaren und Ansätze, etwa für die Lehrerbildung, liegen vor.

Der Praxisbezug erklärt das Konkurrenzverhältnis und zugleich die Lücke zu den Erziehungsratgebern. Diese Ratgeber umgehen die Forschung und damit auch die Distanzierung zur Praxis. Die Leser werden direkt instruiert, was in einer gegebenen Situation oder auch allgemein getan werden kann oder muss, etwa wenn es um die Erziehung der eigenen Kinder geht. Auch schulische Ratgeber, zum Beispiel im Blick auf Prüfungsvorbereitungen, zielen direkt auf den Nachvollzug und brauchen keine Umwege über Forschung und Reflexionen.

Das erklärt vermutlich, warum es kaum Ratgeber gibt, die auf erziehungswissenschaftlicher Grundlage, also theoriegeleitet und datengesteuert, abgefasst werden. Selbst für Sachbücher, die sich mit Erziehungsfragen befassen, ist das nur sehr eingeschränkt der Fall. Es überwiegt die direkte Erfahrung, die mehr auszusagen scheint als alle distanzierten wissenschaftlichen Reflexionen.

Das hängt auch damit zusammen, dass in größeren erziehungswissenschaftlichen Studien der konkrete Praxisbezug meist offen bleibt oder mit banalen Sätzen formuliert wird. Was mit den Ergebnissen anzufangen ist, stellt häufig nur eine Zusatzreflexion dar, die legitimatorischen Zwecken dient. Ratgeber dagegen sind deswegen eingängig, weil diese Distanz gerade fehlt und das als großer Vorteil verkauft werden kann.

Der Kieler Lehrer Jochen Grell hatte seinerzeit zusammen mit seiner Frau großen Erfolg mit schulischen Ratgebern[25], die Rezepte für den Unterricht anboten, deren Existenz oder Notwendigkeit von der Erziehungswissenschaft immer bestritten worden ist. Aber in der Praxis werden keine Theorien verwendet, schon weil die Umgangssprache im Klassenzimmer das gar nicht zulässt; der Nutzen der Erziehungswissenschaft wäre dann rein akademischer Natur. Im Sinne von Niklas Luhmann: Das System bezieht sich auf sich selbst.

Aber die Erziehungswissenschaft bedient die Staatsschule, die Sozialen Dienste, Institutionen der Fort- und Weiterbildung, auch Volkshochschulen, schließlich die größere Öffentlichkeit in einer Weise, die jede Form von Esoterik ausschließen muss. Aber auch „Sinn" ist kein Thema außerhalb der wissenschaftlichen Hermeneutik und so bezogen auf Texte. Dagegen ist der Markt für Ratgeber offen für solche Themen, aber es fragt sich, wie nachhaltig die Lektüre von Erziehungsratgebern tatsächlich ist.

---

25 Letzte Ausgabe Grell/Grell 2010. Das Buch erschien zuerst 1979.

Literatur

Quellen

Adelfels, M. v. (1894): Des Kindes Anstandsbuch. Goldene Regeln in zierlichen Reimen für wohlerzogene Kinder und solche, die es werden wollen. Nebst einem Anhang: Hübsche und lehrreiche Märchen, Fabeln und Parabeln. Den lieben Kleinen zur Kurzweil, zum Nachdenken und zur Beherzigung. Stuttgart: Schwabacher.

Bleisch, B. (2018): Warum wir unseren Eltern nichts schulden. München: Hanser Verlag.

Bordt S.J., M. (2017): Die Kunst, die Eltern zu enttäuschen: Vom Mut zum selbstbestimmten Leben. München: Elisabeth Sandmann Verlag.

Brand, W.F. (1895): Anstand bei Tisch. Wie sollen wir essen? Stuttgart: Schwabacher.

Breithaupt, F. (2016): Ein Lehrer für mich allein. In: Die Zeit (2016/5), 63f.

Bueb, B. (2006): Lob der Disziplin. Eine Streitschrift. 7. Aufl., Berlin: List-Verlag.

Caplan, B. (2018): The Case Against Education. Why the System of Education is a Waste of Time and Money. Princeton u.a.: Princeton University Press.

Chua, A. (2011): Battle Hymn of the Tigermother. London: Bloomsbury Publishing.

Condrell, K.N. (2006): The Unhappy Child. What Every Parent Needs to Know. Amherst u.a.: Prometheus Books.

Dreien, Bernadette v. (2018): Christina. Zwillinge als Licht geboren. 7. Aufl., Zürich: Govinda Verlag.

Freimuth, I. (2018): Lehrer über dem Limit: Warum die Integration scheitert. Berlin u.a.: Europa Verlag.

Galura, B. (1841): Lehrbuch der christlichen Wohlgezogenheit. Ein Beitrag zur allgemeinen Volksbildung. 5. Aufl., Kempten: Druck und Verlag der Jos. Kösel'schen Buchhandlung. [Erste Auflage 1821]

Grell, J./Grell, M. (2010): Unterrichtsrezepte. Weinheim u.a.: Beltz Verlag.

Hüther, G./Hauser, U. (2012): Jedes Kind ist hochbegabt. Die angeborenen Talente unserer Kinder und war wir daraus machen. München: Albrecht Knaus Verlag.

Juul, J. (2015): 4 Werte, die Eltern und Jugendliche durch die Pubertät tragen. München: Gräfe und Unzer Verlag.

Kallmann, E. (1891): Der gute Ton. Handbuch der feinen Lebensart und guten Sitte. Nach den neuesten Anstandsregeln bearbeitet. Berlin: Hugo Steinitz.

Kasper, H. (2001): Streber, Petzer, Sündenböcke: Wege aus dem täglichen Elend des Schülermobbings. Lichtenau: AOL-Verlag.

Kloepfer, I./Kloepfer, I. (2012): Glucken, Drachen, Rabenmütter: Wie junge Menschen erzogen werden wollen. Hamburg: Hoffmann und Campe.

Knigge, A. Frhr. v. (1977): Über den Umgang mit Menschen. Hrsg. v. G. Ueding, Frankfurt am Main: Insel Verlag. [ursprüngl. Ausg. 1788]

Kraus, J. (2013): Helikopter-Eltern: Schluss mit Förderwahn und Verwöhnung. Reinbek bei Hamburg: Rowohlt Verlag.

Kühn, L. (2005): Das Lehrerhasser-Buch: Eine Mutter rechnet ab. München: Knaur Taschenbuch.

Lemke, J.L./Lecusay, R./Cole, M./Michalchik, V. (2015): Documenting and Assessing Learning in Informal and Media-Rich Environments. Cambridge/Mass.: The MIT Press.

Peschek, C.A. (1786): Liebe und Ehe in der Narrenkappe und im Philosophenmantel. Von einem Greise. Breslau u.a.: Christian Friedrich Gutsch.

Loomans, D./Godoy, J. (2005): What All Children Want Their Parents to Know: 12 Keys to Raising a Happy Child. Novato u.a.: New World Library.

Mannin, E. (2006): Common Sense and the Child: A Plea for Freedom. London: Vintage Dog Books. [Original Jarrolds 1931]

Megre, W. (2017): Anastasia. Band 1: Tochter der Taiga. Übersetzt von Helmut Kunkel. 5. Aufl., Zürich: Govinda-Verlag.

Oelkers, E. (1923): Gutes Benehmen. Berlin: W. Vobach.

Precht, R.D. (2013): Anna, die Schule und der liebe Gott. Der Verrat des Bildungssystems an unseren Kindern. München: Goldmann Verlag.

Rosemond, J. (2006): The New Six-Point Plan for Raising Happy, Healthy Children. Kansas City u.a.: Andrews McMeel Publications.

Schlessinger, L. (2006): Bad Childhood, Good Life. How to Blossom and Thrive in Spite of an Unhappy Childhood. New York: Harper Collins.

Schramm, H. (1902): Das richtige Benehmen in der Familie, in der Gesellschaft und im öffentlichen Leben. 9. Aufl., Berlin: Schultze.

Schulte-Markwort, M. (2015): Burnout-Kids: Wie das Prinzip Leistung unsere Kinder überfordert. München: Pattloch Verlag.

Spitzer, M. (2012): Digitale Demenz. Wie wir uns und unsere Kinder um den Verstand bringen. München: Droemer Verlag.

Sydow, F. v. (1830): Der Weltbürger. Ein Bildungsbuch für den Umgang mit Menschen. In: Knigge's Geist nach den Bedürfnissen unserer Zeit zum Gebrauch aller Stände und Volksklassen geschrieben. Ilmenau: Voigt.

Sydow, F. v. (1843): Der junge Mann von Welt. Regeln des Anstands feiner Lebensart, wahrer Höflichkeit, Lebensweisheit und Weltklugheit. Sonderhausen: Eupel.

Tieck, L. (1829): Schriften. XIII. Band: Märchen, Dramatische Gedichte. Fragmente. Berlin: G. Reimer.

Wade, R. (1931): Children, Be Happy? London: V. Gollancz Limied.

Wedell, J. v. (Hrsg.) (1871): Wie soll ich mich benehmen? Die Sitten der guten Gesellschaft in Aufnahmen nach dem Leben. Ein Handbuch des guten Tones und der feinen Lebensart. Stuttgart: Levy & Müller.

Weiler, J. (2014): Das Pubertier. München: Kindler.

Winterhoff, M. (2008): Warum unsere Kinder Tyrannen werden oder: Die Abschaffung der Kindheit. Gütersloh: Gütersloher Verlagshaus.

Winterhoff, M. (2013): SOS Kinderseele. Was die emotionale und soziale Entwicklung unserer Kinder gefährdet und was wir dagegen tun können. In Zusammenarbeit mit C. Tergast. München: C. Bertelsmann Verlag.

Darstellungen

Abbeduto, L. (Ed.) (2000): Taking Sides: Clashing Views on Controversial Issues in Educational Psychology. Guilford u.a.: Dushkin/Mcgraw-Hill.

Berg, C. (1991): Pädagogisch Rat geben. Ein Dilemma pädagogischer Praxis und Wirkungsgeschichte. In: Zeitschrift für Pädagogik 37 (5), 709-734.

Blum, S.D. (2016): „I Love Learning; I Hate School". An Anthropology of College. Ithaca u.a.: Cornell University Press.

Candy, Ph.C. (1991): Self Direction for Lifelong Learning. San Francisco: Jossey Bass.

Collins, J./Foley, P. (Eds.) (2008): Promoting Children's Wellbeing. Policy and Practice. Bristol: The Policy Press.

Ichenhäuser, E.Z. (1983): Erziehung zum guten Benehmen. Berlin: Volk und Wissen.

Keller, N. (2008): Pädagogische Ratgeber in Buchform – Leserschaft eines Erziehungsmediums. Bern u.a.: Peter Lang Verlag. [= Explorationen. Studien zur Erziehungswissenschaft, hrsg. v. J. Oelkers, Band 57]

Klein, C. (1975): The Myth of the Happy Child. New York: Harper and Row.

Oelkers, Jürgen (1995): Pädagogische Ratgeber. Erziehungswissen in populären Medien. Frankfurt am Main: Moritz Diesterweg.

McMahon, D. (2006): Happiness: A History. New York: Atlantic Monthly Press.

Schlott, M. (Hrsg.) (1998): Wirkungen und Wertungen. Adolph Freiherr Knigge im Urteil der Nachwelt (1796-1994). Eine Dokumentensammlung. Göttingen: Wallstein. [= Das Knigge-Archiv, Band 1]

Schnall, S./Jaswal, V.J./Rowe, C. (2008): A Hidden Cost of Happiness in Children. In: Developmental Science 11 (5), 25-30.

Subotnik, R.F./Olszweski-Kubilius, P./Worrell, F.C. (2011): Rethinking Giftedness and Gifted Education: A Proposed Direction Forward Based on Psychological Science. In: Psychological Science in the Public Interest 12 (1), 3-54.

Valtl, K. (1986): Erziehung zur Höflichkeit. Diss. phil. Universität Regensburg. Ms. Regensburg.

Wolf, W. (2015): Veränderungen von Verhaltensstandards im Bereich familialer Erziehung und Sozialisation seit 1945. Aufgezeigt am Beispiel der Familienzeitschriften „Ratgeber – Frau und Familie" und „Eltern". Berlin: epubli.

Zillig, W. (2000): Bibliographie der Anstandsbücher. Verfügbar unter http://archive.is/NEkSV (Zugriff am 21.10.18).

Körperschaften

Der Gesellige. Eine moralische Wochenschrift. Dritter Theil. Halle: Verlag Johann Justinus Gebauer (1749).

Play Hours: or, The Happy Children. Intended for Those under Ten Years of Age. London: The Religious Tract Society (1842).

Markus Höffer-Mehlmer

Den Rat immer neu erfinden –
Zur Geschichte der Ratgeberliteratur

Wie man Kinder erzieht, ist nicht biologisch vorgegeben, folgt keinem geneti-
schen Programm, sondern muss, in welcher Form und zu welcher Zeit auch immer, gelernt werden. Bei diesem Lernen spielen eigene Erziehungserfahrungen,
erziehende Vorbilder, mit Sanktionen versehene gesellschaftliche Ge- und Verbo-
te, aber auch Ratschläge anderer eine wichtige Rolle. Ratschläge per Buch sind
nur eine Variante neben anderen medialen, vor allem aber personalen Formen
des Rat Gebens (vgl. dazu auch die Beiträge von Ruge und Wandhoff in diesem
Band). Die Geschichte dieses Genres in Deutschland ist in verschiedenen Ein-
zel- und Überblickswerken untersucht worden (vgl. hierzu und zum Folgenden
Höffer-Mehlmer 2003, 27ff; Höffer-Mehlmer 2007; zu einzelnen Zeitabschnitten
aber auch Hoffmann 1959; Marré 1986; Fuchs 1997; Schmid 2008 und 2011;
Eschner 2017; Volk 2018).

1 Vorläufer und frühe Varianten

Solange nur wenige Menschen lesen konnten, gab es die Variante des schriftlichen
Ratgebers nur für Angehörige gehobener und lesekundiger Schichten etwa in
Form von Prinzen- oder Fürstenspiegeln, während Erziehungsratschläge ansonsten mündlich verbreitet wurden. Auch Predigt- oder Haustafelsammlungen (vgl.
Gray 1974, 45ff; Hoffmann 1959) sowie Pflegeanleitungen für Hebammen und
Geburtshelfer (als bedeutendes und verbreitetes Beispiel vgl. Siegemund 1690)
basierten nur indirekt auf schriftlicher Fixierung und waren nicht für die Eltern
selbst, sondern für die jeweils mit Fragen der Kindererziehung befassten Berufs-
gruppen als ‚Multiplikatoren‘ konzipiert. Erst die Verbreitung der Lesefähigkeit
wie auch der vorherige Abschied vom Lateinischen als vorrangiger Schriftsprache,
nicht zuletzt aber die Entwicklung von Buchdruck und Verlagswesen trugen zur
Entstehung der breit gefächerten Ratgeberliteratur bei, die wir heute vorfinden.
Die ‚Hausväterliteratur‘ für den Haushaltsvorstand des bäuerlichen oder handwerklichen Haushalts stellte eine recht frühe Form der an den lesenden ‚Endverbraucher‘

gerichteten Ratgeberliteratur dar. Stilbildend und erfolgreich war hier insbesondere Coler (1645). Das Aufwachsen und die Erziehung der Kinder wurde hier als eine Facette im Aufgaben- und Verantwortungsbereich des Hausvaters behandelt. Dabei beschränkten sich die Autoren überwiegend auf funktionale Fragen der Einordnung der Kinder in das Geflecht der Aufgabenverteilung innerhalb des Haushaltes: „Kinder sollen ihren Eltern und Zuchtmeistern, die sie etwas lehren, unterthänig und gehorsamb seyn und in allen Winckeln fleissig zusehen helffen und iren Eltern nichts verschweigen wan sie erwan Unrichtigkeit finden" (Coler 1645, 6).

Bei Coler und den übrigen Autoren der Hausväterliteratur besticht die enorme thematische Breite, die es zuließ, die Werke als Ratgeber für nahezu alle Lebenslagen zu nutzen. Dieser Art von Ratgeber-Kompendium entspricht ein bis zur Mitte des 18. Jahrhunderts in Deutschland verbreitetes Leseverhalten, das Wittmann als „exemplarisches Lesen" bezeichnet hat:

> „Nur eine kleine Auswahl von Büchern oder gar nur ein einziges wurde ein Leben lang immer wieder gelesen, als Reproduktion eines im Gedächtnis bereits vorgegebenen Inhalts, im rückversichernden und verstärkenden Nachvollzug vertrauter Orientierungsmuster zur Bewältigung weltlicher und geistlicher Probleme (…). Das Buch, oft über Generationen vererbt und verehrt, besaß zeitlose Autorität; es wurde als unmittelbar praxisbezogene, normative Anleitung konsultiert" (Wittmann 1991, 172).

Die Hausväterliteratur wurde vorrangig für eine Haushalts- und Familienform und deren Vorstand, den kleinen Kreis lesekundiger Hausväter angefertigt. Die besondere Quellenproduktivität des ‚ganzen Hauses', die sich in der Hausväterliteratur, aber auch in Hausrat- und Steuerverzeichnissen und anderen Dokumenten bemerkbar machte, mag mit dazu beigetragen haben, dass das ganze Haus immer wieder als *die* Haushalts- und Familienform der Vergangenheit betrachtet wurde (vgl. etwa Fuchs 1997, 35ff), obwohl es auch zu seiner Blütezeit nur *eine* spezifische Form neben anderen war. Bereits im „16. Jahrhundert gab es nebeneinander eine bunte Vielfalt von sehr unterschiedlichen Familientypen, in ihrer Verschiedenheit wohl viel differenzierter als in der Gegenwart" (Mitterauer 1989, 179).

2 Die Aufklärung und ihre Folgen

Die deutsche Aufklärung stellte auch für die Ratgeberliteratur einen deutlichen Einschnitt dar. Bei allen Unterschieden, die zwischen den Aufklärungspädagogen hinsichtlich anthropologischer Annahmen, Weltanschauungen und Erziehungskonzepte bestanden, können folgende Gemeinsamkeiten festgehalten werden (zum Folgenden vgl. Blankertz 1982, 28ff). Erziehung wird als eigenständige menschliche Aufgabe betrachtet, die es wissenschaftlich zu erforschen gilt und für deren Erfüllung eine planmäßige Ausbildung nötig ist. Die Herausbildung einer ausdifferenzierten pädagogischen Fachliteratur, die Entwicklung von Konzepten und Überlegungen für die Ausbildung von berufsmäßig Erziehenden und erste Ansätze für eine eigenständige akademische Pädagogik bringen dies zum Ausdruck. Dem liegt die Überzeugung zu Grunde, dass es „die Methode der richtigen Erziehung" (ebd., 29) gibt. Diese gilt es in Diskurs und Forschung zu ergründen und zu entfalten, nicht zuletzt, um sie zur Grundlage und Legitimation beruflicher Ausbildung und Praxis von Erziehenden machen zu können. Man vertraut darauf, dass die wissenschaftliche Erforschung und Durchdringung der Erziehung zu ihrer Verbesserung beiträgt, wie dies etwa August Hermann Niemeyer zu Beginn des 19. Jahrhunderts zum Ausdruck bringt:

> „Wenn nun Erziehung in einer absichtlichen Einwirkung auf den Menschen zur Beförderung jener Bildung besteht, wenn sie nicht dem Zufall und dem gedankenlosen Mechanismus überlassen bleiben, vielmehr nach einem bestimmten Plan, nach einem festen Princip, zu einem bestimmten Zweck Veränderungen in ihm hervorbringen soll (…), – so wird der, welcher die Menschennatur am tiefsten ergründet und so weit es möglich den Uranfang aller ihrer Veränderungen erforscht hat, auch am sichersten seyn, die allgemeinen Regeln zu finden, wie man jene Bildung und Entwicklung naturgemäß fördern könne" (Niemeyer 1818, 19f).

Angesichts der großen Bedeutung, die der Erziehung nun eingeräumt wurde, und der Vielzahl von Beiträgen, Entwürfen und Projekten zu ihrer Verbesserung wird die zweite Hälfte des 18. Jahrhunderts und das beginnende 19. Jahrhundert als das ‚pädagogisches Jahrhundert' bezeichnet. Dies deckt sich mit den Feststellungen zeitgenössischer AutorInnen. „Nie ist wohl mehr über eine vernunftgemäße Erziehung des Weltbürgers gedacht, gesprochen und geschrieben worden, als in unserem pädagogischen Jahrhundert" (Walther 1781, 1).
Vernunftgemäß erzogen werden sollten nicht nur die Heranwachsenden, sondern auch die erwachsenen Familienmitglieder. Wo sonst, wenn nicht in der Familienerziehung ließe sich die immer erneute Hervorbringung und Weitergabe von Unvernunft unterbrechen? Für Christian Gotthilf Salzmann lagen die Gründe des Übels und damit Anlass und Ziel seines ‚Krebsbüchleins' klar auf der Hand: „Der Grund von allen Fehlern, Untugenden und Lastern der Kinder ist allemal bey dem Vater oder Mutter, oder bey beyden zugleich zu suchen. Es klingt wunderbar und ist doch wahr" (Salzmann 1780, X). In der dritten Auflage ist der Grund etwas relativiert „mehrentheils bey dem Vater oder der Mutter, oder bey beyden zugleich, zu suchen. Es klingt dieß hart, und ist doch wahr" (Salzmann 1792, IX).
Mit Erziehungsratgebern sollten zwei Ziele zugleich verfolgt werden: zunächst eine der Aufklärung verpflichtete Beeinflussung der Eltern und dann die Erziehung der Kinder und Jugendlichen im gleichen Sinne. Insofern wurde das ‚pädagogische Jahrhundert' zugleich zum ‚Jahrhundert der Erziehungsratgeber'.
Da die stetig anwachsende pädagogische Literatur selbst für Interessierte immer schwerer überschaubar wurde, erschien 1790 mit Samuel Baurs ‚Charakteris-

tik der Erziehungsschriftsteller Deutschlands' einer der ersten ‚Meta-Ratgeber',
mit dem Orientierungshilfen im expandierenden Markt pädagogischer Literatur
geboten werden sollten (als neueren Vertreter dieser Genre-Variante vgl. Hefft
1978). „Unsere pädagogischen Schriften häufen sich von Messe zu Messe so sehr,
daß man der zweiten Hälfte unsers Jahrhunderts nicht mit Unrecht den Zunamen
der pädagogischen beilegen könnte" (Baur 1790, VI). Daher soll die ‚Charakteristik', so Baur in der Vorrede, „ein Handbuch der pädagogischen Literatur für
Eltern und Erzieher sein, wo sie auf eine leichte und bequeme Art mit unsern
besten Erziehungsschriften und ihren Verfassern bekannt werden, und wo sie sich
in jedem Falle erholen können" (ebd., IX).

Die für Eltern bzw. für Mütter verfasste Ratgeberliteratur jener Zeit kann nach
Themenbereichen und nach den Berufen der Autoren in vier Gruppen unterteilt
werden (vgl. hierzu und zum Folgenden Marré 1986):

- von Ärzten verfasste Bücher über die Pflege und Ernährung von Kindern (vgl.
  etwa Henke 1832; Struve 1803; Hufeland 1800),
- Ratgeber über die physische und die sittlich-intellektuelle Erziehung, die von
  Pädagogen, Ärzten oder Theologen stammten (vgl. etwa Salzmann 1780; Rich-
  ter 1806/1910; Wolke 1805),
- von Theologen geschriebene Bücher über die religiöse Erziehung (Sickel 1835),
- Ratgeber für den Lese- und Schreibunterricht, die von akademisch gebildeten
  Lehrern verfasst wurden. Beispiele sind Basedows ‚*Methodenbuch*' von 1773
  (Basedow 1965) und Pestalozzis ‚*Anweisung zum Buchstabieren und Lesenlehren*'
  von 1801 (Pestalozzi 1801).

Zwischen diesen Gruppen gibt es allerdings immer wieder Überschneidungen.
Dies liegt unter anderem an der Themen- und Aufgabenstellung der Ratgeber. In
der häuslichen Erziehung, für die sie geschrieben wurden, sind die körperliche, intellektuelle und sittliche Erziehung ja oft nur verschiedene Seiten eines Deutungs-,
Entscheidungs- und Handlungsbereichs und nicht immer klar voneinander abzugrenzen. Überschneidungen ergeben sich aber auch aus dem Selbstverständnis der
Autoren, die etwa unter dem Leitbegriff der ‚physischen Erziehung' gleichermaßen
die körperliche wie die seelisch-geistige Entwicklung des Kindes fördern wollen
(vgl. hierzu die Überblicke bei Kunze 1971; Raspe 1973; Marré 1986, 39ff).

Zum Gesamtpanorama aufklärerischer Ratgeber gehören zudem die vor allem
für die ländliche Bevölkerung angefertigten Volksbücher (vgl. hierzu von Hippel 1939; Lichtenberg 1970; Siegert 1978). Hier wurde zum Teil die Tradition
der Hausväterliteratur aufgegriffen und der Leserschaft eine Art ‚Vademecum für
alle Lebenslagen' angeboten. Das nicht nur in dieser Gruppe, sondern insgesamt
erfolgreichste Werk ist das ‚*Noth- und Hülfsbüchlein für Bauersleute*' (Erstausgabe
Becker 1788; zu weiteren Ausgaben, Übersetzungen, Plagiaten etc. vgl. die Bi-
bliografie bei Siegert 1978, 1202ff) des Lehrers Rudolph Zacharias Becker, den

Samuel Baur einen *„eifrigen Beförderer der Aufklärung und einer geläuterten Denkungsart unter der Jugend und den niederen Volksklassen"* (Baur 1790, 34) genannt hat. Das Buch *„erlebte in kurzer Zeit eine Auflage von mehreren Hunderttausend"* (Reble 1971, 144). Bis zum Jahr 1811 wurde eine Million ‚*Noth- und Hülfsbücher'* verbreitet (vgl. Reble 1971, 174).[1]

Insgesamt gewinnt das Genre der Erziehungsratgeber im ausgehenden 18. und beginnenden 19. Jahrhundert differenzierte Gestalt. Die nun in bislang unbekannter Vielzahl und Vielfalt erscheinenden Ratgeber sind kein Abbild der Familienerziehung, ja sollen es gar nicht sein, vielmehr werden hier Leitbilder und Wege künftiger Erziehung wie auch dessen entworfen, was man bürgerliche oder moderne Familie nennt. Funktionelle Spezialisierung, Emotionalisierung und Intimisierung, die als Merkmale der modernen Familie gelten, werden in den Ratgebern bereits gefordert oder vorausgesetzt. Zum verbreiteten Leitbild wurde diese Familie dann im Laufe des 19. Jahrhunderts. Wenn man die Ratgeber als Medium der Selbstvergewisserung darüber betrachtet, was bürgerliche Familie und Familienerziehung ausmacht, so lassen sich eine Reihe der in den Ratgebern erörterten grundlegenden Erziehungs- und Pflegefehler zwei unterschiedlichen Grundmustern zuordnen:

• Die Autoren wenden sich gegen Unwissenheit, Desinteresse und Lieblosigkeit von Eltern, die ihre Kinder im Unrat liegen lassen, sie Lebensgefahren aussetzen oder sie ihrer Entwicklungschancen durch festes Einwickeln oder zu frühes Arbeiten berauben. Hier richtet sich der Blick in der sozialen Hierarchie gewissermaßen nach unten, insbesondere auf die Erziehung im ärmlichen Bauernhaus.

• Die zweite Gruppe von Erziehungs- und Pflegefehlern resultiert nicht aus Armut oder Unwissenheit, sondern ist vielmehr durch Überfluss, übertriebenen Luxus und Degeneration gekennzeichnet. Wenn die Autoren die Vernachlässigung der Stillpflicht und das Ammenwesen, die Verzärtelung von Kindern statt ihrer Abhärtung, die übertriebene Förderung durch „Zwang, Künstelei und alles, was zu schnelle Reifung bewirken könnte" (Hufeland 1800, 1) oder auch die Fehlernährung durch zu viel Fleisch oder gewürztes Essen kritisieren, haben sie Familien im Blick, bei denen nicht der Mangel, sondern vielmehr der Überfluss das zentrale Erziehungsproblem darstellt. ‚Natürlichkeit' und ‚Einfachheit' sind die Leitbegriffe, an denen Erziehung ausgerichtet werden soll, die diese Fehler vermeidet. Während Rousseau mit diesen Begriffen Gesellschaft, Kultur und Erziehung des Ancien Régime mit einem Dekadenz-Verdikt belegte, geht es den Ratgeber-Autoren mehr um Orientierungshilfen für eine richtige Erziehung, entsprechend der Formel John Lockes', dass „Edelleute ihre Kinder behandeln sollten wie rechte Gutspächter und wohlhabende Bauern die ihren" (Locke 1897, 83).

---

1 Reble bezieht sich bei dieser Angabe vermutlich auf Becker selbst (vgl. hierzu von Hippel 1939, 81).

Jenseits der durch Unwissenheit, Entbehrung und Abstumpfung gekennzeichneten Erziehung unterer und der luxuriös-dekadenten Naturferne oberer Schichten wird so ein eigener Weg der Erziehung entworfen, der mit einem spezifischen Ideal des Familienlebens korrespondiert. Im Kanon derjenigen Aufgaben, die es im Haushalt zu erledigen gilt, soll die Kindererziehung einen zentralen Platz einnehmen und zu einem Bereich werden, dem man sich mit großer Aufmerksamkeit sowie unter Berücksichtigung geeigneter Ratschläge widmet. Der Haushalt als Produktionsstätte, wie er in der Lehre vom ganzen Haus gedacht und im zeitgenössischen Bauern- und Handwerkerhaushalt praktiziert wurde, verlor demgegenüber tendenziell an Bedeutung, auch wenn er in den Dorfromanen und -utopien wie Zacharias Beckers ,Noth- und Hülfsbüchlein', Salzmanns ,Konrad Kiefer' oder Pestalozzis ,Lienhard und Gertrud' auf Grund der Orientierung am Lebensumkreis der Landfamilie noch eine größere Rolle spielte.

Die im Gefolge der Aufklärung verstärkte Beschäftigung mit Erziehung und Bildung führte erstmals zu einer Ratgeberliteratur, die in breite Schichten hineinwirken sollte und nicht nur für einen kleinen Kreis Bessergestellter abgefasst war. Dabei wirkten die kulturellen Bestrebungen, durch aufklärende Bildung von Eltern zu einer besseren Kindererziehung und durch beides zu einer aufgeklärten Gesellschaft der Zukunft beizutragen, mit der Verbreitung der Lesefähigkeit und der Ausbreitung von Buchdruck, Verlagen und Buchhandel zusammen und führten zu einem regelrechten ,Boom' der Ratgeberliteratur, auch wenn Auflagenhöhe und Verbreitung dieser Bücher gemessen an heutigen Verhältnissen meist noch recht gering waren.

Familienerziehung wurde nun gleichsam als Handwerk betrachtet, das Eltern sukzessive erlernen und angepasst an den Entwicklungsstand des Kindes und die jeweiligen situativen Gegebenheiten ausüben und methodisch verfeinern sollten. Das damit verbundene technologische Versprechen einer erfolgreichen Erziehung lässt sich vor allem durch eine umfassende Pädagogisierung des Haushalts- und Familienlebens einlösen. Alltagssituationen und -abläufe sollen in ihrer erzieherischen Bedeutung betrachtet und genutzt, Prägung durch Umgang, Vorbild und Mittun sollen reflektiert und gesteuert und die davon unterscheidbaren Situationen direkter Einwirkung auf das Kind sollen erzieherisch motiviert und zielführend gestaltet werden.

3 Vom 19. Jahrhundert bis zum Ende des Ersten Weltkriegs

Im Laufe des 19. Jahrhunderts löste sich in der Ratgeberliteratur die enge Verbindung von medizinisch-pflegerischen und im engeren Sinne erzieherischen Fragen, wie sie im Gefolge der Aufklärung bestanden hatte. Stattdessen erschienen Ratgeber, die im Wesentlichen entweder dem einen oder dem anderen Themenbereich zuzuordnen sind (als Beispiele für medizinisch-pflegerische Ratgeber vgl. Besser 1853; Götz 1851; von Ammon 1921; pädagogische Ratgeber waren unter anderem Weyell 1848; Unverzagt 1856; Oppel 1906). Dies korrespondiert mit der Entwicklung in der Medizin bzw. Kinderheilkunde auf der einen und der Pädagogik auf der anderen Seite. In beiden Bereichen entwickelte sich ein zunehmend ausdifferenziertes Expertensystem mit spezialisierten Ausbildungsgängen, Forschungen, Institutionen und Kommunikationsformen. Hieraus resultierten gänzlich andere Bedingungen für das Ratgeben in Sachen Kindererziehung und -pflege, als sie noch zu Beginn des 19. Jahrhunderts bestanden hatten. Insbesondere vergrößerte sich die Kluft zwischen der für das jeweilige Expertenpublikum, für die Wissenschaftler und Praktiker geschriebenen Fach- und der für Laien geschriebenen Sachliteratur.

Wie vielfältig die medizinischen Erkenntnisse und Behandlungsmethoden im Laufe des 19. Jahrhunderts geworden waren, zeigt beispielhaft der 1906 erstmals von dem Professor für Kinderheilkunde Philipp Biedert herausgegebene Sammelband ‚Das Kind. Seine körperliche und geistige Pflege von der Geburt bis zur Reife' (Biedert 1906). Hier werden über die bereits in früheren und zeitgenössischen medizinischen Ratgebern gängigen Themen wie Schwangerschaft, Geburt, Wochenbett, Ernährung und Pflege in verschiedenen Altersstufen hinaus medizinische Fragen etwa zu Krankheiten von Augen und Ohren oder zu Missbildungen und Verletzungen behandelt. Die Autoren sind bestrebt, ihre Leser in möglichst verständlicher Weise mit den Erkenntnissen der medizinischen Forschung vertraut zu machen, ihnen praktische Hinweise, Pflege- und Ernährungsregeln sowie Erklärungs- und Diagnosehilfen für alltägliche Gesundheitsprobleme zu bieten und sie nicht zuletzt auf diejenigen Krankheiten oder Auffälligkeiten hinzuweisen, bei denen unbedingt ein Arzt zu konsultieren ist. Hier wird erkennbar, dass angesichts der fortgeschrittenen Differenzierung und Spezialisierung ‚Popularisierung' nicht nur Verbreitung wissenschaftlichen Wissens an Laien bedeutete, sondern auch als Information über die Expertensysteme an Bedeutung gewann.

Die Entwicklung des schulischen Bildungswesens während des 19. Jahrhunderts lässt sich in ähnlicher Weise wie die der medizinischen Versorgung als Expansion und Differenzierung beschreiben. Hier entwickelte sich mit der Volksschule auf der einen, dem Gymnasium sowie (ab der Mitte des Jahrhunderts) den Realgymnasien und Oberrealschulen auf der anderen Seite ein prinzipiell alle Kinder erfassendes Schulsystem, in dem, auch dies eine Parallele zur Medizin, die Versorgung mit Ressourcen und Lebenschancen allerdings ausgesprochen ungleich verteilt war. Die Vertreter des sich in diesem Kontext etablierenden Berufsstandes der Lehrer veröffentlichten neben der sich ausweitenden Fachliteratur immer wieder auch Sachbücher, darunter Ratgeber für die Familienerziehung. Dass berufsmäßig Erziehende Ratgeber verfassten, war kein neues Phänomen, denkt man etwa an verschiedene Autoren der Aufklärungszeit, doch geschah dies nun unter den Bedingungen einer stärkeren Professionalisierung, d.h. bei einem recht klaren Berufsbild mit normierten Zugangsvoraussetzungen und geregelter Ausbildung. In der Familienerziehung wurde demgegenüber weiterhin von Laien erzogen, die hierfür weder ausgewählt wurden, noch ausgebildet waren.

Allerdings stellten die Autoren mit pädagogischen Berufen ihre Ausbildung und Tätigkeit weniger stark in den Mittelpunkt, als dies bei Medizinern der Fall ist. So wandte sich Adolph Matthias, Lehrer, Schulrat und Fachautor, in seinem Ratgeber „Wie erziehen wir unseren Sohn Benjamin? Ein Buch für deutsche Väter und Mütter" (Matthias 1899) nicht vorrangig als Erziehungsexperte an seine Leserschaft, sondern vielmehr als erfahrener Vater, der sich der grundlegenden Unterschiede zwischen schulischer Erziehung und Familienerziehung bewusst ist. Das von ihm angeratene Erziehungsprogramm lässt sich als Pädagogisierung des Familienlebens durch bewusste und früh einsetzende Prägung sowie zielstrebige Nutzung direkter Einwirkungsmöglichkeiten kennzeichnen. Dabei bezieht er sich auf die bürgerliche Familie seiner Zeit, deren materielle Ressourcen, Form der Haushaltsführung (mit Dienstpersonal), Bildungsaspirationen und Werte er als gegeben voraussetzt. Deutlich ausgeprägt ist bei ihm die Arbeits- und Aufgabenteilung zwischen Mann und Frau. Er warnt vor den Folgen, die eine ‚zu mütterliche' (irrationale, verzärtelnde) Erziehung habe. Innerhalb des bürgerlichen Haushalts gilt es dem städtischen Umfeld und den luxuriösen Verlockungen des Wohlstands zum Trotz ein Familienleben zu führen, das den aus der Aufklärungsliteratur vertrauten Prinzipien der Einfachheit und Naturnähe verpflichtet ist.

Die Welt außerhalb des Haushaltes ist bei ihm, den mittlerweile eingetretenen Entwicklungen entsprechend, deutlich komplexer als bei früheren Autoren. Er unterteilt sie in den Bereich potenziell das Erziehungswerk gefährdender ‚Miterzieher' (Medien, Peer-Groups bzw. Wohnumfeld), deren Einfluss begrenzt und gesteuert werden muss, und in den der Schule. Die schulische Erziehung ergänzt die Familienerziehung, ja vermag auf Grund ihrer klaren Ordnung, methodischen Präzision, kurz: wegen ihrer technologischen Überlegenheit als eine Art Ausfallbürge einzelne dort vorhandene Mängel auszugleichen. Aus dem Schulbereich entstammt auch das technologische Angebot, das Matthias seinen Lesern zum Thema ‚Strafe' unterbreitet (vgl. ebd., 94ff). Im Schulbereich hatte sich im Laufe des 19. Jahrhunderts ein ‚Gradation' genanntes abgestuftes Strafsystem entwickelt, das Matthias in seinen ‚Benjamin' aufnahm und den Eltern zur Anwendung empfahl. Hierzu gehört auch die härteste Variante: „Mit weiser Beschränkung soll man (...) körperliche Züchtigungen anwenden" (ebd., 103). Man soll möglichst früh damit beginnen, um ebenso früh damit aufhören zu können: „Wie man die Saat am besten ausstreut in den ersten Frühlingstagen, so soll man auch in den ersten Lebensjahren die Rute nicht sparen" (ebd.).

Mit anderem Gestus als Matthias wendete sich mit Adalbert Czerny (1919) ein wichtiger Vertreter der Kinderheilkunde an ratsuchende Eltern. Er sah zwar auch den Experten als Korrekturinstanz bei elterlichen Erziehungsfehlern, ähnlich wie dies Matthias getan hatte. Aber er beriet nicht als erfahrener Vater, sondern ausdrücklich und ohne Einschränkung vom Standpunkt des Experten aus, der mit knappen Hinweisen Erziehungsfehler und Fehlentwicklungen rügt. Auch er hatte offenbar bürgerlich-wohlhabende Eltern vor Augen und es sind vor allem Wohlstand und Luxus, die eine geordnete Erziehung in Frage stellen, ja erst Bedarf nach Ratgeberliteratur aufkommen lassen. Hiergegen rät Czerny zu einer Erziehung der Einfachheit und zum Verzicht auf Experimente. Dabei bezieht er sich unter anderem auf Erklärungsansätze der sich gerade herausbildenden behavioristischen Psychologie. „Selbst das scheinbar komplizierte Gebäude der Sprache und des Denkens läßt sich", schreibt Czerny,

„in lauter primitive Vorgänge zergliedern. Die primitiven Funktionen der Gehirnrinde lassen sich in ausgezeichneter Weise bis zu einem gewissen Grade auch im Tierexperimente studieren, wie dies in ganz meisterhafter Weise der russische Forscher Pawlow gezeigt hat. Für den Menschen, speziell für das Kind, liegen darüber grundlegende Untersuchungen von Krasnogorski vor, welche uns gestatten, die Erziehungslehre auf sicheren Grundlagen aufzubauen, und vor allem das Verständnis für die von der Norm abweichenden Vorgänge zu ermöglichen" (Czerny 1919, 111f).

Im Hinblick auf das Verhältnis von Profi- und Laientum trat im pädagogischen Feld mit der Entwicklung der Reformpädagogik insofern eine veränderte Situation ein, als sich die in ihrem Zusammenhang entwickelten Gedanken und Konzepte als grundlegende Kritik am Expertensystem und der dort angewandten ‚Erziehungstechnologie' verstehen lassen. So wurde vonseiten der Kunsterziehungsbewegung das, was als curriculare Errungenschaft gegliederter und geordneter Lehr- und Stoffpläne galt, als Gängelung und Korsettierung der Entwicklung musischer Erlebnisfähigkeit interpretiert, für bewährt gehaltene Unterrichtsmethoden wurden im Kontext der Arbeitsschulbewegung als Lernbehinderung zugunsten stärkerer (geistiger bzw. handwerklicher) Selbsttätigkeit der Schüler verworfen, etablierte Formen und Wege schulischen Berechtigungs- und Platzierungswesens wurden mit dem Ansatz der Einheitsschule für überholt erklärt. Die Familienerziehung wurde, insbesondere in der ‚Pädagogik vom Kinde aus', von Kritik und Reformvorschlägen nicht ausgenommen, doch ließ die Technologiekritik der Reformpädagogik ihren ‚laienhaften' Charakter tendenziell in einem besseren Licht erscheinen, ja die Individualität, Beiläufigkeit und Alltäglichkeit des Erziehens und Belehrens in der Familie konnte sogar zum Vorbild für den als uniformierend und lebensfern kritisierten Schulunterricht werden.

Ellen Key rief in ihrem ‚Jahrhundert des Kindes' (Key 1905) zu einer grundlegenden Veränderung der Erziehung in der Schule, aber auch in der Familie auf. Das romantische Bild des Kindes wird bei ihr zur Grundlage einer radikalen Kritik am Erziehungssystem, die sich in den Kontext verschiedener reformpädagogischer Ansätze einfügt. Heinrich Lhotzky, ein Anhänger der von Ellen Key vertretenen Vorstellungen, ging in seinem Ratgeber ‚Die Seele deines Kindes‘ (Lhotzky 1907), dem Elternbuch-Bestseller in der Zeitspanne zwischen Jahrhundertwende und Ende der Weimarer Republik, noch über Key hinaus. Er forderte keine Reform, sondern die Abschaffung der Erziehung. Metaphernreich entfaltete er ein romantisches Bild des Kindes als sich selbst entfaltende Individualität zur Begründung seiner Forderung. Kinder sind für ihn „ebenbürtige Geister" (ebd., 42), sie sollen „Freunde und Kameraden" (ebd., 26) werden, die „herzliche Freundschaft" zu ihnen ist das „kostbare Gut im Leben" (ebd., 34) der Eltern. Auf den ersten Blick irritiert es, dass in einem Ratgeber für die Erziehung deren Abschaffung gefordert wird. Bei näherer Betrachtung zeigt sich, dass Lhotzky (wie schon vor ihm Ellen Key) vor allem die Prügelstrafe im Blick hat, wenn er sich gegen Erziehung wendet. Den nach Abzug drakonischer Strafen übrigbleibenden ‚Rest‘ erzieherischer Einwirkungen behandelt er als gleichsam mechanische Vorgänge; zunächst erfolgt die „Herstellung des Gehorsams" (ebd., 76), dann kann die freie Entfaltung des Kindes beginnen.

Richard Kabisch wandte sich, wie andere Ratgeber-AutorInnen nach ihm (vgl. etwa Prüfer 1925; Haarer 1934), in seinem kurz vor Beginn des Ersten Weltkriegs erschienenen Ratgeber ‚Das neue Geschlecht‘ (Kabisch 1913) gegen die von Key, Lhotzky und anderen geforderte Reform der Familienerziehung. Er forderte stattdessen eine im engen Sinn des Wortes ‚spartanische‘ Erziehung durch Abhärtung, durch die ein ‚neues Geschlecht‘ gegen Entbehrungen und Schmerzen unempfindlicher und dadurch kriegsfähiger Menschen heranwachsen soll. Kabischs Buch war nicht nur im Hinblick auf das Erscheinungsjahr, sondern auch vom Anliegen und der stilistischen Gestaltung her ein Kriegsbuch, das unmittelbar nach Kriegsende in vierter Auflage erschien, danach aber nicht wieder aufgelegt wurde.

4 Von der Weimarer Republik bis zum Ende des Zweiten Weltkriegs

Bei einer Gesamtbetrachtung der Ratgeberliteratur während der Zeit der Weimarer Republik ist zunächst einmal auffallend, dass die Kontroverse, die sich vor dem Krieg über Keys *Jahrhundert des Kindes*‘ und, damit verbunden, über Stellenwert und Grenzen elterlicher Autorität und Strafbefugnisse entwickelt hatte, wieder aufgegriffen wurde und unter den neuen politischen Bedingungen an Schärfe gewann. Wilhelm Rein wandte sich in seinem Einleitungsbeitrag für den pädagogischen Teil der Enzyklopädie ‚Das Kind‘ gegen die „falsche Pädagogik (…), die das Stichwort geprägt hat vom ‚Jahrhundert des Kindes‘" und fragte: „Wer aber von den Götzendienern der Kindernatur kennt noch den Namen Pflicht? Wer will von strenger Pflichterfüllung hören? Wer das restlose Nachgeben an die Wünsche und Bedürfnisse der Kindernatur predigt, dem ist das Wort ,Pflicht' geradezu ein Gräuel, ein hartes, unbarmherziges Wort" (Rein 1927, 314). Folgerichtig verkörperte für ihn „der spartanische Knabe", der „Schmerzgefühle unterdrückte, ja sich selbst auferlegte, um bei den Bürgern Ehre einzulegen" zwar noch nicht das Endziel der Selbstbeherrschung, immerhin aber „eine Vorstufe dazu" (Rein 1927, 315). Der Anschluss an die Traditionslinien von Familienerziehung soll für Rein gleichsam die Wiedergeburt des am Boden liegenden Vaterlandes bewirken. Nur die Besinnung auf Selbstbeherrschung und eine so verstandene Willensstärkung könne zu der Hoffnung berechtigen, beendet Rein seinen Einleitungsbeitrag, „unsere Jugend und mit ihr unser Volk höheren Entwicklungsstufen entgegen zu führen" (Rein 1927, 317).

In den Debatten war es weiterhin vor allem die Prügelstrafe, die den einen als selbstverständliches Erziehungsinstrument galt und von den anderen vehement abgelehnt wurde. Die Auseinandersetzungen wurden dabei sowohl in der Schulpädagogik,[2] als auch in den sich in der Weimarer Republik ausdifferenzierenden familienpädagogischen Foren geführt. Hier waren die Unterschiede besonders drastisch:

- Einerseits finden sich viele Beiträge, in denen Eltern eindringlich von der Prügelstrafe abgeraten wurde (vgl. von Bracken 1926; Borchardt 1922; Schulz 1926; Rühle 1924). Als die Eltern-Zeitschrift ,Kleine Kinder' Anfang der dreißiger Jahren eine Leserumfrage über Lohn und Strafe in der Kindererziehung veranstaltete, wurde unter den denkbaren Strafarten die Prügelstrafe nicht einmal mehr erwähnt (vgl. Fragebogen über Anwendung von Lohn und Strafe 1931/32, 105).
- Auf der Gegenseite kamen die Befürworter der Prügelstrafe, bei aller Warnung vor übertriebenen und unangemessenen Strafen, zu Ratschlägen, die in ihrer Schärfe im rechtlich normierten und kontrollierbaren schulischen Erziehungswesen undenkbar waren. So ließ die Zeitschrift ,Eltern und Kind' in den zwanziger Jahren nach Leserbriefen gegen die Prügelstrafe den Mediziner von Mengershausen (1925) zu der Frage „Was hat der Arzt zur Züchtigungsfrage zu sagen?" zu Wort kommen. Dieser empfahl den Eltern das ganze Spektrum der Prügelstrafen vom Klaps auf Hand oder Gesäß (ebd., 145ff), über die Backpfeife bis zur Rute, die „gewöhnlich hinter dem Spiegel hervorzugucken pflegt und allein schon dadurch eine heilsame Wirkung auszuüben vermag". Dem „bekannten Rohrstock" zog er die Hundepeitsche vor, da diese nicht „bis auf die Knochenhaut" hindurchdringe (ebd., 147).

---

2 Vergleiche hierzu Scheibe (1972, 238ff) und exemplarisch die Debatte, die Anfang der 1930er Jahre in der Zeitschrift ,Die Erziehung' über Martin Havensteins Beitrag „Weichlichkeiten in der modernen Erziehung" geführt wurde (vgl. Havenstein 1930a; Weniger 1930 und die Erwiderung Havensteins 1930b).

Die Debatten über Autorität und Erziehung im Allgemeinen und über die Prügelstrafe im Besonderen waren eng verbunden mit Auseinandersetzungen in anderen Bereichen, bei denen sich, grob gesagt, reformerische und gegenreformerische Kräfte gegenüberstanden. Die hierin bereits angelegte gewisse Politisierung der Familienerziehung während der Weimarer Republik zeigt sich besonders deutlich in den Organisations- und Publikationsformen, die sich in jener Zeit entwickelten. So führten vor allem die bildungspolitischen Auseinandersetzungen zur Gründung verschiedener Elternvereinigungen. Dies begann unmittelbar nach der Novemberrevolution mit der Gründung von Elternräten in Anlehnung an die Arbeiter- und Soldatenräte, mit denen bildungspolitische Forderungen durchgesetzt werden sollten (vgl. hierzu und zum Folgenden Wagner-Winterhager 1979, 74ff). In der Folgezeit wurden verschiedene Vereinigungen gegründet, deren Ziel zunächst in der Vertretung konfessioneller bzw. weltanschaulicher Interessen bestand (vgl. hierzu und zum Folgenden Bergmann 1930a). Verbänden, die den Einfluss der Kirchen auf das Bildungswesen verteidigen wollten, standen andere gegenüber, die eine mehr oder minder strikte Trennung von Staat und Kirche forderten. Diese Zusammenschlüsse entfalteten über die politische Interessenvertretung hinaus publizistische Aktivitäten, aus denen sich Ratgeberreihen und ein neuer Typ von Elternzeitschriften entwickeln (vgl. Bergmann 1930b), die thematisch im Überschneidungsbereich von Schule und Elternhaus angesiedelt waren und in denen die Anliegen katholischer (‚Elternhaus, Schule und Kirche. Blätter für die katholische Familie und Schule‘), evangelischer (‚Haus und Schule‘) oder sozialistischer (‚Die freie weltliche Schule‘) Verbände vertreten wurden. Vorträge und Diskussionsveranstaltungen über Erziehungs- und Bildungsfragen ergänzten das Spektrum der Aktivitäten.

Nach dem Machtantritt der Nationalsozialisten wurden die Medien insgesamt, so auch die Herstellung und der Vertrieb von Ratgeberliteratur, der staatlichen Kontrolle unterworfen. Werke aus dem linken bzw. aus dem reformorientierten Spektrum konnten nicht mehr gedruckt und vertrieben werden. Die ab 1933 verbreiteten Ratgeber lassen sich mit Blick auf die Gleichschaltungsbestrebungen in drei Gruppen unterteilen:

• Einige Erziehungsratgeber, die erstmals während der Weimarer Zeit erschienen waren, wurden weiterhin vertrieben und neu aufgelegt, so etwa Marie Coppius' Erziehungsbeobachtungen aus dem Kindergarten ‚Pflanzen und Jäten im Kinderherzen‘ (Coppius 1933), Hildegard Hetzers ‚Seelische Hygiene – Lebenstüchtige Kinder. Richtlinien für die Erziehung im Kleinkindalter‘ (erstmals 1930) oder die von Johannes Prüfer herausgegebene ‚Neue Elternbücherei‘. Für Prüfers ‚Erziehungskunde auf Erlebnisgrundlage‘ (Prüfer 1933) warb der Verlag mit einer wohlwollenden Besprechung in der NS-Frauen-Warte: „Dies praktische Büchlein wird mancher Mutter oder Erzieherin zur Anregung dienen können. An Hand aus dem Leben gegriffener Beispiele wird auf die verschiedenen Eigenschaften des Kindes, die der Erziehung zunächst hemmend im Wege stehen, hingewiesen" (Verlagswerbung in Plattner 1939, Anhang).

- Unter den neu erscheinenden Werken wurden vor allem diejenigen gefördert, die von nationalsozialistischen Vorstellungen geprägt waren. So warb der Teubner-Verlag für Gerhard Pfahlers „Warum Erziehung trotz Vererbung?" (Pfahler 1935) mit dem Hinweis: „Das Buch wird laut Bescheid der Parteiamtlichen Prüfungskommission zum Schutze des NS.-Schrifttums, Berlin vom 25. März 1935 in der ‚NS.-Bibliographie' geführt" (Verlagswerbung in Plattner 1939, Anhang).

- Nach 1933 erscheinen aber auch neue Ratgeber, die keine ideologische Nähe zum Nationalsozialismus aufwiesen, vor allem deshalb, weil sie, der Tradition der Ratgeberliteratur folgend, Familienerziehung als Privatsache behandelten. Ein besonders bemerkenswertes Beispiel für diesen Typus ist Friedrich Schneiders ‚Katholische Familienerziehung'.

Als durchgängig von nationalsozialistischem Gedankengut geprägt können die Ratgeber der Ärztin Johanna Haarer gelten. Ihr Werk ‚Die deutsche Mutter und ihr erstes Kind' war der wohl erfolgreichste Ratgeber der ersten Jahrhunderthälfte. Mit über einer halben Million Gesamtauflage bis zum Ende der NS-Zeit übertraf Haarers Buch Heinrich Lhotzkys mit 300.000 Exemplaren schon recht erfolgreiches Werk ‚Die Seele deines Kindes'.

Haarer propagierte ähnlich wie Kabisch eine im engeren Sinne spartanische Erziehung. Schon beim Umgang der Mutter mit dem Säugling soll hierfür die Voraussetzung entstehen. Die von ihr empfohlene systematische Vermeidung von Zärtlichkeit und die Beschränkung von Körperkontakten auf das technisch-pflegerisch Notwendige lässt sich als Verhinderung einer engen Mutterbindung interpretieren. Die daneben immer wieder auftauchenden Beschwörungen der Familie und des Mutterseins als Erfüllung der Frau bilden hierzu einen eigenartigen Kontrast. Beides entspricht der Familien- und Erziehungspolitik des NS-Regimes, das auf der einen Seite der Familie, Familienförderung und -politik (für den ‚rassisch' bzw. ‚erbbiologisch' wertvollen Teil der Bevölkerung) eine zentrale Stellung einräumte und auf der anderen Seite bestrebt war, Kinder und Jugendliche möglichst früh und umfassend außerhalb der Familie zu erfassen und zu erziehen.

In der Ratgeberliteratur der NS-Zeit stellte Friedrich Schneiders ‚Katholische Familienerziehung' (Schneider 1939) insofern eine Ausnahme dar, als der Autor, beim Machtantritt noch Professor, vom Regime mit Berufsverbot belegt wurde und eine recht deutliche Distanz zum NS-Staat zeigte. Schneider wollte die religiöse Erziehung in der Familie bis hin zu einer Art Religionsunterricht ausbauen, um so die Beschränkungen, die dem schulischen Religionsunterricht mittlerweile auferlegt waren, auszugleichen (vgl. ebd., 335ff). Auch wenn er diese Beschränkungen nur indirekt thematisiert, lässt sich die Tatsache, dass sein Buch unter den gegebenen politischen Bedingungen veröffentlicht werden konnte, wohl nur mit der international renommierten Stellung des Verlags und damit erklären, dass sich das Regime den Kirchen gegenüber zu gewissen Zugeständnissen veranlasst sah.

5 Ratgeber in der DDR und der Bundesrepublik

Nach dem Zweiten Weltkrieg und dem Ende des NS-Regimes wurde die Produktion von Ratgebern wie von Druckerzeugnissen insgesamt unter Aufsicht der Besatzungsmächte wieder aufgenommen. Aufgrund der in ihnen vorherrschenden Konzentration auf die Privatheit des Familienhaushaltes standen Ratgeber dabei allerdings nicht im Zentrum der Bestrebungen, über Medienkontrolle zur Reeducation und demokratischen Umgestaltung beizutragen. In der sowjetischen Besatzungszone wurden die offen nationalsozialistischen Ratgeber der Johanna Haarer indiziert (vgl. Deutsche Verwaltung für Volksbildung in der sowjetischen Besatzungszone 1946, 155). Im Westen wurden sie erst von 1949 an neu aufgelegt, allerdings grundlegend überarbeitet. In der 1949 erschienenen Neufassung des Ratgebers ‚Die deutsche Mutter und ihr erstes Kind' war das ‚deutsche' im Titel getilgt und es fehlte jeder Hinweis darauf, dass es sich hierbei um eine Neuauflage handelte. Inhaltlich war das Buch ebenfalls grundlegend umgestaltet (vgl. hierzu Höffer-Mehlmer 2003, 251ff). Bis zum Jahr 1987, insgesamt also über 50 Jahre lang, erschien es dann in immer neuen Auflagen und erreichte eine Gesamtauflage von über 1,2 Millionen Exemplaren. Einband, Fotos und Abbildungen wurden dabei den jeweils geltenden Moden angepasst. Die Autorin arbeitete neuere medizinische Erkenntnisse oder Hinweise auf neue Produkte für Pflege und Ernährung ein und passte ihren Text an die sich bessernden materiellen Bedingungen an. Erst „1985 wurde die Kontinuität der Haarer-Bücher erstmals öffentlich in Frage gestellt" (Dill 1999, 39.).

Nicht immer wurden die Ratgeber den neuen Verhältnissen angepasst. Hildegard Hetzer ließ bspw. 1946 in der Neuauflage ihres Ratgebers ‚Seelische Hygiene – lebenstüchtige Kinder' sogar das Vorwort von 1942 unverändert, in dem sie „Gesundheitsführung in der Kindheit" als „die Voraussetzung für Gesundheit und Lebenstüchtigkeit des Erwachsenen, für seine Einsatzfähigkeit im Dienste der Volksgemeinschaft" bezeichnete (Hetzer 1946, 3). Der Hamburger Medizin-Professor Rudolf Degkwitz, ein Nationalsozialist der frühen Stunde (vgl. hierzu Dill 1999, 60), konnte kurz nach Kriegsende in seinem Ratgeber ‚Über die Erziehung gesunder Kinder' (Degkwitz 1946) die Traditionslinie der ‚Erziehung zum unbedingten Gehorsam' wieder aufnehmen.

Auch die Ratgeber-AutorInnen der Nachkriegszeit konzentrierten sich meist auf die im Privathaushalt stattfindende Kindererziehung, wie dies der vorherrschenden Tradition der Gattung entspricht, und brauchten daher die gewissermaßen auf der anderen Seite der Haustür stattfindenden politischen Veränderungen kaum wahrzunehmen. Franz Flirtler, Herausgeber des 1948 erschienenen Buches ,Nur die Liebe kann erziehen', eines eher erbaulichen als im strengen Sinne beratenden Ratgebers, stellte eine Ausnahme dar, als er sich ausdrücklich auf die Zäsur des Jahres 1945 bezog:

> „In der Zeit nach dem furchtbaren Zusammenbruch des Deutschen Reiches möchte dieses Buch noch der besonderen Aufgabe dienen, der entschlossenen Anerkennung der häuslichen Erziehung, die in den Jahren der politischen Massen-,Ausrichtung' keine Geltung mehr haben sollte, die aber doch die heranwachsende Generation in vielen Familien vor der Verwirrung aller sittlichen Begriffe bewahrt hat" (Flirtler 1948, 14).

Nach der Gründung der Bundesrepublik und der DDR entwickelte sich die Ratgeberliteratur in beiden Staaten recht unterschiedlich. In der DDR griffen Partei- und Staatsführung steuernd in die Produktion und den Vertrieb von Büchern ein. Pädagogische Ratgeber für Eltern wurden dabei als ein Instrument politischer Beeinflussung in doppelter Hinsicht verstanden, mit denen die Eltern dazu angehalten wurden, ihre Kinder nicht zuletzt durch eigenes Vorleben zu sozialistischen Bürgern zu erziehen. Die reformpädagogisch inspirierte Linie sozialistischer Ratgeberliteratur, wie sie während der Weimarer Republik etwa von Otto Rühle und Heinrich Schulz repräsentiert worden war, wurde nicht aufgenommen, deren Positionen lehnte man als ,individualistisch' oder ,anarchistisch' (vgl. in dieser Richtung bspw. die Einschätzung Rühles bei Günther et al. 1982, 452) ab. Während man sich zunächst vor allem auf die Herausgabe von ,Klassikern' des Marxismus (vgl. etwa Marx/Engels über Erziehung und Bildung 1960) bzw. marxistischer Pädagogik (vgl. etwa die Zusammenstellung von Aufsätzen und Reden Clara Zetkins bei Walther 1959 und Makarenko 1952) und Übersetzungen sowjetischer Ratgeber (vgl. etwa Petschernikowa 1953, 1954a und 1954b; Sorokina 1954; Nisowa 1963) beschränkte, wurde ab Mitte der 1960er Jahre mit der Entwicklung einer auf möglichst umfassende Wirkung angelegten und offiziell so betitelten ,pädagogischen Propaganda' die Produktion von Ratgebern in ein Gesamtsystem der Elternbildung eingebettet, zu dem Veranstaltungen und Einrichtungen der Elternbildung, Elternarbeit von Kindertagesstätten, Schulen und staatliche Jugendorganisationen, Zeitschriften und Zertifikatskurse für Eltern gehörten (zur Familienpädagogik in der DDR bis zum Anfang der 1970er Jahre vgl. Busch 1972; einen knappen Gesamtüberblick gibt Busch 1998).

Von der Mitte der sechziger Jahre an erschien die Reihe ,Zur Erziehung in der Familie' als ,Kleine pädagogische Bibliothek für Eltern'. In vier Bänden wurden Erziehungsfragen verschiedener Altersstufen behandelt. Mit der Pflege, Ernährung und Erziehung des Neugeborenen beschäftigte sich der Mediziner Rudolf

Neubert (1967) in dem Buch ‚Das Kleinkind'. Die folgenden Bände wurden von AutorInnenkollektiven verfasst und erschienen unter den Titeln ‚Das Vorschulkind' (1964), ‚Das Schulkind von sechs bis zehn' (1965) und ‚Der Schüler von zehn bis sechzehn' (1965). Die vier Bände der Reihe wurden bis in die achtziger Jahre hinein immer wieder neu bearbeitet und aufgelegt. Daneben erschienen umfassend angelegte und altersstufenübergreifende Ratgeber, in denen Pflege- und Erziehungsfragen behandelt wurden wie die Enzyklopädie ‚Das Kind' (Uhlmann 1967) oder der Band ‚Unsere Kinder' (Noglik 1969), aber auch speziellen Fragen gewidmete Werke, etwa zur „Zeiteinteilung in der Familie" (Drefenstedt 1975), über die „Moralische Erziehung in der Familie" (Stolz 1977) oder „Vom Umgang mit Geld" (Breuer 1985).

Mit der ‚pädagogischen Propaganda' sollten Eltern, und durch sie die Kinder, zwar weiterhin im systemkonformen Sinne beeinflusst werden, doch sollten zugleich der möglichst dichte Anschluss an erziehungsrelevante wissenschaftliche Erkenntnisse und die Übernahme entsprechender Praktiken ermöglicht werden, um so „eine Pädagogik der ‚persönlichen Erfahrungen' zu überwinden und zu einer bewußten Gestaltung des Bildungs- und Erziehungsprozesses zu kommen" (Walther et al. 1970, 57.). Die pädagogische Propaganda sollte auf die „Altersbesonderheiten der Kinder" abgestimmt sein, und die Themen sollten „instruktiv, mit großer Sachkenntnis und lebensnah behandelt werden und den Teilnehmern die Möglichkeit der unmittelbaren Mitwirkung (…) einräumen" (ebd., 58).

In struktureller Hinsicht unterschied sich die Ratgeberliteratur in der DDR von der bundesrepublikanischen durch die hohe Planungsdichte und die Tatsache, dass weitaus weniger Werke erschienen, wobei der Verlag Volk u. Wissen nicht nur für Schulbücher zuständig war, sondern auch „nahezu ein Monopol für die ‚Elternliteratur'" (Busch 1972, 260) besaß. Hinsichtlich der Erziehungsvorstellungen fällt auf, dass in einigen Fragen, etwa der von elterlichen Erziehungsstrafen oder von Geschlechtererziehung, bereits recht früh eher liberale bzw. egalitäre Vorstellungen vertreten wurden.

Als grundlegendes Ziel jeder Erziehung galt, dies wurde mal stärker, mal schwächer betont, die Einordnung in eine Gesellschaft, die als die bestmögliche dargestellt wurde. In den 1970er und 80er Jahren zeichnet sich eine gewisse Entideologisierung ab. Es hat den Anschein, als ob die Ursachen für Erziehungsprobleme nun nicht mehr als Resultat westlich-kapitalistischer Einflüsse exterritorialisiert oder die Probleme gänzlich geleugnet wurden und dass man sich stärker auf Ergebnisse psychologischer und erziehungswissenschaftlicher Forschung stützte, während Verweise auf Klassiker des Marxismus-Leninismus oder auf Parteitagsreden zum offenbar kaum vermeidbaren Beiwerk verkümmerten.

Für die Bundesrepublik lassen sich die 1950er und 60er Jahre mit Blick auf die Heirats- und Familiengründungszahlen als das „goldene Zeitalter' der bürgerlichen Familie" (Hradil 1992, 66) bezeichnen. Die politische und kulturelle Entwicklung der 1950er Jahre wird häufig als ‚Restauration' traditioneller Werte und Strukturen betrachtet. Gerade die in jener Zeit verbreitete Idealisierung der bürgerlichen Familie mit der ihr eigenen Rollen-, Funktions- und Machtverteilung zwischen Mann und Frau, der Unterordnung der Kinder und der Orientierung an christlichen Maßstäben scheint diesen Befund zu stützen. Andererseits fanden in der Gesellschaft insgesamt, aber auch innerhalb der Familien erhebliche Veränderungen statt, die nicht in das Bild einer umfassenden Restauration traditioneller Muster und Strukturen passen (vgl. hierzu u.a. Wurzbacher 1954, 87ff).

In der Ratgeberliteratur jener Zeit, die im Wesentlichen vom Typus des allgemeinen Erziehungs- und Pflegeratgebers dominiert wurde, kam einerseits die Idealisierung der bürgerlichen Familie zum Ausdruck. Die „alltägliche Verteidigung der Korrektheit" (Ziehe 1986) sollte schon in der Erziehung als Vermittlung einer ‚guten Kinderstube' beginnen, die auch in den zu jener Zeit verbreiteten Benimm-Ratgebern für Erwachsene als elementare Forderung betont wurde (vgl. etwa Oheim 1957, 141). Andererseits finden sich aber auch Ansätze zu einem partnerschaftlicheren und weniger an der rigiden Durchsetzung von Normen orientierten Verständnis von Erziehung. Erstmals erlangten in jener Zeit auch Übersetzungen ausländischer Ratgeber, etwa des international außerordentlich erfolgreichen ‚Baby and child care' Benjamin Spocks (Spock 1952), eine gewisse Bedeutung.

Das Ende der 1960er Jahre, als im Gefolge der Studentenbewegung eine grundlegende Liberalisierung der Kindererziehung gefordert und mit mehr oder minder weitreichender politischer Programmatik verbunden wurde, stellte für die Entwicklung der Ratgeberliteratur eine deutliche Zäsur dar. Das Autoritätsverhältnis zwischen Eltern und Kindern wurde nun grundlegend in Frage gestellt, was in der Folgezeit zu dauerhaften Kontroversen führte, die auch in der Ratgeberliteratur ausgetragen wurden. Während auf der einen Seite ein eher permissiv orientierter Erziehungsstil (vgl. etwa Stöhr 1969; Bönner 1971; Neill 1971) oder von ‚antipädagogischen' AutorInnen ein Ende jeglicher Erziehung gefordert wurde (vgl. etwa von Schoenebeck 1982; von Varga 1981), sahen sich andere Ratgeber-AutorInnen veranlasst, daran zu erinnern, dass „Kinder (…) feste Regeln" (Gürtler 1993) brauchen oder „Mut zum Erziehen" (Meves 1970) zu fordern.

Die Frage nach Ausmaß und Grenzen der Erziehungsautorität wurde und wird in der Ratgeberliteratur immer wieder gegensätzlich und kontrovers behandelt. Obwohl dies kein prinzipiell neues Phänomen ist, denkt man etwa an die von Ellen Keys ‚Jahrhundert des Kindes' ausgelösten Debatten Anfang des 20. Jahrhunderts, zeigt sich in den neueren Kontroversen insbesondere im Hinblick auf die elterliche Strafpraxis ein grundlegender Wandel hin zu einer Abflachung des Autoritätsgefälles zwischen Eltern und Kindern. Auch wenn Ratgeber-AutorInnen immer wieder betonen, dass Erziehen bedeutet, Grenzen zu setzen, ist die Prügelstrafe aus dem Spektrum des Denk- und Diskutierbaren verschwunden, werden Strafen im Allgemeinen zurückhaltend behandelt und wird verstärkt von ‚Konflikten' und ‚Kommunikation' bzw. ‚Verstehen' gesprochen, während sich Ratgeber-AutorInnen früher häufig stärker auf das Fehlverhalten von Kindern konzentrierten.

Die Ratgeberliteratur ist ab dem Ende der sechziger Jahre nicht nur durch die Liberalisierung der in ihnen vertretenen Erziehungsvorstellungen gekennzeichnet, sondern auch durch die wachsende Zahl von neuen Werken. Es erschienen Spezialratgeber für Einzelfragen und -probleme der Kinderpflege und -erziehung in einer bis dahin nicht bekannten Fülle. Neu waren dabei meist nicht die dort behandelten Themen, ob Übergewicht (Schröder 1992), Hyperaktivität (Taylor 1986), Stottern (Richter 1981) oder Bettnässen (Dürr 1998), um nur einige zu nennen, sondern die Tatsache, dass diese Themen gleichsam ausgekoppelt wurden und nicht mehr nur, wenn überhaupt, im Rahmen mehr oder minder allgemeiner Ratgeber behandelt wurden. In der thematischen Ausdifferenzierung, der Publikation von speziellen Büchern über einzelne Fragen und Probleme, ist zum Teil eine gewisse Pluralisierung schon angelegt, da mit der öffentlichen Thematisierung von Erziehungsproblemen und Normabweichungen eine Enttabuisierung verbunden ist.

Dies gilt beispielsweise für Ehetrennung und -scheidung und ihre erzieherischen Auswirkungen. Dieses Thema blieb früher in der Regel unerwähnt. Eine der wenigen Ausnahmen war Adalberts Czernys „Der Arzt als Erzieher des Kindes" (vgl. Czerny 1919).[3] Erst ab den 1970er Jahren gab es spezielle Ratgeber, in denen die Erziehungsfolgen von Trennung und Scheidung (Lempp 1976) bzw. die besonderen Fragen alleinerziehender Elternteile (Behr/Häsing 1980) erörtert werden. Trotz der Differenzierung kann nicht von einer grundsätzlichen Zerfaserung der Ratgeberliteratur gesprochen werden. Sie wird vielmehr weiterhin von allgemeinen Werken über die Pflege und Erziehung von Kindern und Heranwachsenden bestimmt, doch haben sich gewissermaßen an den Rändern einzelne Sonderformen für spezielle Fragen und Probleme entwickelt.

6 Ausblick

Erziehungsratgeber sind in inhaltlicher und formaler Hinsicht stets von den historischen und kulturellen Bedingungen geprägt, unter denen sie veröffentlicht werden. Jenseits zeittypischer Ausprägungen weisen sie aber auch durchgängige Merkmale auf, die in ihrem spezifischen Verwendungszweck begründet liegen. Aufgrund dieser Gemeinsamkeiten lässt sich überhaupt erst von dem Genre der

---

3 „Das Hin- und Herpendeln zwischen den geschiedenen Eheleuten wirkt auf sensible Kinder in psychischer Beziehung sehr nachteilig ein, besonders dann, wenn, wie es häufig der Fall ist, die geschiedenen Eltern ihr Ansehen gegenseitig untergraben" (Czerny 1919, 94).

Erziehungsratgeber sprechen. Ratgeber werden geschrieben, um Eltern bei der Erziehung ihrer Kinder zu beraten. Innerhalb des Genres lassen sich dabei unterschiedliche Schwerpunktsetzungen beobachten. Während einige AutorInnen eine Fülle von Informationen vor ihrer Leserschaft ausbreiten, konzentrieren andere sich auf ein kleineres Spektrum direkt handlungsrelevanter Aspekte. Wieder andere versuchen, ihren Lesern jeweils für richtig gehaltene Werte und Ziele bzw. grundlegende Deutungsmuster zu vermitteln, ohne auf die vielfältigen Detailfragen der Familienerziehung näher einzugehen. Hin und wieder finden sich daneben einzelne Werke, deren AutorInnen sich vor allem um einen hohen Unterhaltungswert bemühen.

Die sicherlich auffallendste langfristige Veränderung des Genres ist die Demokratisierung des Erziehungsdenkens, die sich vor allem nach dem Zweiten Weltkrieg in der Ratgeberliteratur nahezu durchgängig beobachten lässt. Mahnungen, das Kind bzw. den Heranwachsenden als Persönlichkeit ernst zu nehmen und insbesondere auf drakonische Strafen zu verzichten, finden sich zwar schon sehr früh auch in verbreiteten Werken des Genres, doch erst in den letzten Jahrzehnten entwickelt sich eine Art egalitärerer Commonsense.

Weniger eindeutig ist der Einfluss, den die Entwicklung der Humanwissenschaften sowie professioneller Bildung und Erziehung auf das Genre gehabt hat. Selbst unter den Bedingungen einer technisierten und komplexen Gesellschaft ist Ratgeben offenbar immer auch Weitergabe von Erfahrungen und Traditionen und scheint in dieser Funktion gerade angesichts rascher Veränderungen elementare Orientierungs- und Sicherheitsbedürfnisse zu befriedigen. Dies zeigt sich besonders deutlich am Idealbild der Einfachheit und Natürlichkeit, des Aufwachsens von Kindern in der freien Natur, des Verzichts auf unnötigen Luxus, der unverfälschten sowohl abhärtenden als auch Sinne, Geist und Körper en passant bildenden Wirkung des Aufenthalts im Freien, einfacher Spiele und Spielmaterialien, das sich in der Ratgeberliteratur von John Locke über Jean Paul, Adolph Matthias, Otto Rühle und Johanna Haarer bis zu Benjamin Spock immer wieder findet und für das es gute Gründe, aber auch einschränkende Argumente gibt, insbesondere, wenn man daran denkt, welche Ausdeutungen der Begriff der „Abhärtung" zuweilen erfahren hat. In vielen Fällen wird ein Gegenprogramm zu naturfernen gekünstelten Formen des Aufwachsens formuliert. In dieser Wendung ist das Idealbild von Kindheit ein fester Bestandteil des öffentlichen Nachdenkens über Kinder und Familienerziehung.

Die Rationalisierung der Familienerziehung, die Verbesserung durch Forschung in den Humanwissenschaften und ‚Technologietransfer' ist eine zwar wichtige, aber doch nur *eine* der Antriebskräfte, von denen die Entwicklung der Ratgeberliteratur vorangetrieben wurde. Neben ihr und bisweilen gegen sie wirkten die Fortführung oder Wiederaufnahme von Traditionen sowie die Bearbeitung sozialen und kulturellen Wandels, mal im Sinne des Vorantreibens und Beschleunigens, mal im Sinne der Stabilisierung und Vergewisserung. Dementsprechend lässt sich die den Ratgebern eigene Theorie im Schnitt als eine Mischung von Alltagstheorien (persönlichen Erfahrungen und Erkenntnissen), Wissenschaftswissen (in popularisierender Verkürzung und Auswahl) und Berufswissen beschreiben, wobei letzteres selbst wiederum aus Alltagserfahrungen, gleichsam ‚handwerklichen‘ Tradierungen und Wissenschaftswissen gespeist wird.

Literatur

Ammon, F.A. v.(1921): Die ersten Mutterpflichten und die erste Kindespflege. Belehrungsbuch für junge Frauen und Mütter. 42., bearb. Aufl., Leipzig: Hirzel.

Basedow, J.B. (1965): Das Methodenbuch für Väter und Mütter der Familien und Völker. In: J.B. Basedow (Hrsg.): Ausgewählte pädagogische Schriften. Besorgt von A. Reble. Paderborn: Schöningh, 81-163.

Baur, S. (1790): Charakteristik der Erziehungsschriftsteller Deutschlands. Ein Handbuch für Erzieher. Leipzig: Johann Benjamin Georg Fleischer.

Becker, R.Z. (1788): Noth- und Hülfbüchlein für Bauersleute, oder lehrreiche Freuden- und Trauer-Geschichte des Dorfs Mildheim. Für Junge und Alte beschrieben. Gotha: Hrsg. der Dt. Zeitung/ Leipzig: Göschen.

Behr, S./Häsing, H. (1980): Ich erziehe allein. Problemlösungen und Ermunterungen für die Erziehung ohne Partner. Reinbek bei Hamburg: Rowohlt.

Bergmann, B. (1930a): Elternbewegung und Elternvereinigungen. In: Deutsches Institut für wissenschaftliche Pädagogik (Hrsg.): Lexikon der Pädagogik der Gegenwart. Erster Band: Abendgymnasium bis Kinderfreunde. Freiburg im Breisgau: Herder, 589-591.

Bergmann, B. (1930b): Elternzeitschriften und Elternbücherei. In: Deutsches Institut für wissenschaftliche Pädagogik (Hrsg.): Lexikon der Pädagogik der Gegenwart. Erster Band: Abendgymnasium bis Kinderfreunde. Freiburg im Breisgau: Herder, 591-592.

Besser, L. (1853): Die Benutzung der ersten Lebenstage des Säuglings zu dessen Eingewöhnung in eine naturgemäße Lebensordnung. Göttingen: Georg Heinrich Wigand.

Biedert, P. (Hrsg.) (1906): Das Kind, seine körperliche und geistige Pflege von der Geburt bis zur Reife. Stuttgart: Enke.

Blankertz, H. (1982): Die Geschichte der Pädagogik. Von der Aufklärung bis zur Gegenwart. Wetzlar: Büchse der Pandora.

Bönner, K.H. (1971): Nichtautoritäre Erziehung. Ein Handbuch für Eltern und Pädagogen. Düsseldorf: Droste.

Borchardt, J. (1922): Wie sollen wir unsere Kinder ohne Prügel erziehen? Berlin: Verlag der neuen Gesellschaft.

Bracken, H. v. (1926): Die Prügelstrafe in der Erziehung. Soziologische, psychologische und pädagogische Untersuchungen. Dresden: Am anderen Ufer.

Breuer, H. (1985): Vom Umgang mit Geld. Berlin (DDR): Volk u. Wissen.

Busch, F.W. (1972): Familienerziehung in der sozialistischen Pädagogik der DDR. Düsseldorf: Schwann.

Busch, F.W. (1998): Familie, Kindheit, Jugend. In: Handbuch der deutschen Bildungsgeschichte. Hrsg. von Christa Berg u.a. Bd. VI: 1945 bis zur Gegenwart. Zweiter Teilband: Deutsche Demokratische Republik und neue Bundesländer. Hrsg. von Christoph Führ und Carl-Ludwig Furck. München: Beck, 101-116.

Coler, J. (1645): Oeconomia ruralis et domestica. Mainz: Nicolaus Heyl.

Coppius, M. (1933): Pflanzen und Jäten in Kinderherzen: Erlebtes und Erfahrenes für Mütter und Erzieherinnen. Leipzig u.a.: Teubner.

Czerny, A. (1919): Der Arzt als Erzieher des Kindes. Leipzig u.a.: Franz Deuticke.

Degkwitz, R. (1946): Über die Erziehung gesunder Kinder. Berlin: Springer.

Deutsche Verwaltung für Volksbildung in der sowjetischen Besatzungszone (Hrsg.) (1946): Liste der auszusondernden Literatur. Berlin: Zentralverlag.

Dill, G. (1999): Nationalsozialistische Säuglingspflege. Eine frühe Erziehung zum Massenmenschen. Stuttgart: Enke.

Drefenstedt, B. (1975): Ordnung. Überlegungen zur Zeiteinteilung in der Familie. Berlin (DDR): Volk u. Wissen.

Dürr, I. (1998): Bettnässen – Ursachen und Behandlung. Marburg: Verlag im Kilian.

Eschner, C. (2017): Erziehungskonzepte im Wandel. Eine qualitative Inhaltsanalyse von Elternratgebern 1945 bis 2015. Wiesbaden: Springer VS.

Flirtler, Franz (Hrsg.) (1948): Nur die Liebe kann erziehen. Ein Buch für Eltern und Erzieher. Stuttgart: Klett.

Fragebogen über Anwendung von Lohn und Strafe (ohne AutorInnenangabe) (1931/32). In: Kleine Kinder. Illustrierte Monatsschrift für Kinderpflege und Kindererziehung 5, 105.

Fuchs, M. (1997): Wie sollen wir unsere Kinder erziehen? Bürgerliche Kindererziehung im Spiegel der populärpädagogischen Erziehungsratgeber des 19. Jahrhunderts. Wien: Ed. Praesens.

Götz, J.M. (1851): Die Pflege und Behandlung des gesunden und kranken Kindes während der ersten Lebensperioden. Belehrungen für Mütter. Wien: Braumüller.

Gray, U. (1974): Das Bild des Kindes im Spiegel der altdeutschen Dichtung und Literatur. Mit textkritischer Ausgabe von Metlingers ‚Regiment der jungen Kinder'. Bern u.a.: Lang.

Günther, K.-H. (Hrsg.) (1982): Geschichte der Erziehung. Berlin (DDR): Volk u. Wissen.

Gürtler, H. (1993): Kinder brauchen feste Regeln. Zickzackkurs macht Erziehung schwer. München: Südwest.

Haarer, J. (1934): Die deutsche Mutter und ihr erstes Kind. München: J.F. Lehmann.

Haarer, J. (1949): Die Mutter und ihr erstes Kind. Nürnberg: Lätare.

Haarer, J. (1987): Die Mutter und ihr erstes Kind. Völlig neu bearb. u. erw. Aufl., München: Gerber.

Havenstein, M. (1930a): Weichlichkeiten in der modernen Erziehung. In: Die Erziehung 5, 160-175.

Havenstein, M. (1930b): Das Recht zur Kritik an der modernen Erziehung. Erwiderung an Erich Weniger. In: Die Erziehung 5, 315-320.

Hefft, G. (1978): Elternbücher. Eine pädagogische Analyse. München: Piper.

Henke, A.C.H. (1832): Taschenbuch für Mütter über die physische Erziehung der Kinder in den ersten Lebensjahren und über Verhütung, Erkenntniß und Behandlung der gewöhnlichen Kinderkrankheiten. 2 Bde. Frankfurt am Main: Wilmans.

Hetzer, H. (1930): Seelische Hygiene – lebenstüchtige Kinder. Richtlinien für die Erziehung im Kleinkindalter. Dresden: Verlag Kleine Kinder Piokorwski.

Hetzer, H. (1946): Seelische Hygiene, lebenstüchtige Kinder. Richtlinien für die Erziehung im Kleinkindalter. Lindau: Verlag Kleine Kinder Piokorwski.

Hippel, O. v. (1939): Die pädagogische Dorf-Utopie der Aufklärung. Langensalza u.a.: Julius Beltz.

Höffer-Mehlmer, M. (2003): Elternratgeber. Zur Geschichte eines Genres. Baltmannsweiler: Schneider Verlag Hohengehren.

Höffer-Mehlmer, M. (2007): Erziehungsratgeber. In: J. Ecarius (Hrsg.): Handbuch Familie. Wiesbaden: VS, 669-687.

Hoffmann, J. (1959): Die ‚Hausväterliteratur' und die ‚Predigten über den christlichen Hausstand'. Lehre vom Hause und der Bildung für das häusliche Leben im 16., 17. und 18. Jahrhundert. Weinheim u.a.: Beltz.

Hradil, (1992): Sozialstruktur und gesellschaftlicher Wandel. In: O.W. Gabriel (Hrsg.): Die EG-Staaten im Vergleich. Strukturen, Prozesse, Politikinhalte. Bonn: Bundeszentrale für politische Bildung, 50-94.

Hufeland, C.W. (1800): Guter Rath an Mütter über die wichtigsten Punkte der physischen Erziehung der Kinder in den ersten Jahren. Berlin.

Kabisch, R. (1913): Das neue Geschlecht. Ein Erziehungsbuch von Richard Kabisch. Göttingen: Vandenhoeck & Ruprecht.

Key, E. (1905): Das Jahrhundert des Kindes. Berlin: S. Fischer.

Kunze, L. (1971): Die physische Erziehung der Kinder. Populäre Schriften zur Gesundheitserziehung in der Medizin der Aufklärung. Dissertation Marburg.

Lempp, R. (1976): Die Ehescheidung und das Kind. München: Kösel.

Lhotzky, H. (1907): Die Seele deines Kindes. Königstein im Taunus u.a.: Langewiesche.

Lichtenberg, H.O. (1970): Unterhaltsame Bauernaufklärung. Ein Kapitel Volksbildungsgeschichte. Tübingen: Tübinger Vereinigung für Volkskunde.

Locke, J. (1897): Gedanken über Erziehung. Eingeleitet, übersetzt und erläutert von E. von Sallwürk. Langensalza: Beyer & Söhne.

Makarenko, A.S. (1952): Ein Buch für Eltern. Berlin (DDR): Aufbau.

Marré, B. (1986): Bücher für Mütter als pädagogische Literaturgattung und ihre Aussagen über Erziehung (1762-1851). Ein Beitrag zur Geschichte der Familienerziehung. Weinheim u.a.: Beltz.

Marx, K./Engels, F. (1960): Über die Erziehung und Bildung. Berlin: Volk u. Wissen.

Matthias, A. (1899): Wie erziehen wir unseren Sohn Benjamin? Ein Buch für deutsche Väter und Mütter. München: Beck.

Mengershausen, C. v. (1925): Was hat der Arzt zur Züchtigungsfrage zu sagen? In: J. Prüfer (Hrsg.): Pädagogische Vorträge für Eltern. Im Auftrage der Deutschen Gesellschaft zur Förderung häuslicher Erziehung e.V. unter Mitwirkung zahlreicher Eltern, Lehrer und Ärzte. Leipzig u.a.: Teubner, 144-151.

Meves, C. (1970): Mut zum Erziehen. Erfahrungen aus der psychagogischen Praxis. Hamburg: Furche.

Mitterauer, M. (1989): Entwicklungstrends der Familie in der europäischen Neuzeit. In: R. Nave-Herz/M. Markefka (Hrsg.): Handbuch der Familien- und Jugendforschung. Bd. 1: Familienforschung. Neuwied u.a.: Luchterhand, 179-194.

Neill, A.S. (1971): Theorie und Praxis der antiautoritären Erziehung. Das Beispiel Summerhill. Reinbek bei Hamburg: Rowohlt.

Neubert, R. (1967): Das Kleinkind. Zur Erziehung in der Familie. Berlin (DDR): Volk u. Wissen.

Niemeyer, A.H. (1818): Grundsätze der Erziehung und des Unterrichts für Eltern, Hauslehrer und Erzieher. Erster Theil. Halle: bey dem Verfasser und in Commission der Waisenhaus-Buchhandlung Halle: Waisenhaus Buchhandlung.

Nisowa, A.M. (1963): Kinder schreiten ins Leben. Aufzeichnungen einer Mutter. Berlin (DDR): Volk u. Wissen.

Noglik, G. (Hrsg.) (1969): Unsere Kinder. Leipzig: Verlag für die Frau.

Oheim, G. (1957): Einmaleins des guten Tons. Bielefeld: Bertelsmann.

Oppel, K. (1906): Das Buch der Eltern. Praktische Anleitung zur häuslichen Erziehung der Kinder beiderlei Geschlechts vom frühsten Alter bis zur Selbstständigkeit. Frankfurt am Main: Diesterweg.

Pestalozzi, J.H. (1801): Anweisung zum Buchstabieren- und Leselehren. Bern: National-Buchdruck.

Petschernikowa, I. (1953): Die erzieherische Bedeutung der Arbeit des Kindes in der Familie. Berlin: Aufbau.

Petschernikowa, I. (1954a): Jungen. Eine pädagogische Erzählung. Berlin (DDR): Volk u. Wissen.

Petschernikowa, I. (1954b): Schule und Familie. Leipzig: Urania.

Pfahler, G. (1935): Warum Erziehung trotz Vererbung. Leipzig u.a.: Teubner.

Plattner, E. (1939): Schuljahre. Ein Erziehungsbuch. Leipzig u.a.: Teubner.

Prüfer, J. (1925): Pädagogische Vorträge für Eltern. Im Auftrage der Deutschen Gesellschaft zur Förderung häuslicher Erziehung e.V. unter Mitwirkung zahlreicher Eltern, Lehrer und Ärzte. Leipzig u.a.: Teubner.

Prüfer, J. (1933): Erziehungskunde auf Erlebnisgrundlage. Leipzig u.a.: Teubner.

Raspe, H.-H. (1973): Kinderärzte als Erzieher. Ein spezieller Beitrag zur allgemeinen Geschichte der deutschen Pädiatrie (1800-1908). Dissertation Freiburg.

Reble, A. (1971): Geschichte der Pädagogik. Stuttgart: Klett.

Rein, W. (1927): Vom Erziehungsziel. In: P. Biedert (Hrsg.): Das Kind, seine körperliche und geistige Pflege von der Geburt bis zur Reife. 3., umgearb. Aufl., Stuttgart: Enke, 307-317.

Richter, E. (1981): Wenn ein Kind anfängt zu stottern. München: E. Reinhardt. [Erstausgabe 1806]

Richter, J.P.F. (1910): Levana. In: K. Lange (Hrsg.): Jean Paul Friedrich Richters Levana nebst pädagogischen Stücken aus seinen übrigen Werken und dem Leben des vergnügten Schulmeisterleins Maria Wurz in Auental. Langensalza: Beyer & Söhne, 1-310.

Rühle, O. (1924): Umgang mit Kindern. Grundsätze, Winke, Beispiele. Dresden: Verlag Am anderen Ufer.

Salzmann, C.G. (1780): Anweisung zu einer, zwar nicht vernünftigen, aber doch modischen Erziehung der Kinder. Erfurt: Georg Adam Keyser.

Salzmann, C.G. (1792): Krebsbüchlein oder Anweisung zu einer unvernünftigen Erziehung der Kinder. Erfurt: Georg Adam Keyser.

Scheibe, W. (1972): Die Strafe als Problem der Erziehung. Eine historische und systematische pädagogische Untersuchung. Weinheim u.a.: Beltz.

Schmid, M. (2008): Erziehungsratgeber in der ersten Hälfte des 20. Jahrhunderts – eine vergleichende Analyse. Kontinuität und Diskontinuität im Mutterbild sowie in der (früh-)kindlichen Pflege und Erziehung in ausgewählten Erziehungsratgebern der Weimarer Republik und der NS-Zeit. Berlin: Weißensee.

Schmid, M. (2011): Erziehungsratgeber und Erziehungswissenschaft. Zur Theorie-Praxis-Problematik populärpädagogischer Schriften. Bad Heilbrunn: Verlag Julius Klinkhardt.

Schneider, F. (1939): Katholische Familienerziehung. Freiburg im Breisgau: Herder.

Schoenebeck, H. v. (1982): Unterstützen statt erziehen. Die neue Eltern-Kind-Beziehung. München: Kösel.

Schröder, E.-M. (1992): Dickes Kind, krankes Kind? München: Domino-Verlag Brinek.

Schulz, H. (1926): Die Mutter als Erzieherin. Ratschläge für die Erziehung im Hause. Verb. und verm. Aufl., Berlin: J.H.W. Dietz Nachfahren.

Sickel, G.A.F. (1835): Erziehungslehre für christliche Mütter. In Vorlesungen. Magdeburg: Wilhelm Heinrichshofen.

Siegemund, J. (1690): Die Chur-Brandenburgische Hoff-Wehe-Mutter/Das ist: Ein höchst-nöthiger Unterricht/Von schweren und unrecht-stehenden Geburten. Cölln (Spree): Ulrich Liebperten.

Siegert, R. (1978): Aufklärung und Volkslektüre. Exemplarisch dargestellt an Rudolph Zacharias Becker und seinem ‚Noth- und Hülfsbüchlein'. Mit einer Bibliographie zum Gesamtthema. In: Archiv für Geschichte des Buchwesens. Bd. 19. Frankfurt am Main: Buchhändler-Vereinigung, 566-1342.

Sorokina, A.I. (1954): Lehrbuch der Vorschulpädagogik. Berlin (DDR): Volk u. Wissen.

Spock, B. (1952): Dein Kind – dein Glück. Stuttgart: Hatje.

Stöhr, J.A. (1969): Hört auf mit dem Erziehen. Gebt uns Kindern endlich eine Chance. München: Südwest Verlag.

Stolz, H. (1977): Moralische Erziehung in der Familie. Berlin (DDR): Volk u. Wissen.

Struve, C.A. (1803): Ueber die Erziehung und Behandlung der Kinder in den ersten Lebenjaren. Ein Handbuch für Mütter, denen die Gesundheit ihrer Kinder am Herzen liegt. Hannover: Gebrüder Hahn.

Taylor, E. (1986): Das hyperaktive Kind. Stuttgart: Hippokrates.

Uhlmann, I. (Hrsg.) (1967): Kleine Enzyklopädie Das Kind. Leipzig: Bibliographisches Institut.

Unverzagt (1856): Aeltern-ABC für die häusliche Erziehung von Dr. Unverzagt. Berlin: Herbig.

Volk, S. (2018): Elternratgeber der Weimarer Republik. Wissensordnungen über Familienerziehung zwischen zwei Weltkriegen. Wiesbaden: Springer VS.

Varga, G. v. (1981): Ratschläge sind auch Schläge oder die Kinder von heute sind die Eltern von morgen. Eine Nichtgebrauchsanweisung für alle, die lieber Kinder anstatt Frösche haben wollen. Münster: Förderkreis Freundschaft mit Kindern.

Wagner-Winterhager, L. (1979): Schule und Eltern in der Weimarer Republik. Untersuchung zur Wirksamkeit der Elternbeiräte in Preußen und der Elternräte in Hamburg 1918-1922. Weinheim u.a.: Beltz.

Walther, B.S. (Hrsg.) (1781): Ueber die Erziehung junger Frauenzimmer aus mittleren und höheren Ständen. Berlin: Hesse.

Walther, R. (1959): Clara Zetkin zur proletarischen Familienerziehung. Berlin (DDR): Volk u. Wissen.

Walther, R./Grassel, H./Parlow, H. (Hrsg.) (1970): Lehrer und Eltern. Hinweise für Lehrer über die Zusammenarbeit mit den Eltern. Berlin (DDR): Volk u. Wissen.

Weniger, E. (1930): Die Argumente der pädagogischen Gegenströmung. Antwort auf Martin Havenstein. In: Die Erziehung 5, 176-180.

Weyell, P. (1848): Die nöthigsten Verhaltungsregeln bei der Erziehung insbesondere für Eltern zusammengestellt. Friedberg in der Wetterau: Bindernagel.

Wittmann, R. (1991): Geschichte des deutschen Buchhandels. Ein Überblick. München: Beck.

Wolke, C.H. (1805): Anweisung für Mütter und Kinderlehrer, die es sind oder werden können, zur Mitteilung der allerersten Sprachkenntnisse und Begriffe, von der Geburt des Kindes an bis zur Zeit des Lesenlernens. Leipzig: Voß.

Wurzbacher, G. (1954): Leitbilder gegenwärtigen deutschen Familienlebens. Methoden, Ergebnisse und sozialpädagogische Folgerungen einer soziologischen Analyse von 164 Familienmonographien. Stuttgart: Enke.

Ziehe, T. (1986): Die alltägliche Verteidigung der Korrektheit. In: Deutscher Werkbund e.V./ Württembergischer Kunstverein (Hrsg.): Schock und Schöpfung. Jugendästhetik im 20. Jahrhundert. Darmstadt u.a.: Luchterhand, 254-258.

Haiko Wandhoff

Der Ort der Ratgeberliteratur
in der Geschichte der Beratung

Schaut man in die Kulturgeschichte des Ratgebens[1], dann fällt zuallererst ins Auge, wie lange es als unerlässlich galt, sich in wichtigen Fragen beraten zu lassen. Besonders in der Vormoderne ist dieser Beratungsimperativ ein Phänomen der *longue durée*: Er richtete sich insbesondere, aber keineswegs ausschließlich an Könige und Fürsten, von deren Entscheidungen das Wohl ganzer Gemeinschaften abhing. Dass vor der Tat zwingend der Rat kam, ließ sich sogar biblisch begründen: „Ohne Rat sollst du nichts tun, so wirst du nachher nichts bereuen", heißt es im Alten Testament (Sirach 32:19). Dementsprechend galt ein Herrscher über Jahrtausende dann als weise und gerecht, wenn er kluge Berater um sich versammelte.

Aus Sicht unserer postmodernen „Beratungsgesellschaft" (Fuchs/Pankoke 1994), in der für beinahe alle Lebenslagen professionelle Beratung angeboten wird, mag das einigermaßen selbstverständlich klingen. Doch ein zweiter Blick in die Kulturgeschichte des Ratgebens zeigt, dass es immer wieder auch Kritik an dieser Praxis gab: Diese konnte etwa die Ratgeber treffen, denen man unterstellte, nicht aufrichtig zu beraten, sondern vielmehr eigene Interessen zu verfolgen (und im Extremfall sogar ihre Auftraggeber zu verraten). Auch galt es in bestimmten Zeiten als brandgefährlich, sich auf junge Berater zu verlassen, denen die entsprechende Lebenserfahrung fehlte; man sollte sich lieber an alte, weise Männer halten (Frauen kamen lange Zeit nicht in Betracht, weil man ihnen einen Mangel an Klugheit unterstellte). Und je näher man der Neuzeit kam, umso mehr richtete sich die Kritik auch auf die Rat*suchenden*, die ja durch ihren Wunsch nach einem guten Rat implizit eingestanden, dass sie ihr Problem allein nicht gelöst bekamen. Eine solche Unselbständigkeit wurde im Zeitalter der Aufklärung zunehmend als Mangel markiert.

Hier kommt nun die Ratgeber*literatur* ins Spiel, die immer dann zu profitieren scheint, wenn die Kritik am persönlichen Ratgeben besonders laut wird. Denn,

---

1 In dem vorliegenden Beitrag, in dem ich mir erlaube, das Ratgeben (in Analogie zum Ratgeber, Ratgebenden Ratsuchenden etc.) zusammenzuschreiben, stütze ich mich weitgehend auf das Material, welches ich in meiner Monographie zur Geschichte der Beratung präsentiert habe (Wandhoff 2016).

weil schriftliche Ratgeber (in Form eines Buches, einer Zeitungskolumne oder eines Internetportals) auf eine persönliche Beziehung zwischen Ratsuchenden und Ratgebenden verzichten, umgehen sie deren Nachteile: Wenn wir uns an diese ‚stummen Experten‘ wenden, können wir sicher sein, dass sie uns nicht verraten (weil sie uns ja gar nicht kennen), und wir müssen uns vor ihnen auch nicht schämen, wenn wir selbst nicht weiterwissen, denn sie bieten ihren Rat jedermann (und jeder Frau) ohne Ansehen der Person dar. Außerdem können wir sicher sein – und notfalls überprüfen –, dass der Autor oder die Autorin des Ratgeberbuchs seriöse Experten auf ihrem Feld sind.

Wenn ich auf den nachfolgenden Seiten versuche, den Ort der Ratgeberliteratur in der Geschichte der Beratung näher zu bestimmen, dann lasse ich mich von der These leiten, dass die schriftliche Form der Beratung Lösungen für Probleme bietet, die in der klassischen Form der Beratung von Angesicht zu Angesicht auftreten können. Wie dies zu denken ist, möchte ich an zwei Schwellenzeiten beleuchten: zunächst am hohen Mittelalter, wo im Rahmen eines allgemeinen Verschriftlichungsprozesses Frühformen einer noch handgeschriebenen Ratgeberliteratur für Könige und Fürsten entstehen, und dann an der anschwellenden Kritik des Ratgebens im Übergang zur Neuzeit. In einem dritten Schritt gilt es dann, die evolutionären Errungenschaften der Ratgeberliteratur zu identifizieren.

1 Hoflehren und Fürstenspiegel: Frühformen des Ratgeberbuchs im Mittelalter

In der mittelalterlichen Verfassungswirklichkeit ist das Raten und Beraten fest verankert (vgl. Althoff 2016). So regelt die Formel des *consilium et auxilium* („Rat und Hilfe") ein System gegenseitiger beratender und militärischer Hilfeleistung zwischen dem Herrn und seinen Vasallen, das für den Feudalismus grundlegend ist. Die hohen Adeligen hatten dem König nicht nur Kriegsdienst zu leisten, sondern ihn vor wichtigen Entscheidungen auch zu beraten. Dieser Dienst war verpflichtend, denn das *consilium* galt als notwendige Rechtshandlung, und zwar in beide Richtungen: Die Vasallen mussten ihren Herrn beraten, und dieser musste sich von ihnen beraten lassen.

Es ist daher kein Wunder, dass die oben zitierten Bibelworte auch bei Thomasin von Zerklaere, einem Hofkleriker aus Friaul, auftauchen, freilich in abgewandelter Form: „ân rât tuot selten iemen wol. / swer âne rât gerne tuot, / der treit dicke riwegen muot. / swer tuot, swaz er tuot, mit rât, / dem riuwet selten sîn getât." (Thomasin von Zerklaere, V. 12996ff). Der „Welsche Gast" (1215/16), der dieses Loblied auf das Raten und Beraten singt, ist das erste höfische Lehr- und Anstandsbuch in deutscher Sprache. In der Rahmenfiktion des Textes, der seine vornehmlich jungen Leserinnen und Leser durch alle Bereiche der Etikette und Tugendlehre am adligen Hof führt, stellt sich das Buch selbst als jener „Gast aus Italien" vor, der anstelle seines gelehrten Autors an die deutschen Höfe reist, um dort von der modernen, romanischen Hofkultur zu künden. Wir befinden uns also an einer Schwelle, wo das Lehren und Ratgeben von einer mündlich-interaktiven in eine schriftlich-rezeptive Angelegenheit umschlägt: „ein ieglîch man sich vliezen sol / daz er ervüll mit guoter tât / swaz er guots gelesen hât" (ebd., V. 4ff).

Dass sich lehrhafte Bücher zur Vermittlung ihrer Inhalte als Personen präsentieren oder einer dialogischen Form bedienen, ist im Mittelalter verbreitet. So wird die vertraute, partizipative Art des Lernens im Zuge ihrer Verschriftlichung oft durch ein inszeniertes Lehrer-Schüler-Gespräch nachgebildet. Das „Secretum secretorum", einer der bekanntesten Fürstenspiegel des Mittelalters, fingiert einen Brief, den der Großphilosoph Aristoteles an seinen Schüler Alexander den Großen geschrieben haben soll, um ihn an der persischen Front mit Ratschlägen zu versorgen. Diese Fiktion eines Ratgeberbuches für den mächtigsten Herrscher der Welt aus der Hand des klügsten Philosophen funktionierte so gut, dass man das aus dem 10. Jahrhundert stammende Buch noch bis in die frühe Neuzeit immer wieder für hochrangige Herrscher auflegte und übersetzte: für Heinrich VIII. und Edward VI. von England im 16. Jahrhundert oder Philip IV. im 17. Jahrhundert. Man kann die Hoflehren und Prinzenerziehungsbücher des Mittelalters als Frühformen einer Ratgeberliteratur verstehen, die katalogartig die von einem modernen Herrscher zu erwartenden Verhaltensweisen auflisten. Damit kommen sie der späteren Ratgeberliteratur recht nahe, die ja ebenfalls ein Thema mehr oder weniger systematisch abdeckt. „Guter Rat", so konstatiert Rudolf Helmstetter, kommt in Buchform „selten allein, sondern als Teil eines Vorrats an Wissen, dem er bei Bedarf zu entnehmen ist, der aber auch eine sozusagen präventive Lektüre ermöglicht." (Helmstetter 2010, 60) Einerseits ist dadurch die Grenze zu Fach- und Sachbüchern fließend, andererseits verdichten die Ratgeber das dargestellte Wissen zu Handlungsanweisungen. Es geht dann nicht um die Neuheit oder Wahrheit eines Wissens, sondern um seine zweckmäßige Zurichtung auf eine Handlung hin: als ein Rat, der zu einer Tat oder zu einem bestimmten Verhalten (ver-)führen soll.

Dabei war gar nicht mal sichergestellt, ob die ratgebenden Bücher von ihren Besitzern überhaupt je gelesen wurden. Allein der Akt, ein derartiges Werk in Auftrag zu geben und es nach seiner Fertigstellung feierlich entgegenzunehmen, verspricht in der Repräsentationskultur des Mittelalters dem Herrscher Renommee und Ansehen. Er kann hoffen, bereits durch diesen demonstrativen Akt als weiser Fürst zu gelten, der in seinem Handeln gut beraten ist. Daran wird eben auch ein Nachteil der ‚stummen Ratgeber' deutlich: Da ihre Ratschläge nicht individuell adressiert sind und keine Interaktivität zulassen, erwarten sie auch keine Rückmeldung über den erteilten Rat. Sie bleiben stumm, egal, was man tut. Man kann sich also den Ratschlägen der Bücher viel leichter entziehen als denen eines Menschen, der vielleicht fragt, wie man sich denn nun entschieden habe und welche Ergebnisse die Beratung zeitige. Man lässt sie einfach im Regal stehen, denn Papier ist bekanntlich geduldig (und Pergament erst recht). Thomasin von Zerklaere gibt seinem „Welschen Gast" daher den Wunsch mit auf den Weg, dass er nicht in einer dunklen Truhe verrotten möge. Der Humanist Aeneas Sylvius Piccolomini sprach daher wohl ein weises Wort, als er all jene als Narren bezeichnete, die ernsthaft glaubten, ein König ließe sich allein von Traktaten oder Büchern zu irgendetwas bewegen (vgl. Williams 2004, 156).

Dass überhaupt im Laufe des Mittelalters neben die verschiedenen Formen des mündlichen Beratschlagens allmählich auch Ratgeberbücher traten, hängt mit einer Veränderung des Herrscher- und Bildungsideals zusammen. Hatten die Könige und Fürsten im Frühmittelalter eigene Hofkleriker, die für sie die Schriftangelegenheiten (wie Urkunden, Verträge etc.) erledigten, so wurde spätestens seit dem 13. Jahrhundert von einem König erwartet, dass er zumindest lesen konnte. Die Herrscher sollten sich nicht mehr bloß auf ihr Geburtsrecht verlassen, sondern auch durch ihre Leistungen und Taten von sich reden machen. Dazu mussten sie sich und ihre Nachfolger (aus-)bilden lassen, so dass ein wachsender Bedarf an qualifizierten Lehrern, Ausbildern und Ratgebern entstand. Hier konnten dann auch ihre schriftlichen ‚Kollegen' helfen, denn selbst im Zeitalter der noch handgeschriebenen Bücher hatte ein mehrfach kopierter Fürstenspiegel eine bedeutend größere Reichweite als einzelne Personen, die ja immer nur an einem Ort sein konnten.

Die schriftlichen Ratgeber hatten überdies den Vorteil, dass man ihnen vertrauen konnte, zumal wenn sie von so berühmten Autoritäten verfasst worden waren wie Aristoteles. Vertrauen aber ist von jeher ein Grundthema des Beratens: Wie können die Mächtigen sicherstellen, dass sie sich nicht in die Hände von dummen, illoyalen oder gar verräterischen Ratgebern begeben? Im mittelalterlichen Feudalsystem löste man dieses Problem, indem man sich nur von seinesgleichen beraten ließ, also von hohen Adligen, die demselben Stand angehörten wie die Herrscher (und noch besser war es, wenn sie sogar Verwandte waren). Vertrauen wurde also größer geschrieben als Fachkompetenz. Je komplexer jedoch die Geschäfte im Übergang zur Neuzeit wurden, umso mehr stieg der Bedarf nach qualifizierten Experten, die nun vorrangig in den bürgerlichen Schichten zu finden waren. Damit wird es zu einer lebensnotwendigen Frage, wie ein Fürst in dieser Situation überhaupt noch Ratgeber findet, denen er vertrauen kann.

Dieser Frage widmet Nicolò Machiavelli gleich ein ganzes Kapitel seines Werks „Der Fürst" (1532), dem wohl berühmtesten Führungsratgeber des ausgehenden Mittelalters. Machiavelli hatte selbst Fürsten beraten, eher er, politisch in Ungnade gefallen, seine Erfahrungen in dem genannten Büchlein zusammenfasste. Er führt darin die lange Tradition der Fürstenspiegel fort, um am Ende mit ihr zu brechen, indem er die Herrschaft nun an den Grundsätzen der Staatsräson neu ausrichtet: Der Fürst ist kein Erbmonarch und Herrscher von Gottes Gnaden mehr, sondern ein machtbewusster Politiker, der sich dann durchsetzt, wenn er im politischen Ränkespiel erfolgreich taktiert. Die Frage, wie man in diesem Umfeld zuverlässige Berater auswählt, verhandelt er unter der Überschrift: „Schmeichler muß man meiden". Dazu gebe es kein anderes Mittel, „als den Menschen beizubringen, daß sie dich nicht beleidigen, wenn sie dir die Wahrheit sagen. Doch wenn dir jeder die Wahrheit sagen darf, so fehlt es dir gegenüber an Ehrerbietung." (Machiavelli 1513, 98) Ein kluger Fürst müsse daher entsprechend vorsorgen und „für seine Regierung weise Leute auswählen, denen allein er die Freiheit geben soll, ihm die Wahrheit zu sagen, und dies auch nur über die Dinge, nach denen er fragt." (Ebd.)

Wir haben es also mit einem Ratgeberbuch zu tun, das auch darin Rat weiß, wie man zu verlässlichen Ratgebern kommt und wie diese zu führen sind. Damit wird ein weiterer Vorteil der schriftlichen Beratung gegenüber ihren traditionellen, interaktiven Formen deutlich: Bücher sind in der Lage, kritische Fragen zur Beratung ihrerseits zu thematisieren und verschiedene Beratungsformate abwägend miteinander zu vergleichen: Das Beraten gerät in die Reflexion. Und so fehlen in kaum einem Fürstenspiegel einschlägige Passagen über Nutzen und Auswahl geeigneter Berater. Schon früh beginnen die Ratgeberbücher außerdem damit, ihre eigenen Vorzüge herauszustellen, indem sie nicht müde werden, auf die Unzuverlässigkeit mündlicher Berater und die Manipulationsanfälligkeit des traditionellen *consilium* zu verweisen.

2 Selber denken: Die anschwellende Kritik des Ratgebens im Übergang zur Neuzeit

„Glaubt ihr, daß ich in der Welt bin, um Rat zu geben?" (Goethe 1963, 17), ruft Mittler empört aus, als er von Eduard und Charlotte in Goethes „Wahlverwandtschaften" zu Hilfe gebeten wird, um das Paar in ihrer Ehekrise zu beraten. „Das ist das dümmste Handwerk, das einer treiben kann. Rate sich jeder selbst und tue, was er nicht lassen kann. Gerät es gut, so freue er sich seiner Weisheit und seines Glücks; läufts übel ab, dann bin ich bei der Hand." (Ebd.)

Dieser polemische Ausfall gegen das Ratgeben wirkt seltsam brüsk angesichts der großen Wertschätzung, die dieses seit Jahrtausenden genoss. Und es scheint auch nicht recht zu der oft gehörten Auffassung zu passen, das Phänomen der Beratung sei „eine elementare Signatur der Moderne" (Macho 1999, 29). Denn schaut man auf die Frühzeit dieser Moderne, oder besser: in ihre Literatur, dann kann man fast einen gegenteiligen Eindruck bekommen. So notiert bereits im 16. Jahrhundert Michel de Montaigne, den man gern als ersten modernen Menschen tituliert:

„Meine Fehler und Fehlschläge habe ich kaum einem anderen vorzuwerfen als mir selbst, bitte ich doch selten jemand um Rat (es sei denn aus Höflichkeit und Ehrerbietung). Hiervon weiche ich lediglich dann ab, wenn ich mich über ein Fachgebiet oder einen bestimmten Tatbestand informieren muß. In denjenigen Dingen aber, wo ich nur meine Urteilskraft einzusetzen brauche, mögen fremde Argumente zwar manchmal dazu dienen, mich in meiner Auffassung zu bestärken – mich von ihnen abzubringen sind sie hingegen kaum geeignet." (Montaigne 1998, 403f)

Wie als Ratsuchender halte er sich auch als Ratgeber zurück: „Ich nehme kaum einen Ratschlag an, und so gut wie nie erteile ich einen" (ebd., 404), fährt er fort. Ihm stehe vielmehr der Wunsch nach Selbstbespiegelung und danach, „ganz zu mir selbst zu finden, ganz mir selbst genug zu sein. Ich bin heilfroh, mich nicht mehr um ander Leute Angelegenheiten kümmern zu müssen" (ebd.).

Damit gibt Montaigne einen beratungskritischen Ton vor, der sich im Laufe der kommenden Jahrhunderte verstärken wird. Um 1800 beschäftigt sich Heinrich von Kleist mit der Frage,

„ob ein Fall möglich sei, in welchem ein denkender Mensch der Überzeugung eines andern mehr trauen soll als seiner eigenen? Ich sage: ein denkender Mensch, und schließe damit alle Fälle aus, in denen sich ein blinder Glaube der Autorität eines anderen unterwirft." (Kleist, Aus einem Brief an Christian Ernst Martini, zit. nach Prechtl 1999, 266)

Seine Antwort ist klar: Nein, es sei unmöglich, gegen seine eigene Überzeugung den Rat „eines älteren und weiseren" (ebd.) anzunehmen; allenfalls könne dieser dazu führen, die eigene Überzeugung noch einmal neu und streng zu prüfen. Das große Gewicht, das er der eigenen Überzeugung beimisst, habe letztlich zur Konsequenz, so Kleist weiter, dass man eigentlich niemanden mehr um Rat fragen solle „als sich selbst, als die Vernunft" (ebd.). Wie schon Montaigne und Goethes Figur Mittler plädiert also auch Kleist vehement für eine Umstellung von externer Beratung auf Selbstberatung.

Der Schriftsteller Ernst Moritz Arndt, der im Widerstand gegen Napoleon 1806 nach Stockholm fliehen musste, hat zu dem Thema gar ein eigenes Gedicht verfasst:

„Trau nicht zuviel auf fremden Rat,
Wie's bei dem eig'nen dir auch bangt;
Denn endlich mußt du doch zur That,
Die man als deine ganz verlangt.
Leicht trägt die eigene Lust das Herz,
Die eigne Lust den eignen Fehl,
Doch unverwindlich bleibt der Schmerz,
Sahst du mit fremden Augen scheel." (Arndt 1865, 637f)

Hier wird recht deutlich, was die neue Beratungskritik antreibt (vgl. Wandhoff 2016, 142ff): Das Gedicht konstruiert eine Leitdifferenz von Eigenem und Fremdem, die auf den Gegensatz von (externe) Beratung und Selbstberatung projiziert wird. Während Arndt die anstehende Tat und den Entschluss dazu (mit Hilfe einer inneren Autokonsultation: „dem eignen Rat") auf der Seite des positiv besetzten Eigenen verbucht, ordnet er die externe Konsultation auf der Seite des negativ assoziierten Fremden ein, das den Text wie eine Klammer umfasst: „auf fremden Rat" im ersten folgt „mit fremden Augen" im letzten Vers. Der Andere wird zum Fremden, und der Ratschlag des anderen Menschen folglich zum „fremden Rat" (schon Montaigne wollte ja nichts mit „fremden Angelegenheiten" zu tun haben).

Es ist dann einmal mehr der Geheimrat Goethe, der die frühneuzeitliche Beratungskritik im Klartext formuliert: Das Ratgeben, so lässt er im Gespräch mit Eckermann verlauten, verstoße gleich zweifach gegen die Regeln einer aufgeklärten Gesellschaft selbstbestimmter Individuen: Es liege darin „von dem, der einen Rat verlangt, eine *Beschränktheit*, und von dem, der ihn gibt, eine *Anmaßung*." (Eckermann 1836, 336; Hervorhebung H.W.). Der Rat als etwas Äußeres, Fremdes, dem Individuum nicht eigentlich Zugehöriges; das Ratsuchen als Ausweis von Beschränktheit und einer fatalen Unfähigkeit zum inneren Selbstgespräch; das Ratgeben schließlich als anmaßende Bevormundung, die die heilige Autonomie des Menschen verletze – dies sind die Grundlinien einer Beratungskritik, die seit dem 18. Jahrhundert nicht mehr abreißt. Die Jahrtausende alte Praxis, bei den Mitmenschen Rat zu suchen, gerät in eine Krise, aus der sie sich, wie es scheint, sehr lange nicht wieder befreien wird. „Rat und Beratung, fundamentale Probleme allen menschlichen Lebens", so gibt der Politikwissenschaftler Wilhelm Hennis noch im Jahr 1962 zu bedenken, „sind in der modernen Gesellschaft ortlos geworden." (Hennis 2000, 176). Man mag sich über seine Worte aus heutiger Sicht verwundert die Augen reiben. „Während das eine, der fachliche Rat, für den eben Fachkenntnisse erforderlich sind, relativ unproblematisch ist", so Hennis weiter, „ist das andere, der Rat, der sich auf die Lebensführung bezieht, in unserer Gegenwart etwas zutiefst Problematisches geworden." (Ebd., 163)

Hennis' Äußerungen sind deshalb so interessant, weil er sie auf einer Schwelle trifft, von der er zwar auf eine beratungskritische Moderne zurückschauen, aber die bald anbrandende Beratungswelle, die sich vor ihm am Horizont aufbaut, noch nicht wahrnehmen kann. Schon in den 1970er Jahren wird sich im Rahmen der weit verzweigten humanistischen Psychologie ein ganz neues Feld der Beratung öffnen, das sich gerade auch auf die Lebensführung bezieht, ehe in den 1980er Jahren auch die neoliberal entfesselten Wirtschaften (und ihre Bewohner) mehr und mehr nach Beratenden verschiedenster Couleur verlangen werden. Dieser Beratungsboom ist bis heute nicht abgerissen. Im Gegenteil: Professionelle Beratung ist in den westlichen Industriestaaten zu einem derart allgegenwärtigen Phänomen geworden, dass es bereits Agenturen gibt, die uns dazu beraten, wo wir für unser Anliegen die passenden Beraterinnen und Berater finden können.

3 Selber lesen: Ratgeberliteratur als Antwort auf die Krise(n) der Beratung

Das Problem ist nur, dass dieselbe Moderne, die in allen Bereichen auf Selbststeue-
rung umstellt und dementsprechend auch ihre Bewohner auffordert, gefälligst mit
sich selbst zu Rate zu gehen, durch eben diese Systemumstellung einen riesigen Bedarf an Rat und Hilfestellung erst erzeugt. Dass sich diese gravierenden Umwälzungen der Lebens- und Arbeitswelten allein mit Hilfe der vernünftigen Autokonsultation wohlberatener Subjekte bewältigen lasse, wird sich bald als Illusion erweisen.
Der „Ausgang des Menschen aus seiner selbstverschuldeten Unmündigkeit" (Kant
1784, 55), wie Kant im Jahr 1784 die Aufklärung definierte, stürzt ihn in ein Dilemma, das sich beratungsgeschichtlich als *das* Dilemma der Moderne beschreiben
lässt: Externe Beratung wäre gerade jetzt, im immer komplexer werdenden modernen Leben, in vielerlei Hinsicht hilfreich und nötig, wird aber im Menschenbild des
selbstbestimmten Subjekts, das „sich seines Verstandes ohne Leitung eines anderen"
(ebd.) bedienen solle, als Makel markiert. Die Folge: Der moderne Mensch ist in
einer Weise *ratlos*, wie es bis dahin kaum denkbar war. Diesen Eindruck bekommt
man jedenfalls, wenn man sich die Literatur der Moderne anschaut „Die Geschichte der Selbstthematisierung der Moderne ist eine Geschichte der Ratlosigkeit", stellt
Rudolf Helmstetter fest, „und eine Geschichte von Versuchen, sie zu beschreiben,
zu beraten oder gar zu beheben." (Helmstetter 1999, 147)
Auflösen ließe sich dieses Dilemma, wenn sich neue Formate der Beratung (er-)fin-
den ließen, die die Subjekte in einer irgendwie *nicht-direktiven* Weise adressierten –
und sie so mit Rat versorgten und zugleich ihre heilige Autonomie respektierten.
Solche gewissermaßen ‚autonomieverträglichen' Beratungsformate liegen heute vor:
Insbesondere das populäre Coaching fällt in diese Rubrik, das sich ausdrücklich als
Hilfe zur Selbsthilfe versteht und eine „Beratung ohne Ratschlag" (Radatz 2002) of-
feriert. Wichtige Vorarbeiten dazu lieferte in der zweiten Hälfte des 20. Jahrhunderts
die bereits erwähnte humanistische Psychologie und hier insbesondere Carl Rogers
mit einer neuartigen Form der beratenden Psychologie. Später ist dann unter dem
Einfluss von soziologischer Systemtheorie und philosophischem Konstruktivismus
das Konzept einer autonomieverträglichen, *systemischen* Beratung entstanden.
In diesem Konzept wird (externe) Beratung stets lediglich als eine Anregung zur
„Selbstberatung von Systemen" (Zech 2013, 89ff) verstanden; Konsultation und
Autokonsultation sind aus Sicht der Systemiker unlösbar ineinander verwoben.
Doch aus der Perspektive der anbrechenden Moderne ist dies alles noch ferne Zu-
kunftsmusik. Erst wird noch ein anderer, bis heute sehr erfolgreicher Beratertyp
die Bühne betreten: ein ‚stummer Ratgeber' mit einem *medialen* Gesicht, der ganz
ohne Körper und Antlitz auskommt: Ich meine die gedruckten Ratgeber, zuerst
Bücher, die bald auch als Kalender, illustrierte Zeitschrift oder Broschüre zu haben
sind. Auch sie lassen sich als ein Versuch lesen, das moderne Beratungsdilemma zu

lösen: die Menschen mit Rat und Hilfe zu versorgen, ohne ihre Autonomie dabei allzu offensichtlich in Frage zu stellen. Ihre Vorläufer reichen, wie wir gesehen haben, bis ins Mittelalter zurück, doch die ungeheure Explosion, die die Gattung der Ratgeberbücher in der klassischen Moderne erlebt, stellt alles bisher Dagewesene in den Schatten. Am ehesten setzen noch Verhaltensratgeber wie Adolph Freiherr Knigges gattungsprägender, in aufklärerischem Gestus geschriebener Traktat „Über den Umgang mit Menschen" die Tradition der alten Fürstenspiegel fort (vermittelt über die im Barock beliebten *Complimentierbücher*). Im 19. Jahrhundert findet diese neu aufgestellte Verhaltensliteratur reißenden Absatz, ehe im 20. Jahrhundert weitere Bereiche wie die besonders ‚peinliche' Gesundheits- und Sexualberatung für die Ratgeberliteratur erschlossen werden.

Das Phänomen des Ratsuchens und Ratgebens verändert also in der klassischen Moderne sein Antlitz. Man könnte sagen: Es verliert sein *individuelles* Gesicht und wird zu einer anonymen Großveranstaltung, der sich nun die Massenmedien annehmen. Das liegt zum einen daran, dass angesichts eines immensen Modernisierungstempos längst nicht mehr für alle Lebensbereiche im unmittelbaren Umfeld menschliche Ratgeber zur Verfügung standen, die sich auf ihr Erfahrungswissen stützen konnten. Gerade angesichts neuer, polyvalenter Erfahrungskontexte gerieten die menschlichen Ratgeber an ihre Grenzen. Je schneller sich das Leben verändert und je mehr sich die klassischen Biographien auflösen, umso schwerer wird es, im eigenen Umfeld noch jemanden zu finden, der vor dem Hintergrund seiner eigenen Erfahrungen Ratschläge erteilen kann. Hier kann das Buch Abhilfe schaffen, indem es auf systematische Weise das nötige Wissen für die sich schnell wandelnden neuen Herausforderungen des jeweiligen Berufs-, Familien- und Privatlebens zusammenstellt.

Doch die menschlichen Ratgeber verlieren auch deshalb ihre Vorherrschaft, weil ihr Rat, wie wir sehen konnten, die Kompetenz und Autonomie der modernen Akteure infrage stellt. Der mündige, das heißt: zur Selbstberatung fähige Bürger sucht keine Ratschläge von anderen mehr, weil er deren kognitive Überlegenheit dann zumindest situativ anerkennen müsste. Die Ratgeberliteratur dagegen dosiert ihren Rat autonomieverträglich, denn streng genommen gibt sie gar keine Ratschläge. Da sie sich an ein anonymes Publikum wendet, formuliert sie recht allgemein gehaltene Empfehlungen, die von der konkreten Situation des einzelnen Ratsuchenden gar nichts wissen. Es handelt sich also eher um eine Art „massenmedial vermittelter Kollektivbelehrung" (Paris 2005, 365), die zwar gelegentlich mit Einzelfällen arbeitet und durchweg auf die Praxis ausgerichtet ist, aber eben keinen eigentlichen Rat gibt.

Die persönliche Adressierung des Ratschlags, aber auch das Einfühlen des Ratgebenden in das Problem des Ratsuchenden kennzeichnet von jeher die Beratung von Mensch zu Mensch (und wird gerade heute im Kontext von Coaching & Co.

wieder besonders geschätzt). Aus einem solchen Beratungssystem erwächst unweigerlich eine soziale Beziehung, in der keiner der Beteiligten *nicht* kommunizieren kann. Auf diesen Adressierungs- und Beziehungsaspekt muss die Ratgeberliteratur verzichten – und das ist zugleich ihr großer Vorteil. Die Schrift ist ein Distanzmedium; ihre evolutionäre Errungenschaft besteht darin, die Kommunikation von der Interaktion abzulösen: Wir können uns mit ihrer Hilfe austauschen, ohne dass wir uns dazu zur selben Zeit am selben Ort befinden müssen. Aus diesem Grund ist es möglich, dass Buchautoren ihren Leserinnen und Lesern Ratschläge erteilen, ohne auch nur einen einzigen von ihnen je gesehen zu haben. Dieses Manko gleichen sie dadurch aus, dass sie ihre Themen in enzyklopädischer Vollständigkeit und systematischer Gliederung aufbereiten. Sie bieten ihren Abnehmern einen üppigen Vorrat an potentiell nützlichen und hilfreichen Verhaltensweisen – auswählen müssen die Leserinnen und Leser selber. Das kann zum Problem werden, wenn es der Ratgeberbücher zu viele gibt, weil dann die Orientierung durch das Buch wieder verloren geht: „Schon eine Mehrzahl von Ratgeberbüchern kann die Ratlosigkeit und Orientierungslosigkeit, derenthalben man nach Rat sucht, verstärken." (Helmstetter 2014, 109).

Doch der große Vorteil der ‚stummen' Freunde und Lehrenden, Doktoren und Beratenden ist, dass wir aus ihnen den passenden Rat auswählen *können* und uns ihnen gegenüber niemals rechtfertigen müssen. Zwar kommen die Ratschläge der Bücher oft ziemlich direktiv daher, aber sie belehren uns „ohne Ruthe, ohne Zorn, ohne Lohn" (Rigert 1889, 3f, zit. nach Messerli 2010, 37), wie 1889 der Präfekt Pater Placidus Rigert in seiner Abhandlung „Ueber die Lektüre" schreibt: „Wenn du zu ihnen kommst, so schlafen sie nicht, wenn du sie frägst, so verstecken sie sich nicht, machst du einen Fehler so murren oder lachen sie nicht" (ebd.). Ja, man könne sogar frank und frei und ohne Scham vor ihnen seine eigene Unwissenheit bekennen!

So erweist sich der Mangel an Nähe und persönlicher Adressierung als Segen für die Ratgeberliteratur, weil er die Kommunikanten von einer Interaktion entlastet, die stets die Gefahr der Peinlichkeit enthält. Dies gilt besonders für das Feld der Manieren und des guten Umgangs, das seit dem 19. Jahrhundert, angeführt vom Knigge, zu einem Eldorado der Ratgeberliteratur wird. Zwischen 1870 und 1970 erscheinen etwa sieben- bis achthundert solcher Manierenbücher, die zum Teil exorbitante Auflagen erreichen. Sie versprechen ihren Leserinnen und Lesern Rat und Hilfe in allen Lebenslagen, ohne sich dabei der Gefahr einer Peinlichkeit auszusetzen. Darauf weist Constanze von Franken in ihrem beliebten „Katechismus des guten Tones und der feinen Sitten" aus dem Jahr 1890 ausdrücklich hin: „Es bleibt stets peinlich einzugestehen, dass man die Formen der guten Gesellschaft nicht kennt." (von Franken 1894, zit. nach Messerli 2010, 41) Sollte man sich dieser Gefahr als junger Mensch wirklich aussetzen?

„Nein, in allen diesen Fällen ist es weit angenehmer und bequemer einen Ratgeber zu haben, der zuverlässig und verschwiegen jedem, der Rat bei ihm sucht, diesen Rat jederzeit willig und ohne Ansehen der Person giebt. – Solch ein Ratgeber will dieses Büchlein dir sein!" (von Franken 1894, zit. nach Messerli 2010, 41)

Wenn man mit der ratgebenden Person nicht mehr in einer persönlichen Beziehung steht, sondern anonym adressiert wird, dann fällt eben jene Inkompetenzunterstellung weg, die dem Ratschlag bisweilen innewohnt. Rainer Paris nennt dies „das Selbsterhöhende jedes Ratschlags" (Paris 2005, 356), bei dem der Ratgebende eine kognitive Überlegenheit gegenüber dem Ratsuchenden beanspruche. Diese Geste der Bevormundung fehlt der Ratgeberliteratur völlig. Eben weil diese alle lesen (können), muss sich niemand im Besonderen inkompetent fühlen. Außerdem kann jeder Mensch selbst entscheiden, welche Beratungsbücher er auswählt, welche Tipps er ihnen entnimmt und welche er überliest, weil sie ihm unpassend erscheinen.

Aber es gibt noch einen weiteren Grund für den Erfolg der Ratgeberliteratur: Ich meine die Mühelosigkeit, mit der sich die neue Beratung in Schriftform an das neue Ideal der Autokonsultation anschließen lässt. Denn in dem Maße, in dem Beratung an die Schrift delegiert wird, verlagert sie sich zugleich ins Subjekt. Das klingt paradox, ist aber so zu denken, dass wir beim Lesen den Zustand des unmittelbaren Bei-uns-Seins verlassen müssen, um mit uns selbst in Beziehung zu treten. Wir führen eine Art inneres Selbstgespräch, indem wir uns selbst in unserem Inneren etwas vorlesen. Der Umweg über die Äußerlichkeit des technischen Mediums öffnet also einen Weg, wie wir mit uns selbst in Kontakt kommen. Auf diese Weise unterstützt die Lektüre von Ratgeberliteratur das Ideal des Mit-sich-selbst-zu-Rate-Gehens: Die anstehende Beratschlagung findet, wie von der Aufklärung gewünscht, in uns selbst statt, als eine Konferenz innerer Stimmen, zu denen sich dann im Glücksfall auch die Stimme der Vernunft gesellt.

Dieser Reflexionseffekt der Schrift verstärkt sich noch, wenn mit den regelmäßig erscheinenden Ratgeberkolumnen in Zeitschriften und Magazinen das Schreiben von Leserbriefen in Mode kommt. Mit dem Zwang zur schriftlichen Formulierung eines Problems wird dieses immer schon auf eine gewisse Weise reflektiert. Man kann davon ausgehen, dass vielen Leserbriefschreibenden schon dadurch geholfen ist, dass sie ihre Frage auf dem Papier (oder auf dem Bildschirm) vor sich sehen – gerade auch dann, wenn ihnen das Schreiben besonders schwer gefallen ist. Durch die Notwendigkeit, präzise zu beschreiben, worum es geht, erzwingt das Schreiben also schon ein intensives Maß an Mit-sich-zu-Rate-Gehen, das ein Problem bisweilen wie von selbst auflöst (vgl. Duttweiler 2010). Auch hier erweist sich also die (schriftliche) Konsultation als wirksame Anregung zur Selbstkonsultation.

Heute scheinen sämtliche Krisen der Beratung überwunden, und alle Formate, die die lange Geschichte des Ratgebens hervorgebracht hat, existieren in unserer beratungsversessenen Gegenwart friedlich nebeneinander: Ratgeberbücher, -hefte und -sendungen, Online-Foren und mobile Beratungsapps, Coaches und Psychologen, Counsellours und Consultants, Freunde und Verwandte. Erstaunlich ist, wie gut sich dabei noch immer die klassische Ratgeberliteratur hält: Sie ist weiterhin ein beliebtes Genre mit hohen Auflagen und ständig neuen Titeln, obwohl Kritiker ja nicht müde werden, auf ihre ‚normierende' Wirkung hinzuweisen. Schon Theodor W. Adorno hatte in seinem „Résumé über die Kulturindustrie" die Ratschläge der Ratgeberbücher und -zeitschriften als „nichtssagend, banal oder schlimmer; die Verhaltensmuster schamlos konformistisch" (Adorno 1997, 341f) abgeurteilt. Für die Leserinnen und Leser sind dann doch eher ihre Vorteile ausschlaggebend: Sie kommen preiswert und ohne Gesichtsverlust an eine Sammlung von Ratschlägen, bei denen sie selbst bestimmen, ob, wann und wieviel sie sich davon zu Gemüte führen wollen. Und wenn das nicht hilft, kann man ja immer noch ins Coaching gehen.

Literatur

Adorno, T.W. (1997): Résumé über Kulturindustrie. In: Adorno, T.W.: Gesammelte Schriften. Bd. 10: Kulturkritik und Gesellschaft. Prismen. Ohne Leitbild. Hrsg. von R. Tiedemann. Frankfurt am Main: Suhrkamp, 337-345.

Althoff, G. (2016): Kontrolle der Macht. Formen und Regeln politischer Beratung im Mittelalter. Darmstadt: WBG.

Arndt, E.M. (1865): Gedichte. Vollständige Sammlung. 2. Aufl., Berlin: Weidmann.

Duttweiler, S. (2010): „Liebe Marta" und „Frag Beatrice". Vom Leserbrief zum virtuellen Rat. In: P.-P. Bänzinger/S. Duttweiler/P. Sarasin/A. Wellmann (Hrsg.): Fragen Sie Dr. Sex! Ratgeberkommunikation und mediale Konstruktion des Sexuellen. Frankfurt am Main: Suhrkamp, 283-316.

Eckermann, J.P. (2012): Gespräche mit Goethe in den letzten Jahren seines Lebens. Paderborn. [ursprüngl. Ausg. 1836]

Fuchs, P./Pankoke, E. (1994): Beratungsgesellschaft. Schwerte: Veröffentlichungen der Katholischen Akademie Schwerte.

Goethe, J.W. (1963): Die Wahlverwandtschaften. Gesamtausgabe: Bd. 19. München: dtv.

Helmstetter, R. (1999): Guter Rat ist (un)modern. Die Ratlosigkeit der Moderne und ihre Berater. In: G. v. Graevenitz (Hrsg.): Konzepte der Moderne. DFG-Symposion 1997. Stuttgart u.a.: Metzler, 147-172.

Helmstetter, R. (2010): Der stumme Doctor als guter Hirte. Zur Genealogie der Sexualratgeber. In: P.-P. Bänzinger/S. Duttweiler/P. Sarasin/A. Wellmann (Hrsg.): Fragen Sie Dr. Sex! Ratgeberkommunikation und mediale Konstruktion des Sexuellen. Frankfurt am Main: Suhrkamp, 58-93.

Helmstetter, R. (2014): Die Tunlichkeits-Form. Zu Grammatik, Rhetorik und Pragmatik von Ratgeberbüchern. In: M. Niehaus/W. Peeters (Hrsg.): Rat geben. Zur Theorie und Analyse des Beratungshandelns. Bielefeld: transcript, 107-132.

Hennis, W. (2000): Politikwissenschaft und politisches Denken. Politikwissenschaftliche Abhandlungen II. Tübingen: Mohr Siebeck.

Kant, I. (1784): Beantwortung der Frage: Was ist Aufklärung? In: Berlinische Monatsschrift 2, Dezember-Heft, 481-494.

Machiavelli, N. (1513/1978): Der Fürst. Hrsg. und übersetzt von R. Zorn. Stuttgart: Kröner.

Macho, T. (1999): Zur Ideengeschichte der Beratung. Versuch einer Einführung. In: G. Prechtl (Hrsg.): Das Buch von Rat und Tat. Ein Lesebuch aus drei Jahrtausenden. München: Diederichs, 16-31.

Messerli, A. (2010): Zur Geschichte der Medien des Rates. In: P.-P. Bänzinger/S. Duttweiler/ P. Sarasin/A. Wellmann (Hrsg.): Fragen Sie Dr. Sex! Ratgeberkommunikation und mediale Konstruktion des Sexuellen. Frankfurt am Main: Suhrkamp, 30-57.

Montaigne, Michel de (1998): Essais. Erste moderne Gesamtübersetzung von H. Stilett. Frankfurt am Main: Eichborn.

Paris, R. (2005): Raten und Beratschlagen. In: Sozialer Sinn 6 (2), 353-388.

Prechtl, G. (Hrsg.) (1999): Das Buch von Rat und Tat. Ein Lesebuch aus drei Jahrtausenden. München: Diederichs.

Radatz, S. (2002): Beratung ohne Ratschlag. Systemisches Coaching für Führungskräfte und BeraterInnen. Wien: Verlag Systemisches Management.

Thomasin von Zerklaere (1852): Der Welsche Gast. Hrsg. von F. Rückert. Quedlinburg u.a.: Basse.

Wandhoff, H. (2016): Was soll ich tun? Eine Geschichte der Beratung. Hamburg: Corlin.

Williams, S.J. (2004): Giving Advice and Taking It: The Reception by Rulers of the Pseudo-Aristotelian Secretum Secretorum as a Speculum Principis. In: C. Casagrande/C. Crisciani/S. Vecchio (Hrsg.): Consilium: teorie e pratiche del consigliare nella cultura medievale. Florenz: SISMEL, 139-180.

Zech, R. (2013): Organisation, Individuum, Beratung. Systemtheoretische Reflexionen. Göttingen: Vandenhoeck & Ruprecht.

Autorinnen und Autoren

Dr. phil. Steffen Großkopf, Soziale Arbeit und Ethik (Verwaltungsprofessur), Universität Vechta. Arbeitsschwerpunkte: Familie und frühkindliche öffentliche Erziehung, Wissenschaftsforschung, Kritische Erziehungswissenschaft, Diskursanalyse nach Foucault, politische Ökonomie der Erziehungswissenschaft.

Prof. Dr. phil. Timo Heimerdinger, Europäische Ethnologie, Leopold-Franzens-Universität Innsbruck. Arbeitsschwerpunkte: Konfessionalität, Alltagsästhetik, Ratsuche und Beratung, Körperlichkeit und Elternschaftskultur/parenting culture.

Prof. Dr. phil. Markus Höffer-Mehlmer, Lehrerbildung, Johannes Gutenberg-Universität Mainz. Arbeitsschwerpunkte: Lehrerbildung, Ratgeberforschung, Schulentwicklung.

Univ.-Prof. Dr. phil. Johanna Hopfner, Allgemeine Pädagogik, Karl-Franzens-Universität Graz. Arbeitssschwerpunkte: Pädagogische Grundlangenforschung in historisch-systematischer und gesellschaftskritischer Perspektive, Genderforschung, Erziehungstheorien, Erziehungswissenschaft im Verhältnis zu angrenzenden Disziplinen.

Dr. phil. Jana Kiesendahl, Germanistische Sprachwissenschaft, Universität Greifswald. Arbeitssschwerpunkte: Linguistische Bildungsmedienforschung, linguistische Sprachkritik, Sprachgebrauch in digitalen Medien.

Dr. phil. Jakob Kost, Forschungsberatung, Pädagogische Hochschule Bern und Universität Fribourg/CH. Arbeitsschwerpunkte: Analyse von Erziehungsratgebern, Schul- und Ausbildungslaufbahnen, Durchlässigkeit in gegliederten Bildungssystemen, Berufsbildung und Migration.

Prof. em. Dr. phil. Jürgen Oelkers, Allgemeine Pädagogik, Universität Zürich. Arbeitsschwerpunkte: Demokratie und Erziehung, Geschichte von Schulreform und Reformpädagogik, Bildungsphilosophie.

Dr. phil. Christine Ott, Didaktik der deutschen Sprache und Literatur (Vertretungsprofessur), Ludwig-Maximilians-Universität München. Arbeitssschwerpunkte: Bildungsmedienforschung, außer- und nicht-schulische Literatur- und Sprachvermittlung, Sprachbasierte Kulturanalysen, Diversität in Sprache und Literatur.

Dr. med. Inga Petruschke, Allgemeinmedizin, Universitätsklinikum Jena. Arbeitsschwerpunkte: Patientenzentrierte Kommunikation, Rationale Antibiotikatherapie, Hochschullehre.

Wolfgang B. Ruge, M.A., Medienpädagogik, Universität Wien. Arbeitsschwerpunkte: Bildungswissenschaftliche Filmanalyse, Disziplintheoretische Betrachtungen der Medienpädagogik, Methodik (audio-)visueller Sozialforschung, Medienkompetenzförderung und Datenkritik.

PD Dr. phil. Ulf Sauerbrey, Kindheitsforschung, Universitätsklinikum Jena und Universität Erfurt. Arbeitsschwerpunkte: Medialisierte Beratung/Ratgeberforschung, Kindheitspädagogik, Theorien der Erziehung und Bildung, qualitative Forschung in Pädagogik und Medizin.

Claudia Schick, B.A., Friedrich-Schiller-Universität Jena. Arbeitsschwerpunkte: Ratgeberforschung, Theorien des Kinderspiels, qualitative Sozialforschung.

Dr. phil. Michaela Schmid, Allgemeine Pädagogik, Universität Augsburg. Arbeitsschwerpunkte: Erziehungs- und Bildungsgeschichte, Popularisierung erziehungswissenschaftlichen Wissens, Erziehungstheorien, Wissenschaftsgeschichte der Erziehungswissenschaft.

Dr. med. Sven Schulz, Allgemeinmedizin, Universitätsklinikum Jena. Arbeitsschwerpunkte: Ärztegesundheit, Depression, Ratgeberforschung, Hochschullehre.

Prof. Dr. phil. Nicole Vidal, Allgemeine Erziehungswissenschaft, Pädagogische Hochschule Freiburg i. Br. Arbeitsschwerpunkte: Rezeption von Neuro- und Biowissenschaften in Erziehungswissenschaft und pädagogischer Ratgeberliteratur, interdisziplinäre Perspektiven auf Lernen, empirische Untersuchungen zum Verhältnis von Kinder- und Jugendpsychiatrie und Pädagogik.

Prof. Dr. phil. Haiko Wandhoff, Ältere deutsche Literatur, Humboldt-Universität zu Berlin. Arbeitsschwerpunkte: Kultur- und Mediengeschichte des Mittelalters, Geschichte der Beratung

Sonja Wobig, B.A., Universitätsklinikum Jena. Arbeitsschwerpunkte: Ratgeberforschung, Lernberatung, qualitative Sozialforschung.